物理学教授　顾樵博士

本丛书名由中国科学院院士母国光先生题写

光学与光子学丛书

"十二五"国家重点图书出版规划项目

光学与光子学丛书

生物光子学

（第三版）

Biophotonics

（Third Edition）

〔德〕顾樵（Qiao GU） 著

科学出版社

北 京

内 容 简 介

生物光子辐射是一个普遍的生命现象，存在于各种动物、植物、藻类及微生物系统之中。生物光子学是一门新兴的交叉学科，涉及分子生物学、生物化学、量子光学、非平衡统计物理学、信息论以及光电探测理论等。本书在介绍生物光子辐射基本概念的基础上，系统阐述了生物光子辐射的相干性理论、量子理论、半经典理论及生物光子统计理论，并全面介绍了生物光子检测技术在食品安全与质量检验、水质分析与环境监测、医疗科技、药物性能和效力的研究及农业科学等领域的应用。本书还进一步讨论了声致发光和电化学发光的理论、实验及应用。

本书可用作生物物理学、量子生物学、食品化学、环境科学、医学、药物学、农业科学及其他有关生命科学交叉研究领域的教师、研究生的教学与科研参考书，也可作为相关工程技术人员的参考资料，还可供在国外相关专业学习、研究和工作的本科生、研究生及访问学者参考。

图书在版编目(CIP)数据

生物光子学/（德）顾樵著．—3版．—北京：科学出版社，2016.6

（光学与光子学丛书）

“十二五”国家重点图书出版规划项目

ISBN 978-7-03-048500-7

Ⅰ.①生… Ⅱ.①顾… Ⅲ.①生物光学-研究 Ⅳ.①Q63

中国版本图书馆CIP数据核字（2016）第123285号

责任编辑：刘凤娟/ 责任校对：张凤琴

责任印制：赵 博/ 封面设计：耕者设计

科学出版社出版

北京东黄城根北街16号

邮政编码：100717

http://www.sciencep.com

三河市春园印刷有限公司印刷

科学出版社发行 各地新华书店经销

*

2007年2月第 一 版 开本：720×1000 1/16

2012年9月第 二 版 印张：21 1/2 插页：1

2016年6月第 三 版 字数：413 000

2025年 2 月第五次印刷

定价：129.00元

（如有印装质量问题，我社负责调换）

第二版前言

自 2007 年《生物光子学》出版以来，作者收到大量读者来信，表示对这一新兴研究领域很感兴趣。许多人提出了有意义的科学与技术问题；不少专家、教授邀请作者进行学术讲座，并建立相关的合作项目；有些实业家甚至提出在中国实施生物光子技术产业化的宝贵建议。总之，这本书收到了始料未及的良好效果。据悉，本书在出版 3～4 年后即售罄。

5 年来，生物光子学的研究、应用和产业化在国际上又取得了可喜的进展。在基础研究领域，生物光子检测技术为众多的生物工程与生物技术开辟了应用前景，特别是关于干细胞的生物光子检测已经取得了重要的突破。在医疗科技方面，基于生物光子技术的肿瘤治疗方法更加商业化。生物光子学的相干性思想被期待为系统性疾病（如糖尿病）提供新的认识理念和治疗手段。利用人体的生物光子辐射研究经络实质的项目正在深入展开。判断人体健康状态的生物光子检测方法已经进入临床应用阶段。各类中药性能与疗效的生物光子数据库的构建已经引起人们极大的关注。在生物光子技术的传统项目——食品检验方面，经过长期细致的研究，已经发现“走地鸡”鸡蛋的优质性，逐步关闭工业化养鸡场已经被西方发达国家提到议事日程。另外，生物光子技术及电化学发光技术在液体检测中的应用更加广泛。在国际上，越来越多的医疗与卫生单位、食品与饮料质检机构、环境治理与保护部门、大学、研究所和相关的公司与企业开始使用快速、灵敏、可靠的生物光子探测仪。相信生物光子学与生物光子技术在未来几年内将会被进一步推广和发展。

生物光子辐射的典型强度是 100 个光子/($s \cdot cm^2$)，这比通常的生物荧光和化学反应动力学所诱导的发光现象至少低 5 个数量级，因此生物光子辐射作为一个典型的量子效应，携带着生物系统和生命运动的微观信息。《生物光子学》（第二版）在叙述传统的生物光子学理论与应用的同时，特别加强了以辐射场的量子熵理论为基础的生物光子统计熵的论述（第 8 章）。生物光子统计熵的测量程序不涉及激发过程，因此消除了一个可能的误差来源，这对于超微弱的生物光子辐射探测来说，具有非常重要的实际意义。而且，生物光子统计熵的数据处理，不是基于通常的平均值、标准方差等，而是注重具有最大概率的测量值，因此其可靠性和精确度都极大地提高了。

作者自 1985 年在中国攻读理学博士以来，长期从事量子光学与生物光子学的研究。在德国的 20 多年间，更是一直专注于生物光子学和生物光子技术的研究、开发与应用。如果本书能对中国的相关研究、应用和产业化有所推进，作为一名定居海外多年的学者，将不胜荣幸、颇感欣慰。

作者感谢深圳大学电子科学与技术学院、科学技术部及深圳市微纳光子信息技术重点实验室对本书出版的支持。

本书不妥之处，恳请读者批评指正。

顾　樵
Prof. Dr. Qiao GU（Chief Scientist）
gu-qiao@gmx. de
International Institute of Quantum Biology
Haßloch，Germany
2012 年 2 月 15 日

第一版前言

如何借助于物理技术获得生命信息一直是生命科学发展中的重要研究课题。光学显微镜的出现揭示了关于细胞的信息，使古老的生物学发展到细胞研究的水平。X 射线技术对生物系统的应用显示了分子层次的信息，为分子生物学的建立奠定了实验基础。自分子生物学创立半个世纪以来，大量的现代物理技术已经被引入生命科学研究，以展示不同生命层次的信息。其中，一项与“生物光子”有关的技术，能够基于生物光辐射的探测，获得微观量子层次的生命信息。

萤火虫发光是一个众所周知的生物辐射现象。它作为一种“生物发光”，具有相当高的强度，肉眼都可以看见。实际上自然界存在着一种更普遍的生物辐射现象，称为“生物光子辐射”。这是一种超微弱的电磁辐射，典型强度只有 100 个光子/(s・cm^2)，相当于能流密度 10^{-17} W/cm^2，远低于生物发光的水平。利用光电倍增管首次探测到生物光子辐射是在 1955 年，所用的样品为谷物种子。伴随着探测技术的不断改进，至今已经在各种生物系统中观察到了生物光子辐射现象，包括动物及其器官、组织、细胞、甚至处于生命状态的分子，植物及其根、茎、叶、花、果，各种不同的藻类以及多种微生物系统。测量发现，生物光子辐射的光谱分布在 200～800nm 范围内基本上是连续的，这个范围相应于通常所用探测器的光谱响应。研究认为，生物光子辐射作为生命新陈代谢过程的一个产物，来自生物分子从高能态向低能态的跃迁。实际上，生物系统的激发态具有相当高的分子布居，因为生物系统本质上是一个开放系统，不断地从外界吸收能量。因此，生物光子辐射携带着生物系统的微观信息。研究发现，生物光子辐射与许多生命活动密切相关，如 DNA 构象的变化，细胞的分裂与分化以及有机物的受损、病变、死亡等。另一方面，生物光子辐射对外界影响有敏感的响应，如环境温度的变化，环境中污染物的出现，化学和生物试剂的注入，外界电磁场的施加等。

生物光子辐射是一个复杂的生命现象，对它的全面描述涉及多类学科，包括分子生物学、微生物学、生物化学、量子光学、热力学、非平衡统计物理学、信息论以及现代光电探测理论等。作为当代生物光子辐射研究的一个重要领导者，德国的 Popp 教授在 20 世纪 70 年代初完成了这一领域最早的理论研究。之后，随着各种新兴学科的不断出现，许多科学家从不同的角度研究生物光子辐射现象，完成了一系列重要的基础理论工作。所有这些研究已经构成了一门崭新的交叉学科，称为“生物光子学”。它不仅具有重要的学术意义，而且具有广泛的应用价值。当用这些理论结果描述各种生物光子现象时，或者能提供原理上的认识，或者能进行定性的解释，甚至能作出定量的分析。这为实验工作提出了许多指导性建议，例如，探测系统中零部件的最佳设计及安置，观察生物光子辐射的最佳条件，对测量数据进行处理的最佳方法等。一些理论研究甚至预言了新的探测方法，从而导致了更先进的探测装置的发明。

伴随着生物光子学的发展，“生物光子检测技术”作为一个新的分析工具已经逐渐投入使用。生物光子检测技术与传统分析方法的区别在于，前者可以给出样品的整体信息，是一个刻画样品性质的综合因子。实际上，生物光子检测技术和分析方法已经开辟了许多应用，例如：

(1) 食品安全与质量检验，包括食品新鲜度的测量；

(2) 水质量和水污染的分析，水处理工具及水处理技术作用效果的检验；

(3) 各种饮料性质的检测，烈性酒的特征识别；

(4) 液体中细菌浓度的快速测量，饮料生产线上的细菌污染监测；

(5) 植物生理特性的研究，如植物最佳生长条件的选择；

(6) 种子质量的研究，如发芽率、含油量、转基因的测定等；

(7) 药物性能及效力的研究，特别是癌症患者最佳药物的选择；

(8) 在生物制药中的应用，借助生物样品或标准生物指示剂的生物光子特征值研制新药；

(9) 不同疾病的诊断及医学处理，如免疫性疾病及癌症；

(10) 人体健康状态的指示，“生理年龄”的测量与估算。

本书的主要目的是系统阐述生物光子辐射的各种理论描述及其应用。为此，首先在第 1 章介绍了生物光子辐射的基本特征、基本概念以及生物光子探测的技术问题，更详细的内容可以参考所列出的各类原始文献。第 2 章介绍了 Popp 关于生物光子辐射的相干性理论，它在整个生物光子辐射的相干性理论体系中具有奠基性的作用。正是基于相干性概念，在第 3 章建立了生物光子辐射的量子理论，系统地研究了生物光子辐射的稳态及动力学行为，并将理论结果与各种实际样品的实验观察相比较。作为上述量子理论的推广，在第 4、5 章利用生物光子的图样特征显示生物系统的非平衡统计性质。相关的理论结果解释了种子发芽过程中的宏观序增长动力学以及特殊生物光子图样中的非平衡相变现象，包括分岔和滞后。第 6 章综述了辐射与物质相互作用的半经典理论，相关的结果定量地描述了水蚤群体在光子辐射中的干涉现象。第 7、8 章对于相干态之间的量子干涉进行了一般性表述。相关的结论预言了一种表征光的相干性的新方法——光子统计熵方法。基于这种方法，我们从实验上显示了生物光子辐射的高度相干性，并用于植物种子转基因的特征识别。第 9 章研究声致发光，它可以被理解为光子模与声子模相互作用的一个产物。我们建立了声致发光的量子理论，它描述了发光过程中的光、声子动力学，得到的结果不仅能刻画一个气体系统的同步皮秒声致发光的实验观察，而且解释了具有特殊动力学过程的生物延迟发光的温度效应。在第 10、11 两章特别研究了液态电化学系统的发光，尤其是包含微生物的复杂液体系统。建立了一种非线性理论来描述系统动力学的全过程，包括激发和弛豫。实验结果表明，这种方法在液体测量中具有广泛的应用，特别是液体中细菌污染的快速测量。第 12 章全面介绍生物光子检测技术在食品安全与质量检验、水质分析与环境监测、医疗科技、药物性能及效力的研究及农业科学等领域的应用。

感谢 Popp 教授，与他的有益讨论以及在德国国际生物物理研究所多年的学术合作使我受益匪浅。作者自 1977 年进入大学以来，在 30 年的科学生涯中一直受到妻子张爱华的全力支持和悉心关照，谨此表示由衷的谢意。

顾　樵

2006 年 10 月

目　　录

第 1 章　生物光子学概论

摘要： 生物光子辐射是一个普遍的生命现象，存在于各种动物、植物、藻类及微生物系统之中。它的典型强度为 100 个光子/(s · cm^2)，光谱分布至少在 200～800nm 范围内是连续的。生物光子辐射作为生命新陈代谢过程的一个产物，来自生物分子从高能态向低能态的跃迁。大量的实验结果表明，生物光子辐射对生物系统内部的变化及外界环境的影响有高度的敏感性，因此通过对生物光子辐射的探测和分析能够获得生物系统内部的微观信息，了解外界环境的微弱变化。本章简要介绍生物光子学研究的背景知识、基本概念、探测手段以及生物光子分析技术的主要应用。

关键词： 生物光子辐射，生物分子的跃迁，生物光子辐射的敏感性，生物光子分析技术

1.1　什么是生物光子？

萤火虫发光是自然界一个常见的生命现象，它属于高强度的生物发光[1.1]，肉眼可以看见。生物发光是一种酶催化的氧化作用[1.2]，存在于细菌、真菌、昆虫、鱼类等许多有机体中，但是在高等的动植物中没有发现生物发光[1.3]。

生物组织在某些化学物质的作用下，还可以诱发化学发光，这样的作用通常被表示为

$$A+B\longrightarrow (AB)^{*}\longrightarrow AB+h\nu \tag{1.1.1}$$

其中，A 是一种化学物质，如过氧化氢；B 是一个确定的细胞组分，如类脂[1.3]；$h\nu$ 是一个光子的能量。化学发光作为一个探索化学反应过程及产物的工具，已经被使用了很多年[1.4,1.5]。

与生物发光、化学发光不同，所有被测量的生物系统存在着超弱的光辐射，它们涉及的范围极为广泛：动物及其器官、组织、细胞、亚细胞，甚至生物大分子；植物及其根、茎、叶、花、果；各种水藻；各种微生物，如细菌、酵母菌等。这种普遍存在于生物系统中的超弱光辐射被称为“生物光子辐射”（biophoton emission）[1.6～1.18]。生物光子辐射的强度定义为被测样品每秒每平方厘米表面发射的光子数，它的数量级为几个到几千个光子。换言之，典型的生物光子流约为10^{-16} W/cm^2（取波长 $\lambda=500$nm）。这样的强度远低于通常的生物发光和化学

发光。生物光子辐射探测器的光谱响应通常为 200～800nm。在此区间，生物光子辐射的谱线基本上是连续的。

什么是生物光子的“源”？这是一个经常遇到的问题。从分子物理学的观点来看，生物光子可以被理解为生物分子从高能态向低能态的跃迁。这样的理解是基于一个众所周知的事实：生物系统具有新陈代谢的功能。换言之，生物系统是一个典型的开放系统，与外界环境存在着永恒的物质、能量、信息的交换。外界不间断地泵浦（pump）耗散的生物系统，使之处于一种远离热平衡的状态。事实上，生命物质的高能态具有很高的分子布居数（与热平衡状态相比较）。处于高能态的分子是不稳定的，它们必须向低能态跃迁，在此过程中释放能量，这就是生物光子（图 1.1）。而回到低能态的分子在外界作用下又跃迁到高能态，再次辐射光子。外界泵浦和光子辐射相伴发生，达到一个动态平衡。因此生物光子可以理解为生命活动的一种“损耗”，就像激光器的输出光束一样。这样，有理由相信生物光子携带着生命系统的微观信息。从量子理论的观点来看，生命系统的任何内部变化，无论是组分上的还是结构上的，都会引起系统微观能级的改变，从而导致生物光子辐射的改变。事实上，生物光子辐射已经被发现关联到许多基本的生命过程，如细胞分裂、受精卵发育、光合作用、有机体的病变和死亡等。另外，生物系统所处环境的变化也会影响系统的物质、功能、状态等方面的改变，并表现在生物光子辐射的改变。

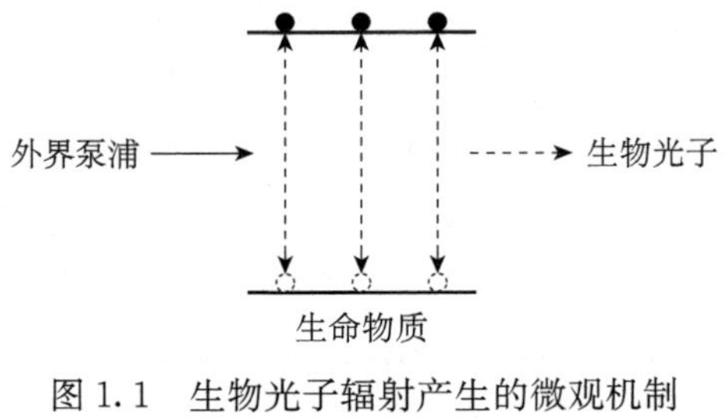

图 1.1　生物光子辐射产生的微观机制

在外界泵浦作用下，生物分子从低能态跃迁到高能态。处于高能态的分子不稳定，在跃迁回低能态的过程中辐射生物光子

用光子的特性（强度、光谱、光子空间分布、光子统计性质等）来反映生物系统内部性质的变化和外界环境的影响，这是一个由量子测量到宏观分析的过程，它的灵敏度是毋庸置疑的。事实上，大量的研究表明，生物光子的探测和分析能够揭示生物系统内部的细节变化、展示外界环境的微弱影响。

1.2 生物光子学研究进展

关于生物光子辐射的研究，可以追溯到 20 世纪 20 年代[1.19~1.21]。1923 年，苏联生物学家格威奇（Gurwitsch）借助于生物探测器完成了一个十分精彩的实验（图 1.2）。他把两个洋葱头的根丝垂直放置，两者靠得很近，但确实没有接触；然后使一个洋葱头的根（作为感应器）发生快速的细胞分裂；过了几个小时，发现另一个洋葱头的根（作为探测器）也跟着发生快速的细胞分裂；最后，探测器上正对着感应器的地方长出一个“小包”来！两者无接触，没有物质转移，后者怎么会长出小包呢？格威奇认为：感应器在细胞快速分裂时辐射微弱的紫外光，这种紫外光刺激了探测器的细胞，使之跟着快速分裂。由此，他把这个实验称为“有丝分裂辐射”（mitogenetic radiation）。尽管格威奇实验的可靠性已经被证实[1.22]，但他的工作在当时却没有引起科学界的重视，其原因是：①生物探测器在当时没有受到足够的重视，而其他更灵敏的探测手段还没有问世；②这个领域的实验重复工作有相当的难度；③生物化学的快速发展，对细胞生长的解释取得了一定的成功。因此关于有丝分裂辐射实验的评价，在以后 30 多年里一直没有定论。

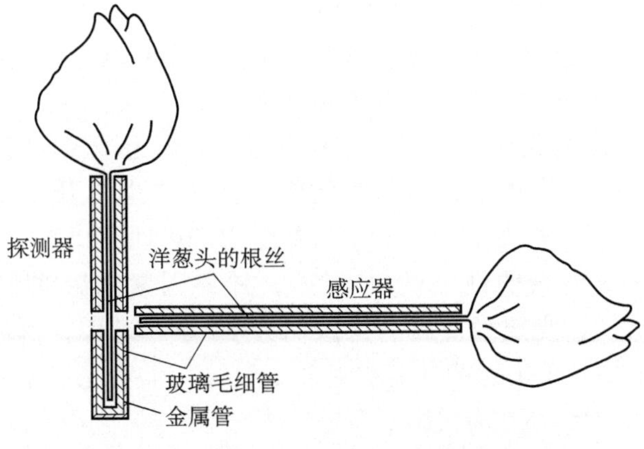

图 1.2　格威奇的有丝分裂辐射实验

一个洋葱头（作为探测器）的一个根插入一个玻璃管，再外套一个金属管。双管的某个部位有一个孔，通过这个孔，洋葱根的相应部位暴露于空气。正对着这个孔的是装有另一个洋葱根（作为感应器）的玻璃管的端部，玻璃管是开口的。感应器的根尖正好处在第二个管的端部，与探测器非常靠近，但确实没有接触。用生物手段使感应器的根发生快速细胞分裂，结果导致探测器开口部位跟着发生快速细胞分裂。这就是所谓的“有丝分裂辐射”

光电倍增管的诞生证实了生物光子辐射的存在。1955 年以科利（Colli）为首的意大利物理小组将一些植物幼芽（如小麦、谷子、菜豆、扁豆等）放置在装有光电倍增管的探测器上进行测量，他们确实观察到了超弱发光的现象[1.23]。强度为几百个光子/(s · cm^2)，波长为 390～690nm，峰值大约在 550nm。

这一发现唤起了苏联科学家的研究热情。在 20 世纪 60 年代，他们对生物光子辐射进行了全面的研究[1.6,1.24～1.26]。除了植物之外，还涉及许多动物组织，如青蛙的神经和肌肉、白鼠的肝脏、水牛的心脏，甚至包括酵母细胞这类微生物样品。在对 90 余种生物样品全面研究的基础上，得到一个重要的结论：生物光子辐射是一种普遍的现象，而且生物等级越高，辐射强度越大。

20 世纪 70 年代以后，以波普（Popp）为首的德国研究小组从实验和理论两个方面对生物光子辐射进行了系统的研究。波普最先使用了"biophoton"这一比较准确的提法。研究表明，生物光子具有高度的相干性，DNA 是生物光子的一个辐射源。这两点是生物光子学研究中的重大突破。

40 多年来，生物光子辐射的研究取得了巨大的进展，这是基于：①弱光探测技术的改进[1.6,1.23,1.25]；②生物系统中信息传递问题的研究更加深入[1.4～1.7,1.27]；③辐射与物质相互作用的量子理论（量子光学）的研究取得丰硕成果[1.28]，特别是辐射场的相干态、合作辐射、非经典光辐射的研究。生物光子辐射的众多研究成果已经构成了一门崭新的交叉学科——"生物光子学"[1.17,1.28]。它涉及分子生物学、微生物学、生物化学、量子光学、热力学、非平衡统计物理学、信息论、现代光电探测理论等许多领域。由此，生物光子学的研究和应用在世界范围内受到普遍的关注和重视。

生物光子学的研究成果主要涉及以下课题：生物光子辐射对 DNA 空间构象的依赖性[1.29～1.31]；生物光子辐射与生物学、生物物理学及生物化学过程的关联[1.6,1.13,1.32～1.39]；生物光子辐射的温度依赖性[1.7,1.40～1.44,1.45]；光谱分布[1.6,1.7,1.46～1.49]；光学透明性[1.7,1.27,1.50,1.51]；外界因素的影响[1.40,1.52,1.53]；光子计数统计[1.7,1.54～1.56]；光照激发后的弛豫动力学[1.7,1.57～1.76]；群体光子辐射的相干性[1.66～1.68]；生物光子辐射的非经典特征[1.28]等。生物光子学研究和应用的重要成果和最新进展被综述在有关的文章[1.7,1.11,1.13]及专著之中[1.14,1.17,1.28]。

大量的实验观察表明，生物光子来自生命物质内的非局域相干电磁场[1.13]。生命物质的能级分布服从开放系统的 f_ν = constant 规律[1.60]，它意味着：在理想的情况下（外界环境提供足够的泵浦能量），生命物质所有的相关激发态具有基本相同的布居数，与能级的高低无关。f_ν = constant 规律支配了生命物质中"混沌态"与"有序态"之间的一个非平衡相变。围绕着相变的临界点，由生物分子合作诱导的多模生物光子场能变得相当稳定。在稳态运转的过程中，生物光子辐射的相干性来源于生物光子场的位相锁定和模式锁定。在光激发后的弛豫动力学过程中，生物光子辐射的相干性表现为辐射强度的非指数衰变，即所谓“延迟发光”(delayed luminescence)[1.59]。非指数衰变起因于生命物质中集体分子的相干非线性偶合[1.62]。水蚤 Daphnia 的群体相干性表现为生物光子辐射的图样形成[1.66~1.67]，它能被理解为众多水蚤个体的生物光子场之间的干涉效应[1.28,1.68]。生物光子被认为在细胞通信中扮演了传递生物信息的作用，生物系统在新陈代谢过程中所显示出的极高效率，很可能是生物光子场高度相干性的结果[1.69,1.70]。有迹象表明，生物光子甚至可以工作在非经典态，具有极高的信噪比（signal/noise-ratio，SNR)[1.28,1.71]。

1.3 生物光子辐射的探测

生物光子辐射强度极弱，它的探测通常采用光子计数系统[1.6,1.7]，测量原理显示在图 1.3。探测系统的核心部件是光电倍增管，其灵敏度约为10^{-15} W。光电阴极的直径为 4.4cm，光谱响应范围是 200～800nm。在测量过程中，样品发射的光子抵达光电阴极，产生电脉冲。电脉冲继而被输进一个电子线路系统，在那里经过放大、甄别、计数等处理。最终的测量信号被计算机显示并储存。

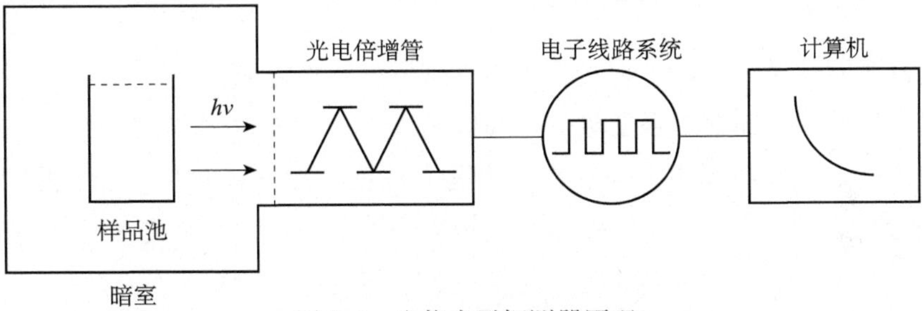

图 1.3 生物光子探测器原理

装有样品的石英玻璃池被放入暗室，置于光电倍增管之前。光电倍增管记录入射的光子，并将光信号转变为电信号。电信号继而被输入一个电子线路系统进行处理。计算机用来记录和显示测量数据，并通过软件控制整个测量过程

一个典型的测量结果显示在图 1.4，它包括样品的生物光子信号及探测器的本底噪声[1.71]。对于所使用的样品，信噪比为 25。噪声主要来自光电倍增管的暗电流，噪声随环境温度的升高而增加。为了降低噪声，提高信噪比，必须冷却光电倍增管。在我们的测量系统中，光电倍增管被冷却至－30℃。关于生物光子探测器的技术细节，在相关的文献中有详细的介绍[1.72,1.73]。

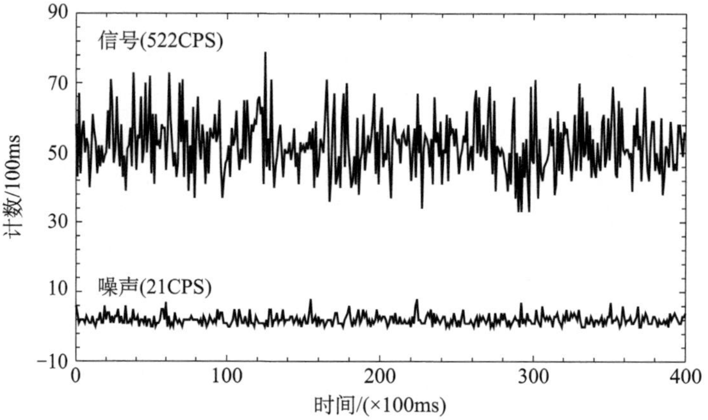

图 1.4 一个典型的测量结果：一片新鲜树叶的自发光子辐射与系统的本底噪声

树叶来自橡胶树（被测面积为 28cm^2），测量在室温下完成。光子计数的间隔为 Δt=100ms，观察点总数为 400。树叶自发光子辐射的平均值为 522CPS（counts per second），本底噪声的平均值为 21CPS，信噪比为 25

1.4 生物光子辐射的基本特征

大量实验结果表明，生物光子辐射具有下列基本特征。

（1）生物光子辐射的强度极低，其数量级为 10～1000 个光子/（s · cm^2），因而乘积 $I \times \Delta t$ 一般情况下小于 100，这里 I 是总的光子计数率，Δt 是计数间隔（典型值为 Δt=100ms），这样被测的生物光子场中约有 100 个光子。这意味着生物光子辐射绝不是一个经典效应，而是一个典型的量子现象。

（2）在所有被测量的样品中，生物光子辐射的谱线绝不呈现在某个频率处的尖峰，而是相当平坦的谱分布（测量范围 200～800nm）。这是因为生命物质的能级不服从封闭系统的玻尔兹曼（Boltzmann）分布，而是与 f_ν=constant 规律相吻合。按此规律，生命物质所有的相关激发态具有基本相同的布居，与能级的高低无关。

（3）对于所有被测量的生物样品，其光照后（白光或单色光）的生物光子辐射动力学均显示长时间的弛豫行为。这样一种延迟发光不服从指数衰变，意味着延迟发光绝不属于线性而是非线性动力学。它起因于集体生物分子之间的相干非线性相互作用。一个典型的延迟发光例子见图 1.5。

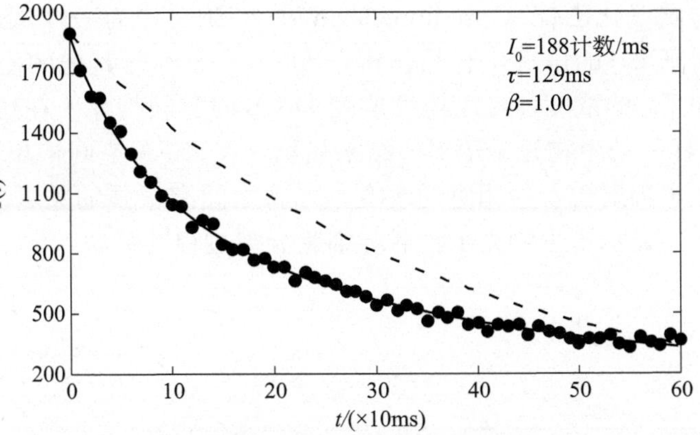

图 1.5 绿色单细胞水藻（acetabularia）的延迟发光

一株水藻被放入蒸馏水，它被白光照射后的弛豫动力学不服从指数衰变（虚线），而是很好地被双曲函数 $I(t)=I_0/(1+t/\tau)^\beta$ 所描述，关联度 $r=0.998$。观察值与期待值的最佳拟合给出参数 I_0，τ，β 的值

（4）生物光子被发现关联到许多生命过程和生物功能。特别是实验观察表明，不同的DNA空间构象相应于不同强度的生物光子辐射[1.29]（图1.6）。实验中

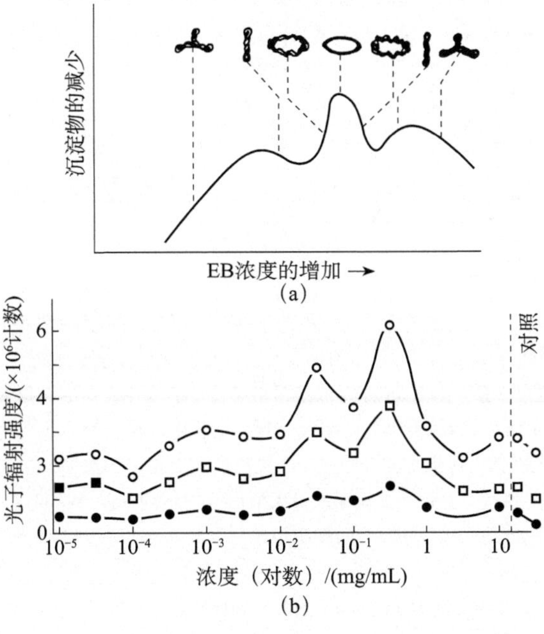

图 1.6 生物光子辐射对DNA空间构象的依赖性

(a) 黄瓜芽样品的DNA的沉降。将惰性试剂EB嵌入DNA的碱基对。随着EB浓度的增加，DNA的超螺旋结构被解开；继续增加EB的浓度，DNA的超螺旋结构又在相反的方向被卷曲。DNA沉降的变化反映了DNA空间构象的变化；(b) 在DNA空间构象的变化过程中，样品的生物光子辐射强度随之变化，二者之间存在着很强的关联。图中的三条曲线显示了在1h、2h、5h观察后生物光子辐射强度的增加

采用特殊的物质溴化乙锭（ethidium bromide，EB）作为一种试剂被嵌入 DNA 的碱基对。由于 EB 的惰性，它只作用于 DNA，而不与其他的生物分子发生作用。不断增加 EB 的浓度，可以连续改变 DNA 的空间构象。在这一过程中，同时测量 DNA 样品的生物光子辐射。结果显示，在 DNA 空间构象变化的过程中，样品的生物光子辐射也发生相应的改变，二者之间有很强的关联。另外，图 1.7 作为一个例子，显示了生物光子辐射与细胞分裂过程的关联[1.25]。

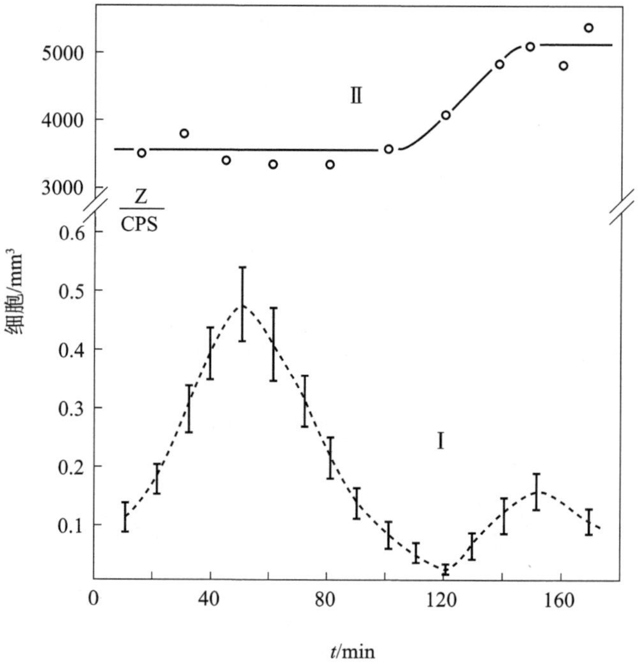

图 1.7　细胞样品的生物光子辐射对细胞密度的依赖性

采用同步化的酵母细胞（torula utilis）作为样品。实验中首先剥夺其培养液中一种特定的养料，使细胞分裂过程停顿，细胞密度（Ⅱ）在 100min 内维持在相对稳定的水平。然后在培养液中加入一定剂量的这种养料，于是酵母细胞同步地吸收该养料，同步地分裂，细胞密度在大约 50min 内持续增加。当该种养料被用尽后，细胞分裂再次停顿，细胞密度维持在一个较高的相对稳定的水平。在上述整个过程中，酵母细胞的生物光子辐射（Ⅰ）被测量。生物光子辐射的极大值出现在细胞密度维持稳定的状态（较低的细胞密度相应于较高的生物光子辐射强度），而细胞快速分裂的状态相应于生物光子辐射的极小值

（5）生物系统处于逆境（stress）时，如病变、受伤、外界环境突然变化等，其生物光子辐射行为一般会发生显著变化。不过变化的方式因情况而异，没有一个固定的模式。例如，在许多情况下，细胞癌变后的生物光子辐射强度增大，水藻在污染水中的生物光子辐射强度减小。大量实验观察显示，多种溶剂即使在浓度很低、剂量很小的情况下也可以显著地改变诸多生物系统的光子辐射。一个典

型的例子见图 1.8。不过也存在另类情况：即使很高浓度的毒剂注入，某些生物样品的光子辐射也可以在一定时间内保持相当稳定的水平。

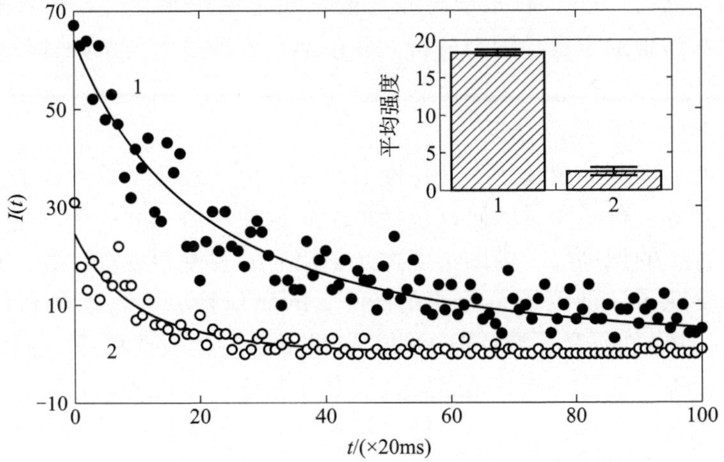

图 1.8 绿色水藻的延迟发光（水环境对生物光子辐射的影响）

样品 1：20mL 自来水＋水藻样品；样品 2：在样品 1 中添加 1mL 醋溶液（食用醋稀释到 0.1%）。图中的光滑曲线是实验数据的理论拟合［式（3.10.2）］。右上方的插图显示，两种情况下的平均强度之比为 18∶3，这里平均值及标准方差来自对每个样品的三次测量

1.5 生物光子分析技术应用简介

伴随着生物光子辐射实验和理论研究的发展，出现了一个新的分析技术，即所谓“生物光子分析技术”（biophoton analytical technology，BPAT）。与传统的分析方法不同，BPAT 给出被测样品由于内部变化及环境影响所引起的生物学效应的整体信息（holistic information），提供了一个关于生物系统基本特性的综合指标[1.74]。这个指标的具体生物学含义关联到被测样品本身的种类、状态、性质及外界环境因素等。生物光子分析技术的优点在于快速、灵敏、可靠、无损。事实上，基于生物光子辐射对内部变化及环境影响的敏感依赖性，BPAT 已经广泛应用于许多领域，本节对此予以简单介绍（详细的论述见第 12 章）。

1. 食品、饮料、水的质量检验

借助于这些样品的自发发光以及诱导发光的测量和分析，能对它们的质量进行检验和对照，包括对新鲜度变化的测量。液体样品的检测涉及饮用水、白酒、啤酒、葡萄酒、牛奶、食用油及各种饮料，特别是相关样品的特征识别。BPAT 还能用于液体中细菌浓度的快速测量，如啤酒生产线上的细菌污染监测。生物样品的诱导发光测量涉及不同的过程，如生物发光、化学发光、延迟发光、电致发

光[1.28]等。被测量的样品包括植物[1.75~1.77]、水果[1.76]、食品[1.78~1.79]、食油[1.78,1.80]、奶粉[1.80]、鸡蛋[1.81]、发酵食品[1.82,1.83]、酒类[1.28]、饮料和水[1.28]及其他的生物制品[1.84,1.85]。在水质检测方面，除了饮用水之外，还涉及环保产业的水质量和水污染的定量检测与分析，并包括水处理技术与水处理设备的作用效果的检验[1.28]。

2. 农业和种子质量的分析

农业方面的应用涉及植物生理特性的研究，包括最佳生长条件的探索，植物病虫害的检测等。种子质量的研究包括种子质量的评估、发芽率测定、含油量测定、转基因种子的识别等。借助于生物光子辐射的测量和分析，各类种子（如黄豆、大麦、葵花子、油菜子、各种花籽等）的质量检验和性能分析已经广泛展开[1.86~1.89]。这样的研究还涉及种子的新鲜度与其延迟发光强度之间的关系。实验结果表明，种子的活力与其延迟发光信号存在着一种负关联；用种子的有效组成部分（如粉状的蛋白质、淀粉、糖、氨基酸等）作为样品进行测量时，也得到了类似的结果。种子自发发光（spontaneous luminescence，SL）的信号也携带着关于种子质量的丰富信息[1.40,1.41]，这种方法曾被用来测量某些谷物种子的耐热性及耐寒性，以确定其较高及较低的温度临界点（即种子被热死或冻死的临界温度值）。在后来的研究中，其他种子的较高临界温度值也用同样的方法被测定，如小麦、玉米、棉花等[1.10]。Slawinski 小组也研究了许多类型的种子的自发发光，如小麦、大麦、豌豆等[1.90,1.91]。黄瓜的种子用两种方法进行研究：自发发光[1.6]和延迟发光[1.7]。水芹种子质量的研究分别由 Neurohr[1.92]和 Triglia[1.93]完成。用生物光子分析技术研究种子的质量，已经取得了丰硕的成果，它们能被广泛用于农业和食品工业[1.90]。

3. 人体健康状态的指示、疾病诊断、药物研究

在这些研究中，许多小组已经得到有意义的结果。Inaba 小组的研究表明，某些疾病患者（如癌症、糖尿病、黄疸等），其血液的生物光子辐射强度远高于健康人[1.80]。而抽烟者血液的生物光子辐射强度是不抽烟者的 2 倍，抽烟者停止抽烟一天后，其血液的生物光子辐射恢复到正常水平[1.94]。尽管这些现象的机理还不能完全确定，但应该包括由活性氧和自由基引起的类脂的过氧化作用。这类作用被确信存在于糖尿病、肝病、肺病等病变之中。有理由相信，生物光子分析技术在疾病诊断及临床处理中有广阔的应用前景[1.72,1.95]。事实上，人体血清的自发发光及电致发光的测量和分析已经为医疗科技提供了一个新的非常敏感的检测手段，涉及癌症与炎症的甄别、药物的过敏反应检测、心血管疾病的诊断等[1.10]。另外，一个专门用于人体全身测量的生物光子探测仪已经在 Popp 研究小组成功组建，它提供了一个探测人体（包括手指和脚趾）体表发光的新型的、

高灵敏度的、高稳定性的测量系统[1.96,1.97]。药物性质的研究涉及药品性能及效力的分析，包括癌症患者最佳药物的选择。利用病人血液在不同药品作用下所呈现的不同生物光子信号为寻找最佳治疗药品（它使血液的光子辐射趋于正常）提供了一个灵敏可靠的途径。另外，该技术还可能涉及中药性能的定量测试，现代中药数据库的建立等。

4. 肿瘤的生物光子辐射特征

生物光子分析技术的一个重要应用在于肿瘤诊断。大量研究表明，肿瘤（包括肿瘤组织和肿瘤细胞）的生物光子辐射与正常情况有很大的偏离[1.98~1.101]。Wijk 等对肿瘤的生物光子辐射进行了长期的研究，一个重要的研究结果是基于肿瘤细胞和相应的正常细胞的延迟发光的积分强度的测量。实验显示，在细胞浓度极低的情况下，肿瘤细胞和正常细胞的积分强度没有明显的区别。随着细胞浓度的增加，正常细胞的积分强度下降而肿瘤细胞的积分强度上升[1.102~1.104]。这个现象已经被 Popp 用生物光子储存理论进行了深刻的分析[1.13,1.105]，最新的研究结果提供了一个基于相变理论的定量描述[1.28]。研究发现，不同种类的肿瘤有不同的生物光子辐射行为，而一个共同点在于肿瘤细胞快速分裂期间，其生物光子辐射与正常情况有更大的偏离[1.10]。Musumeci 小组[1.106]和 Inaba 小组[1.107]在肿瘤生物光子辐射的研究中也取得了重要的成果。

参 考 文 献

[1.1] Harvey E N. Bioluminescence. New York：Academic Press，Inc.，1952.

[1.2] Seliger H H，McElroy W D. Spectral emission and quantum yield of firefly bioluminescence. Arch. Biochem. Biophys.，1960，88：136-141.

[1.3] Barenboim G M，Domanskii A N，Turoverov K K. Luminescence of Biopolymers and Cells. New York，London：Plenum，1969.

[1.4] Cormier M J，Hercules D M，Lee J. Chemiluminescence and Bioluminescence. New York：Plenum Press，1973.

[1.5] Schölmerich J，Andreesen R，Kapp A，et al. Bioluminescence and Chemiluminescence. New York：John & Wiley，1986.

[1.6] Ruth B. Experimental investigations on ultraweak photon emission. //Popp F A，Bekker G，König H L，et al. Electromagnetic Bio-Information. München，Wien，Baltimore：Urban & Schwarzenberg，1979.

[1.7] Popp F A，Ruth B，Bahr W，et al. Emission of visible and ultraviolet radiation by active biological systems. Collective Phenomena 3（Proceedings of an International Workshop），1981：187-214.

[1.8] Govindjee J，Fork C. Light Emission by Plants and Bacteria. New York：Academic

Press，1986.
[1.9] Jezowska-Trebiatowska B，Kochel B，Slawinski J，et al. Photon Emission from Biological Systems. Singapore：World Scientific，1987.
[1.10] Gu Q. Interactions of laser radiation with a biological cell. Optics News，1986，12：209.
[1.11] 顾樵．生物系统的超弱光子辐射（综述）．量子电子学，1988，5：97-108；生命系统的超弱光子辐射（综述）．科学，1989，41：35-40；生命系统的超弱光子辐射（生物物理讲座）．物理，1989，18：235-240.
[1.12] Gu Q. Photon statistics in ultraweak photon emission form living systems. Bull Am. Phys. Soc.，1988，33：1636.
[1.13] Popp F A. Coherent photon storage of biological systems//Electromagnetic bio-information，München-Wien-Baltimore：Urban & Schwarzenberg，1989：144-167.
[1.14] Popp F A，Li K H，Gu Q. Recent Advances in Biophoton Research and its Applications. Singapore，New Jersey，London，Hong Kong：World Scientific，1992.
[1.15] Gu Q，Popp F A. Nonlinear response of biophoton emission to external perturbations (review)．Experientia，1992，48：1069-1082.
[1.16] Popp F A，Gu Q，Li K H. Biophoton emission：Experimental background and theoretical approaches (review)．Modern Phys. Lett.，1994，B8：1269-1296.
[1.17] Beloussov L V，Popp F A. Biophotonics. Moscow：Bioinform Services Co.，1995.
[1.18] Chang J J，Fisch J，Popp F A. Biophotons. Dordrecht，Boston，London：Kluwer Academic Publishers，1998.
[1.19] Gurwitsch A G. Die Natur des spezifischen Erregers der Zellteilung. Arch. Entw. Mech. Org.，1923，100：11-40；Gurvich A G. Mitogenetic Radiation (in Russian)．Moscow：Medgiz，1945.
[1.20] Gurwitsch A A. A historical review of the problem of mitogenetic radiation. Experientia，1988，44：545-550.
[1.21] Gurwitsch A A. Mitogenetic radiation as an evidence of nonequilibrium properties of living matter//Recent Advances in Biophoton Research and its Applications. Singapore，New Jersey，London，Hong Kong：World Scientific，1992.
[1.22] Reiter T，Gabor D. Ultraviolette Strahlung und Zellteilung；Berlin：Wissenschaftliche Veröffentlichung aus dem Siemenskonzern，1928.
[1.23] Colli L，Facchini U，Guidotti G，et al. Further measurements on the bioluminescence of the seedlings. 1955，Experientia，11：479-481.
[1.24] Popov G A，Tarusov B N. Nature of spontaneous luminescence of animal tissues. Biophysics，1963，8：372-376.
[1.25] Konev S V，Lyskova T I，Nisenbaum G D. Very weak bio luminescence of cells in the ultraviolet region of the spectrum and its biological role. Biophysics，1966，11：410-413.
[1.26] Mamedov T G，Popov G A，Konev V V. Ultraweak luminescence of various organisms. Biophysics，1969，14：1102-1107.

[1.27] Popp F A. Photon-storage in biological systems//Electromagnetic Bio-Information. München, Wien, Baltimore: Urban & Schwarzenberg, 1979.

[1.28] Gu Q. Radiation and Bioinformation. New York: Science Press, 2003; 顾樵. 生物光子学. 北京: 科学出版社, 2007; 顾樵. 生物光子学（第二版）. 北京: 科学出版社, 2012.

[1.29] Rattemeyer M, Popp F A, Nagl W. Evidence of photon emission from DNA in living systems. Naturwissenschaften, 1981, 68: 572-573.

[1.30] Popp F A, Nagl W, Li K H, et al. Biophoton Emission: New evidence for coherence and DNA as source. Cell Biophys, 1984, 6: 33-52.

[1.31] Chwirot W B. New indications of possible role of DNA in ultraweak photon emission from biological systems. J. Pl. Physiol., 1986, 122: 81-86.

[1.32] Quickenden T I, Tilbury R N. Growth dependent luminescence from cultures of normal and respiratory deficient Saccharomyces cerevisiae. Photochem. Photobiol., 1983, 37: 337-344; Tilbury R N. The effect of stress factors on the spontaneous photon emission from microorganisms. Experientia, 1992, 48: 1030-1041.

[1.33] Slawinska D, Slawinski J. Biological chemiluminescence. Photochem. Photobiol., 1983, 37: 709-715.

[1.34] Zevenboom W, Mur L C. Growth and photosynthetic response of the cyanobacterium Microcystis aeruginosa in relation to photoperiodicity and irradiance. Archs Microbiol. Photobiol., 1984, 139: 232-239.

[1.35] Koga K, Sato T, Ootaki T. Negative phototropism in the piloboloid mutants of Phycomyces blakeslecanus. Planta, 1984, 162: 97-103.

[1.36] Slawinska D, Slawinski J. Low-level luminescence from biological objects//Chemi-and Bioluminescence. New York, Basel: Marcel Dekker, Inc., 1985.

[1.37] Sweeney B M. The loss of the circadian rhythm in photosynthesis in an old strain of Gonyaulax polyedra. Pl. Physiol., 1986, 80: 978-981.

[1.38] Johnson R G, Haynes R H. Evidence from photoreaction kinetics for multiple DNA photolyases in yeast (Saccharomyces cerevisiae). Photochem. Photobiol, 1986, 43: 423-428.

[1.39] Popp F A, Cilento G, Chwirot W B, et al. Biophoton emission (Multi-author Review). Experientia, 1988, 44: 543-600.

[1.40] Veselovskii V A, Sekamova Y N, Tarusov V N. Mechanism of ultraweak spontaneous luminescence of organisms. Biophysics, 1963, 8: 147-150.

[1.41] Agaverdiyev A Sh, Doskoch Y Y, Tarusov B N. Effect of low temperature on the ultraweak luminescence of plants. Biophysics, 1965, 10: 920-924.

[1.42] Agaverdiyev A Sh, Tarusov B N. Ultraweak chemiluminescence of the stems of wheat in relation to temperature. Biophysics, 1965, 10: 387-389.

[1.43] Tarusov B N. Autoregulatory role of anti-oxidants on adaptation of organisms to the conditions of the environment. Biophysics, 1970, 15: 345-354.

[1.44] Shlyakhtina L S, Gurvich A A. Radiations from the mouse liver at normal temperature and on cooling. Biophysics, 1972, 17: 1146-1150.

[1.45] Slawinski J, Popp F A. Temperature hysteresis of low level luminescence from plants and its thermodynamical analysis. J. Pl. Physiol., 1987, 130: 111-123.

[1.46] Quickenden T E, Hee S Q. The spectral distribution of the luminescence emitted during growth of the yeast Saccharomyces cerevisiae and its relationship to mitogenetic radiation. Photochem. Photobiol., 1976, 23: 201-204.

[1.47] Inaba H, Shimizu Y, Tsuji Y, et al. Photon counting spectral analyzing system of extra-weak chemi-and bioluminescence for biomedical applications. Photochem. Photobiol., 1979, 30: 169-175.

[1.48] Slawinski J, Grabikowski E, Ciesla L. Spectral distribution of ultraweak luminescence from germinating plants. J. Luminesc., 1981, 24/25: 791-794.

[1.49] Slawinska D, Polewski K. Spectral analysis of plant chemiluminescence: participation of polyphenols and aldehydes in light-producting relation//Photon Emission from Biological Systems. Singapore: World Scientific, 1987.

[1.50] Mandoli D F, Briggs W H. Optical properties of etiolated plant tissues. Proc. natl Acad. Sci. (USA), 1982, 79: 2902-2906.

[1.51] Chwirot W B, Dygdala R S. Light transmission of scales covering male in fluorescence and leaf buds in larch during microsporogenesis. J. Pl. Physiol., 1986, 125: 79-86.

[1.52] Dobrowolski J W, Borkowski J, Szymczyk S. Preliminary investigation of the influence of laser light on the bioluminescence of blood cells: Laser stimulation of cumulation of selenium in tomato fruit//Photon Emission from Biological Systems, Singapore: World Scientific, 1987.

[1.53] Tryka S, Koper R. Luminescence of cereal grain subjected to the effect of mechanical loads//Photon Emission from Biological Systems. Singapore: World Scientific, 1987.

[1.54] Popp F A, Li K H, Mei W P, et al. Physical Aspects of Biophotons. Experientia, 1988, 44: 576-585.

[1.55] Shen X, Liu F, Li X Y. Experimental study on photocount statistics of the ultraweak photon emission from some living organisms. Experientia, 1993, 49: 291-295.

[1.56] Gu Q. Biophoton Statistics. Journal of the Society of Chinese Physicists in Germany, 1998, 4: 11-16.

[1.57] Gerhardt V, Krause H, Raba G, et al. Delayed fluorescence from photosynthetic active phytoplankton in the time-range from 1 to 55 seconds. J. Luminesc., 1981, 24/25: 799-802.

[1.58] Li K H, Popp F A. Non-exponential decay law of radiation system with coherent rescattering. Phys. Lett., 1983, A93: 262-266.

[1.59] Jursinic P A. Delayed Fluorescence: Current Concepts and Status//Light Emission by

Plants and Bacteria. Orlardo: Academic Press, Inc. , 1986.

[1.60] Popp F A. Some essential questions of biophoton research and probable answers//Recent Advances in Biophoton Research and its Applications, Singapore, New Jersey, London, Hong Kong: World Scientific, 1992.

[1.61] Popp F A, Li K H. Hyperbolic relaxation as a sufficient condition of a fully coherent ergodic field//Recent Advances in Biophoton Research and its Applications, Singapore, New Jersey, London, Hong Kong: World Scientific, 1992.

[1.62] Gu Q. Quantum theory of biophoton emission//Recent Advances in Biophoton Research and its Applications Singapore, New Jersey, London, Hong Kong: World Scientific, 1992.

[1.63] Chwirot W B. Ultraweak luminescence studies of microsporogenesis in larch//Recent Advances in Biophoton Research and its Applications, Popp F A, Singapore, New Jersey, London, Hong Kong: World Scientific, 1992.

[1.64] Musumeci F, Godlewski M, Popp F A, et al. Time behaviour of delayed luminescence in Acetabularia acetabulum//Recent Advances in Biophoton Research and its Applications. Singapore, New Jersey, London, Hong Kong: World Scientific, 1992.

[1.65] Niggli H J. Biophoton re-emission studies in carcinogenic mouse melanoma cells//Recent Advances in Biophoton Research and its Applications. Singapore, New Jersey, London, Hong Kong: World Scientific, 1992.

[1.66] Galle M, Neurohr R, Altmann G, et al. Biophoton emission from Daphnia magna: A possible factor in the self-regulation of swarming. Experientia, 1991, 47: 457-460.

[1.67] Galle M. Population density-dependence of biophoton emission from Daphnia//Recent Advances in Biophoton Research and its Applications, Singapore, New Jersey, London, Hong Kong: World Scientific, 1992.

[1.68] Popp F A. Some remarks on biological consequences of a coherent biophoton field//Recent Advances in Biophoton Research and its Applications, Singapore, New Jersey, London, Hong Kong: World Scientific, 1992.

[1.69] Gu Q, Popp F A. Biophoton Physics: A potential measure of organizational order//Biologic Effects of Light 1993. Berlin, New York: Walter de Gruyter, 1994.

[1.70] Gu Q, Popp F A. Biophoton emission as a potential measure of organizational order. Science in China, 1994, B37: 1099-1112.

[1.71] Gu Q. Biophotons and Nonclassical Light//Biophotons, Dordrecht, Boston, London: Kluwer Academic Publishers, 1998.

[1.72] Inaba H. Super-high sensitivity system for detection and spectral analysis of ultraweak photon emission from biological cells and tissues. Experientia, 1988, 44: 550-559.

[1.73] Mieg C, Mei W P, Popp F A. Technical notes to biophoton emission//Recent Advances in Biophoton Research and its Applications; Popp F A, Li K H, Gu Q, Singapore, New Jersey, London, Hong Kong: World Scientific, 1992.

[1.74] Slawinski J, Ezzahir A, Godlewski M, et al. Stress-induced photon emission from perturbed organisms. Experientia, 1992, 48: 1041-1058.

[1.75] Lavorel J. Luminescence//Bioenergetics of Photosynthesis, New York: Academic Press, 1975.

[1.76] Malkin S. Delayed luminescence//Primary Processes of Photosynthesis, Elsevier, North-Holland, Amsterdam: Biomedical Press, 1977.

[1.77] Teubner R, Rattemeyer M, Mehlhardt W. Eine neue Methode zur Untersuchung der Qualität von Pflanzen und Fruechten. Aerztezeitschrift für Naturheilverfahren, 1981, 4: 204-205; Teubner R. Zur Qualitätsbestimmung von Nutzpflanzen, insbesondere Medizinalpflanzen, mit Hilfe der ultraschwachen Photonenemission. Dissertation, Fachbereich Agrarwissenschaften, Göttingen, 1985.

[1.78] Usuki K, Kaneda T, Yamagishi A, et al. Estimation of oxidative deterioration of oils and foods by measurement of ultraweak chemiluminescence. J. Food Sci., 1979, 44: 1573-1576.

[1.79] Löliger J. Food oxidation as measured by chemiluminescence. J. Luminescence, 1984, 31&32: 908-910.

[1.80] Swinbanks D. Body light points to health. Nature, 1986, 324: 203.

[1.81] Woodward S A, Janky D M, Harms R H. The influence of light on egg yolk. Pigmentation. Poultry Science, 1986, 65: 508-510.

[1.82] Stauff J, Reske G. Lumineszenz von Hefe. Naturwissenschaften, 1964, 51: 39.

[1.83] Mei W P. Ultraweak photon emission from synchronized yeast (Saccharomyces cerevisiae) as a function of the cell division cycle//Recent Advances in Biophoton Research and its Applications. Singapore, New Jersey, London, Hong Kong: World Scientific, 1992.

[1.84] Köhler B, Lambing K, Neurohr R, et al. Photonenemission-eine neue methode zur erfassung der "qualität" von lebensmitteln. Deutsche Lebensmittel-Rundschau, 1991, 3: 78-83.

[1.85] Lambing K. Biophoton Measurement as a Supplement to the Conventional Consideration of Food Quality//Recent Advances in Biophoton Research and its Applications. Singapore, New Jersey, London, Hong Kong: World Scientific, 1992.

[1.86] Veselova T V, Veselovskii V A, Krasnovskii A A, et al. Delayed luminescence of seeds. Biophysics, 1985, 30: 775-777.

[1.87] Veselova T V, Veselovsky V A, Rubin A B, et al. Delayed luminescence of air-dry soybean seeds as a measure of their viability. Physiol. Plant, 1985, 65: 493-497.

[1.88] Veselova T V, Veselovskii V A, Kozar V I, et al. Delayed luminescence of soybean seeds during swelling and accelerated ageing. Seed Science and Technology, 1988, 16: 105-114.

[1.89] Kartashova E R, Veselova T V, Veselovskii V A, et al. The delayed luminescence of sunflower seeds during prolonged storage under conditions of a regulated gas medium and in the air. Biol. Nauki，1988：31-35.

[1.90] Slawinski J，Grabikowski E，Murkowski A. Quantometri apparatus for the recording ultraweak biological luminescence and its applications to agriculture and food industry. Zeszyty Naukowe Akademii Rolniczej w Szczecinie，1971，37：301-315.

[1.91] Slawinski J，Majchrowicz I，Grabikowski E. Ultraweak luminescence from germinating spores of Entomophthora virulenta. Acta mycol，1981，17：127-135.

[1.92] Neurohr R. Non-linear optical properties of delayed luminescence from cress seeds//Recent Advances in Biophoton Research and its Applications，Singapore，New Jersey，London，Hong Kong：World Scientific，1992.

[1.93] Triglia A，Grasso F，Musumeci F，et al. Temperature dependence of the ultraweak spontieous photon emission from soya seeds. IL Nuovo Cimento，1993，D15：1361-1370.

[1.94] Yoda B，Goto Y，Saeki A，et al. Chemiluminescence of Smoker's Blood and its Possible Relationship to Cigarette Smoke Components//Photon Emission from Biological Systems. Singapore：World Scientific，1987.

[1.95] Klima H，Haas O，Roschger P. Photon Emission from Blood Cells and its Possible Role in Immune System Regulation//Photon Emission from Biological Systems. Singapore：World Scientific，1987.

[1.96] Cohen S，Popp F A. Whole-Body Counting of Biophotons and its Relation to Biological Rhythms//Biophotons，Dordrecht，Boston. London：Kluwer Academic Publishers，1998.

[1.97] Cohen S，Popp F A. Biophoton emission of human body. Photochem. Photobiol. B：Biol.，1997，40：187-189.

[1.98] Braun D P，Harris J E，Maximovich S，et al. Chemiluminescence in peripheral blood mononuclear cells from solid tumor cancer patients. Cancer Immun. Immunother，1981，12：31-37.

[1.99] Braun D P，Deboer K P. Chemiluminescence，suppression and cytotoxicity in peripheral blood mononuclear cells from solid tumor cancer patients. Cancer Immun. Immunother，1982，14：86-91.

[1.100] Cadenas E，Wefers H，Sies H. Low-level luminescence of isolated hepatocytes. Eur. J. Biochem.，1981，119：531-536.

[1.101] Inaba H，Yamagishi A，Takyu C，et al. Development of an ultra-high sensitive photon counting system and its application to biomedical measurements. Optics Lasers Engineering，1982，3：125-130.

[1.102] Schamhart D H J，Wijk R V. Photon emission and the degree of differentiation in photon emission from biological systems//Photon Emission from Biological Systems. Singapore：World Scientific，1987.

[1.103] Wijk R V，Schamhart D H J. Regulatory aspects of low intensity photon emission. Experientia, 1988, 44: 586-593.

[1. 104] Wijk R V, Aken H V, Mei W, et al. Light-induced photon emission by mammalian cells. Photochem. Photobiol. B: Biol., 1993, 18: 75-79.

[1. 105] Nagl W, Popp F A. Opposite long-range interactions between normal and malignant cells//Barret T W, Pohl H A, Energy Transfer Dynamics. Heidelberg, Berlin, New York: Spring, 1987.

[1. 106] Grasso F, Grillo C, Musumeci F, et al. Photon emission from normal and tumor human tissues. Experientia, 1992, 48: 10-13.

[1. 107] Amano T, Kobayashi M, Devaraj B, 1992, Ultraweak biophoton emission imaging of transplanted bladder cancer. J. Urol. Res. 1995, 23: 315-318.

第 2 章　生物光子辐射的相干性理论

摘要： 生物光子辐射的相干性理论是在生命系统的“耗散结构”本质的基础上发展起来的。本章叙述该理论的几个基本问题，涉及它的物理基础，Popp 的 f_ν＝constant 规律，延迟发光的双曲性弛豫及生物光子的亚辐射特征。利用这种相干性理论，一种分析生命态有序性的方法被引入，它的核心是生命系统的“共振腔”模型。作为生命态有序性分析方法的一个具体例子，在水果生物光子辐射测量和分析的基础上，讨论了其新鲜度的演化问题。

关键词： 生物光子辐射的相干性理论，f_ν＝constant 规律，双曲性弛豫，亚辐射，生命态有序性分析，品质因子 Q

2.1　引　　言

关于生物光子产生机制的解释，存在着两个对立的理论体系：“破缺理论”[2.1]与“相干性理论”[1.14,1.15,1.27,1.58,1.62,1.71,2.2,2.3]。基于电化学分析的破缺理论认为生物光子来自生命系统新陈代谢过程中某种随机的起伏。而相干性理论则是基于辐射与物质相互作用的物理机制，强调生物光子辐射起源于生命物质中多模光子辐射与集体生物分子之间的一种相干非线性相互作用。这样一种相互作用能用不同的物理模型描述，它们涉及热力学、非平衡统计物理学、混沌理论、量子光学的相干态理论、多体系统的合作辐射理论及腔的量子电动力学理论。这些模型构成了在“相干性”机制的基础上描述生物光子行为的一个理论体系，它已经在 Popp 等的综述性论文里[1.14]被详细介绍。本章叙述关于生物光子辐射的相干性理论的几个基本问题。

2.2　相干性理论的物理基础

生物光子辐射的相干性理论是在生物系统的“耗散结构”本质的基础上发展起来的[2.4]。理解生物系统的“耗散结构”本质，最简捷的途径是借助于激光形成的物理机制。正如著名德国物理学家、协同学的创始人哈肯（Haken）所说：“激光的物理机制沟通了物理学与生物学”。生命系统与激光器之间确实存在惊人的相似之处[2.5]，概括地讲，二者都是非线性的非平衡的开放系统。下面对其进行具体论述。

1. 非线性系统

在许多研究领域中，常常要处理由大量同类子系统构成的集合体。一般情况下，这些子系统之间存在着相互作用，因此集合体的性质不能由子系统性质的简单相加而得到，这就是一种典型的非线性效应。激光器的工作物质是由大量偶极子组成的，生命系统是由大量细胞组成的。它们的宏观性质都不能由子系统（偶极子或细胞）的简单相加而得到，这是由于子系统之间存在着复杂的相互作用。因此，激光器和生命系统都属于典型的非线性系统。

非线性系统的一个突出表现是存在饱和效应。在生命运动中饱和效应比比皆是，如酶反应的基本方程是

$$V=\frac{V_0}{1+\dfrac{S_0}{S}} \tag{2.2.1}$$

其中，V 是酶反应速率；S 是酶的浓度；S_0 和 V_0 是常数。当 S 很小时，V 随 S 呈准线性的变化；当 S 很大时，V 趋于饱和值 V_0。在激光器中有许多类似的行为，众所周知，均匀加宽的激光工作物质的增益系数可以表示为

$$G=\frac{G^0}{1+\dfrac{I_{\mathrm{i}}}{I}} \tag{2.2.2}$$

其中，I_{i} 是入射光强；I 是饱和光强；G^0 是小信号增益；G 随 I 的变化呈现出与式（2.2.1）相同的行为。

2. 非平衡系统

我们知道，在热平衡条件下，激光物质各能级上的粒子数服从玻尔兹曼分布，这样上能级的粒子数总比下能级的少。在足够强的外界泵浦之下，可以出现粒子数反转。而处于反转分布的系统受到外来光子或本身自发辐射光子的扰动，就产生瀑布般的光子发射，这就是所谓的受激辐射[2.6]。如果采用一定手段使系统在受激辐射的同时保持动态稳定的粒子数反转，那么这个系统就处于稳定的非平衡状态。通常的连续泵浦激光器就处于这种状态。生命系统也能形成稳定的非平衡状态。生物学家在荧光实验中已经发现，DNA 分子的碱基由于堆垒相互作用能够形成只存在于激发态上的物质，它们在基态上分解成单体。这种现象已由二核苷酸荧光谱相对于单体荧光谱产生一无结构的红移而得到证实[2.7]。在激光器中维持稳定粒子数反转的能量来自泵浦源。在生物系统中维持生物分子稳定非平衡态的能源则是新陈代谢中的生化能，如糖酵解（glycolysis）、三磷酸腺苷 ATP 等。

3. 开放系统

激光系统之所以能够处于稳定的反转分布是因为不断地从外界泵浦中获得能

量，即它是一个开放的系统。从热力学的观点看，工作物质从最初的玻尔兹曼分布变成反转分布，辐射光由最初的各向同性的普通荧光变成谱线极窄、方向性极好的有序光束，这必然导致激光系统熵的减少。这是否违反热力学第二定律呢?回答是否定的。因为激光不是一个孤立的系统，从外界泵浦中不断吸收能量的结果是，不但抵消了激光系统在向平衡态演化中熵的增加，还使净熵减少，从而维持其连续工作的状态。生命系统也是一个典型的开放系统。早在 20 世纪 40 年代，波动力学的创始人薛定谔（Schrödinger）就提出了生命体“以食负熵为生”的观点。其含义是，生命体熵的减少是因为不断地从外界吸收能量（阳光、水分、食物等），从而维持其赖以生存的有序状态。可见，激光器和生物体之所以能够保持高度的有序性，是因为二者都是开放系统，都不断地从外界吸收能量。

生命系统的非线性、非平衡性、开放性的综合表述就是生命系统的“相干性”。生命运动是无限多生物子系统（在不同的层次上有器官、组织、细胞、亚细胞、生物大分子等）的集体效应[2.5]。它们之间存在着特殊的通信方式，基于此它们被组织起来，在新陈代谢活动中表现出关联、协同、合作的行为，从而导致生命体内部的大范围相干性和宏观上的高度有序性。生命系统的相干性在生物光子辐射中表现为生物子系统之间的“合作辐射”。按照迪克（Dicke）的合作辐射理论，这种辐射可以是相长的超辐射（constructive superradiance)，也可以是相消的亚辐射（destructive subradiance）。按照 Fröhlich 的能量储存（energy storage）观点[2.8]和 Popp 的光子储存（photon storage）理论[1.13]，相消作用能在生命活动中扮演一个更本质的角色[1.68]。

2.3 Popp 的 f_ν = constant 规律

众所周知，对于一个能量守恒、粒子数守恒的封闭系统，它的能级服从玻尔兹曼分布

$$f_i = g_i \exp\left(-\frac{E_i}{k_B T}\right) \tag{2.3.1}$$

其中，E_i 是第 i 个能级的能量；g_i 是一个权重因子；k_B 是玻尔兹曼常量；T 是系统的绝对温度。

不过，生命物质作为一个开放系统，不具有能量守恒和粒子数守恒。现在考查一个开放系统的能级分布，出发点是经典系统的统计熵[1.28]

$$S = -\sum_i p_i \ln p_i \tag{2.3.2}$$

其中，p_i 是系统存在于第 i 个状态的概率，服从归一化条件

$$\sum_i p_i = 1 \tag{2.3.3}$$

现在从理论上证明，在约束条件（2.3.3）下，熵（2.3.2）的最大化将导致一个常数概率 p_i。为此我们按照最大熵原理[2.9]，借助于拉格朗日（Lagrange）乘子法，寻找系统取最大熵情况下的能级分布。变化式（2.3.2）中的 p_i，给出 S 的变分

$$\delta S = -\sum_i (1 + \ln p_i)\delta p_i = 0 \tag{2.3.4}$$

这里由 $\delta S=0$ 计算 S 的最大值。同时，对约束条件式（2.3.3）的变分给出

$$\sum_i \delta p_i = 0 \tag{2.3.5}$$

按照拉格朗日乘子法，用一个乘子 λ 去乘式（2.3.5）的两边，并与式（2.3.4）相加，得到

$$\sum_i (1 + \ln p_i + \lambda)\delta p_i = 0 \tag{2.3.6}$$

现在每一个 δp_i 都是独立的，式（2.3.6）成立的必要充分条件是求和中的每一项为零

$$1 + \ln p_i + \lambda = 0 \tag{2.3.7}$$

由此得到结论：每一个 p_i 必须是常数，不依赖于系统的状态 i。换言之，一个开放系统的能级分布是[1.60]

$$f_\nu = \text{constant} \tag{2.3.8}$$

它意味着所有能级上具有相同的布居数，这就是 Popp 的 f_ν=constant 规律。

我们知道，能级分布 f_ν 是可测量的。对于生物系统的测量结果显示，f_ν=constant 规律确实是成立的[1.60]。这样从热力学的观点，可以得出如下结论：①生命系统不处于热平衡态；②生命系统满足 f_ν=constant 规律，这个规律描述了一个理想的开放系统，外界能量供给是充分的；③生命物质的各个激发态具有相同的粒子布居，与能级的高低无关。

为了理解 f_ν=constant 规律的含义，现在将它与玻尔兹曼分布相比较。为简单起见，考虑一个二能级系统，设生命物质与处于热平衡态的非生命物质的高能级的粒子数分别为 N_1 和 N_n，两个系统的总粒子数均为 N。生命物质的高（低）能级的布居数比值为

$$\frac{N_1}{N - N_1} = f_\nu(\text{constant}) \approx 1 \tag{2.3.9}$$

对于处于热平衡态的非生命物质，有

$$\frac{N_n}{N-N_n}=\frac{g_2\exp(-E_2/k_{\mathrm{B}}T)}{g_1\exp(-E_1/k_{\mathrm{B}}T)}\approx\exp\left(-\frac{h\nu}{k_{\mathrm{B}}T}\right)\ll 1 \qquad (2.3.10)$$

其中，$E_2(E_1)$ 是高（低）能级的能量；$h\nu=E_2-E_1$ 是两个能级的能量间隔；T 表示系统的生理学温度；ν 是通常的光学频率，这里已经取 $g_1\approx g_2$。通过关系式（2.3.9）与式（2.3.10）的比较给出：

$$N_1\gg N_n \qquad (2.3.11)$$

为了对式（2.3.11）有一个直观的了解，作一个典型的估算：取 $T=300\text{K}$，$\nu=6\times10^{14}\,\text{Hz}$（$\lambda=500\text{nm}$），有 $k_{\mathrm{B}}T=4.14\times10^{-21}\text{J}$，$h\nu=3.98\times10^{-19}\text{J}$，这样 $\exp(-h\nu/k_{\mathrm{B}}T)\approx e^{-100}$。可见生命物质的激发态布居数远大于处于热平衡态的非生命物质的激发态布居数，这一结论被直观显示在图 2.1 中。实际上，生命物质激发态的高布居数的事实已经在分子生物学的荧光实验中被观察到[2.7]。

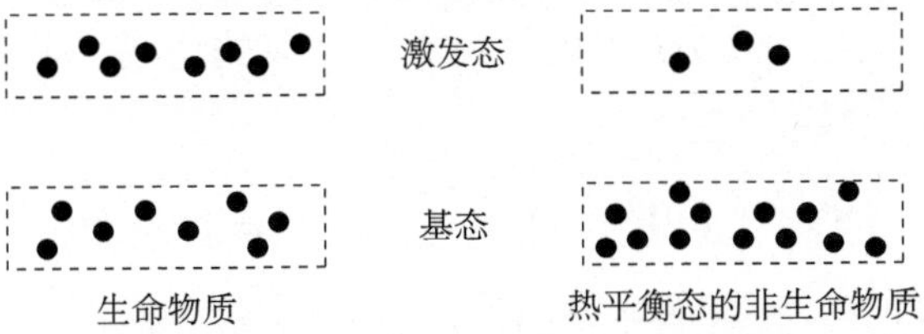

图 2.1 生命物质和热平衡态的非生命物质的能级布居数示意图
生命物质的激发态布居数远大于热平衡态的非生命物质的激发态布居数

基于 f_ν＝constant 规律，生物组织和生命活动中的许多奇异现象能够得到圆满的解释。下面叙述一些典型的例子。

（1）自然界的有机生命体能够用最巧妙的方式使自身处于最佳的生命状态。有机体具有熵的最大绝对值，却可以通过内部的大范围相干性，使众多的生命自由度关联起来（从热力学的观点，这相当于降低了微观状态的数目），以至于达到最高程度的有序性，从而使自身熵的绝对值最小化。在理想的情况下，微观状态数目 $W\to1$，而熵的绝对值 $S=\ln W\to0$。这种情况可以发生在 DAN 之中[1.13]。

（2）利用 f_ν＝constant 规律能够最合理地解释生物组织的透明性效应：生命物质对生物光子的传播显示了高度的透明性。例如，来自黄瓜芽的生物光子流通过大豆细胞时，几乎没有光能量损失[1.60]。这是生命物质对相干光子流的一种“漂白”作用。本质上是由于生命物质激发态的高度布居性，相干光子流在穿过时不发生显著的吸收作用。

（3）f_ν＝constant 规律关系到这样一个事实：生物信号在生命物质内部传播时具有最可能高的信噪比（SNR）。实际上对信噪比[1.27]

$$\mathrm{SNR}=\frac{\dot{n}}{4\Delta\nu}\left[\exp\left(\frac{h\nu}{k_{\mathrm{B}}\Theta(\nu)}\right)-1\right] \tag{2.3.12}$$

的最大化直接给出 f_ν=constant 规律，其中 $\Theta(\nu)$ 具有温度的量纲，称为色温（依赖于频率 ν）。生物信号的高信噪比是生物系统高度敏感性的原因之一。

（4）f_ν=constant 规律支配了生命系统中的一种非平衡相变，它发生在一个有序的、低度耗散态与一个混沌的、高度柔韧态之间。生物系统维持在相变临界点附近，并不断地发射位相锁定、模式锁定的生物光子[1.13]。

（5）生命物质激发态的高度布居性引起的另一个效应是生命组织内的生化反应具有极高的反应速率。它比相同温度下在热平衡系统中发生的普通化学反应的速率高出许多数量级。这是由于被储存于生命物质激发态的能量在生化反应中释放出来，大大加快了反应速率。

最后需要强调，生物系统是一个高度有序的系统，从熵的角度描述生物系统是一个重要的途径。f_ν=constant 规律关系到光束的谱熵。普朗克（Planck）关于光束的谱熵的表达式为[1.60]

$$S\propto\frac{1}{\tau}[(1+i\tau)\ln(1+i\tau)-i\tau\ln(i\tau)] \tag{2.3.13}$$

其中，i 是光子强度；τ 是相干性时间；$i\tau$ 是光子数。对于给定的生物系统，光子辐射强度 $i\tau$ 维持在一个相对稳定的水平，即

$$i\tau=\text{constant} \tag{2.3.14a}$$

从式（2.3.13）和式（2.3.14a），有

$$S\tau=\text{constant} \tag{2.3.14b}$$

式（2.3.14a）与式（2.3.14b）的比值给出

$$\frac{i}{S}=\text{constant} \tag{2.3.14c}$$

式（2.3.14）的各个结果作为 f_ν=constant 规律的推广，对于深入理解生物光子辐射的性质是相当有用的。可以看出：生物光子辐射强度 i 的减少，是由于相干性时间 τ 的拖长，这相应于系统熵 S 的降低，意味着系统有序度的升高。

2.4　延迟发光的双曲性弛豫

生物系统作为一个远离平衡态的典型的开放系统，与外界环境不断进行着能量、物质、信息的交换，这使其工作在一个非平衡的稳定状态，在本质上好像一台连续波输出的激光器。不过当生物系统受到某种激发时，会偏离稳定的状态，呈现动力学的行为。激发结束后，经过一个弛豫过程，最终恢复到通常的稳

定态。

实验研究表明，一个生物系统被光（白光或单色光）照射后的弛豫动力学能用其生物光子辐射显示，称为“延迟发光”（delayed luminescence）。延迟发光的特点是：①有相当长的弛豫时间，典型值为 1s；②弛豫过程最终趋于自发生物光子辐射的水平；③弛豫动力学过程不能用指数函数描述。

延迟发光的非指数性衰变意味着激发态的布居数 $n(t)$ 不服从线性动力学：

$$\dot{n}(t) = -\alpha n(t) \tag{2.4.1}$$

其中，α 是一个正的常数。辐射强度 $I(t)$ 正比于激发态布居数的减少率，即 $I(t) \propto -\dot{n}(t)$。方程（2.4.1）得出的辐射强度是一个指数函数

$$I(t) = I_0 \exp(-\alpha t) \tag{2.4.2}$$

为了准确描述激发态布居数的动力学，考虑非线性动力学方程

$$\dot{n}(t) = -\mu n^{\gamma}(t) \tag{2.4.3}$$

其中，μ（>0）和 γ（>1）是两个常数。这里已经认为延迟发光来自生命物质激发态上所有粒子之间的合作效应，它们按照一种高阶非线性耦合的方式关联起来，形成一个具有高度相干性的整体[2.10]。方程（2.4.3）给出辐射强度

$$I(t) = \frac{I_0}{\left(1 + \frac{t}{\tau}\right)^{\beta}} \tag{2.4.4}$$

其中

$$\beta = \frac{\gamma}{\gamma - 1} \tag{2.4.5a}$$

$$\tau = \frac{1}{\mu(\gamma - 1) n_0^{\gamma-1}} \tag{2.4.5b}$$

$$I_0 = \mu n_0^{\gamma} \tag{2.4.5c}$$

这里 n_0 是光照终止时（$t=0$）激发态的布居数。式（2.4.4）扮演了一个双曲函数，所含的三个参数 I_0，τ，β 具有清楚的物理学意义：I_0 是初始强度，它依赖于被测样品的性质，同时与光照条件有关；τ 是一个特征时间，只与样品自身的性质有关；β 是一个指数因子，它强烈控制弛豫的速率。式（2.4.4）作为延迟发光的一个理论结果，与实验观察符合很好，一个典型例子显示在图 1.5。对于一个实际生物样品的延迟发光，可以将实验观察数据与理论表达式（2.4.4）作最佳的拟合，从而确定参数 I_0，τ，β 的数值。这三个参数值定量地刻画了被测样品（在延迟发光意义上）的性质。众多样品的延迟发光实验显示，τ 的典型数量级为 1s，β 的取值通常在 $0<\beta<3$ 范围，I_0 在不同的样品之间有很大的差别，甚至是数量级的差别。

对于式（2.4.4）的双曲弛豫，可以在某一段测量时间内将辐射强度积分起来。例如，在［0，T］时间范围内，式（2.4.4）对时间的积分给出

$$I(T)=\int_0^T \frac{I_0}{\left(1+\dfrac{t}{\tau}\right)^{\beta}}\mathrm{d}t=\frac{\tau I_0}{\beta-1}\left[1-\frac{1}{(1+T/\tau)^{\beta-1}}\right] \tag{2.4.6}$$

式（2.4.6）表示延迟发光在［0，T］时间范围内的积分强度。积分强度 $I(T)$ 的理论值由参数 I_0，τ，β 及测量时间 T 确定。另外，对原始数据的直接求和则给出积分强度的观察值。理论值与观察值之间的偏差提供了一个检验延迟发光双曲函数描述可靠性的最简单的判据。

2.5　生物光子辐射的合作性

生命系统的相干性的表现之一是生物光子辐射的合作性。为了理解合作辐射的特征，考虑一个最简单的合作辐射系统，它由两个二能级原子与一个单模辐射场组成。系统的哈密顿是[1,28]

$$H=\hbar\omega a^{+}a+\frac{1}{2}\hbar\omega_0(\sigma_{z1}+\sigma_{z2})+H_{\mathrm{I}} \tag{2.5.1}$$

其中，a 和 a^{+} 分别是光子的湮没和产生算子；σ_{zj}（$j=1$ 或 2）是第 j 个原子的反转算子；ω 和 ω_0 分别是辐射场和原子的频率；$\hbar$ 是普朗克常数 h 除以 2π。式（2.5.1)中的 H_{I} 表示辐射场与原子的相互作用项，它在旋波近似下被表示为

$$H_{\mathrm{I}}=\hbar g[(\sigma_1^{-}+\sigma_2^{-})a^{+}+(\sigma_1^{+}+\sigma_2^{+})a] \tag{2.5.2}$$

其中，g 是一个偶合常数。

可以看出，H 有四个正交归一的本征态：

$$|0\rangle=|bb2\rangle \tag{2.5.3a}$$

$$|1^{+}\rangle=\frac{1}{\sqrt{2}}(|ab1\rangle+|ba1\rangle) \tag{2.5.3b}$$

$$|1^{-}\rangle=\frac{1}{\sqrt{2}}(|ab1\rangle-|ba1\rangle) \tag{2.5.3c}$$

$$|2\rangle=|aa0\rangle \tag{2.5.3d}$$

这里 $|0\rangle$ 表示两个原子在低能态 $|b\rangle$ 而辐射场有两个光子，$|2\rangle$ 表示两个原子在高能态 $|a\rangle$ 而辐射场没有光子。两个原子分别在高、低能态而辐射场有一个光子的情况相应于两个本征态：$|1^{+}\rangle$ 和 $|1^{-}\rangle$，后者是对前者的正交补充，它们分别是对称与反对称的本征态。

通过计算这些本征态所构成的所有可能的跃迁矩阵元，发现

$$\langle 2 \mid H_{\mathrm{I}} \mid 1^{+} \rangle = \sqrt{2}\, \hbar g \tag{2.5.4a}$$

$$\langle 1^{+} \mid H_{\mathrm{I}} \mid 0 \rangle = \sqrt{2}\, \hbar g \tag{2.5.4b}$$

而其余的矩阵元都是零。相应的示意图显示在图 2.2。如果两个原子之间的距离小于辐射波长，原子系统必须被严格地对称化。这样，辐射实际上发生在系统的 $|2\rangle \rightarrow |1^{+}\rangle \rightarrow |0\rangle$ 跃迁过程中。每一步的辐射率为 $2/\tau_1$，它是单个孤立原子辐射率的 2 倍，辐射寿命则为

$$\tau_{\mathrm{R}} = \tau_1/2 \tag{2.5.5}$$

整个过程发射两个光子，因此辐射强度为

$$I = 2\frac{\hbar\omega}{\tau_{\mathrm{R}}} = 4\frac{\hbar\omega}{\tau_1} \tag{2.5.6}$$

它是单原子辐射强度的 4 倍。

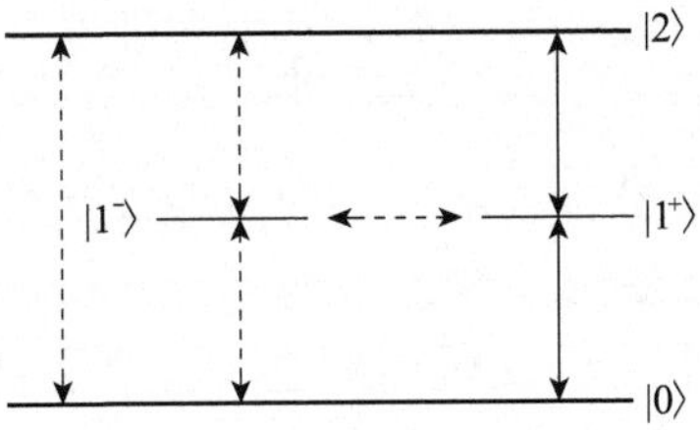

图 2.2 两个二能级原子与单模辐射场组成的合作系统的四个本征态及它们之间所有可能的跃迁

这里实线和虚线分别表示允许跃迁和禁戒跃迁。相长的合作辐射（超辐射）发生在 $|2\rangle \rightarrow |1^{+}\rangle \rightarrow |0\rangle$ 跃迁，相消的合作辐射（亚辐射）发生在 $|2\rangle \rightarrow |1^{-}\rangle \rightarrow |0\rangle$ 跃迁

从这个最简单的合作系统中，可以看出合作辐射的基本特征：辐射寿命与原子数成反比，辐射强度与原子数的平方成正比，这就是所谓的“超辐射”。显然超辐射是原子之间的相长干涉效应，在这里对称态 $|1^{+}\rangle$ 扮演了一个关键的角色。

现在考察式（2.5.3c）所示的反对称态 $|1^{-}\rangle$ 的意义。为此计算跃迁矩阵元 $\langle 1^{-} \mid H_{\mathrm{I}} \mid 0\rangle$ 和 $\langle 2 \mid H_{\mathrm{I}} \mid 1^{-}\rangle$，有

$$\begin{aligned}\langle 1^{-} \mid H_{\mathrm{I}} \mid 0\rangle &= \hbar g \langle 1^{-} \mid (\sigma_1^{-} + \sigma_2^{-}) a^{+} + (\sigma_1^{+} + \sigma_2^{+}) a \mid bb2\rangle \\ &= \sqrt{2}\,\hbar g \langle 1^{-} \mid \sigma_1^{+} + \sigma_2^{+} \mid bb1\rangle \\ &= \sqrt{2}\,\hbar g \langle 1^{-} \mid \{ \mid ab1\rangle + \mid ba1\rangle \} \\ &= 2\hbar g \langle 1^{-} \mid 1^{+}\rangle \\ &= 0\end{aligned} \tag{2.5.7}$$

很明显，导致最终结果的原因是 $|1^{+}\rangle$ 和 $|1^{-}\rangle$ 之间的正交性：$\langle 1^{-} \mid 1^{+}\rangle = 0$。同样的原因也使得 $\langle 2 \mid H_{\mathrm{I}} \mid 1^{-}\rangle = 0$。可见反对称态 $|1^{-}\rangle$ 提供了一个无辐射

跃迁 $|2\rangle \rightarrow |1^{-}\rangle \rightarrow |0\rangle$，它显然是原子之间的相消干涉效应，这就是所谓的“亚辐射”。在亚辐射过程中，一个原子从高能态 $|a\rangle$ 跃迁到低能态 $|b\rangle$，发射出一个光子，但这个光子又把另一个原子从低能态激发到高能态。换言之，一个光子被两个原子态 $|ab\rangle$ 和 $|ba\rangle$ “禁闭”（trapping）在中间，原子系统在状态 $|ab\rangle$ 和 $|ba\rangle$ 之间跃迁，但是始终没有光子发射出来，就像一个皮球在两个人之间反复传递，但没有被抛出来。这就是所谓的“光子储存”概念[1.13,1.27]。

在 N 原子情况下，存在着一个完全反对称的态：$N/2$ 个原子在高能态 $|a\rangle$，$N/2$ 个原子在低能态 $|b\rangle$，它们把 $N/2$ 光子禁闭在系统之内。在这个态中，原子系统具有完全的相消干涉效应，辐射场呈现最高程度的亚辐射。

作为一个相消干涉的结果，亚辐射的物理机制提供了一个深刻理解生物光子特性的可能途径。事实上，越来越多的生物光子现象被发现不能用线性叠加的方式去解释，而是需要考虑某种干涉（特别是相消干涉）的方式。一个典型的例子是，当水蚤 Daphnia 的数目线性增加时，其辐射强度并不是线性增加，而是非线性的增加并呈现有规则的极大、极小值[1.66~1.68]。事实上，基于光的相干叠加的理论模型，这个现象不但能被合理解释，而且能被定量描述[1.28]。

从亚辐射的机制理解生物光子辐射，与 f_ν＝constant 规律是完全吻合的。一个理想的亚辐射系统相应于完全反对称的态，其高、低能级具有相等的布居数，这恰好是 $f_\nu=1$ 的情况。如果一个生物系统的生物光子辐射行为接近亚辐射，就有最可能多的生物光子被禁闭在生物系统之内，最可能少的生物光子泄漏出来，进入探测系统（也许这就是通常被探测到的生物光子辐射呈现极低强度的原因）。这样的生物系统被认为具有最大的光子储存能力[1.13]，它相应于一个最佳的生命态。

实际上，一个实际的生物系统常常处在逆境（stress）之中，这是由于来自内部和外界的微扰，如机械振动、化学物质的侵入、外界电磁场的影响、环境温度的变化、创伤和病变等。这些因素会使系统本身发生变化，如系统能级结构的改变、系统本征态的变化、激发态布居数的变化等。所有这些会导致系统与理想反对称态的偏离，禁闭光子的能力降低（泄漏出的光子数目增加），最终使得被外界探测到的光子辐射强度增加。可以看出，生物光子辐射携带着关于自身状态和外界影响的信息。

利用亚辐射的理论机制还可以更深刻地理解“非物质”的生物通信（non-substantial biocommunication）[2.11]。这种生物通信被相信既存在于一个有机体内的细胞之间，也存在于属于相同种类的有机个体之间。两种情况下的实验观察均显示，被禁闭的生物光子扮演了传递生物信息的角色。对于后者，一个被仔细研究过的系统是水蚤 Pyrocistis elegans 群体[2.12]。在理想的群体通信中，系统中的所有有机个体是全同的，整个系统处在一个完全反对称的状态，被禁闭的亚辐射光子在有机个体之间传递生物信息，没有光子泄漏出来。但是对于实际的群体系统（如由大量细菌个体组成的群体、由大量水藻个体组成的群体、由大量水蚤个体组成的群体等），组成群体的有机个体实际上不可能是全同的，常有异类个体的加入，例如，在水蚤 Pyrocistis elegans 群体中常发现有 Gonyaulax polyedra 个体的存在。异类个体的加入削弱了原始群体系统的全同性，使理想的亚辐射发生破缺，最终导致光子的外泄。从式（2.5.7）的数学过程解释这个情况是直截了当的，因为由两个非全同个体组成的系统使得 $\langle 1^- \mid 1^+ \rangle \neq 0$，从而导致 $\langle 1^- \mid H_{\mathrm{I}} \mid 0 \rangle \neq 0$，$\langle 2 \mid H_{\mathrm{I}} \mid 1^- \rangle \neq 0$，于是原本的禁戒跃迁变成了允许跃迁。

上述关于群体辐射机制的研究有可能提供一个生物识别的新方法：利用理想群体的亚辐射作为标准，识别实际生物群体中的异类个体，并通过相应的测量和分析来获得关于异类个体的数量及性质的信息。

2.6 生命态的有序性分析

生物光子辐射的相干性理论提供了一个分析实际生物系统状态的概念和方法。这基于一个关于生物系统的最简单的物理模型：生物系统的“共振腔”模型[2.13]。换言之，一个有机体能被最简单地考虑为一个具有充分高的品质因子 Q 的共振腔。

众所周知，Q 值作为共振腔的能量储存本领的度量，一般地定义为

$$Q = 2\pi \frac{\text{所储存的能量}}{\text{每周期损耗的能量}} \tag{2.6.1}$$

这意味一个共振系统的能量损耗越低，它的 Q 值就越高。对于一个光学共振腔（图 2.3），所储存的能量是 $nh\nu$（对于一个给定的腔模而言），其中 n 是共振腔内的总光子数，$h\nu$ 是一个光子的能量。光子在腔内传播一个周期的损耗是

$$h\nu\left(-\frac{\mathrm{d}n}{\mathrm{d}t}\right)\frac{1}{\nu} = -h\frac{\mathrm{d}n}{\mathrm{d}t} \tag{2.6.2}$$

这样一个光学共振腔的 Q 值被表示为[2.14]

$$Q = -2\pi \frac{n\nu}{\mathrm{d}n/\mathrm{d}t} \tag{2.6.3}$$

假定共振腔内的光子数按指数函数减少，即

$$n = n_0 \exp\left(-\frac{t}{\tau}\right) \tag{2.6.4}$$

其中，n_0 是初始光子数，τ 是光子在腔内的储存时间（它扮演了一个“相干性时

间”的角色）。这样式（2.6.3）变为

$$Q = 2\pi\nu\tau \tag{2.6.5}$$

它显示，对于一个给定的腔模，光学共振腔的 Q 值唯一地依赖于相干性时间 τ。

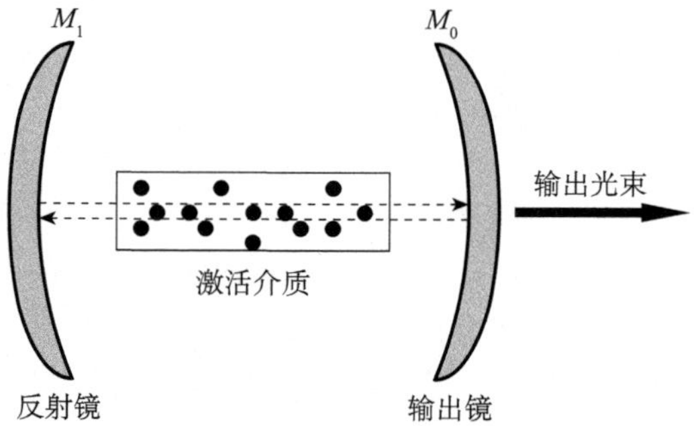

图 2.3　光学共振腔作为最简单的生物系统的物理模型

腔内每个周期的能量损耗包括传播损耗和输出损耗。传播损耗：例如，光子从反射镜 M_1 出发，传播到输出镜 M_0，经 M_0 反射后传播到反射镜 M_1，再经 M_1 反射，便完成了一个周期。输出损耗：从输出镜透射出来的光子。生物系统的光子辐射类似于激光器的输出光束

基于生物系统的光学共振腔模型，生物系统的最佳生命态（具有最高程度的有序性）相应于最高的 Q 值：最高的光子储存能力和最低的光子损耗。综合上述结果，并注意到式（2.3.14b）所给出的相干性时间 τ 与熵 S 的关系，可以写出一个定性的关系式：

$$\frac{\text{光子储存能力}\uparrow}{\text{光子损耗}\downarrow} = Q\uparrow \to \tau\uparrow \to S\downarrow \to \text{有序性}\uparrow \tag{2.6.6}$$

这里 ↑（↓）表示相应量的增加（减少）。应该注意，式（2.6.6）中的光子损耗其实是探测到的生物光子强度 i，它既可以代表稳态运转下自发生物光子辐射的强度，也可以代表一个延迟发光的积分强度，见表达式（2.4.6）。

关系式（2.6.6）提供了一个基于生物光子辐射的测量来分析生命态有序性的可能途径。这里相干性时间 τ 扮演了一个重要的角色。其实它是可以测量的，最简单的方法是借助于延迟发光的实验。事实上，利用延迟发光的观察数据与理论表达式（2.4.4）作最佳拟合，便可以得到特征时间 τ（即相干性时间）的值。

作为上述分析方法的应用，现在考查一个具体的例子，它涉及水果新鲜度的演化。实验中一个梨子被固定在生物光子辐射探测器中，在相同的实验条件之下，测量它的延迟发光。每天测量 3 次（间隔 3h），持续 4 天，共得到 12 个延迟发光的测量结果。每次测量后，立即让梨子暴露于自然的外界环境之中（温度、湿度、日光、空气等）。该实验其实是测量梨子在自然条件下新鲜度的演化。图 2.4 显示了首尾两次测量的原始数据。图中的两条曲线是与理论表达式

(2.4.4) 的最佳拟合，它们显示出与观察值很高的关联度。最佳拟合给出参数 I_0，τ，β 的数值。

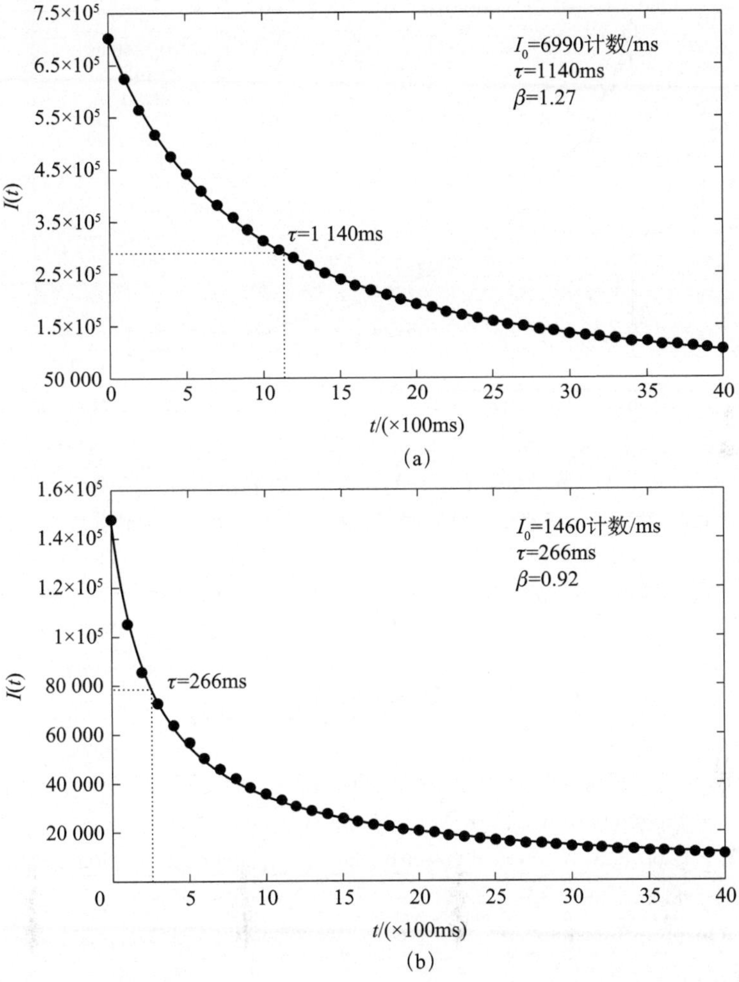

图 2.4　梨子新鲜度的变化反映在它的延迟发光的特征时间的缩短

延迟发光的原始数据与理论表达式 (2.4.4) 在最佳拟合之下给出参数 I_0，τ，β 的值。τ 值在梨子新鲜度变差的 4 天内从 1140ms 降到 266ms，下降 77%

图 2.5 显示了特征时间 τ 在 4 天 (12 次测量) 中的演化：随着梨子新鲜度的变坏，τ 值单调下降。这个例子说明，延迟发光的特征时间 τ 确实是水果新鲜度的度量：τ 值越高，水果新鲜度越好。图中的实线表示与 τ 测量值的最佳拟合，它定量地刻画了梨子新鲜度的连续变化。

利用生物光子辐射的测量来分析生命态的有序性是一个全新的概念。它提供了一种了解生命运动的新方法，具有极高的灵敏度和可靠性，被期待在生物学、医学、药物学及各种生物技术中开辟广泛的应用。

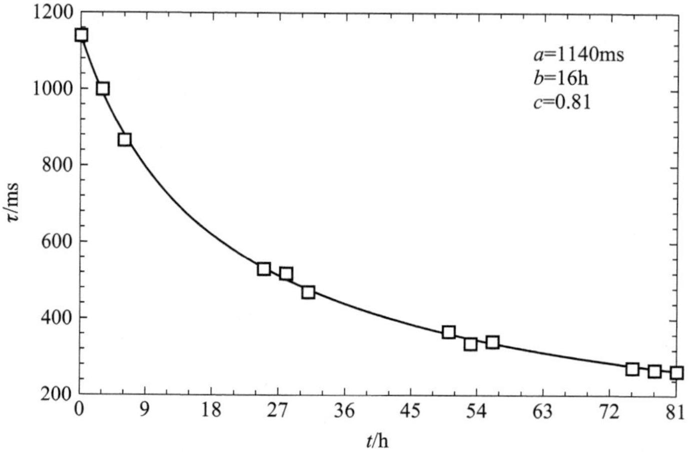

图 2.5　梨子新鲜度与它的延迟发光的特征时间 τ 的关系

延迟发光的测量共持续 81h，每天测量 3 次（测量间隔 3h），共得到 12 个 τ 值［来自延迟发光的原始数据与理论表达式（2.4.4）的最佳拟合］。图中的实线表示一个双曲函数 $\tau=a/(1+t/b)^c$ 与 τ 值演化的最佳拟合。该拟合呈现很高的关联度：$r=0.999$，得出参数 a，b，c 的值

参考文献

[2.1] Seliger H H. Applications of Chemiluminescence and Bioluminescence//Chemiluminescence and Bioluminescence. New York：Plenum Press，1973.

[2.2] Nagl W，Popp F A. A physical (electromagnetic) model of differentiation. Basic consideration. Cytobios，1983，37：45-62.

[2.3] Gu Q. Quantum Interference between Coherent States//Biophotonics. Moscow：Bioinform Services Co.，1995.

[2.4] Prigogine I，Nicolis G，Babloyantz A. Thermodynamics of evolution. Physics Today，1972，11：23-28.

[2.5] Gu Q. Analogy Between life and the laser. Chin. J. Infrared & Millmeter Waves (USA)，1989，8：83-89；Potential well model and its application in the study of organism colouring. Chin. J. Infrared & Millmeter Waves (USA)，1989，8：543-549.

[2.6] 顾樵. 量子力学Ⅱ. 北京：科学出版社，2014.

[2.7] Gueron M，Eisinger J，Lamola A A. Excited states of nucleic acids//Basic Principles in Nucleic Acid Chemistry. New York，London：Academic Press，1976.

[2.8] Fröhlich H. Long-range coherence and energy storage in biological systems. Int. J. Quant. Chem.，1968，2，641-649.

[2.9] 顾樵．量子力学Ⅰ．北京：科学出版社，2014.

[2.10] Lambing K. Nutzung der low-level-luminescence - Meßtechnik zur Untersuchung von Lebensmitteln. Kaiserslautern University Doctoral Dissertation，1992.

[2.11] Popp F A，Chang J J，Gu Q，et al. Nonsubstantial Biocommunication in Terms of Dicke's theory//Bioelectrodynamics and Biocommunication. Singapore，London：World Scientific，1996.

[2.12] Zhang J Z，Popp F A，Yu W D. Communication between Dinoflagellates by Means of Photon Emission//Biophotonics. Moscow：Bioinform Services Co.，1995.

[2.13] Gu Q. On coherence theory of biophoton emission. Journal of the Society of Chinese Physicists in Germany，1999，5：15-18.

[2.14] Svelto O S，Principles of Lasers (4th edition). Translated by D. C. Hanna，New York，London：Plenum Press，1998.

第 3 章　生物光子辐射的量子理论

摘要：基于分子生物学中关于激基复合物（exciplex）形成的实验结果和量子光学中的迪克（Dicke）模型，建立了生物光子辐射的量子理论。这个理论描述一个开放系统中的集体三能级分子与一个多模辐射场的相互作用，并考虑到分子晶格振动波（声子模）对系统行为的影响，得到了一系列解析表达式，它们刻画了分子系统与辐射场的稳态行为，涉及各个能级上的分子布居数和它们的起伏、光子辐射强度、强度关联、系统的量子熵、光谱分布、无反转运行等；我们还进一步研究了系统被激发后的动力学演化，得到了一系列时间依赖的解析表达式，它们描述了激发态分子在不同条件下的集体衰变行为；进一步将这些动力学结果与相应的实验观察相比较，结果显示，它们能够精确地刻画许多生物样品的延迟发光的实验观察。最后介绍了生物光子辐射的量子理论的若干实际应用。

关键词：生物光子辐射的量子理论，激基复合物形成，迪克模型，三能级系统，生物光子辐射的稳态行为，生物光子辐射的动力学，延迟发光

3.1　引言：合作效应与合作辐射

我们所研究的许多系统是由大量同类子系统组成的。例如，由大量自旋体构成的磁铁，由大量电偶极子构成的激光介质，由大量分子构成的聚合物，由大量细胞构成的生命组织，由大量树木组成的森林以及由众多人群构成的社会等。在这些系统中，子系统之间存在着相互作用，因此整个系统的宏观性质不能由各个子系统微观性质的简单相加而得到。事实上在一定条件下，所有子系统会通过某种方式关联起来，使整个系统呈现宏观的有序性。换言之，系统的构建具有“自组织”的性质，似乎每个子系统都得到了关于整体系统的综合状态的“信息”[3.1]，它们的行为就会关联起来，呈现一种“合作效应”[3.2]。

合作效应还能够发生在高密度原子（或分子）系统的辐射过程中，称为“合作辐射”[3.3]。合作辐射的两个典型例子是 N 原子系统的超辐射和超荧光[3.4～3.14]。超辐射来自一个具有初始宏观电极化的多原子系统，即属于不同原子的电偶极子在初始时刻是有序排列的，辐射强度在此刻取极大值。超辐射初态的形成是相干激发的结果。而超荧光的初态来自于非相干激发，不具有初始的宏观电极化，它起始于一个普通的荧光发射。然后普通荧光的自发辐射光子作为“噪声”，作用

于各向同性的原子系统，使之发生“对称性破缺”。于是原子之间的一种关联在系统中逐渐发展起来，最终形成电偶极子的完全有序排列，而此刻的发射强度达到最大值。超辐射和超荧光的合作性表现在：原子偶极矩的有序排列导致场振幅与原子数 N 成正比，因而辐射强度与原子数的平方 N^2 成正比，这是典型的非线性效应，它使合作辐射具有超强的峰值强度。而一个低密度无关联原子系统只能诱导普通荧光，其辐射强度与原子数 N 成正比，这是线性效应。整个系统的性质是所有原子微观性质的简单相加，其本质上是一个单原子行为[3.15]。另外，与普通荧光相比较，合作辐射还具有超短的发射时间，普通荧光的发射时间正比于 τ_1，其中 τ_1 是单原子的寿命；而合作辐射的发射时间则正比于 τ_1/N。另外，与各向同性的普通荧光不同，合作辐射具有良好的发射方向性。图 3.1 显示了普通荧光、超荧光、超辐射的概念性比较[1.28]。

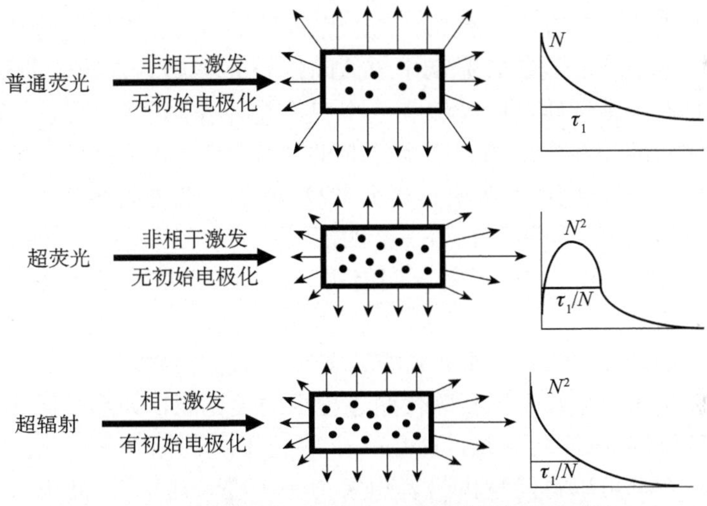

图 3.1 普通荧光、超荧光、超辐射的概念性比较

很明显，合作效应能在生命系统中扮演一个重要的角色，这是维持生命活动高效率运转的需要[3.16]。Szent-Györgyi 曾经指出：“只有我们考虑到分子活动的集体性，才能开始理解生命系统的特征”[3.17]。Fröhlich 预言：“在生物系统中存在着一种大范围的相干性和能量储存”[2.8]。生物系统的相干性的迹象之一，就是相干的生物光子辐射[3.18~3.20]。可以想象，生物光子辐射的相干性来自集体生物分子在生命活动中的合作效应 。生命系统的合作性是建立生物光子辐射量子理论的思想基础。

本章基于生物分子的 exciplex 形成和量子光学中的迪克模型，考虑一个集体的生物分子系统，它同时与“泵浦场”及生物光子场相互作用；建立了系统的量子力学主方程，并利用它的稳态解详细讨论了集体生物分子与生物光子场的稳态性质；还研究了系统被激发后的弛豫行为，推出了关于激发态分子集体衰变的动力学方程和含时的生物光子辐射强度的解析表达式，进而将得到的理论结果与相应的实验观察相比较，二者被显示具有高度的一致性。最后介绍生物光子辐射的量子理论的若干实际应用。

3.2 三能级系统的 exciplex 模型

3.2.1 理论建立的实验基础

生物光子辐射的量子理论描述的实验基础是分子生物学中有关生命物质的荧光测量的一般性结果。研究表明，生命物质的光辐射源于一个具有 exciplex 形成[2.6,3.21]的分子系统。所谓 exciplex 形成是指两个生物单体（如 DNA 分子中的碱基对）耦合而成的复合物。图 3.2（a）显示了 exciplex 系统的势能测量曲线的示意图，其中 exciplex 能量 E 是两个单体间距 D 的函数，而势能曲线Σ^*和Σ分别表示一个具有束缚性质的高能级和一个只有排斥作用的低能级。在高能级Σ^*上，两个单体间的相互作用如同一个经典的“弹簧”，其平衡位置对应间距 D_0。当 $D>D_0$ 时，二者之间相互吸引；当 $D<D_0$ 时，二者之间相互排斥。这样一个系统就辐射行为而言，能被简化为一个四能级系统，这就是所谓四能级 exciplex 模型[3.18～3.20]，如图 3.2（b）所示。四能级 exciplex 系统诱导生物光子的过程能被理解如下。

处于最低能态$|\alpha_1\rangle$的分子能被泵浦到态$|\alpha_e\rangle$，它是势能曲线Σ^*上的任意一个状态。泵浦能量来自生物系统新陈代谢过程中的生化能，如糖酵解、三磷酸腺苷 ATP 等，或者直接被日光泵浦，这是一个取之不尽的泵浦源[1.13]。对于任何形式的泵浦过程，都可以将能量供给者想象为一个“泵浦场”。处于$|\alpha_e\rangle$态的 exciplex 系统是不稳定的，由于“弹簧”在生命物质中的“阻尼振荡”，两个单体的间距会迅速趋于平衡位置 D_0。换言之，处于$|\alpha_e\rangle$态的系统会通过一个无辐射过程迅速弛豫到$|\alpha_2\rangle$态，这是势能曲线Σ^*上的亚稳态，有相当长的寿命。在上述过程中，泵浦场有效地将分子从$|\alpha_1\rangle$态（经由$|\alpha_e\rangle$态）转移到亚稳态$|\alpha_2\rangle$。生物分子在亚稳态$|\alpha_2\rangle$上经过相当长时间的积累形成足够多的布居数，然后它们集体向低能级Σ跃迁，并产生众多模式的生物光子辐射。这里用$|\alpha_3\rangle$表示势能曲线Σ上一个任意的状态，生物光子辐射主要来源于集体分子从$|\alpha_2\rangle$到$|\alpha_3\rangle$的跃迁。不过从$|\alpha_2\rangle$到$|\alpha_1\rangle$的跃迁在一般情况下也是可能发生的，它相应于生物光子辐射中的短波成分。到达$|\alpha_3\rangle$态的分子中，多数会无辐射地弛豫到最低能态$|\alpha_1\rangle$（它们将被再一次泵浦到$|\alpha_e\rangle$态），也有一部分来不及弛豫到$|\alpha_1\rangle$，而被宽带泵浦场中的相关成分直接泵浦到$|\alpha_e\rangle$态。众多生物样品的 exciplex 荧光测量告诉我们，势能曲线

Σ是很“窄”的能带，它实际上表示生物分子的晶格系统的振动态[1.13, 3.20]。这样$|\alpha_3\rangle$作为势能曲线Σ上的任意一个状态与最低能态$|\alpha_1\rangle$是非常靠近的，因此$|\alpha_3\rangle$和$|\alpha_1\rangle$之间实际上是一种声子作用。

显然，图 3.2（b）所示的四能级 exciplex 模型是对实际 exciplex 能级结构的一种简化。不过，按照激光的速率方程理论[2.12]，一个四能级系统通常能被简化成三能级系统。事实上，跃迁过程$|\alpha_1\rangle\rightarrow|\alpha_e\rangle\rightarrow|\alpha_2\rangle$能被简化为$|\alpha_1\rangle\rightarrow|\alpha_2\rangle$，因为两者在效果上是相同的。忽略了中间态$|\alpha_e\rangle$之后，可以将态$|\alpha_2\rangle$上的分子布居想象为由态$|\alpha_1\rangle$和$|\alpha_3\rangle$直接泵浦的结果。至此我们将实际的 exciplex 能级结构简化成了一个三能级系统，这就是所谓三能级 exciplex 模型，如图 3.2（c）所示。方便起见，分别将$|\alpha_1\rangle$，$|\alpha_2\rangle$和$|\alpha_3\rangle$称为三能级系统的“基态”“激发态”和“振动态”。

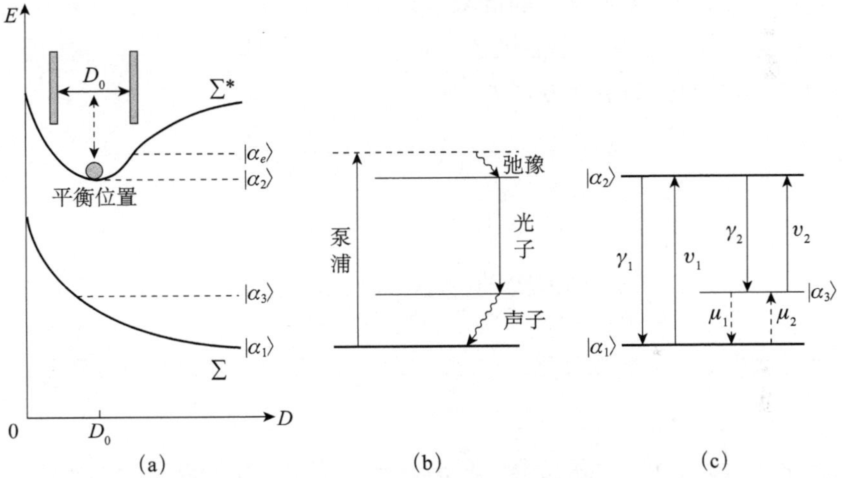

图 3.2　exciplex 系统的能级结构

（a）具有 exciplex 形成的生物分子系统的势能曲线，Σ^*和Σ分别表示具有束缚性质的高能级和只有排斥作用的低能级，E：exciplex 能量，D：二单体间隔，D_0：平衡位置；（b）四能级 exciplex 模型；（c）三能级 exciplex 模型

3.2.2　系统的哈密顿和主方程

按照迪克模型[1.28]，假定上述三能级系统由 N 个全同的生物分子组成。分子系统与宽带泵浦场作用，泵浦场中振幅为 E_1 和 E_2 的成分分别激发分子跃迁$|\alpha_1\rangle\rightarrow|\alpha_2\rangle$和$|\alpha_3\rangle\rightarrow|\alpha_2\rangle$。在生物系统中，泵浦能量的供给总是足够的。这意味着泵浦场 E_1 和 E_2 是足够强的，因而在与分子系统的作用中可以被经典地处理。现在能够写出系统的哈密顿（$\hbar=1$）[3.22]

$$H = \sum_{i=1}^{3} \omega_i A_{ii} + (G_1 A_{12} e^{-i\Omega_1 t} + G_2 A_{32} e^{-i\Omega_2 t} + HC) \tag{3.2.1}$$

这里已取旋转波近似，$\omega_i (i=1,2,3)$ 表示分子的能级，Ω_1 和 Ω_2 是两个泵浦场的共振频率，式（3.2.1）中

$$G_1 = -d_1 E_1 \text{ 和 } G_2 = -d_2 E_2 \tag{3.2.2}$$

是相应的拉比（rabi）频率（其中的 d_1 和 d_2 是偶极矩阵元），而

$$A_{ij} = \sum_{k=1}^{N} |\alpha_i\rangle_{k\,k}\langle\alpha_j| \quad (i,j=1,2,3) \tag{3.2.3}$$

是三能级分子的集体算子，它们服从对易关系

$$[A_{ij}, A_{kl}] = A_{il}\delta_{jk} - \delta_{li}A_{kj} \tag{3.2.4}$$

式（3.2.1）中的 HC 表示算子的厄米共轭项。

为了描述集体分子在三个能级上的布居，定义集体态 $|Q,R\rangle$，它们是对角算子 A_{ii} 的本征态，相应的本征方程为

$$A_{11}|Q,R\rangle = \frac{1}{2}(N-Q-R)|Q,R\rangle \tag{3.2.5a}$$

$$A_{22}|Q,R\rangle = Q|Q,R\rangle \tag{3.2.5b}$$

$$A_{33}|Q,R\rangle = \frac{1}{2}(N-Q+R)|Q,R\rangle \tag{3.2.5c}$$

其中，Q 是激发态 $|\alpha_2\rangle$ 的布居数；$\frac{1}{2}(N-Q\pm R)$ 分别是振动态 $|\alpha_3\rangle$ 和基态 $|\alpha_1\rangle$ 的布居数。

在哈密顿（3.2.1）的意义上，写出分子系统的约化密度算子的主方程[3.23]

$$\begin{aligned}
\frac{\partial \rho}{\partial t} = & -i[H_0, \rho] \\
& - \gamma_1(1+\bar{n}_1)(A_{21}A_{12}\rho + \rho A_{21}A_{12} - 2A_{12}\rho A_{21}) \\
& - \gamma_1 \bar{n}_1 (A_{12}A_{21}\rho + \rho A_{12}A_{21} - 2A_{21}\rho A_{12}) \\
& - \gamma_2(1+\bar{n}_2)(A_{23}A_{32}\rho + \rho A_{23}A_{32} - 2A_{32}\rho A_{23}) \\
& - \gamma_2 \bar{n}_2 (A_{32}A_{23}\rho + \rho A_{32}A_{23} - 2A_{23}\rho A_{32}) \\
& - \nu_1 (A_{12}A_{21}\rho + \rho A_{12}A_{21} - 2A_{21}\rho A_{12}) \\
& - \nu_2 (A_{32}A_{23}\rho + \rho A_{32}A_{23} - 2A_{23}\rho A_{32}) \\
& - \mu_1 (A_{31}A_{13}\rho + \rho A_{31}A_{13} - 2A_{13}\rho A_{31}) \\
& - \mu_2 (A_{13}A_{31}\rho + \rho A_{13}A_{31} - 2A_{31}\rho A_{13})
\end{aligned} \tag{3.2.6}$$

其中，γ_1 和 γ_2 是单分子的自发辐射系数，相应于跃迁 $|\alpha_2\rangle \to |\alpha_1\rangle$ 及 $|\alpha_2\rangle \to |\alpha_3\rangle$，

ν_1 和 ν_2 是单分子的吸收系数，μ_1 和 μ_2 是单分子在基态 $|\alpha_1\rangle$ 和振动态 $|\alpha_3\rangle$ 之间的无辐射跃迁系数，而

$$\bar{n}_1 = \frac{1}{\exp\left(\frac{\Omega_1}{k_B T}\right) - 1} \tag{3.2.7a}$$

和

$$\bar{n}_2 = \frac{1}{\exp\left(\frac{\Omega_2}{k_B T}\right) - 1} \tag{3.2.7b}$$

是热场在温度 T 下的平均光子数，分别相应于泵浦场的频率 Ω_1 和 Ω_2，k_B 是玻尔兹曼常数，H_0 是有效哈密顿

$$H_0 = G_1(A_{21} + A_{12}) + G_2(A_{23} + A_{32}) \tag{3.2.8}$$

从上述理论模型的建立过程，特别是主方程（3.2.6）的构成，可以看出该模型的基本特点：

（1）模型的实验基础是分子生物学的荧光测量所给出的 exciplex 形成，它被简化为一个三能级系统。

（2）通过引入泵浦场 G_1、G_2，衰变系数 γ_1、γ_2 及吸收系数 ν_1、ν_2，考虑到了系统的开放性。

（3）通过引入集体分子算子（3.2.3），考虑到了系统的多体效应，将会看到，正是这种多体效应导致了系统的合作性。

（4）通过 exciplex 三能级模型，引入了反映分子晶格振动的能态 $|\alpha_3\rangle$，换言之我们的模型考虑到了分子、光子及声子三者之间的相互作用。

（5）通过引入热场的平均光子数 $\bar{n}_1$，$\bar{n}_2$，考虑到了温度对系统的影响。

这些因素对于刻画一个生物系统的行为是必要的。将会看出，正是这个模型考虑到了生物系统的这些基本特点，在以下的计算过程中又采取了恰当的近似方法，其结果才与生物样品的实验观察相符合。

3.2.3　系统的耦合运动方程

在一般情况下主方程（3.2.6）不能被精确求解。为了得到它的近似解，一个方便的途径是引入穿衣态（dressed states），它们是单分子哈密顿 $H_0^{(k)}$ 的归一化本征态 $|\beta_i\rangle_k$，满足本征方程

$$H_0^{(k)} |\beta_i\rangle_k = \lambda_i |\beta_i\rangle_k \tag{3.2.9}$$

本征值 λ_i 是久期方程

$$\lambda_i^3 - G^2\lambda_i = 0 \tag{3.2.10}$$

的根，其中

$$G = \sqrt{G_1^2 + G_2^2} \tag{3.2.11}$$

求解本征方程（3.2.9），得到本征态和相应的本征值

$$|\beta_1\rangle_k = \frac{1}{\sqrt{2}} g_1 |\alpha_1\rangle_k + \frac{1}{\sqrt{2}} |\alpha_2\rangle_k + \frac{1}{\sqrt{2}} g_2 |\alpha_3\rangle_k \quad (\lambda_1 = G) \tag{3.2.12a}$$

$$|\beta_2\rangle_k = g_2 |\alpha_1\rangle_k - g_1 |\alpha_3\rangle_k \quad (\lambda_2 = 0) \tag{3.2.12b}$$

$$|\beta_3\rangle_k = \frac{1}{\sqrt{2}} g_1 |\alpha_1\rangle_k - \frac{1}{\sqrt{2}} |\alpha_2\rangle_k + \frac{1}{\sqrt{2}} g_2 |\alpha_3\rangle_k \quad (\lambda_3 = -G) \tag{3.2.12c}$$

其中，$g_1 = G_1/G$，$g_2 = G_2/G$。现在在穿衣态$|\beta_i\rangle_k$的意义上定义一个新的集体算子

$$B_{ij} = \sum_{k=1}^{N} |\beta_i\rangle_{k\,k}\langle\beta_j| \quad (i,j=1,2,3) \tag{3.2.13}$$

其中，$|\beta_i\rangle_{k\,k}\langle\beta_j|$是第 k 个分子的穿衣态算子。新的集体算子 B_{ij} 服从与原集体算子 A_{ij} 相同的对易关系，如式（3.2.4）所示。利用式（3.2.3），式（3.2.12）及式（3.2.13），可以在 B_{ij} 的意义上表示 A_{ij}

$$\begin{aligned} A_{11} = {} & \frac{1}{2} g_1^2 B_{11} + \frac{1}{\sqrt{2}} g_1 g_2 B_{12} + \frac{1}{2} g_1^2 B_{13} \\ & + \frac{1}{\sqrt{2}} g_1 g_2 B_{21} + g_2^2 B_{22} + \frac{1}{\sqrt{2}} g_1 g_2 B_{23} \\ & + \frac{1}{2} g_1^2 B_{31} + \frac{1}{\sqrt{2}} g_1 g_2 B_{32} + \frac{1}{2} g_1^2 B_{33} \end{aligned} \tag{3.2.14a}$$

$$\begin{aligned} A_{12} = {} & \frac{1}{2} g_1 B_{11} - \frac{1}{2} g_1 B_{13} + \frac{1}{\sqrt{2}} g_2 B_{21} \\ & - \frac{1}{\sqrt{2}} g_2 B_{23} + \frac{1}{2} g_1 B_{31} - \frac{1}{2} g_1 B_{33} \end{aligned} \tag{3.2.14b}$$

$$\begin{aligned} A_{13} = {} & \frac{1}{2} g_1 g_2 B_{11} - \frac{1}{\sqrt{2}} g_1^2 B_{12} + \frac{1}{2} g_1 g_2 B_{13} \\ & + \frac{1}{\sqrt{2}} g_2^2 B_{21} - g_1 g_2 B_{22} + \frac{1}{\sqrt{2}} g_2^2 B_{23} \\ & + \frac{1}{2} g_1 g_2 B_{31} - \frac{1}{\sqrt{2}} g_1^2 B_{32} + \frac{1}{2} g_1 g_2 B_{33} \end{aligned} \tag{3.2.14c}$$

$$A_{22} = \frac{1}{2} B_{11} - \frac{1}{2} B_{13} - \frac{1}{2} B_{31} + \frac{1}{2} B_{33} \tag{3.2.14d}$$

$$A_{23} = \frac{1}{2}g_2B_{11} - \frac{1}{\sqrt{2}}g_1B_{12} + \frac{1}{2}g_2B_{13} - \frac{1}{2}g_2B_{31} + \frac{1}{\sqrt{2}}g_1B_{32} - \frac{1}{2}g_2B_{33} \tag{3.2.14e}$$

$$A_{33} = \frac{1}{2}g_2^2B_{11} - \frac{1}{\sqrt{2}}g_1g_2B_{12} + \frac{1}{2}g_2^2B_{13} - \frac{1}{\sqrt{2}}g_1g_2B_{21} + g_1^2B_{22} - \frac{1}{\sqrt{2}}g_1g_2B_{23} + \frac{1}{2}g_2^2B_{31} - \frac{1}{\sqrt{2}}g_1g_2B_{32} + \frac{1}{2}g_2^2B_{33} \tag{3.2.14f}$$

应该指出，在哈密顿 H_0 之下，算子 B_{ij} 的时间演化为

$$B_{ij}(t) = B_{ij}(0)\exp[\mathrm{i}(\lambda_i - \lambda_j)t] \tag{3.2.15}$$

对角算子 B_{ii} 的时间变化是缓慢的，而非对角算子 $B_{ij}(i \neq j)$ 随时间快速振荡。这样在强场条件下，即 $G \gg N\gamma_1$、$N\gamma_2$、$N\nu_1$、$N\nu_2$、$N\mu_1$、$N\mu_2$，将关系式 (3.2.14) 代入主方程 (3.2.6)，在久期近似（secular approximation）之下，可以忽略快速振荡项[3.24]，进而得到一个新的主方程

$$\begin{aligned}\frac{\partial\rho}{\partial t} = &-\mathrm{i}G[F,\rho] \\ &-\frac{x_1}{2}[(B_{12}B_{21}\rho+\rho B_{12}B_{21}-2B_{21}\rho B_{12})+(B_{32}B_{23}\rho+\rho B_{32}B_{23}-2B_{23}\rho B_{32})] \\ &-\frac{x_2}{2}[(B_{21}B_{12}\rho+\rho B_{21}B_{12}-2B_{12}\rho B_{21})+(B_{23}B_{32}\rho+\rho B_{23}B_{32}-2B_{32}\rho B_{23})] \\ &-\frac{x_{34}}{4}[(B_{13}B_{31}\rho+\rho B_{13}B_{31}-2B_{31}\rho B_{13})+(B_{31}B_{13}\rho+\rho B_{31}B_{13}-2B_{13}\rho B_{31})] \\ &-\frac{x_3}{4}(F^2\rho+\rho F^2-2F\rho F) \\ &-\frac{x_4}{4}[(E-2B_{22})^2\rho+\rho(E-2B_{22})^2-2(E-2B_{22})\rho(E-2B_{22})]\end{aligned} \tag{3.2.16}$$

其中，E 和 F 由对角算子 B_{33} 及 B_{11} 定义为

$$E = B_{33} + B_{11} \tag{3.2.17a}$$

$$F = B_{33} - B_{11} \tag{3.2.17b}$$

而其他参数均是系统参数的函数

$$x_1 = \gamma_1(1+\bar{n}_1)g_2^2 + \gamma_2(1+\bar{n}_2)g_1^2 + \mu_1g_2^4 + \mu_2g_1^4 \tag{3.2.18a}$$

$$x_2=(\nu_1+\gamma_1\bar{n}_1)g_2^2+(\nu_2+\gamma_2\bar{n}_2)g_1^2+\mu_1 g_1^4+\mu_2 g_2^4 \tag{3.2.18b}$$

$$x_3=\gamma_1(1+\bar{n}_1)g_1^2+\gamma_2(1+\bar{n}_2)g_2^2+(\nu_1+\gamma_1\bar{n}_1)g_1^2+(\nu_2+\gamma_2\bar{n}_2)g_2^2 \tag{3.2.18c}$$

$$x_4=(\mu_1+\mu_2)g_1^2 g_2^2 \tag{3.2.18d}$$

$$x_{34}=x_3+x_4 \tag{3.2.18e}$$

下面将推出期待值 $\langle B_{ij}\rangle$ 的运动方程。为此利用

$$\begin{aligned}\langle B_{ij}\rangle&=\mathrm{Tr}(\rho B_{ij})=\sum_{k=1}^{N}\mathrm{Tr}\rho\,|\beta_i\rangle_{k\,k}\langle\beta_j|\\&=\sum_{k=1}^{N}{}_k\langle\beta_j|\rho|\beta_i\rangle_k\end{aligned} \tag{3.2.19}$$

和式（3.2.13）以及算子 B_{ij} 的对易关系（3.2.4），从主方程（3.2.16）得到关于 $\langle B_{ij}(t)\rangle$ 的耦合运动方程

$$\frac{\mathrm{d}}{\mathrm{d}t}\langle E(t)\rangle=2x_2N-x_5\langle E(t)\rangle-x_0\langle B_{22}(t)E(t)\rangle \tag{3.2.20a}$$

$$\frac{\mathrm{d}}{\mathrm{d}t}\langle F(t)\rangle=-x_6\langle F(t)\rangle-x_0\langle B_{22}(t)F(t)\rangle \tag{3.2.20b}$$

$$\frac{\mathrm{d}}{\mathrm{d}t}\langle B_{12}(t)\rangle=-(x_7+\mathrm{i}G)\langle B_{12}(t)\rangle-\frac{1}{2}x_0(\langle B_{22}(t)B_{12}(t)\rangle-\langle E(t)B_{12}(t)\rangle) \tag{3.2.20c}$$

$$\frac{\mathrm{d}}{\mathrm{d}t}\langle B_{32}(t)\rangle=-(x_7-\mathrm{i}G)\langle B_{32}(t)\rangle-\frac{1}{2}x_0(\langle B_{22}(t)B_{32}(t)\rangle-\langle E(t)B_{32}(t)\rangle) \tag{3.2.20d}$$

$$\frac{\mathrm{d}}{\mathrm{d}t}\langle B_{13}(t)\rangle=-(x_8+2\mathrm{i}G)\langle B_{13}(t)\rangle-x_0\langle B_{22}(t)B_{13}(t)\rangle \tag{3.2.20e}$$

其中

$$x_0=x_1-x_2 \tag{3.2.21a}$$

$$x_5=x_1+2x_2 \tag{3.2.21b}$$

$$x_6=x_1+x_3+x_4 \tag{3.2.21c}$$

$$x_7=x_1+\frac{1}{2}(x_2+x_{34})+2x_4 \tag{3.2.21d}$$

$$x_8=x_1+x_3+\frac{1}{2}x_{34} \tag{3.2.21e}$$

耦合方程（3.2.20）将被用来研究生物光子场的稳态谱分布和系统的动力学

演化。

3.2.4 密度算子的稳态解

现在求解新的主方程（3.2.16）。为此引入新的集体态 $|m,n\rangle$，它们是分子数算子

$$\hat{N}=A_{11}+A_{22}+A_{33}=B_{11}+B_{22}+B_{33} \tag{3.2.22}$$

及算子 E，F 的共同本征态

$$\hat{N}|m,n\rangle=N|m,n\rangle \tag{3.2.23a}$$

$$E|m,n\rangle=m|m,n\rangle \tag{3.2.23b}$$

$$F|m,n\rangle=n|m,n\rangle \tag{3.2.23c}$$

很明显，在集体态 $|m,n\rangle$ 中，$\frac{1}{2}(m-n)$ 个分子布居在态 $|\beta_1\rangle$，$(N-m)$ 个分子布居在态 $|\beta_2\rangle$，$\frac{1}{2}(m+n)$ 个分子布居在态 $|\beta_3\rangle$，即

$$B_{11}|m,n\rangle=\frac{1}{2}(m-n)|m,n\rangle \tag{3.2.24a}$$

$$B_{22}|m,n\rangle=(N-m)|m,n\rangle \tag{3.2.24b}$$

$$B_{33}|m,n\rangle=\frac{1}{2}(m+n)|m,n\rangle \tag{3.2.24c}$$

另外，非对角算子 B_{ij} 的作用是：在 $|\beta_i\rangle$ 态上产生一个分子，在 $|\beta_j\rangle$ 态湮没一个分子。用所有的 B_{ij} 作用于集体态 $|m,n\rangle$，得到

$$B_{12}|m,n\rangle=\sqrt{(N-m)\left[\frac{1}{2}(m-n)+1\right]}\,|m+1,n-1\rangle \tag{3.2.25a}$$

$$B_{21}|m,n\rangle=\sqrt{\frac{1}{2}(m-n)(N-m+1)}\,|m-1,n+1\rangle \tag{3.2.25b}$$

$$B_{23}|m,n\rangle=\sqrt{\frac{1}{2}(m+n)(N-m+1)}\,|m-1,n-1\rangle \tag{3.2.25c}$$

$$B_{32}|m,n\rangle=\sqrt{(N-m)\left[\frac{1}{2}(m+n)+1\right]}\,|m+1,n+1\rangle \tag{3.2.25d}$$

$$B_{13}|m,n\rangle=\sqrt{\frac{1}{2}(m+n)\left[\frac{1}{2}(m-n)+1\right]}\,|m,n-2\rangle \tag{3.2.25e}$$

$$B_{31}|m,n\rangle=\sqrt{\frac{1}{2}(m-n)\left[\frac{1}{2}(m+n)+1\right]}\,|m,n+2\rangle \tag{3.2.25f}$$

利用集体态 $|m,n\rangle$，还可以写出主方程（3.2.16）的形式解

$$\rho=\sum_{m=0}^{N}\sum_{n=-m,-m+2,\cdots}^{m}P_{m,n}|m,n\rangle\langle n,m| \tag{3.2.26}$$

其中，$P_{m,n}$是态$|m,n\rangle$出现的概率。应该注意，对于一个给定的 N，被允许的 m，n 取值为 $m=0$，1，2，…，N；$n=-m$，$-m+2$，…，$m-2$，m。将形式解（3.2.26）代入主方程（3.2.16），得到关于概率 $P_{m,n}$的微分方程

$$\begin{aligned}\frac{\partial P_{m,n}}{\partial t}=&(N-m)\left[\frac{1}{2}(m-n)+1\right](x_1P_{m+1,n-1}-x_2P_{m,n})\\&-\frac{1}{2}(m-n)(N-m+1)(x_1P_{m,n}-x_2P_{m-1,n+1})\\&+(N-m)\left[\frac{1}{2}(m+n)+1\right](x_1P_{m+1,n+1}-x_2P_{m,n})\\&-\frac{1}{2}(m+n)(N-m+1)(x_1P_{m,n}-x_2P_{m-1,n-1})\\&+\frac{x_{34}}{4}(m+n)\left[\frac{1}{2}(m-n)+1\right](P_{m,n-2}-P_{m,n})\\&-\frac{x_{34}}{4}(m-n)\left[\frac{1}{2}(m+n)+1\right](P_{m,n}-P_{m,n+2})\end{aligned} \tag{3.2.27}$$

现在求方程（3.2.27）的稳态解，它被 $\partial P_{m,n}/\partial t=0$ 确定。利用细致平衡原理（detailed balancing principle），即从方程（3.2.27）右边任意一个小括号为零，比如从 $(x_1P_{m+1,n-1}-x_2P_{m,n})=0$，可立即得到稳态解

$$P_{m,n}=x^{-m}P_{0,0} \tag{3.2.28}$$

其中

$$x=x_1/x_2 \tag{3.2.29}$$

$P_{0,0}$能从概率守恒条件

$$\sum_{m=0}^{N}\sum_{n=-m,-m+2,\cdots}^{m}P_{m,n}=1 \tag{3.2.30}$$

确定，它给出归一化常数

$$\begin{aligned}C\equiv\frac{1}{P_{0,0}}&=\sum_{m=0}^{N}(m+1)x^{-m}\\&=\frac{x^{N+2}-(N+2)x+(N+1)}{(x-1)^2x^N}\end{aligned} \tag{3.2.31}$$

将式（3.2.28）及式（3.2.31）代入式（3.2.26），得到主方程（3.2.16）的稳态解

$$\rho_s = \frac{1}{C}\sum_{m=0}^{N}\sum_{n=-m,-m+2,\cdots}^{m} x^{-m}|m,n\rangle\langle n,m| \tag{3.2.32}$$

利用式（3.2.32）可以求出任意算子 X 的期待值 $\langle X\rangle = \mathrm{Tr}(X\rho_s)$。例如，可以计算算子 E 的统计矩

$$\begin{aligned}\langle E^k\rangle_s &= \frac{1}{C}\sum_{m,n}\left\langle n,m\left|\sum_{m',n'}x^{-m'}\right|m',n'\right\rangle\langle n',m' \mid E^k \mid m,n\rangle \\ &= \frac{1}{C}\sum_{m=0}^{N} m^k(m+1)x^{-m}\end{aligned} \tag{3.2.33}$$

特别是它的一阶矩及二阶矩被表示为

$$\langle E\rangle_s = \frac{2x^{N+2}-(N+1)(N+2)x^2+2N(N+2)x-N(N+1)}{(x-1)[x^{N+2}-(N+2)x+(N+1)]} \tag{3.2.34}$$

$$\langle E^2\rangle_s = \frac{1}{(x-1)^2[x^{N+2}-(N+2)x+(N+1)]} \cdot \begin{bmatrix}2x^{N+3}+4x^{N+2}-(N+1)^2(N+2)x^3 \\ +(N+2)(3N^2+3N-2)x^2 \\ -N(3N^2+6N-1)x+N^2(N+1)\end{bmatrix} \tag{3.2.35}$$

进一步还可以将

$$\langle E^aF^b\rangle_s = \frac{1}{C}\sum_{m=0}^{N} m^a x^{-m}\sum_{n=-m,-m+2,\cdots}^{m} n^b \quad (a,b=1,\cdots,4) \tag{3.2.36}$$

表示为各阶统计矩 $\langle E^k\rangle_s(k=1,\cdots,4)$ 的求和

$$\langle E^aF^b\rangle_s = 0 \quad (b=1,3) \tag{3.2.37a}$$

$$\langle F^2\rangle_s = \frac{1}{3}(\langle E^2\rangle_s + 2\langle E\rangle_s) \tag{3.2.37b}$$

$$\langle EF^2\rangle_s = \frac{1}{3}(\langle E^3\rangle_s + 2\langle E^2\rangle_s) \tag{3.2.37c}$$

$$\langle E^2F^2\rangle_s = \frac{1}{3}(\langle E^4\rangle_s + 2\langle E^3\rangle_s) \tag{3.2.37d}$$

$$\langle F^4\rangle_s = \frac{1}{15}(3\langle E^4\rangle_s + 12\langle E^3\rangle_s + 8\langle E^2\rangle_s - 8\langle E\rangle_s) \tag{3.2.37e}$$

现在给出一些特殊的结果，它们能用来计算系统的极限值，这对于后面的讨论是有用的。

（1）对于 $N=1$，x 取任意值

$$\langle E^k \rangle_s = \frac{2}{x+2} \tag{3.2.38}$$

（2）对于 $x=1$，N 取任意值

$$C = \frac{1}{2}(N+1)(N+2) \tag{3.2.39}$$

$$\langle E \rangle_s = \frac{2}{3}N \tag{3.2.40a}$$

$$\langle E^2 \rangle_s = \frac{1}{6}N(3N+1) \tag{3.2.40b}$$

$$\langle E^3 \rangle_s = \frac{1}{30}N(12N^2+9N-1) \tag{3.2.40c}$$

$$\langle E^4 \rangle_s = \frac{1}{30}N(10N^3+12N^2-N-1) \tag{3.2.40d}$$

（3）对于 $x>1$，$N\to\infty$

$$\lim_{N\to\infty} C = \frac{x^2}{(x-1)^2} \tag{3.2.41}$$

$$\lim_{N\to\infty} \langle E \rangle_s = \frac{2}{x-1} \tag{3.2.42a}$$

$$\lim_{N\to\infty} \langle E^2 \rangle_s = \frac{2(x+2)}{(x-1)^2} \tag{3.2.42b}$$

$$\lim_{N\to\infty} \langle E^3 \rangle_s = \frac{2(4x^2+7x+1)}{(x-1)^3} \tag{3.2.42c}$$

$$\lim_{N\to\infty} \langle E^4 \rangle_s = \frac{2(x^3+18x^2+33x+8)}{(x-1)^4} \tag{3.2.42d}$$

（4）k 取任意值，$N\to\infty$

$$\lim_{N\to\infty} \frac{\langle E^k \rangle_s}{N^k} = \begin{cases} 1, & x<1 \\ \frac{2}{k+2}, & x=1 \\ 0, & x>1 \end{cases} \tag{3.2.43}$$

从式（3.2.43）可以看出，在热力学极限 $N\to\infty$，系统相对于参数 x 的变化呈现不连续的行为。将会看到，系统在临界点 $x=1$ 处确实存在着一个非平衡相变，对此我们将在后面的内容中进行详细的讨论。

3.3　生物分子的激发态

本节讨论集体生物分子的稳态行为，涉及生物分子在三个能级 $|\alpha_i\rangle$（$i=1$，

2，3）的布居和它们的起伏。所有这些量作为 x 的函数将被详细讨论。另外，我们的讨论还涉及系统在热力学极限 $N\to\infty$的特殊行为。

对角算子 A_{ii} 在态 $|\alpha_i\rangle (i=1,2,3)$ 中的期待值给出集体分子的稳态布居

$$\langle A_{11}\rangle_s = Ng_2^2 + \left(\frac{1}{2}g_1^2 - g_2^2\right)\langle E\rangle_s \tag{3.3.1a}$$

$$\langle A_{22}\rangle_s = \frac{1}{2}\langle E\rangle_s \tag{3.3.1b}$$

$$\langle A_{33}\rangle_s = Ng_1^2 + \left(\frac{1}{2}g_2^2 - g_1^2\right)\langle E\rangle_s \tag{3.3.1c}$$

其中，$\langle E\rangle_s$ 被式（3.2.34）表示。

讨论 $\langle A_{ii}\rangle_s$ 在 $x=1$ 的临界行为以及 $\langle A_{ii}\rangle_s/N$ 在 $N\to\infty$的极限行为是有趣的。对于 $x=1$ 和任意的 N 值，有

$$\langle A_{11}\rangle_s = \langle A_{22}\rangle_s = \langle A_{33}\rangle_s = \frac{N}{3} \tag{3.3.2}$$

在热力学极限，三个能级上的相对布居数为

$$\lim_{N\to\infty}\frac{\langle A_{11}\rangle_s}{N} = \begin{cases} \frac{1}{2}g_1^2, & x<1 \\ g_2^2, & x>1 \end{cases} \tag{3.3.3a}$$

$$\lim_{N\to\infty}\frac{\langle A_{22}\rangle_s}{N} = \begin{cases} \frac{1}{2}, & x<1 \\ 0, & x>1 \end{cases} \tag{3.3.3b}$$

$$\lim_{N\to\infty}\frac{\langle A_{33}\rangle_s}{N} = \begin{cases} \frac{1}{2}g_2^2, & x<1 \\ g_1^2, & x>1 \end{cases} \tag{3.3.3c}$$

分子在三个能级上的相对布居数 $\langle A_{ii}\rangle_s/N(i=1,2,3)$ 作为 x 的函数被显示在图 3.3。图中的不同曲线对应不同的 N 值，折线表示布居数在热力学极限 $N\to\infty$的行为。图中参数 g_1 和 g_2 的值取自实验数据[3.18, 2.6]。另外，分子布居在 $N\to\infty$极限条件下的示意图对于 $x<1$，$x=1$ 和 $x>1$ 三种情况被显示在图 3.4。

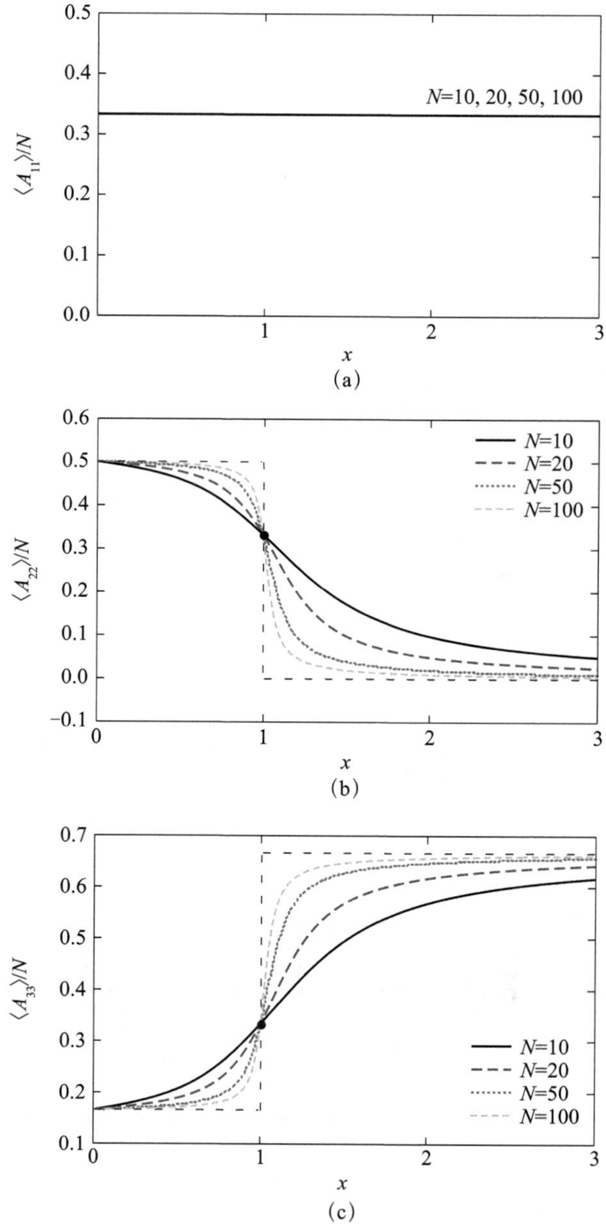

图 3.3　分子的相对布居数作为参量 x 的函数

诸条曲线相应于不同的 N 值，折线表示 $N\to\infty$ 的极限行为（$x=1$ 处取点值）。$g_1=\sqrt{2/3}$ 和 $g_2=\sqrt{1/3}$ 是实验数据

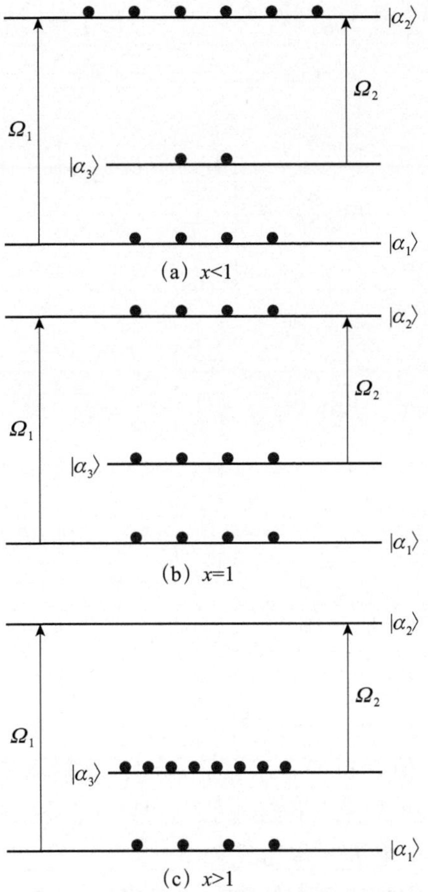

图 3.4 分子布居在 $N\to\infty$ 极限条件下的示意图

现在考察各个能级上的布居数起伏。第 i 个能级上的起伏被

$$\sigma_i^2 = \langle A_{ii}^2 \rangle_s - \langle A_{ii} \rangle_s^2 \tag{3.3.4}$$

确定。利用关系式（3.2.14）和式（3.2.37b），得到

$$\sigma_1^2 = \left(\frac{1}{3}g_1^4 - 2g_1^2 g_2^2 + g_2^4\right)\langle E^2 \rangle_s - \left(\frac{1}{2}g_1^2 - g_2^2\right)^2 \langle E \rangle_s^2 + \left[\frac{1}{6}g_1^4 + g_1^2 g_2^2\left(N - \frac{1}{2}\right)\right]\langle E \rangle_s + g_1^2 g_2^2 N \tag{3.3.5a}$$

$$\sigma_2^2 = \frac{1}{3}\langle E^2 \rangle_s - \frac{1}{4}\langle E \rangle_s^2 + \frac{1}{6}\langle E \rangle_s \tag{3.3.5b}$$

$$\sigma_3^2 = \left(\frac{1}{3}g_2^4 - 2g_1^2 g_2^2 + g_1^4\right)\langle E^2 \rangle_s - \left(\frac{1}{2}g_2^2 - g_1^2\right)^2 \langle E \rangle_s^2$$

$$+\left[\frac{1}{6}g_2^4+g_1^2g_2^2\left(N-\frac{1}{2}\right)\right]\langle E\rangle_s+g_1^2g_2^2N \tag{3.3.5c}$$

在热力学极限有

$$\lim_{N\to\infty}\frac{\sigma_1^2}{N^2}=\begin{cases}\frac{1}{12}g_1^4, & x<1\\ \frac{1}{18}, & x=1\\ 0, & x>1\end{cases} \tag{3.3.6a}$$

$$\lim_{N\to\infty}\frac{\sigma_2^2}{N^2}=\begin{cases}\frac{1}{12}, & x<1\\ \frac{1}{18}, & x=1\\ 0, & x>1\end{cases} \tag{3.3.6b}$$

$$\lim_{N\to\infty}\frac{\sigma_3^2}{N^2}=\begin{cases}\frac{1}{12}g_2^4, & x<1\\ \frac{1}{18}, & x=1\\ 0, & x>1\end{cases} \tag{3.3.6c}$$

分子布居数的相对起伏 $\sigma_i^2/N^2(i=1,2,3)$ 作为参量 x 的函数被显示在图 3.5。图中不同曲线对应不同 N 值，折线表示布居数起伏在热力学极限 $N\to\infty$的行为。

本节所得到的解析和数值结果刻画了生物分子在各个能级上的稳态布居和它们的起伏。现在对上述结果进一步讨论如下。

(1) 一个给定的 x 值相应于系统的一个工作点。在 $x<1$ 区域，存在着稳定的分子激发态。特别是，在 $N\to\infty$情况下，激发态 $|\alpha_2\rangle$ 上的布居数是分子总数的一半，即 $\langle A_{22}\rangle_s=N/2$，而布居数的起伏与 N^2成正比，即 $\sigma_2^2\propto N^2$。这些特点表明，工作在这个区域的系统是一个远离热平衡的开放系统，具有高度的合作性。因此 $x<1$ 相应于一个“合作区”。

(2) 在 $x>1$ 区域，在 $N\to\infty$情况下，激发态 $|\alpha_2\rangle$ 上的相对布居数及布居数的相对起伏均趋于零，即 $\langle A_{22}\rangle_s/N\to 0,\sigma_2^2/N^2\to 0$，激发态没有分子布居，它们只处于振动态和基态上。这是一个典型的热平衡系统。这意味着系统中的分子是独立个体的集合，它们之间没有相互关联。因此 $x>1$ 相应于一个“个体区”。

(3) 围绕工作点 $x=1$，在 $N\to\infty$情况下，分子在各个能级上的相对布居数及布居数的相对起伏显示不连续行为。这样一种不连续性类似于一个发生在临界点 $x=1$ 的非平衡一阶相变。事实上，当参数从 $x<1$ 向 $x>1$ 转化时，系统确实

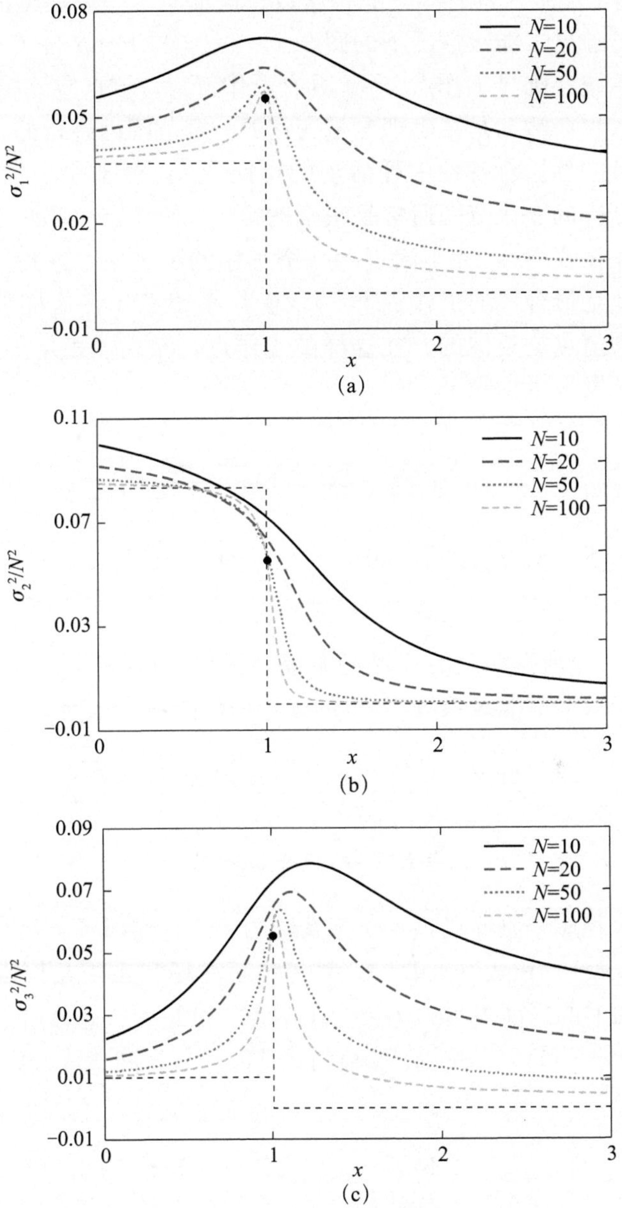

图 3.5 布居数的相对起伏作为参量 x 的函数

诸条曲线相应于不同的 N 值，折线表示 $N\to\infty$的极限行为（$x=1$ 处取点值）。$g_1=\sqrt{2/3}$ 和 $g_2=\sqrt{1/3}$ 是实验数据

是从合作区变到了个体区。式（3.3.2）及图3.4显示，在系统的临界工作点$x=1$处，分子在各个能级上具有相等的布居数。这描绘了一个典型的具有最大熵的开放系统（亦可参见二能级情况下的图2.1），完全与Popp的$f_\nu=\text{constant}$规律相符合。显然系统在临界工作点$x=1$具有合作行为，该点应该属于“合作区”。

众所周知，生命活动是在生理参量变化的一定范围内进行的，这些参量刻画了生物系统本身的性质及各种生理活动的特征[3.25]。对于一个实际的生物系统，其生理参量被允许的变化范围通常是很窄的[3.26]。这样，按照我们的模型，生物系统被期待工作在临界点$x=1$附近的一个很小的区域内。这是一个系统熵最大的工作点（因此是最合理的工作点[1.28]）。生物系统工作在这样的临界点与激光器运转在它的阈值点是类似的。在这样的工作点，激光器稳定地产生激光输出，生物系统不断地发射生物光子。

3.4　发射强度

在一般情况下，辐射场的强度由[3.23]

$$I=\langle \varepsilon^{(-)}\varepsilon^{(+)}\rangle \tag{3.4.1}$$

给出，其中，$\varepsilon^{(\pm)}$是所探测到的辐射场振幅的正频和负频部分，它们是空间和时间的函数。对于一个三能级系统，$\varepsilon^{(\pm)}$的远场极限能被表示为[3.23]

$$\varepsilon^{(+)}(\boldsymbol{r},t)=E^{(+)}(\boldsymbol{r},t)+\psi(\boldsymbol{r})A_{32}\left(t-\frac{\boldsymbol{r}}{c}\right) \tag{3.4.2a}$$

$$\varepsilon^{(-)}(\boldsymbol{r},t)=E^{(-)}(\boldsymbol{r},t)+\psi(\boldsymbol{r})A_{23}\left(t-\frac{\boldsymbol{r}}{c}\right) \tag{3.4.2b}$$

其中，$E^{(\pm)}(\boldsymbol{r},t)$相应于泵浦场；$\psi(\boldsymbol{r})$是系统的一个几何因子。

利用式（3.4.1）和式（3.4.2），并忽略泵浦场和系统几何因子的影响，可以将生物光子辐射的强度表示为$I_1=\langle A_{21}A_{12}\rangle_s$和$I_2=\langle A_{23}A_{32}\rangle_s$，它们分别相应于跃迁$|\alpha_2\rangle\rightarrow|\alpha_1\rangle$和$|\alpha_3\rangle\rightarrow|\alpha_1\rangle$。利用式（3.2.14）和式（3.2.32），计算出强度表达式

$$I_1=\frac{1}{6}\{[3(N+1)g_2^2+2g_1^2]\langle E\rangle_s-(3g_2^2-g_1^2)\langle E^2\rangle_s\} \tag{3.4.3a}$$

$$I_2=\frac{1}{6}\{[3(N+1)g_1^2+2g_2^2]\langle E\rangle_s-(3g_1^2-g_2^2)\langle E^2\rangle_s\} \tag{3.4.3b}$$

它们具有g_1和g_2的交换对称性。从式（3.4.3）和式（3.2.43），得到相对强度的极限值

$$\lim_{N\to\infty}\frac{I_1}{N^2}=\begin{cases}\dfrac{1}{6}g_1^2, & x<1\\ \dfrac{1}{12}, & x=1\\ 0, & x>1\end{cases} \tag{3.4.4a}$$

$$\lim_{N\to\infty}\frac{I_2}{N^2}=\begin{cases}\dfrac{1}{6}g_2^2, & x<1\\ \dfrac{1}{12}, & x=1\\ 0, & x>1\end{cases} \tag{3.4.4b}$$

利用式（3.4.3a）和式（3.4.3b），在图 3.6 中显示了相对辐射强度 I_1/N^2 和 I_2/N^2 随参量 x 的变化曲线。在热力学极限 $N\to\infty$，强度在 $x=1$ 出现不连续性。

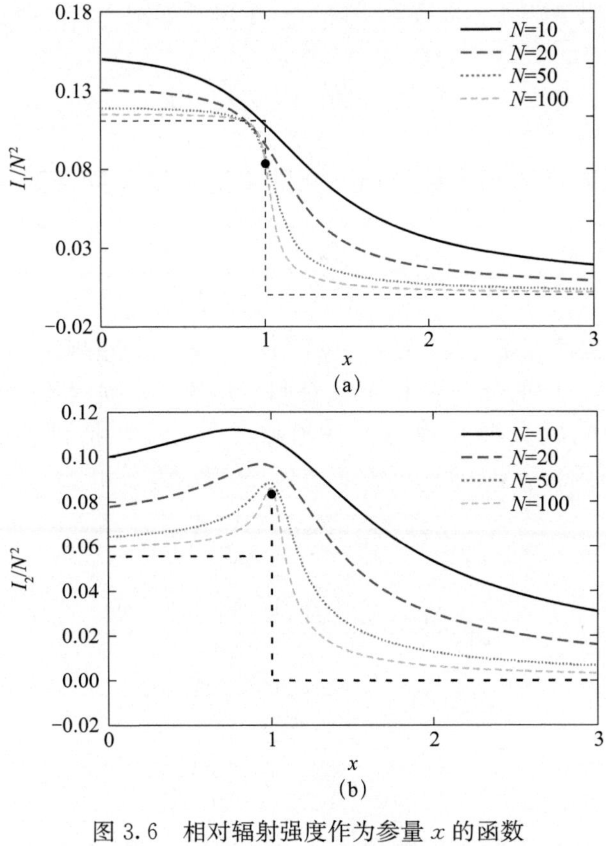

图 3.6 相对辐射强度作为参量 x 的函数

诸条曲线相应于不同的 N 值，折线表示在 $N\to\infty$ 的极限行为（$x=1$ 处取点值）。$g_1=\sqrt{2/3}$ 和 $g_2=\sqrt{1/3}$ 是实验数据

从式（3.4.4）可以看出，在 $x \leqslant 1$ 区域，辐射强度正比于 N^2，具有合作辐射的基本特点。从物理学的观点，辐射强度的 N^2 依赖性来自于集体分子的相位锁定。就像一个 N-模激光器，当它的所有模式被相位锁定后，就出现正比于 N^2 的发射强度。在高于阈值（$x>1$）的情况下，辐射强度正比于 N，表明系统中的分子都是独立的个体，相互之间没有关联。至此，我们清楚地看到，系统的性质完全依赖于唯一的参量 x，它扮演了一个“序参量”的角色。

一个有趣的结果出现在图 3.6（b）中，对于有限的 N，相对强度 I_2/N^2 在临界点 $x=1$ 呈现极大值。这是由于在 $N\to\infty$ 的情况下，对于所有的 x 取值，I_2/N^2 在该点取最大值 $1/12\left(>\frac{1}{6}g_2^2\right)$。这个结果显示，一个系统由合作区突变到个体区时，在临界点呈现辐射强度的增大。可能与此有关的一个实验事实是：有机体在临近死亡时，其生物光子辐射强度明显升高[1.10,1.11]，在达到一个最大值之后，又随着有机体的死亡而逐渐下降（一个例子如图 12.32 所示）。

3.5　强度关联

一个多模辐射场的相干性被归一化的二阶强度关联函数描述，它被定义为[3.14,3.24]

$$g_{ij}^{(2)}(\tau)=\frac{\langle:\hat{I}_i(t+\tau)\hat{I}_j(t):\rangle}{\langle\hat{I}_i(t+\tau)\rangle\langle\hat{I}_j(t)\rangle} \tag{3.5.1}$$

这里，: : 表示强度算子 $\hat{I}_i(t)$ 和 $\hat{I}_j(t)(i, j=1$ 或 $2)$ 的正规序。在远场极限，可以利用式（3.2.3）中的分子算子 A_{ij} 表征归一化的二阶强度关联函数 $g_{ij}^{(2)}(\tau)$。特别是，系统中的问题只涉及稳态关联函数 $g_{ij}^{(2)}(0)$，包括自关联函数 $g_{11}^{(2)}(0)$、$g_{22}^{(2)}(0)$ 及互关联函数 $g_{12}^{(2)}(0)$、$g_{21}^{(2)}(0)$，它们被表示为

$$g_{11}^{(2)}(0)=\frac{\langle A_{21}A_{21}A_{12}A_{12}\rangle_s}{\langle A_{21}A_{12}\rangle_s^2} \tag{3.5.2a}$$

$$g_{22}^{(2)}(0)=\frac{\langle A_{23}A_{23}A_{32}A_{32}\rangle_s}{\langle A_{23}A_{32}\rangle_s^2} \tag{3.5.2b}$$

$$g_{12}^{(2)}(0)=\frac{\langle A_{21}A_{23}A_{32}A_{12}\rangle_s}{\langle A_{21}A_{12}\rangle_s\langle A_{23}A_{32}\rangle_s} \tag{3.5.2c}$$

$$g_{21}^{(2)}(0)=\frac{\langle A_{23}A_{21}A_{12}A_{32}\rangle_s}{\langle A_{23}A_{32}\rangle_s\langle A_{21}A_{12}\rangle_s} \tag{3.5.2d}$$

稳态关联函数 $g_{ij}^{(2)}(0)$ 有清楚的物理意义。例如，$g_{12}^{(2)}(0)$ 表示同时探测到来自跃迁 $|\alpha_2\rangle\to|\alpha_1\rangle$ 的一个光子和来自跃迁 $|\alpha_2\rangle\to|\alpha_1\rangle$ 的另一个光子的概率。

利用式（3.2.14）和式（3.2.37），能计算出式（3.5.2）中的关联函数，它

们能被写为各阶统计矩 $\langle E^k\rangle_s(k=1,\cdots,4)$ 的组合

$$g_{22}^{(2)}(0)=\frac{1}{30I_2^2}\left\{\begin{array}{l}-2[5(N+1)(N+2)g_1^4+10(N+1)g_1^2g_2^2+3g_2^4]\langle E\rangle_s\\+[10(N^2+5N+5)g_1^4+10(N+3)g_1^2g_2^2+g_2^4]\langle E^2\rangle_s\\-2[10(N+2)g_1^4-5Ng_1^2g_2^2-2g_2^4]\langle E^3\rangle_s\\+[10g_1^4-10g_1^2g_2^2+g_2^4]\langle E^4\rangle_s\end{array}\right\}\tag{3.5.3a}$$

$$g_{21}^{(2)}(0)=\frac{1}{60I_1I_2}\left\{\begin{array}{l}\left[\begin{array}{l}5(3N+2)g_1^4-2(10N^2+5N+1)g_1^2g_2^2\\-10Ng_2^4-20(N+1)g_1^2-10g_2^2\end{array}\right]\langle E\rangle_s\\+\left[\begin{array}{l}-5(N+3)g_1^4+2(10N^2+45N+21)g_1^2g_2^2\\+5(N+4)g_2^4+5(N+5)g_1^2-5g_2^2\end{array}\right]\langle E^2\rangle_s\\+[5(N+2)g_1^4-2(25N+36)g_1^2g_2^2+5Ng_2^4-5g_1^2]\langle E^3\rangle_s\\+[-5g_1^4+32g_1^2g_2^2-5g_2^4]\langle E^4\rangle_s\end{array}\right\}\tag{3.5.3b}$$

式中的 I_1 和 I_2 被式（3.4.3）表示。另外，$g_{11}^{(2)}(0)$ 和 $g_{22}^{(2)}(0)$ 具有 g_1 和 g_2 的交换对称性，而且 $g_{12}^{(2)}(0)=g_{21}^{(2)}(0)$，这是因为算子 A_{21} 和 A_{23} 的相互对易性。利用式（3.2.38）和式（3.2.43），计算出这些强度关联的极限值

$$\lim_{N\to\infty}g_{11}^{(2)}(0)=\lim_{N\to\infty}g_{22}^{(2)}(0)=\begin{cases}1.2, & x<1\\1.6, & x=1\\2.0, & x>1\end{cases}\tag{3.5.4a}$$

$$\lim_{N\to\infty}g_{12}^{(2)}(0)=\lim_{N\to\infty}g_{21}^{(2)}(0)=\begin{cases}1.2, & x<1\\0.8, & x=1\\2.0, & x>1\end{cases}\tag{3.5.4b}$$

$$g_{11}^{(2)}(0)=g_{22}^{(2)}(0)=g_{12}^{(2)}(0)=g_{21}^{(2)}(0)=0\ (N=1)\tag{3.5.5}$$

图 3.7（a）中显示了强度关联函数 $g_{22}^{(2)}(0)$ 随参量 x 的变化曲线，这里式（3.2.33）被用来完成统计矩 $\langle E^k\rangle_s(k=1,\cdots,4)$ 的数值计算。在热力学极限 $N\to\infty$，关联函数 $g_{22}^{(2)}(0)$ 在 $x=1$ 出现不连续性。

从式（3.5.5）可以看出，当系统简化为单分子情况时（$N=1$），对于任何 x 值，所有的关联函数都等于零，这是一个最大程度的反聚束（antibunching）效应。反聚束效应与亚泊松（sub-Poissonian）统计，压缩态（squeezed state）[3.10,3.27~3.29]一样都是光的非经典效应[3.30,3.31]。图 3.7（a）显示在 $N=2$ 的情况下，在临界点 $x=1$ 附近也存在反聚束效应 $[g_{22}^{(2)}(0)<1]$。对于较大的 N 值，辐射场呈现部分相干性 $[g_{22}^{(2)}(0)<2]$。在热力学极限 $N\to\infty$，辐射场在 $x<1$ 区域有相当高的相干度：$g_{22}^{(2)}(0)=1.2$，这是由于系统在这个区域的合作性。另外，辐射场在 $x>1$ 区域给出 $g_{22}^{(2)}(0)=2.0$，这相应于一个完全非相干的辐射场。这

个结论与前面所得到的关于个体区的所有结论相吻合：系统处于热平衡态，分子之间没有关联，辐射强度与分子数 N 成正比。

应该注意，对于有限的 N 值，所有的 $g_{22}^{(2)}(0)$ 曲线在临界点 $x=1$ 呈现极小值，意味着辐射场在临界点有一个相对高的相干度。在数学上这是相对辐射强度 I_2/N^2 在 $x=1$ 附近取最大值的缘故。其本质的机理可以理解为，$x=1$ 相应于系统最合理的工作点，因而具有相对高的相干性。

强度互关联函数 $g_{21}^{(2)}(0)$ 作为 x 的函数被显示在图 3.7（b）中。与自关联函数 $g_{22}^{(2)}(0)$ 不同，在互关联函数的情况下，对于任何有限的 N 值，都有反聚束效应出现在临界点 $x=1$ 附近。在热力学极限 $N\rightarrow\infty$，$g_{21}^{(2)}(0)$ 在 $x=1$ 出现不连续性，它在临界点 $x=1$ 呈现最小值 0.8，显示出典型的反聚束效应。另外，在合作区 $x<1$ 与个体区 $x>1$，$g_{21}^{(2)}(0)$ 均显示与 $g_{22}^{(2)}(0)$ 相同的行为，即合作区的高度相干性 $g_{21}^{(2)}(0)=1.2$ 及个体区的完全非相干性 $g_{21}^{(2)}(0)=2.0$。

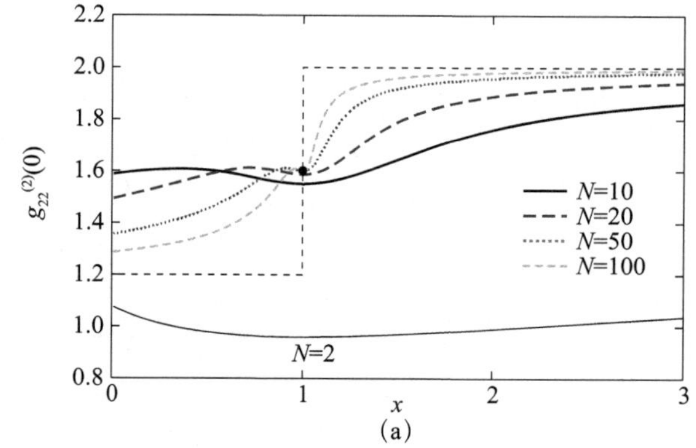

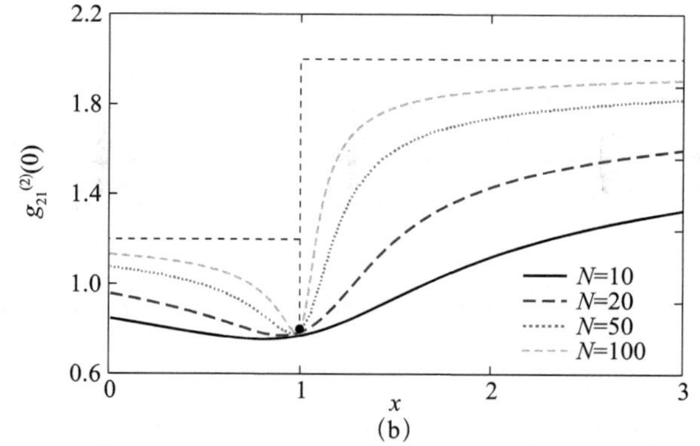

图 3.7　强度关联函数 $g_{22}^{(2)}(0)$ 和 $g_{21}^{(2)}(0)$ 作为参量 x 的函数

诸条曲线相应于不同的 N 值，折线表示在 $N\rightarrow\infty$的极限行为（$x=1$ 处取点值）。$g_1=\sqrt{2/3}$ 和 $g_2=\sqrt{1/3}$ 是实验数据

作为本节的结束，我们试图解释系统工作在合作区及个体区所诱导的光子辐射在生命过程中能扮演不同的角色[1.27]。相应于个体区的完全非相干光（混沌光）能支配一个局域性个体活动。例如，在细胞分裂过程中，混沌光也许提供了一个解除细胞间耦合的必要条件。另外，相干光则支配大范围的合作过程，如细胞识别、记忆功能等。工作在反聚束状态的生物光子辐射具有很高的信噪比，能在细胞通信中扮演一个特别重要的角色。

3.6 量 子 熵

现在转向从信息论的角度研究系统的性质，为此我们讨论系统的量子熵[1.28]，它被定义为 $S=-\mathrm{Tr}\rho\ln\rho$，其中 ρ 是系统的密度算子。利用稳态密度算子的表达式（3.2.32），通过在集体态表象 $\{|m,n\rangle\}$ 中求迹，得到

$$\begin{aligned} S &= -\sum_{m,n} P_{m,n}\ln P_{m,n} = -\sum_{m,n}\frac{x^{-m}}{C}\ln\frac{x^{-m}}{C} \\ &= \Big(\sum_{m,n}\frac{x^{-m}}{C}\Big)\ln C + \Big[\frac{1}{C}\sum_{m=0}^{N} m(m+1)x^{-m}\Big]\ln x \\ &= \ln C + \langle E\rangle_s \ln x = \ln(Cx^{\langle E\rangle_s}) \end{aligned} \tag{3.6.1}$$

结果为一个简单的对数函数。这个熵 S 作为参量 x 的函数，对于不同的 N 值被显示在图 3.8（a）中。可以看出，对于所有的 N，熵 S 在 $x<1$ 区域内是增加的，在临界点 $x=1$ 达到最大值，然后在 $x>1$ 区域内降低，并在较大的 x 区域趋于共同值。在临界点 $x=1$，熵 S 只依赖于分子总数 N

$$S = \ln\Big[\frac{1}{2}(N+1)(N+2)\Big] \tag{3.6.2}$$

它随 N 的增加呈现单调上升的行为。当 N 充分大时，式（3.6.1）所示的熵对于 x 的不同区域变成不同的形式

$$S_1 = \ln N + \ln\frac{1}{1-x} \quad (x<1) \tag{3.6.3a}$$

$$S_2 = 2\ln N \quad (x=1) \tag{3.6.3b}$$

$$S_3 = \frac{2}{x-1}\ln x + \ln\frac{x^2}{(x-1)^2} \quad (x>1) \tag{3.6.3c}$$

这些结果刻画了熵的变化细节。在临界点 $x=1$，S_2 随 N 呈对数增加，当 $N\to\infty$ 时，相应地 $S_2\to\infty$。对于 $x<1$ 区域，在 $x=0$ 点，有 $S_1=\ln N=S_2/2$，之后 S_1 随着 x 的增加按照函数 $\ln[1/(1-x)]$ 缓慢增加，当 $x\to1$ 时，这个函数急剧上升并导致 $S_1\to\infty$。对于 $x>1$ 区域，当 $x\to1$ 时，有 $S_3=2+\ln[x^2/(x-1)^2]\to\infty$，

然后 S_3 迅速下降，当 $x\to\infty$时，相应地 $S_3=2/x\to 0$。很明显，有极限值

$$\lim_{N\to\infty}\frac{S}{\ln N}=\begin{cases}1, & x=0\\ 2, & x=1\\ 0, & x\to\infty\end{cases}\tag{3.6.4}$$

图 3.8（b）显示了 $N\to\infty$情况下熵随 x 的变化，作为比较这里给出了熵在有限值 $N=100$ 的曲线。所得结论是：①熵在临界点 $x=1$ 急剧增加，表明临界点是一个熵最大的工作点；②S_1 中的函数 $\ln[1/(1-x)]$ 确保了 S_1 与 S_2 的连续性，同时函数 S_3 确保了 S_2 与 S_3 的连续性。此结果体现了关于熵的基本特点：一个系统的总熵必须是连续变化的。

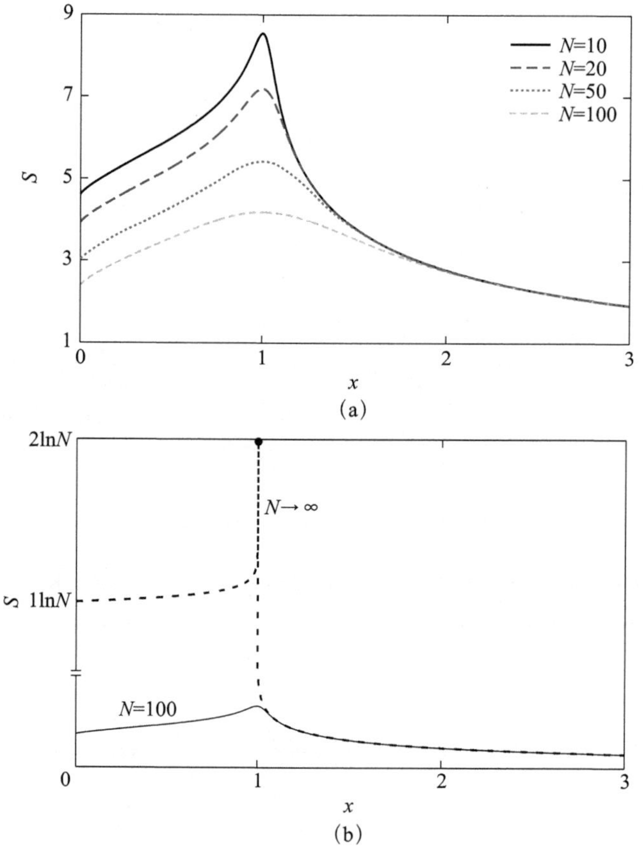

图 3.8　量子熵作为参量 x 的函数

（a）熵（3.6.1）作为参量 x 的函数，诸条曲线相应于不同的 N 值；（b）对数坐标系中的熵（3.6.1）作为参量 x 的函数：取 $N=100$ 及 $N\to\infty$。$g_1=\sqrt{2/3}$和 $g_2=\sqrt{1/3}$ 是实验数据

必须强调，上述熵是系统的总熵，该系统是一个分子系统与辐射场的纠缠态

(entangled state)。事实上利用分子在三个能级$|\alpha_1\rangle$、$|\alpha_2\rangle$、$|\alpha_3\rangle$的相对布居数$P_i=\langle A_{ii}\rangle_s/N(i=1,2,3)$，可以单独计算分子系统的熵

$$\begin{aligned} S_{mp} &= -\sum_{i=1}^{3} P_i \ln P_i \\ &= -\sum_{i=1}^{3} \frac{\langle A_{ii}\rangle_s}{N} \ln \frac{\langle A_{ii}\rangle_s}{N} \\ &= \ln N - \frac{1}{N}\sum_{i=1}^{3} \langle A_{ii}\rangle_s \ln\langle A_{ii}\rangle_s \end{aligned} \tag{3.6.5}$$

分子系统的熵S_{mp}作为参量x的函数被显示在图3.9中。对于任何有限的N值，S_{mp}在$x<1$区域都是增加的，它们在临界点$x=1$达到最大值，之后在$x>1$区域都是下降的，整个行为与系统的总熵S是类似的。在热力学极限$N\to\infty$，S_{mp}在$x=1$出现不连续性

$$\lim_{N\to\infty} S_{mp} = \begin{cases} 1.011, & x<1 \\ 1.099, & x=1 \\ 0.637, & x>1 \end{cases} \tag{3.6.6}$$

这个结果可以从图3.4的分布直接得到。注意到，无论是对于有限的N值，还是$N\to\infty$，S_{mp}在临界点$x=1$取共同的最大值$\ln 3\approx 1.1$。这个结论并不意外，它其实来自式(3.3.2)，是一个三态系统的最大熵。

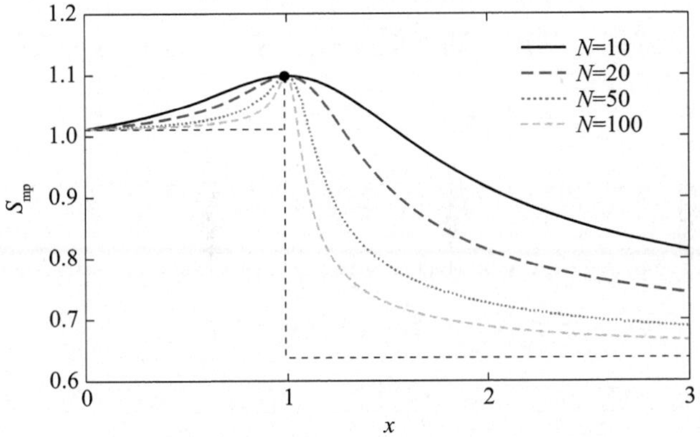

图3.9 分子系统的熵S_{mp}作为参量x的函数

诸条曲线相应于不同的N值，折线表示在$N\to\infty$的极限行为（$x=1$处取点值）。$g_1=\sqrt{2/3}$和$g_2=\sqrt{1/3}$是实验数据

现在进一步考察熵与光子辐射强度的关系。简单起见，考虑在临界点$x=1$的情况。这时从辐射强度表达式(3.4.3)有$I_1=I_2\equiv I$，I有简单的形式

$$I = \frac{1}{12}N(N+3) \tag{3.6.7}$$

它与 g_1 和 g_2 无关。熵（3.6.2）作为强度 I 的函数则被表示为

$$S(I) = \ln(1+6I) \tag{3.6.8}$$

它显示了熵对强度的依赖性。熵在 $I=0$ 时有最小值 $S(0)=0$，然后随强度 I 按对数函数增加。熵对强度的这种依赖性已经被发现在许多模型中[1.28]，它与生物光子辐射的相干性理论的结果式（2.3.14c）和式（2.6.6）是相符合的。这种依赖性在生物光子相干性的实际测量中有重要的应用（见 8.4.3 节）。

3.7 谱 分 布

现在考查生物光子辐射的稳态谱分布，对于跃迁 $|\alpha_2\rangle\to|\alpha_1\rangle$ 和 $|\alpha_2\rangle\to|\alpha_3\rangle$，谱分布分别被稳态双时关联函数 $\langle A_{21}(\tau)A_{12}\rangle_s$ 和 $\langle A_{23}(\tau)A_{32}\rangle_s$ 的傅里叶变换给出[3.22]，即

$$S(\omega-\Omega_1) = \gamma_1\int_0^\infty \mathrm{d}\tau\langle A_{21}(\tau)A_{12}\rangle_s \mathrm{e}^{-\mathrm{i}(\omega-\Omega_1)\tau} + \mathrm{HC} \tag{3.7.1a}$$

$$S(\omega-\Omega_2) = \gamma_2\int_0^\infty \mathrm{d}\tau\langle A_{23}(\tau)A_{32}\rangle_s \mathrm{e}^{-\mathrm{i}(\omega-\Omega_2)\tau} + \mathrm{HC} \tag{3.7.1b}$$

鉴于谱分布式（3.7.1a）和式（3.7.1b）的交换对称性，此处只考虑相应于跃迁 $|\alpha_2\rangle\to|\alpha_3\rangle$的光子辐射。利用久期近似及关系式（3.2.14），得到

$$\begin{aligned}\langle A_{23}(\tau)A_{32}\rangle_s = &\frac{1}{4}g_2^2\langle F(\tau)F\rangle_s + \frac{1}{2}g_1^2[\langle B_{12}(\tau)B_{21}\rangle_s + \langle B_{32}(\tau)B_{23}\rangle_s] \\ &+\frac{1}{4}g_2^2[\langle B_{13}(\tau)B_{31}\rangle_s + \langle B_{31}(\tau)B_{13}\rangle_s]\end{aligned} \tag{3.7.2}$$

为了求出式（3.7.2）右边的诸期待值，将量子回归定理[3.31]用于方程（3.2.20b）～方程（3.2.20e），写下关于 $\langle B_{ij}(\tau)B_{ji}\rangle_s$ 的运动方程

$$\frac{\mathrm{d}}{\mathrm{d}\tau}\langle F(\tau)F\rangle_s = -x_6\langle F(\tau)F\rangle_s - x_0(N-\langle E\rangle_s)\langle F(\tau)F\rangle_s \tag{3.7.3a}$$

$$\frac{\mathrm{d}}{\mathrm{d}\tau}\langle B_{12}(\tau)B_{21}\rangle_s = -(x_7+\mathrm{i}G)\langle B_{12}(\tau)B_{21}\rangle_s - x_0\left(\frac{N}{2}-\langle E\rangle_s\right)\langle B_{12}(\tau)B_{21}\rangle_s \tag{3.7.3b}$$

$$\frac{\mathrm{d}}{\mathrm{d}\tau}\langle B_{32}(\tau)B_{23}\rangle_s = -(x_7-\mathrm{i}G)\langle B_{32}(\tau)B_{23}\rangle_s - x_0\left(\frac{N}{2}-\langle E\rangle_s\right)\langle B_{32}(\tau)B_{23}\rangle_s \tag{3.7.3c}$$

$$\frac{\mathrm{d}}{\mathrm{d}\tau}\langle B_{13}(\tau)B_{31}\rangle_{\mathrm{s}}=-(x_8+2\mathrm{i}G)\langle B_{13}(\tau)B_{31}\rangle_{\mathrm{s}}-x_0(N-\langle E\rangle_{\mathrm{s}})\langle B_{13}(\tau)B_{31}\rangle_{\mathrm{s}} \tag{3.7.3d}$$

$$\frac{\mathrm{d}}{\mathrm{d}\tau}\langle B_{31}(\tau)B_{13}\rangle_{\mathrm{s}}=-(x_8-2\mathrm{i}G)\langle B_{31}(\tau)B_{13}\rangle_{\mathrm{s}}-x_0(N-\langle E\rangle_{\mathrm{s}})\langle B_{31}(\tau)B_{13}\rangle_{\mathrm{s}} \tag{3.7.3e}$$

这里，按照 Compagno 和 Persico 的方法[3.32]，已经取了近似式

$$\langle B_{22}(\tau)B_{ij}(\tau)B_{ji}\rangle_{\mathrm{s}}\approx(N-\langle E\rangle_{\mathrm{s}})\langle B_{ij}(\tau)B_{ji}\rangle_{\mathrm{s}} \tag{3.7.4a}$$

$$\langle E(\tau)B_{ij}(\tau)B_{ji}\rangle_{\mathrm{s}}\approx\langle E\rangle_{\mathrm{s}}\langle B_{ij}(\tau)B_{ji}\rangle_{\mathrm{s}} \tag{3.7.4b}$$

方程（3.7.3）的解是

$$\langle F(\tau)F\rangle_{\mathrm{s}}=\langle F^2\rangle_{\mathrm{s}}\mathrm{e}^{-W_0\tau} \tag{3.7.5a}$$

$$\langle B_{12}(\tau)B_{21}\rangle_{\mathrm{s}}=\langle B_{12}B_{21}\rangle_{\mathrm{s}}\mathrm{e}^{-(W_1+\mathrm{i}G)\tau} \tag{3.7.5b}$$

$$\langle B_{32}(\tau)B_{23}\rangle_{\mathrm{s}}=\langle B_{32}B_{23}\rangle_{\mathrm{s}}\mathrm{e}^{-(W_1-\mathrm{i}G)\tau} \tag{3.7.5c}$$

$$\langle B_{13}(\tau)B_{31}\rangle_{\mathrm{s}}=\langle B_{13}B_{31}\rangle_{\mathrm{s}}\mathrm{e}^{-(W_2+\mathrm{i}2G)\tau} \tag{3.7.5d}$$

$$\langle B_{31}(\tau)B_{13}\rangle_{\mathrm{s}}=\langle B_{31}B_{13}\rangle_{\mathrm{s}}\mathrm{e}^{-(W_2-\mathrm{i}2G)\tau} \tag{3.7.5e}$$

其中

$$W_0=x_6+x_0(N-\langle E\rangle_{\mathrm{s}}) \tag{3.7.6a}$$

$$W_1=x_7+x_0\left(\frac{N}{2}-\langle E\rangle_{\mathrm{s}}\right) \tag{3.7.6b}$$

$$W_2=x_8+x_0(N-\langle E\rangle_{\mathrm{s}}) \tag{3.7.6c}$$

将式（3.7.5）代入式（3.7.2）并利用

$$\langle F^2\rangle_{\mathrm{s}}=2\langle B_{13}B_{31}\rangle_{\mathrm{s}}=2\langle B_{31}B_{13}\rangle_{\mathrm{s}}=\frac{2}{3}\langle E\rangle_{\mathrm{s}}+\frac{1}{3}\langle E^2\rangle_{\mathrm{s}} \tag{3.7.7}$$

$$\langle B_{12}B_{21}\rangle_{\mathrm{s}}=\langle B_{32}B_{23}\rangle_{\mathrm{s}}=\frac{1}{2}[(N+1)\langle E\rangle_{\mathrm{s}}-\langle E^2\rangle_{\mathrm{s}}] \tag{3.7.8}$$

得到

$$\langle A_{23}(\tau)A_{32}\rangle_{\mathrm{s}}=\frac{1}{2}Y_0\mathrm{e}^{-W_0\tau}+Y_1\cos G\tau\,\mathrm{e}^{-W_1\tau}+Y_2\cos 2G\tau\,\mathrm{e}^{-W_2\tau} \tag{3.7.9}$$

其中

$$Y_0=\frac{1}{6}g_2^2(2\langle E\rangle_{\mathrm{s}}+\langle E^2\rangle_{\mathrm{s}}) \tag{3.7.10a}$$

$$Y_1=\frac{1}{2}g_1^2[(N+1)\langle E\rangle_{\mathrm{s}}-\langle E^2\rangle_{\mathrm{s}}] \tag{3.7.10b}$$

$$Y_2 = \frac{1}{2}Y_0 \tag{3.7.10c}$$

注意在式（3.7.9）中取 $\tau=0$ 时，它变为式（3.4.3b)。将式（3.7.9）代入式（3.7.1）并完成相应的积分，得到

$$\begin{aligned}\frac{S(\omega-\Omega_2)}{\gamma_2} = & \frac{W_0Y_0}{W_0^2+(\omega-\Omega_2)^2} + \frac{W_1Y_1}{W_1^2+[(\omega-\Omega_2)-G]^2} \\ & + \frac{W_1Y_1}{W_1^2+[(\omega-\Omega_2)+G]^2} + \frac{W_2Y_2}{W_2^2+[(\omega-\Omega_2)-2G]^2} \\ & + \frac{W_2Y_2}{W_2^2+[(\omega-\Omega_2)+2G]^2}\end{aligned} \tag{3.7.11}$$

在一般情况下，表达式（3.7.11）给出的谱结构是对称的，有五个谱峰，它们位于 $\omega-\Omega_2=0$，$\pm G$，$\pm 2G$。谱峰的宽度分别为 W_0，W_1 和 W_2，而它们的高度则由 Y_0/W_0，Y_1/W_1 和 Y_2/W_2 确定。这个谱分布通过 W 和 Y 显示了对系统所有参数的依赖性。在极限 $N=1$ 的情况下，式（3.7.11）约化为单分子情况的谱分布[3.22]。

现在讨论在热力学极限 $N\to\infty$ 情况下的谱分布。利用式（3.7.6)，式（3.7.11）及式（3.2.43)，可以求出这些谱峰的宽度及相对高度，结果列在表 3.1 中。在合作区（$x<1$）有三个谱峰，位于 $\omega-\Omega_2=0$，$\pm 2G$。在临界点（$x=1$）有五个谱峰，位于 $\omega-\Omega_2=0$，$\pm G$，$\pm 2G$。在个体区（$x>1$）没有一个谱峰，这并不意外，正如图 3.4（c）所示，在激发态 $|\alpha_2\rangle$ 上没有布居数，因而没有光子辐射。

表 3.1　在热力学极限 $N\to\infty$ 情况下的谱峰宽度 W_i 及相对高度 $y_i\equiv Y_i/N^2$，其中 $i=0$，1，2

	W_0	W_1	W_2	y_0	y_1	y_2
$x<1$	x_6		x_8	$g_2^2/6$	0	$g_2^2/12$
$x=1$	x_6	x_7	x_8	$g_2^2/12$	$g_1^2/12$	$g_2^2/24$
$x>1$				0	0	0

下面进一步讨论有限 N 值情况下谱峰的宽度及高度对 N 的依赖性。很明显，在临界点 $x=1$ 处，式（3.7.11）显示了所有谱峰高度的 N^2 依赖性，而每个谱峰的宽度与单分子情况相同[3.22]。在 $x\neq 1$ 时，谱峰情况发生明显变化。对于 $x>1$，$N\gg 1$，以至于 $x^N\gg N^3$，所有谱峰的宽度正比于 N，位于 0，$\pm 2G$ 的三个谱峰的高度与 N 无关，但是位于 $\pm G$ 的两个谱峰的高度与 N 成正比。对于 $x<1$，$N\gg 1$，以至于 $x^N\ll 1/N$，位于 0，$\pm 2G$ 的三个谱峰的宽度与 N 无关，但它们的高度具有 N^2 依赖性，而位于 $\pm G$ 的两个谱峰的宽度与高度均正比于 N 。

有必要作一些数值计算来显示谱分布（3.7.11）的细节。为此将式（3.7.11）写成无量纲的形式

$$\frac{S(\Delta)}{N^2}=\frac{w_0 y_0}{w_0^2+\Delta^2}+\frac{w_1 y_1}{w_1^2+(\Delta-\delta)^2}+\frac{w_1 y_1}{w_1^2+(\Delta+\delta)^2}$$
$$+\frac{w_2 y_2}{w_2^2+(\Delta-2\delta)^2}+\frac{w_2 y_2}{w_2^2+(\Delta+2\delta)^2} \tag{3.7.12}$$

其中

$$\Delta=\frac{\omega-\Omega_2}{\gamma_2},\quad \delta=\frac{G}{\gamma_2},\quad w_i=\frac{W_i}{\gamma_2}\quad (i=0,1,2) \tag{3.7.13}$$

一些典型的谱分布［来自式（3.7.12）］作为频率参量 Δ 的函数，对于不同的 $X_0\equiv x_0/\gamma_2$ 值，被显示在图 3.10 中。在一定的条件下（例如，位于 $\Delta=0$ 的谱峰的宽度大于位于 $\Delta=\pm 2\delta$ 的两个谱峰的间隔），谱分布（3.7.12）中的五个峰能重叠成一个单峰。类似地，在条件 $2\delta<w_0<4\delta$ 之下，位于 $\Delta=0$ 的峰能与位于 $\Delta=\pm\delta$ 的两个峰重叠，呈现出位于 $\Delta=0$，$\pm 2\delta$ 的三个谱峰。另外，在三峰的情况下，降低中峰 $\Delta=0$ 的高度，还可以得到双峰结构。这些情况被显示在图 3.11中。

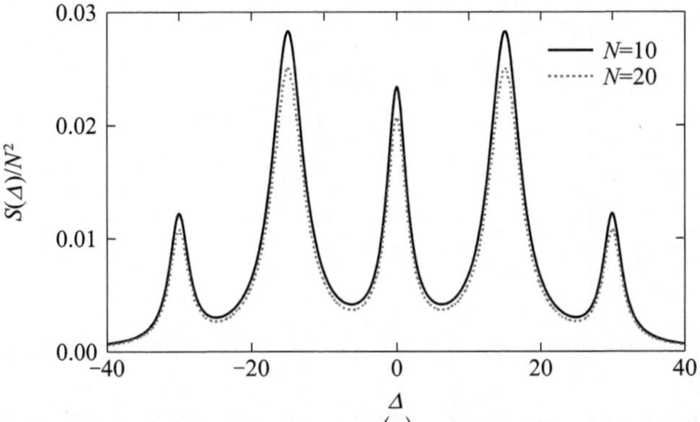

(a)

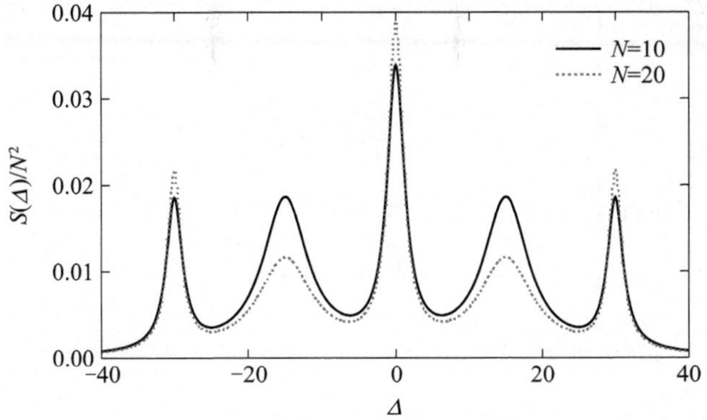

(b)

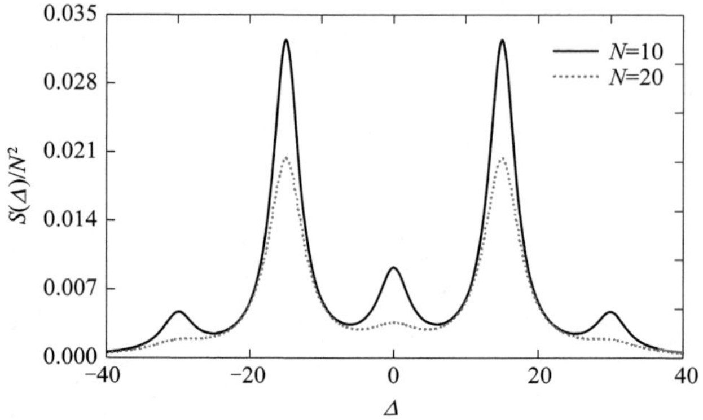

(c)

图 3.10　一些典型的稳态谱分布

$\gamma_1=\mu_2=\nu_1=\nu_2=\bar{n}_1=\bar{n}_2=0$，$\delta=15$，$g_1=\sqrt{2/3}$和 $g_2=\sqrt{1/3}$是实验数据。(a) $X_0=0$；(b) $X_0=-0.2$；(c) $X_0=0.2$

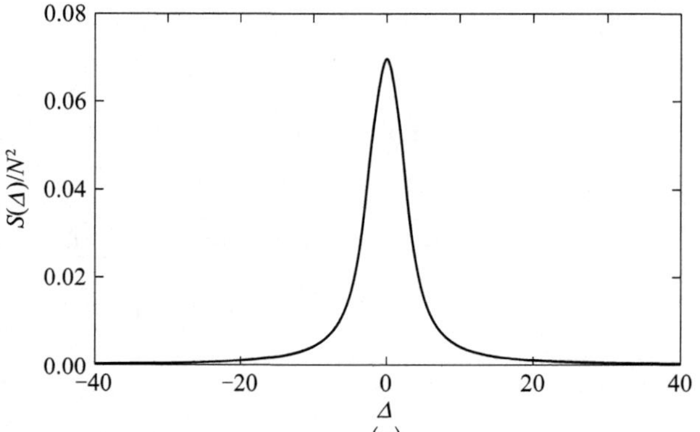

(a)

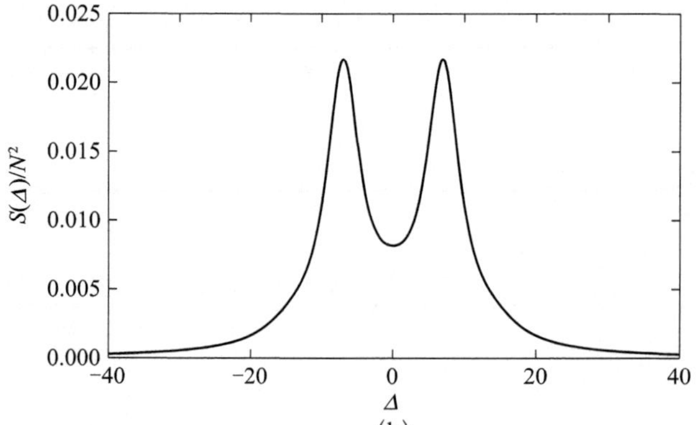

(b)

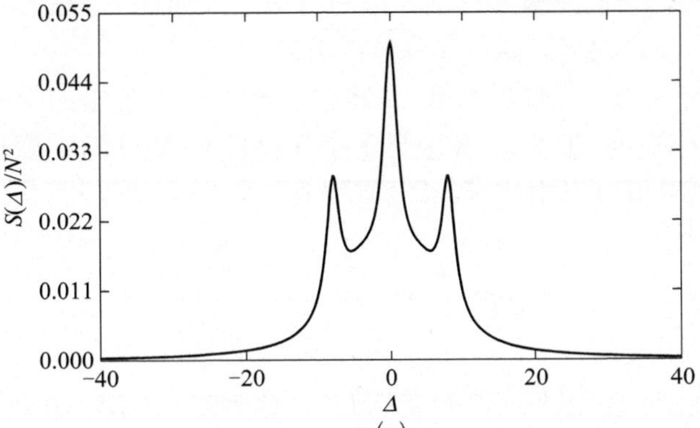

(c)

图 3.11　稳态谱分布

$\gamma_1=\mu_2=\nu_1=\nu_2=n_1=n_2=0$，$N=20$，$g_1=\sqrt{2/3}$和$g_2=\sqrt{1/3}$是实验数据。(a) 单峰：$\delta=1$，$X_0=0$；(b) 双峰：$\delta=7$，$X_0=0.2$；(c) 三峰：$\delta=4$，$X_0=-0.2$

3.8　系统的无反转运行

系统工作在个体区 $x>1$ 时有无反转激光[3.33~3.36]的性质，本节专门讨论这种情况。按照传统的理论，粒子数反转是激光运转的必要条件。最新的理论研究表明，原理上存在着无反转激光（laser without inversion，LWI）的可能性，它是基于原子之间的一种精细的量子干涉效应。有关的实验观察也表明，LWI 运转确实是可以实现的。LWI 运转发生在一个三能级原子系统。对于一个 Λ 型系统［图 3.2（c）］，一个非相干的泵浦将较低能态$|\alpha_1\rangle$及$|\alpha_3\rangle$上的原子抽运到激发态$|\alpha_2\rangle$。另外一个相干场耦合$|\alpha_2\rangle$和$|\alpha_3\rangle$之间的跃迁。激光发射相应于跃迁$|\alpha_2\rangle\rightarrow|\alpha_1\rangle$（确切说，是发生在跃迁$|\alpha_2\rangle\rightarrow|\alpha_1\rangle$的一个探测场被放大）。在一定条件下，系统可以运转在无反转的状态，即激发态$|\alpha_2\rangle$的布居数少于每一个较低能态的布居数。

现在考查系统运转在无反转态的可能性。为此利用式（3.3.1）计算激发态$|\alpha_2\rangle$对于两个较低能态$|\alpha_1\rangle$及$|\alpha_3\rangle$的布居数反转，结果是

$$\langle A_{22}\rangle_s-\langle A_{11}\rangle_s=-g_2^2D \tag{3.8.1a}$$

$$\langle A_{22}\rangle_s-\langle A_{33}\rangle_s=-g_1^2D \tag{3.8.1b}$$

其中，参数 D 被定义为

$$D\equiv N-\frac{3}{2}\langle E\rangle_s \tag{3.8.2}$$

无反转工作的条件是式（3.8.1a）和式（3.8.1b）均小于零，具体表示为：

①$g_1 \neq 0$及 $g_2 \neq 0$，它们是被满足的，因为有两个泵浦场 E_1 和 E_2，它们将粒子从较低能态$|\alpha_1\rangle$及 $|\alpha_3\rangle$抽运到激发态$|\alpha_2\rangle$；②$D>0$。

方便起见称 D 为“无反转参数”。现在系统无反转工作的唯一条件是 $D>0$。为了考查它是否满足，在图 3.12 中显示了无反转参数 D 随 x 变化的曲线。相对无反转参数的极限值可以由式（3.8.2）得到，它们是

$$\lim_{N\to\infty}\frac{D}{N}=\begin{cases}-1/2, & x<1\\ 0, & x=1\\ 1, & x>1\end{cases} \tag{3.8.3}$$

在热力学极限 $N\to\infty$，相对无反转参数 D/N 在临界点 $x=1$ 是不连续的。所有的 $D/N\sim x$ 曲线（包括有限 N 值及 $N\to\infty$）在 $x=1$ 交汇于点 $D=0$。很显然，无反转条件相应于 $x>1$，与 N 的取值无关。这意味着只要系统处在个体区就具备无反转工作的条件。在这个区，由于$\langle E\rangle_s$ 和$\langle E^2\rangle_s$ 随 x 的增加急剧衰减，对辐射强度 I_1 和 I_2 的贡献主要来自 g_1，g_2，N。实际上，较大的 g_2 诱导较强的 I_1（$|\alpha_2\rangle\to|\alpha_1\rangle$跃迁）和较弱的 I_2（$|\alpha_2\rangle\to|\alpha_3\rangle$跃迁），正如图 3.13（a）和（b）所示。另外，较大的 g_1 诱导较强的 I_2 和较弱的 I_1。

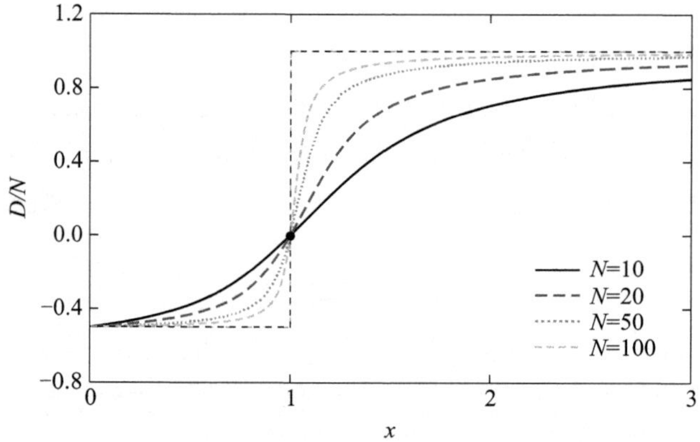

图 3.12 相对无反转参数作为 x 的函数

诸条曲线相应于不同的 N 值，折线表示在 $N\to\infty$的极限行为（$x=1$ 处取点值）。

$g_1=\sqrt{2/3}$和 $g_2=\sqrt{1/3}$ 是实验数据

另外，从图 3.13（a）或图 3.13（b）可以看出，对于一个给定的 x，较大的 N 值相应于较高的强度。在无反转工作的情况下，由于个体区内的分子不存在合作效应，辐射强度 I_1 和 I_2 远低于合作区的值（图 3.6）。同时强度关联函数 $g_{ij}^{(2)}(0)$ 明显高于合作区的值（图 3.7），辐射的相干性程度降低。

工作在个体区的系统在热力学极限 $N\to\infty$时呈现完全无反转的状态：$\langle A_{22}\rangle_s=0$，如图 3.4（c）所示。在这种情况下，系统的辐射强度为零：$I_1=I_2\to 0$（图 3.6），

而归一化的强度关联函数显示最高值：$g_{11}^{(2)}=g_{22}^{(2)}=g_{12}^{(2)}=g_{21}^{(2)}\rightarrow 2$（图 3.7）。这意味着系统处在一个混沌的真空态 。但由于两个较低能态$|\alpha_1\rangle$及$|\alpha_3\rangle$的布居数均不为零，$\langle A_{11}\rangle_s\neq 0$，$\langle A_{33}\rangle_s\neq 0$，它并不是一个纯态，分子系统的熵不为零(图 3.9)。

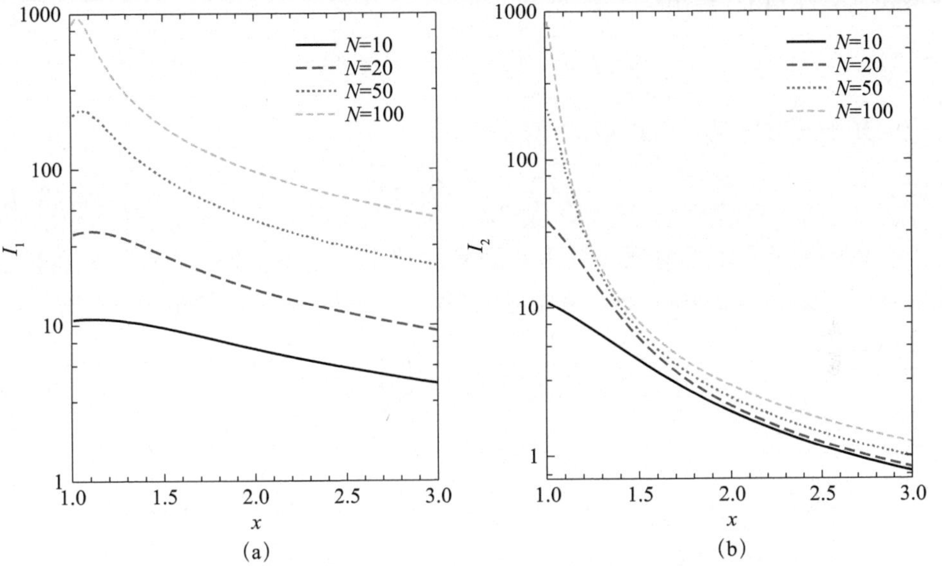

图 3.13 系统无反转工作（$x>1$）的辐射强度 I_1 和 I_2 作为 x 的函数

诸条曲线相应于不同的 N 值。(a) $g_1^2=0.01$；(b) $g_2^2=0.99$。这里 $g_1^2\ll g_2^2$）

3.9 系统的动力学

生物系统在外界能源的不断泵浦之下，总是处于一个远离热平衡的状态，并在这样的状态之下不断发射生物光子，达到一个动态平衡。这其实是一个非平衡的稳定态，在机制上与一个具有连续波输出的激光器非常类似[2.5]。不过当生物系统被某种外界作用（如机械作用、电磁作用、化学作用、生物作用等）刺激时，会偏离其稳定态，显示特殊的生理反应。如果外界刺激没有超出生物系统的承受范围，刺激结束后，系统会经历一个动力学弛豫过程，逐渐恢复到通常的稳定态。这个弛豫过程的细节当然与外界刺激的情况有关，同时也必然携带着关于系统本身的信息。正是出于获得生物系统和外界环境两方面信息的需要，本节将详细研究生物系统在外界激发后的生物光子动力学。

3.9.1 激发态动力学方程

这里重点考虑生物分子的激发态动力学。从式（3.2.5b）可以看出，生物分子在激发态$|\alpha_2\rangle$的布居数由集体算子 $A_{22}(t)$ 的本征值 $Q(t)$ 表示。在久期近似下，关系式（3.2.14d）给出

$$Q(t)=\langle A_{22}(t)\rangle \approx \frac{1}{2}\langle E(t)\rangle \tag{3.9.1}$$

相应的光子发射率是布居数 $Q(t)$ 的变化率[1.28]

$$R(t)=-\frac{\mathrm{d}}{\mathrm{d}t}Q(t) \tag{3.9.2}$$

其中，负号表示光子发射源于分子布居数的减小。光子发射率 $R(t)$ 正比于光子辐射强度。为了建立关于 $Q(t)$ 的微分方程，利用耦合运动方程（3.2.20a），并取近似表达式

$$\langle E^2(t)\rangle \approx \alpha\langle E(t)\rangle^2+\beta\langle E(t)\rangle+\gamma(t) \tag{3.9.3}$$

得到

$$\frac{\mathrm{d}}{\mathrm{d}t}Q(t)=x_2N+\gamma(t)-(x_0N+x_5-2x_0\beta)Q(t)+2x_0\alpha Q^2(t) \tag{3.9.4}$$

式中，α 和 β 是两个常数；$\gamma(t)$ 是一个未知的时间 t 的函数。近似式（3.9.3）来自定义式（3.3.4）及表达式（3.3.5b）的启示。

方程（3.9.4）能一般地被用来描述系统的激发态动力学。不过这里取一种简单的情况：$\alpha=1$，$\beta=0$，$\gamma(t)=0$，相当于取退关联近似（de-correlation approximation）$\langle E^2(t)\rangle \approx \langle E(t)\rangle^2$，这使方程（3.9.4）化为

$$\frac{\mathrm{d}}{\mathrm{d}t}Q(t)=x_2N-(x_0N+x_5)Q(t)+2x_0Q^2(t) \tag{3.9.5}$$

这是一个关于 $Q(t)$ 的非线性微分方程，下面要在不同的条件下对它求解。首先考虑在临界点 $x=1$（即 $x_0=0$）的情况，这时式（3.9.5）化成线性微分方程

$$\frac{\mathrm{d}}{\mathrm{d}t}Q(t)=x_1N-3x_1Q(t) \tag{3.9.6}$$

它的解是

$$Q_N(t)=\frac{1}{3}N+\left[Q_N(0)-\frac{1}{3}N\right]\mathrm{e}^{-3x_1t} \tag{3.9.7a}$$

将式（3.9.7a）代入式（3.9.2）给出光子发射率

$$R_N(t)=3x_1\left[Q_N(0)-\frac{1}{3}N\right]\mathrm{e}^{-3x_1t} \tag{3.9.7b}$$

其中，$Q_N(0)$ 是初始（$t=0$）时刻激发态 $|\alpha_2\rangle$ 上的布居数。在我们的问题中，初始时刻被定义为撤掉外界刺激的时刻。作为线性动力学方程（3.9.6）的结果，式（3.9.7a）显示了一个激发态布居数的指数衰变。在 $t\to\infty$ 时，布居数趋于稳态值 $Q_N(\infty)=N/3$，这与先前得到的结果式（3.3.2）及图 3.4（b）是相同的。另外，发射率表示式（3.9.7b）的指数函数性质表明，系统的辐射是普通的荧光。

下面给出方程（3.9.5）在 $x_0\neq 0$ 情况下的一般解。为此引入变换

$$y(t)=Q(t)-\frac{1}{4}\left(N+\frac{x_5}{x_0}\right) \tag{3.9.8}$$

方程（3.9.5）变成关于 y（t）的非线性微分方程

$$\frac{\mathrm{d}y}{\mathrm{d}t}+ay^2=b \tag{3.9.9}$$

其中

$$a=-2x_0,\quad b=x_2N-\frac{(x_0N+x_5)^2}{8x_0} \tag{3.9.10}$$

方程（3.9.9）的解与乘积 ab 的符号有关，有

$$ab=\frac{x_0^2}{4}\left[\left(N+\frac{x_1-2x_2}{x_0}\right)^2+\frac{8x_1x_2}{x_0^2}\right] \tag{3.9.11}$$

由式（3.9.11）可以看出 $ab>0$，这样方程（3.9.9）的解写为

$$y(t)=\frac{y(0)\sqrt{ab}+b\tanh(t\sqrt{ab})}{\sqrt{ab}+ay(0)\tanh(t\sqrt{ab})} \tag{3.9.12}$$

其中，$y(0)$ 是函数 $y(t)$ 在初始时刻（$t=0$）的值。将式（3.9.12）代入式（3.9.8）给出

$$Q(t)=\frac{1}{4}\left(N+\frac{x_5}{x_0}\right)-\frac{\sqrt{ab}}{2x_0}\,\frac{y(0)\sqrt{ab}+b\tanh(t\sqrt{ab})}{b+y(0)\sqrt{ab}\tanh(t\sqrt{ab})} \tag{3.9.13}$$

它就是方程（3.9.5）在 $x_0\neq 0$ 情况下的一般解。$Q(t)$ 在 $t\to\infty$ 给出稳态解

$$Q_1=\frac{1}{4}\left\{\left(N+\frac{x+2}{x-1}\right)-\frac{1}{x-1}\sqrt{[N(x-1)+(x-2)]^2+8x}\right\} \tag{3.9.14}$$

这里 $Q_1\equiv Q(\infty)$。方程（3.9.5）的稳态解还可以作为二次代数方程

$$2x_0Q^2-(x_0N+x_5)Q+x_2N=0 \tag{3.9.15}$$

的根求出，结果与式（3.9.14）中的 Q_1 相同。Q_1 表示稳态情况下激发态 $|\alpha_2\rangle$ 上的布居数。在热力学极限 $N\to\infty$，相对布居数为

$$\lim_{N\to\infty}\frac{Q_1}{N}=\begin{cases}\dfrac{1}{2}, & x<1\\[2mm] \dfrac{1}{3}, & x=1\\[2mm] 0, & x>1\end{cases} \tag{3.9.16}$$

这与式（3.3.2）及式（3.3.3b）的结果是相同的。对于有限 N 值的情况，相对布居数 Q_1/N 作为 x 的函数被显示在图 3.14（a）中。可以看出 Q_1/N 的行为与精确稳态值 $\langle A_{22}\rangle_s/N$（图 3.3）是非常靠近的。为了显示 Q_1/N 与 $\langle A_{22}\rangle_s/N$ 在细节上的差别，在图 3.14（b）中显示了相对偏差 $\delta\equiv(\langle A_{22}\rangle_s-Q_1)/N$ 对 x 的依赖性。可以看出：①在临界点 $x=1$ 呈现 $\delta=0$，两者没有偏差；②合作区是负偏

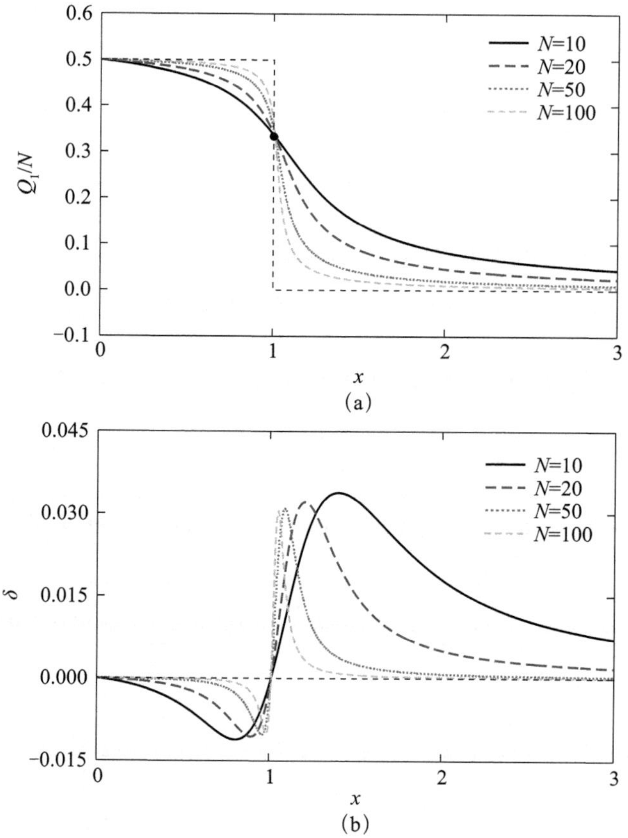

图 3.14　激发态布居数的近似值

（a）相对的激发态布居数 Q_1/N 作为 x 的函数。诸条曲线相应于不同的 N 值，折线表示在 $N\to\infty$ 的极限行为（$x=1$ 处取点值）；（b）相对偏差 $\delta\equiv(\langle A_{22}\rangle_s-Q_1)/N$ 作为 x 的函数。诸条曲线相应于不同的 N 值，点线表示在 $N\to\infty$ 的极限行为（$\delta=0$）。所有情况下，$g_1=\sqrt{2/3}$ 和 $g_2=\sqrt{1/3}$ 是实验数据

差（$\delta<0$），最大偏差值小于1.5%；而个体区是正偏差（$\delta>0$），最大偏差值约为3%；③随着 N 的增大，偏差的幅度和宽度都在减小；④在热力学极限 $N\to\infty$ 时，对于任何 x 值，均有 $\delta=0$［图 3.14（b）中的点线］，两者没有偏差。对于一个实际的生物系统，N 值通常是很大的，稳态解（3.9.14）应该有相当高的精确度。这里应该强调，Q_1 和 $\langle A_{22}\rangle$ 的高度一致性说明在研究系统动力学的过程中所取的两个近似是恰当的，它们是久期近似 $\langle A_{22}(t)\rangle\approx\langle E(t)\rangle/2$ 和退关联近似 $\langle E^2(t)\rangle\approx\langle E(t)\rangle^2$。下面讨论一般含时解（3.9.13）在不同条件下的性质。

3.9.2 合作辐射：超辐射

考虑 $x_0<0$（即 $x<1$）的情况，这时含时解式（3.9.13）给出激发态布居数

$$Q_R(t)=\frac{1}{2}\left[X_R+Y_R\frac{1+D_R\coth\left(\frac{t}{B_R}\right)}{D_R+\coth\left(\frac{t}{B_R}\right)}\right] \tag{3.9.17}$$

其中

$$X_R=\frac{1}{2}\left(N-\frac{x_5}{|x_0|}\right) \tag{3.9.18a}$$

$$Y_R=\sqrt{X_R^2+\frac{2x_2N}{|x_0|}} \tag{3.9.18b}$$

$$B_R=\frac{1}{|x_0|Y_R} \tag{3.9.18c}$$

$$D_R=\frac{2Q_R(0)-X_R}{Y_R} \tag{3.9.18d}$$

相应的光子发射率为

$$R_R=\frac{1}{2}(D_R^2-1)|x_0|Y_R^2\frac{\operatorname{csch}^2\left(\frac{t}{B_R}\right)}{\left[D_R+\coth\left(\frac{t}{B_R}\right)\right]^2} \tag{3.9.19}$$

激发态布居数式（3.9.17）及光子发射率式（3.9.19）的行为依赖于参数 D_R 的取值范围，下面按三种情况分别讨论。

1. $|D_R|<1$

表达式（3.9.17）和式（3.9.19）分别化为

$$Q_R(t)=\frac{1}{2}\left[X_R+Y_R\tanh\left(\frac{t}{B_R}+c_R\right)\right] \tag{3.9.20}$$

$$R_R(t)=-\frac{1}{2}|x_0|Y_R^2\operatorname{sech}^2\left(\frac{t}{B_R}+c_R\right) \tag{3.9.21}$$

其中

$$c_{\mathrm{R}}=\frac{1}{2}\ln\frac{1+D_{\mathrm{R}}}{1-D_{\mathrm{R}}} \tag{3.9.22}$$

是一个相位因子。

2. $D_{\mathrm{R}}=\pm 1$

表达式（3.9.17）和式（3.9.19）分别给出

$$Q_{\mathrm{R}}(t)=\frac{1}{2}(X_{\mathrm{R}}\pm Y_{\mathrm{R}}) \tag{3.9.23}$$

$$R_{\mathrm{R}}(t)=0 \tag{3.9.24}$$

3. $|D_{\mathrm{R}}|>1$

表达式（3.9.17）和式（3.9.19）分别化为

$$Q_{\mathrm{R}}(t)=\frac{1}{2}\left[X_{\mathrm{R}}+Y_{\mathrm{R}}\coth\left(\frac{t}{B_{\mathrm{R}}}+C_{\mathrm{R}}\right)\right] \tag{3.9.25}$$

$$R_{\mathrm{R}}(t)=\frac{1}{2}|x_0|Y_{\mathrm{R}}^2\,\mathrm{csch}^2\left(\frac{t}{B_{\mathrm{R}}}+C_{\mathrm{R}}\right) \tag{3.9.26}$$

其中，C_{R} 是另一个相位因子

$$C_{\mathrm{R}}=\frac{1}{2}\ln\frac{D_{\mathrm{R}}+1}{D_{\mathrm{R}}-1} \tag{3.9.27}$$

考虑系统具有正的光子发射率的情况，相应的条件为$|D_{\mathrm{R}}|>1$，这个条件意味着 $2Q_{\mathrm{R}}(0)>X_{\mathrm{R}}+Y_{\mathrm{R}}(D_{\mathrm{R}}>1)$ 和 $2Q_{\mathrm{R}}(0)<X_{\mathrm{R}}-Y_{\mathrm{R}}(D_{\mathrm{R}}<-1)$。后一个条件是不成立的，因为 $X_{\mathrm{R}}-Y_{\mathrm{R}}$ 恒为负值，但 $Q_{\mathrm{R}}(0)$必须为正值。从前一个条件 $D_{\mathrm{R}}>1$，有 $C_{\mathrm{R}}>0$，这样发射率式（3.9.26）只有一种可能的行为，如图 3.15 所示。这就是所谓超辐射的发射率[2.28]。

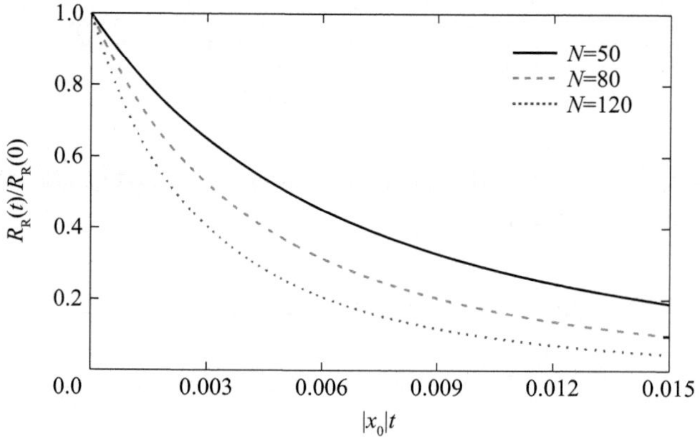

图 3.15　超辐射的相对发射率作为时间参量$|x_0|t$ 的函数

其中 $x_1/|x_0|=2$（即 $x=2/3$），$Q_{\mathrm{R}}(0)=N$，不同的曲线相应于不同的 N 值

现在对上述结果讨论如下：

(1) 从式 (3.9.25) 可以看出，激发态布居数 $Q_R(t)$ 在初始 $t=0$ 时刻取最大值 $Q_R(0)$，然后下降，最终在 $t\to\infty$时趋于非零的最小值 $Q_R(\infty)=\frac{1}{2}(X_R+Y_R)$。在热力学极限 $N\to\infty$，有 $Q_R(\infty)/N=\frac{1}{2}$，它与先前得到的稳态结果式 (3.2.43)及图 3.4(a) 是相同的。这意味着系统在相当长时间的弛豫之后能恢复到它原来的稳定态。换言之，它保持着对原来稳定态的记忆。

(2) 式 (3.9.25) 中的 $Q_R(t)$ 被展开后，第一项能被有效地写为

$$Q_R(t)=\frac{t_0}{t+\tau_R} \tag{3.9.28}$$

其中，$\tau_R=B_RC_R, t_0=1/(2|x_0|)$。式 (3.9.28) 描述了一个激发态布居数的双曲性衰变，它被证明是一个各态历经的相干场 (coherent ergodic field) 在时间演化中保持相干性的充分条件[1.61]。

(3) 式 (3.9.26) 中的光子发射率 $R_R(t)$ 描述了一个集体分子的合作辐射过程，其初始值与 N^2 成正比：$R_R(0)\propto N^2$。这本质上是一个超辐射过程，其细节行为随后将被详细讨论。

(4) 相对布居数 $Q_R(t)/N$ 和相对发射率 $R_R(t)/(|x_0|N^2)$ 在极限情况 $B_R\to 0$ 之下(如 $N\to\infty, |x_0|\neq 0$)，均存在不连续性（在 $t=0$)。这是由式 (3.9.25) 及式 (3.9.26) 中的双曲函数本身的性质引起的。这些极限值为

$$\lim_{B_R\to\infty}\frac{Q_R}{N}=\begin{cases}1, & t=0\\ \frac{1}{2}, & t>0\end{cases} \tag{3.9.29a}$$

$$\lim_{B_R\to\infty}\frac{R_R}{|x_0|N^2}=\begin{cases}1, & t=0\\ 0, & t>0\end{cases} \tag{3.9.29b}$$

这里已取初始条件 $Q_R(0)/N=1$。

(5) 式 (3.9.23) 中的 $Q_R(t)$ 和式 (3.9.24) 中的 $R_R(t)$ 给出了一个不随时间变化的布居数和一个零发射率，这相应于一个无分子跃迁、无光子发射的过程。

(6) 式 (3.9.20) 中的 $Q_R(t)$ 和式 (3.9.21) 中的 $R_R(t)$ 描述了激发态上布居数的增加和相应的合作吸收过程。

3.9.3 合作辐射：超荧光

现在讨论 $x_0>0$（即 $x>1$）情况，这时含时解式 (3.9.13) 给出激发态布居数

$$Q_{\mathrm{F}}(t)=\frac{1}{2}\left[X_{\mathrm{F}}+Y_{\mathrm{F}}\frac{D_{\mathrm{F}}-\tanh\left(\frac{t}{B_{\mathrm{F}}}\right)}{1-D_{\mathrm{F}}\tanh\left(\frac{t}{B_{\mathrm{F}}}\right)}\right] \tag{3.9.30}$$

其中

$$X_{\mathrm{F}}=\frac{1}{2}\left(N+\frac{x_5}{|x_0|}\right) \tag{3.9.31a}$$

$$Y_{\mathrm{F}}=\sqrt{X_{\mathrm{F}}^2-\frac{2x_2N}{|x_0|}} \tag{3.9.31b}$$

$$B_{\mathrm{F}}=\frac{1}{|x_0|Y_{\mathrm{F}}} \tag{3.9.31c}$$

$$D_{\mathrm{F}}=\frac{2Q_{\mathrm{F}}(0)-X_{\mathrm{F}}}{Y_{\mathrm{F}}} \tag{3.9.31d}$$

相应的光子发射率是

$$R_{\mathrm{F}}=\frac{1}{2}(1-D_{\mathrm{F}}^2)|x_0|Y_{\mathrm{F}}^2\frac{\operatorname{sech}^2\left(\frac{t}{B_{\mathrm{F}}}\right)}{\left[1-D_{\mathrm{F}}\tanh\left(\frac{t}{B_{\mathrm{F}}}\right)\right]^2} \tag{3.9.32}$$

这里将对式（3.9.30）和式（3.9.32）按以下三种情况进行讨论。

1. $|D_{\mathrm{F}}|<1$

$$Q_{\mathrm{F}}(t)=\frac{1}{2}\left[X_{\mathrm{F}}-Y_{\mathrm{F}}\tanh\left(\frac{t}{B_{\mathrm{F}}}-c_{\mathrm{F}}\right)\right] \tag{3.9.33}$$

$$R_{\mathrm{F}}(t)=\frac{1}{2}|x_0|Y_{\mathrm{F}}^2\operatorname{sech}^2\left(\frac{t}{B_{\mathrm{F}}}-c_{\mathrm{F}}\right) \tag{3.9.34}$$

其中

$$c_{\mathrm{F}}=\frac{1}{2}\ln\frac{1+D_{\mathrm{F}}}{1-D_{\mathrm{F}}} \tag{3.9.35}$$

2. $D_{\mathrm{F}}=\pm1$

$$Q_{\mathrm{F}}(t)=\frac{1}{2}(X_{\mathrm{F}}\pm Y_{\mathrm{F}}) \tag{3.9.36}$$

$$R_{\mathrm{F}}(t)=0 \tag{3.9.37}$$

3. $|D_{\mathrm{F}}|>1$

$$Q_{\mathrm{F}}(t)=\frac{1}{2}\left[X_{\mathrm{F}}-Y_{\mathrm{F}}\coth\left(\frac{t}{B_{\mathrm{F}}}-C_{\mathrm{F}}\right)\right] \tag{3.9.38}$$

$$R_{\mathrm{F}}(t)=-\frac{1}{2}|x_0|Y_{\mathrm{F}}^2\operatorname{csch}^2\left(\frac{t}{B_{\mathrm{F}}}-C_{\mathrm{F}}\right) \tag{3.9.39}$$

其中

$$C_F = \frac{1}{2}\ln\frac{D_F+1}{D_F-1} \tag{3.9.40}$$

众所周知，发射率式（3.9.34）中的$\text{sech}^2(t/B_F-c_F)$是一个对称的“钟形函数”，对称点出现在时刻$t=\tau_F\equiv B_F c_F$，函数在该时刻取极大值1。这里着重讨论正发射率的情况，它存在的条件是$|D_F|<1$，这等价于$X_F-Y_F<2Q_F(0)<X_F+Y_F$。这个条件是成立的，它允许$c_F>0$和$c_F<0$两种情况。这样发射率式（3.9.34)能呈现不同的图样（图3.16)。因子D_F和c_F的符号和量值决定发

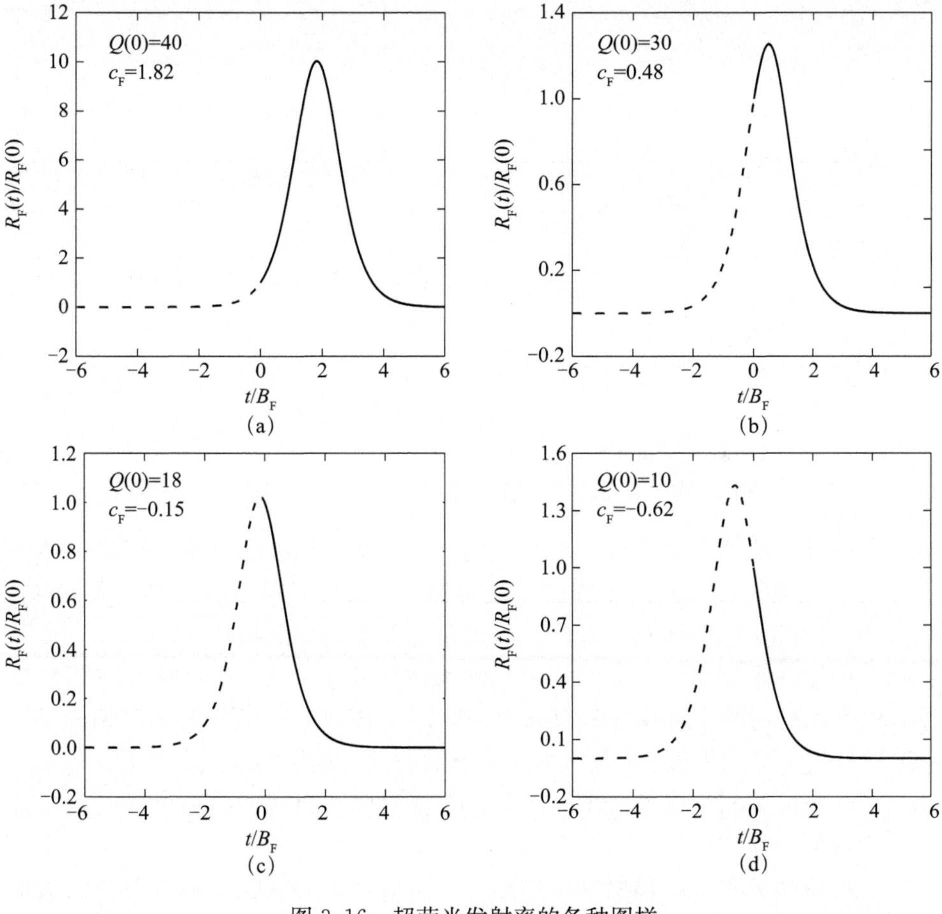

图3.16 超荧光发射率的各种图样

相对发射率$R_F(t)/R_F(0)$［式（3.9.34)］作为时间参量t/B_F的函数，其中$x_1/|x_0|=2$（即$x=2$)，$N=80$。数学上的“钟形函数”$\text{sech}^2(t/B_F-c_F)$在时间参量变化的整个区间$-\infty<t/B_F<\infty$都是有意义的。而物理上有意义的是图中的每一条实线，它们作为“钟形函数”的一个部分，相应于激发（$t=0$)后的实际衰变过程

射率的图样性质，它们对初始激发态布居数 $Q_F(0)$ 的依赖性被显示在图 3.17 中。特别是当 $c_F>0$ 时，发射率的图样呈现一半以上的钟形函数；当 $c_F<0$ 时，发射率的图样呈现一半以下的钟形函数。图 3.16 中左上方的图样刻画了一个典型的超荧光发射[1.28]，相应于 $c_F>0$ 的情况。

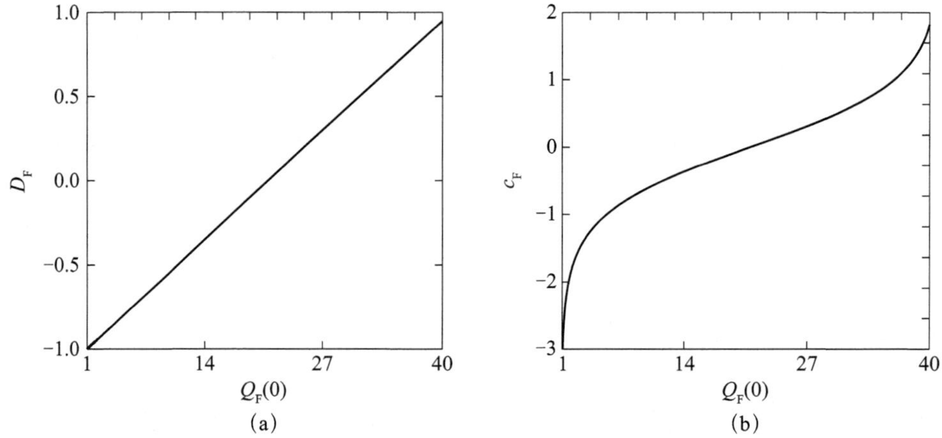

图 3.17　超荧光参量 D_F 和 c_F 对初始激发态布居数 $Q_F(0)$ 的依赖性

现在对上述结果讨论如下：

(1) 将式 (3.9.33) 中的 $Q_F(t)$ 展开，取第一项，得到一个本质的结果

$$Q_F(t) = -kt \tag{3.9.41}$$

其中，$k=\frac{1}{2}|x_0|Y_F$，式 (3.9.41) 显示了一个激发态布居数的线性衰变。与合作区的非线性双曲衰变式 (3.9.28) 不同，激发态布居数的线性衰变是个体区内分子之间没有关联的结果。不过值得注意的是，发射率式 (3.9.34) 在 $t=\tau_F$ 时刻具有 N^2 依赖性，即 $R_F(\tau_F)\propto N^2$ ，这是超荧光的发射特征。

(2) 应该注意到式 (3.9.34) 成立的条件是 $|D_F|<1$。这意味着在超荧光情况下，激发态的初始布居数最多为 $N/2$，即 $Q_F(0)\leqslant N/2$。而在超辐射情况下，条件 $|D_R|>1$ 允许式 (3.9.26) 具有最大可能的激发态初始布居数，即 $Q_R(0)\leqslant N$ 。很明显前者只能在系统的部分范围内诱导合作效应，而后者则是可以发生在整个系统范围内的合作过程。

(3) 讨论超荧光与超辐射的区别是一个饶有兴趣的课题。两个现象的根本区别在于初态的制备。在超荧光情况下，属于不同分子的偶极子的相位在初始 $t=0$ 时是随机的，系统中的分子作为相互独立的个体无关联地开始普通荧光的发射，辐射强度正比于 N。事实上，从式 (3.9.7b) 和式 (3.9.34) 可以看出，超荧光的初始发射率精确地等于通常荧光的发射率，即

$$R_{\mathrm{F}}(0)=R_{\mathrm{N}}(0)=\frac{1}{2}x_1 N \tag{3.9.42}$$

这里取激发态初始布居数为 $Q_{\mathrm{F}}(0)=Q_{\mathrm{N}}(0)=\frac{1}{2}N$ 。容易看出，在这种情况下超荧光的产生条件是满足的，即

$$D_{\mathrm{F}}=\frac{X_{\mathrm{F}}}{\sqrt{X_{\mathrm{F}}^2+\frac{x_1}{|x_0|}N}}<1 \tag{3.9.43}$$

而在超辐射情况下，属于不同分子的偶极子在初始 $t=0$ 时刻具有相同的相位，因此系统在初始状态已经制备了宏观电极化，这导致正比于 N 的场振幅和正比于 N^2 的发射率。事实上，超辐射的发射率式（3.9.26）给出初始值

$$R_R(0)=|x_0|N^2+(x_1+x_2)N \tag{3.9.44}$$

它相应于初始条件 $Q_{\mathrm{R}}(0)=N$。可以确认在这种情况下超辐射的产生条件是满足的，即

$$D_{\mathrm{R}}=\frac{N+X_{\mathrm{R}}}{\sqrt{X_{\mathrm{R}}^2-\frac{x_1}{|x_0|}N}}>1 \tag{3.9.45}$$

（4）超荧光与超辐射在初态制备上的区别直接导致它们的时间演化行为的不同。在超辐射情况，最大的发射率出现在宏观电极化被制备的 $t=0$ 时刻，然后发射率随时间衰减，辐射寿命由 B_{R} 决定［式（3.9.18c）］。在超荧光情况下，跟着初始的普通荧光发射，分子之间逐渐形成一种关联。实际上，当荧光发射开始的时候，真空辐射场的量子起伏作用于相互独立（各向同性）的分子系统，使之发生“对称性破缺”[1.28]，一种关联逐渐在系统中发展起来。经过一段延迟时间 τ_{F} 之后，所有电偶极子形成完全有序排列，系统达到一个最佳的关联态，此刻的发射率呈现 N^2 依赖性。

（5）从激发态布居数动力学的角度看，超荧光与超辐射的区别能被最简单地解释为系统被激发后的不同弛豫规律：前者是线性规律而后者是非线性的双曲规律［分别见式（3.9.41）和式（3.9.28)］。

三能级 exciplex 模型同时展示了三种不同的荧光发射过程：具有指数弛豫规律的普通荧光，线性弛豫规律的超荧光及双曲弛豫规律的超辐射。基于对三种不同的辐射过程的比较，并联想到先前得到的关于稳态生物光子辐射的结果，可以深刻地理解生物系统和生物光子辐射的本质。很明显，生物系统本质上应该工作在合作区 $x<1$。在稳态情况下，生物分子总是保持一种相互关联的状态，合作地发射生物光子。生物系统在激发后的动力学过程中扮演了一个布居数的双曲弛豫规律及具有超辐射特征的光子发射率，并在弛豫结束后恢复到通常的稳定态。

很明显，这种合作性在时间上是不间断的（存在于整个稳态过程及激发后的动力学过程），在空间上是大范围的（发生在整个系统内的全部 N 个分子之间）。很难理解一个生物系统会完全工作在个体区 $x>1$，这是因为：①在稳态情况下，系统处于热平衡，分子之间没有关联，光子辐射不具有相干性；②在激发后的弛豫过程中，虽然有合作行为，但不是大范围的（最大限于系统的半数分子之间）。

这里还应该谈及关于合作辐射的实验室观察，业已发现许多原子系统和分子系统都可以诱导合作辐射现象，例如，最早的报道是来自光学泵浦的 HF 气体的合作辐射[3.4]。不过迄今为止关于合作辐射的所有报道都是超荧光型的。自从 1954 年迪克最早引入自发辐射的相干性概念[3.3]以来，还没有发现关于超辐射的实验室观察的报道。这很可能是因为在非生命系统中制备一个所有原子或分子被完全关联起来的初始状态，似乎是极端困难的。由此推测，这样一个初始状态只能存在于具有大范围相干性的生物系统之中。这样超辐射也许是一个生命系统特有的现象。关于生物系统光子辐射的超辐射特征的实验显示，将在下一节介绍。

3.10 理论与实验结果的比较

在上述几节中我们建立了生物光子辐射的量子理论，并用它描述生物光子辐射的稳态及动力学行为。这些理论预言的正确性必须用实际生物系统的光子辐射的实验结果来检验。本节的主要内容涉及理论结果与实验观察的比较。

首先，稳态生物光子辐射的 N^2 依赖性已经在果蝇（Drosophila）卵的群体辐射中被观察到[1.14]，这与相关的理论结果相符合［稳态生物光子辐射的强度表达式(3.4.3) 和式 (3.4.4)］。其次，按照式 (3.5.5) 和图 3.7 (b) 的理论结果，生物光子辐射能具有反聚束性质，这种非经典效应已经被发现存在于许多生物系统的光子辐射中，如单细胞绿藻 Acetabularia 的个体，水蚤 Gonyaulax 的群体，萤火虫个体等[1.60]。还有，一些具有五峰或三峰结构（并呈现一定程度对称性）的谱分布已经在生物光子辐射的实验中观察到，一个典型的例子是来自水芹（cress）种子的稳态生物光子辐射[1.92]。这与谱分布的理论结果相符合［稳态生物光子辐射的谱分布的表达式 (3.7.12) 及显示在图 3.10 和图 3.11 (c) 中的谱分布曲线］。

本节将重点考查关于生物光子辐射的动力学的理论结果与相应的实验观察的符合情况。3.9 节得到了一系列描述生物系统弛豫动力学的表达式，现在考查实际系统被激发后的弛豫过程。我们相信一个实际的生物系统的内部包含着生命运动的多样性。例如，按照我们的模型，至少应该考虑以下情况：

(1) 在系统被激发后的弛豫过程中，大部分生物分子通过从高能态向低能态的跃迁发射光子；与此同时也有些原来处于低能态的生物分子会吸收辐射场中的光子向高能态跃迁。这意味着系统在弛豫过程中光子的发射和吸收是并存的。

(2) 三能级模型假定系统中的 N 个分子是全同的，实际上在一个生物系统中存在着各种类型的生物分子。每一种生物分子都有自己的一套参数［式(3.9.18)］。系统在弛豫过程中的宏观表现是各种不同分子的微观行为的叠加。描述总的弛豫过程的参数是各种不同分子参数的平均。

(3) 有理由认为分子系统基本上工作在靠近临界点的合作区一侧，这是由系统熵最大所预言的最合理的工作点，也是生物系统高效率工作的需要。但有些生命过程（如细胞分裂）需要一个完全非相干光（混沌光）来解除细胞间的耦合，因此某些相关的生物分子必须工作在个体区。这样一来，一个生物系统的实际工作状态可能是合作区与个体区情况按某种方式的叠加。

基于这些考虑，一个实际生物系统被激发后的弛豫过程在原则上应该涉及光子的发射和吸收两种作用，涉及不同种类的生物分子的贡献，涉及合作区与个体区情况的叠加[1.62]。不过实验结果显示，在很多情况下，利用合作区的表达式描述整个系统的弛豫过程是足够精确的。这样一来，生物系统被激发后的弛豫过程可以被含时的光子辐射强度

$$I(t) = A\,\mathrm{csch}^2\left(\frac{t}{B} + C\right) - a\,\mathrm{sech}^2\left(\frac{t}{b} + c\right) + S \qquad (3.10.1)$$

刻画，这里只计及了合作区的作用，式（3.10.1）中的前两项分别描述合作发射与合作吸收过程，第三项 S 表示稳态辐射强度，式中的参数相应于不同种类的生物分子的平均。这个表达式被发现与许多种类的植物种子的光子辐射动力学过程相符合，特别是能够很好地刻画谷物种子被白光照射后的弛豫过程[1.15]，这可能是因为在种子光照后的弛豫过程中，光子吸收扮演了一个很重要的角色。

另外，关于生物系统延迟发光（delayed luminescence）的理论与实验研究已经取得了丰硕的成果[1.28]。事实上用式（3.10.1）的第一项可以相当精确地拟合许多生物样品的延迟发光过程。这里有必要首先对延迟发光的基本特征与研究背景作简要的介绍。

延迟发光最早被 Strehler 和 Arnold 在植物样品中观察到[1.8]，他们的实验涉及探测水藻样品中光诱导的 ATP 形成。延迟发光由此被定义为光合物质（photosynthetic material）被外界光源照射之后的发光现象[3.37]。与单个原子（或单个分子）的特征衰变时间10^{-8}s 相比，延迟发光过程的衰变时间的典型值为 1s，故称为“延迟”发光。后来，延迟发光现象又陆续在其他生物样品中被观察到，如树叶[3.38]、叶绿体[3.39]、光合细菌[3.40]等。这样延迟发光被发现是一个非常普遍的现象。关于延迟发光机制的研究，早期有许多不同的观点。Crofts 等[3.41]，Fleischman 和 Mayne[3.42]强调膜电位和 pH 梯度的修正机制；Mar 和 Roy[3.43]发展了动态模型；Lavorel[3.44]综述了相关的数据、方法及理论；Malkin 提出了动态分析、各种

理论描述及修正性机制[3.45,3.46]，并给出了一个非常具有可读性的综述性评论[3.47]；Amesz 和 van Gorkom[3.48]综述了重组假设及其实验依据；Fleischman[3.49]对有关光合细菌的延迟发光和化学发光的众多文献进行了综合评论；Govindjee 和 Jursinic[3.50]对于光合作用、Chla 发光及延迟发光之间的关系作了全面研究。Lavorel[3.44]，Govindjee 和 Jursinic[3.50]及 Lavorel 等[3.51]对于测量延迟发光的实验手段作了综述性评论。后来许多研究者又完成了关于延迟发光的诸多实验工作[3.52]。半个世纪以来延迟发光的研究和应用已经变得非常深入和普及[3.53~3.55]。

关于延迟发光的理论研究，早期的工作是基于线性动力学分析，最终的结果是发射强度的指数函数衰变。后来的研究工作涉及热力学理论及唯象处理，这样的描述虽然是非线性的，但仍旧限于经典理论的范畴，它预言的强度表达式是一个普通的双曲线函数。上述理论结果虽然可以在一定程度上刻画某些样品的延迟发光，但是不具有一般性和精确性，如图 3.18 所示。事实上，延迟发光绝不能归结为一个经典效应，因为生物光子辐射的强度极低，其典型值是 100 个光子/(s · cm^2)。要描述如此微弱的光子辐射，不得不引入光与物质相互作用的量子理论。另外，相关的实验研究显示，诱导延迟发光的光合物质必须具有三能级结构[3.52]。通常的二能级模型无法揭示延迟发光的微观机制。

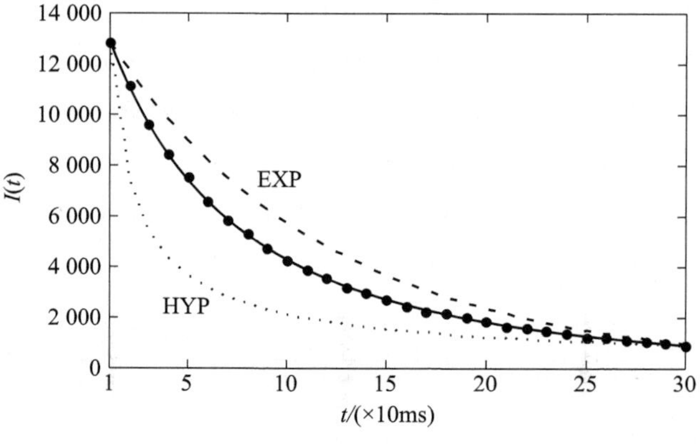

图 3.18 黄豆的延迟发光的原始数据（30 个测量点）

指数（EXP）函数 $I_0\exp(-\lambda t)$ 和双曲线（HYP）函数 $I_0 t^{-\beta}$均不能精确地拟合实验数据。实线来自理论表达式（3.10.2），它与实验数据符合很好，关联度为 $r=0.9999$

本章所述的生物光子辐射的量子理论正是从分子生物学的实验结果（exciplex 形成）出发，引出一个三能级模型。同时把量子光学理论和非平衡统计物理的概念用于一个被外界泵浦又对外耗散的开放系统，在微观层次上刻画集体分子系统与多模辐射场的相互作用，并计及分子晶格振动的声子模对系统的影响。我们的模型推出了系统的约化密度算子的主方程，而与之相应的 c -数方程在恰当的近似下给出生物系统被激发后的光子辐射强度的表达式。现在试图利用所得到的结论描述延迟发光的实验结果。为此在表达式（3.10.1）中取第一项，即

$$I(t) = A \operatorname{csch}^2\left(\frac{t}{B} + C\right) \tag{3.10.2}$$

其中，t 是时间；A，B，C 是与时间无关的参数。事实上，A 是一个强度参量，它依赖于被测样品的性质，同时与系统的结构及光照条件有关；B 是一个特征时间，只与样品自身的性质有关；C 与系统的结构及光照条件无关，但这个参量作为一个相位因子决定样品的初始状态，因此敏感地决定发光的初始强度。为了与指数函数及双曲线函数相比较，在图 3.18 中显示了表达式（3.10.2）与延迟发光的实验数据的拟合。

现在将理论表达式（3.10.2）与实际生物样品的延迟发光数据相比较。首先考查一个非常简单的样品，它是一株单细胞水藻 Acetabularia。图 3.19（a）显示，理论值与观察值之间有相当好的拟合。然后利用偏差函数

$$\sigma = \sum_i \left(x_i^{\mathrm{p}} - x_i^{\mathrm{m}}\right)^2 \tag{3.10.3}$$

其中，x_i^{m} 和 x_i^{p} 分别是第 i 个点的实际测量值与理论预言值，在最佳拟合（σ 取最小值）之下，计算出参数 A，B，C 的值。接下来进一步计算理论值与观察值的线性关联，结果如图 3.19（b）所示。图 3.19（c）显示了理论值与观察值的偏差分布曲线，它基本上是在零值两侧对称分布，被一个高斯函数所包络。为了进一步检验理论结果的可靠性，在图 3.20 中列出了各种不同的生物样品的延迟发光的原始数据与理论表达式（3.10.2）的拟合，可以看出每一个样品的观察值都与相应的理论值有高度的关联。

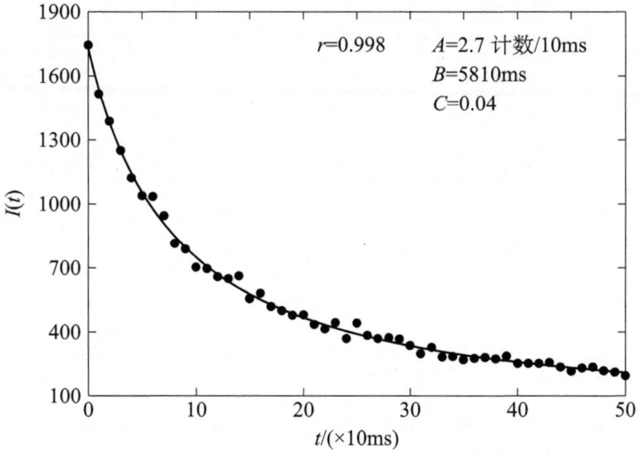

(a)

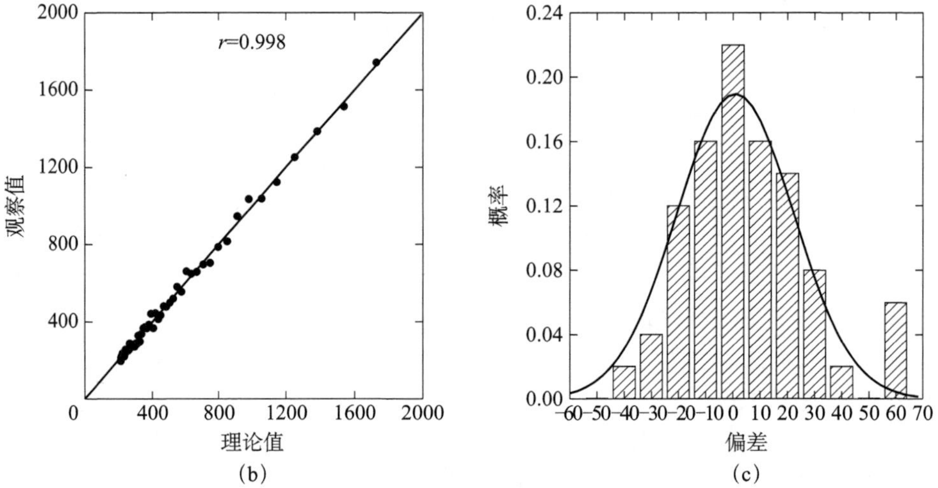

图 3.19　一株单细胞水藻 Acetabularia 的延迟发光的实验结果与理论表达式（3.10.2）之间的比较

这株水藻被放进装有 14mL 自来水的石英池，然后用白光照射。延迟发光的实验曲线由 50 个观察点组成，光子计数的间隔为 10ms。(a) 原始数据与理论值的最佳拟合给出参数 A，B，C 的值；(b) 观察值与理论值之间的线性关联；(c) 观察值与理论值之间的偏差的分布，图中的光滑曲线为正态分布

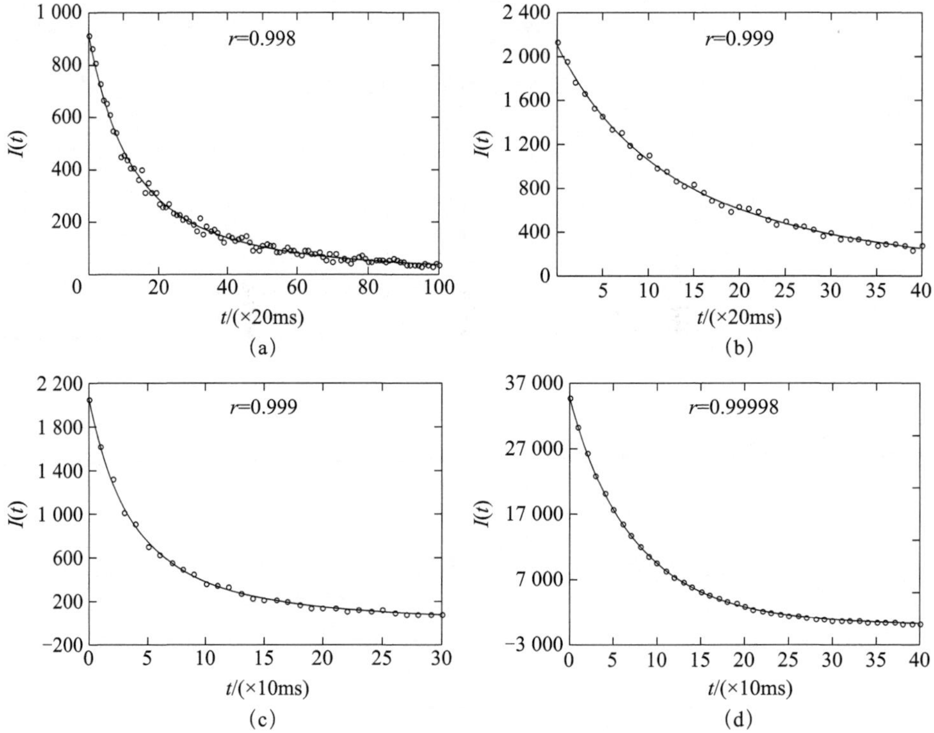

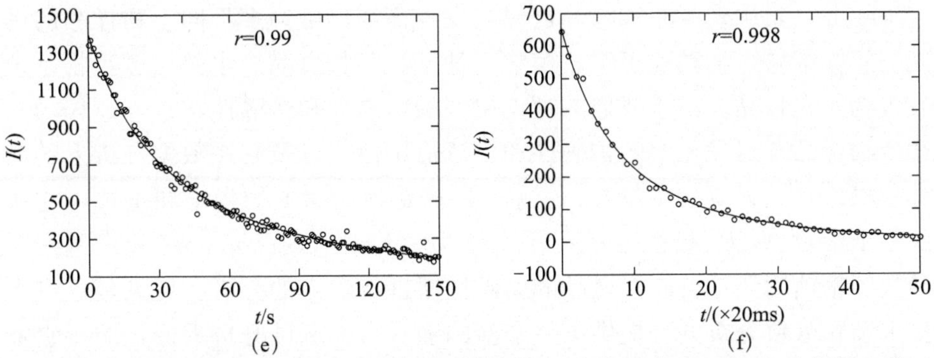

图 3.20 不同生物样品的延迟发光的实验结果与理论表达式（3.10.2）之间的比较

所有样品在测量前用白光照射。(a) 一片新鲜的苹果，尺度 2cm×2cm×0.3cm；(b) 中国绿茶，体积 $25cm^3$；(c) 大麦种子，体积 $6cm^3$；(d) 一块鲤鱼肉，体积 $14cm^3$；(e) 人的肝脏肿瘤组织（$5cm^3$）浸在 NaCl 溶液（0.9%，8mL）之中；(f) 生物药品（粉末），质量 2.5g。每一个样品的观察值都与相应的理论值相符合

以上所述的延迟发光都采用人造光源照射。实际上，延迟发光的产生也可以利用自然光源照射，最常见的就是用日光。实际的操作过程很简单，一切都在实验室通常的日光环境下进行，将被测量的样品放入样品室之后（图 1.3），立即关闭样品室的盖子，使之成为光屏蔽的暗室，并随即开始测量。实际上样品是在日光照射后进入延迟发光。通常把这种自然光照射的方式称为“自然延迟发光”，一个典型的测量曲线显示在图 3.21 中。可以看出，自然延迟发光的弛豫时间很长，但仍然与理论表达式（3.10.2）符合很好。

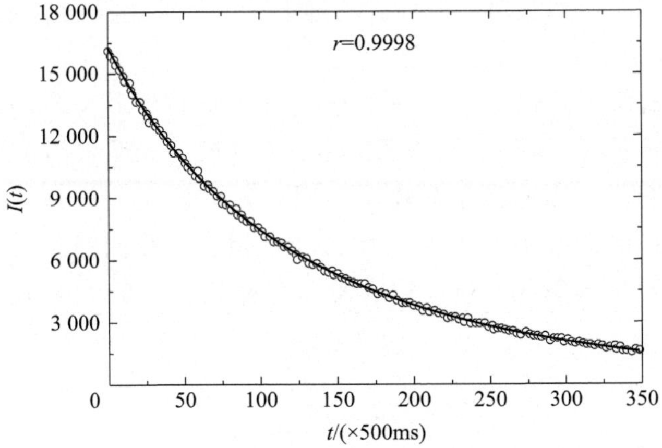

图 3.21 棕榈叶的“自然延迟发光”

实验中不用人造光源照射，样品放入样品室之后，立即关闭样品室的盖子，开始测量。实际的激发方式是日光照射。与通常的人造光照射相比较，自然延迟发光的弛豫时间很长，而观察值仍然与理论表达式（3.10.2）符合很好

实际上，表达式（3.10.2）已经被发现能够刻画许多不同生物样品的延迟发光的实验结果，如动物组织、植物、种子、各种食品、水藻、微生物系统甚至有机物及化妆品。由于我们的理论模型的可靠性和严谨性，式（3.10.2）在描述生物样品延迟发光中的精确性和广泛适用性，以及它在数据分析上的简单性和易操作性（只有三个参数），这一公式受到国际上的肯定和重视，它所包含的三个参数 A，B，C 被国际上冠名为“顾参数”（Gu parameters）。基于对这些参数的精确测量，可以对样品的微观性质进行深入的分析。可见延迟发光测量技术及顾参数分析方法提供了一个新的强有力的测试分析手段，期待它能应用于许多领域。

鉴于用延迟发光测量顾参数的精确性，现在可以估算一个实际生物样品的微观“序参量”$|x_0|$的数量级。注意到，式（3.10.2）中的 B 参数作为延迟发光衰变的特征时间扮演了一个合作时间的角色，它可以被理解为系统的“相干性时间”。例如，对于图 3.19 的单细胞水藻 Acetabularia，已经得到

$$B=5810\text{ms} \tag{3.10.4}$$

它具有 1s 的数量级。进而利用 $A=0.27\ \text{ms}^{-1}$，有

$$|x_0|=5\times10^{-5}\ \text{s}^{-1} \tag{3.10.5}$$

这个值验证了前面的一个考虑：生物系统工作在合作区并位于临界点 $x=1$ 附近一个很窄的范围。它确实是系统的最佳工作点。换言之，正是如此小的$|x_0|$值导致了延迟发光的 1s 数量级的寿命。它远大于一个非生命的二能级系统的合作衰变的特征时间，其典型值为10^{-6}s[1.28]。

作为本节的结尾，这里讨论一个非生命物质的延迟发光，它是一种白色的荧光粉（schmelzkorund）。图 3.22 显示了它被白光照射后的延迟发光的原始数据。可以看出，与通常生命物质不同，它的发光曲线具有一个数学上的拐点。显然这样的曲线不能被式（3.10.2）拟合。我们想到另一个合作辐射超荧光的衰变图样（图 3.16），它的发射率被式（3.9.34）表示，发射强度能被写为

$$I(t)=a\operatorname{sech}^2\left(\frac{t}{b}-c\right) \tag{3.10.6}$$

荧光粉的延迟发光被发现与超荧光的发射强度式（3.10.6）符合得很好。相信式（3.10.6）可以很好地描述更多非生命物质的合作辐射的实验结果[1.28]。

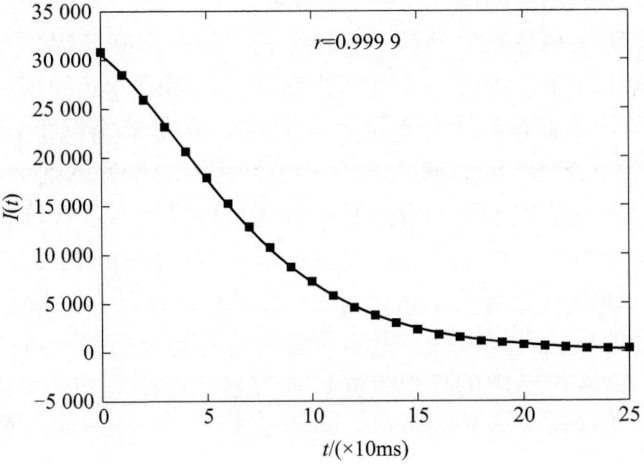

图 3.22 白色荧光粉（schmelzkorund）的延迟发光的原始数据

样品的体积为 $1cm^3$，初始被白光照射。曲线来自超荧光的发射强度表达式（3.10.6）：$a=32\ 437$，$b=8.75$，$c=-0.24$

3.11 应用举例

生物光子辐射量子理论的应用主要涉及生物系统的延迟发光。按照我们的模型，延迟发光的分析基于顾参数的测定。在利用顾参数对一个实际的延迟发光曲线进行具体分析时，还经常用到下面几个可观察量：

（1）初始强度

$$I(0)=A\mathrm{csch}^2 C \tag{3.11.1}$$

（2）初始斜率

$$S\equiv-\dot{I}(0)=\frac{2A\cosh C}{B\sinh^3 C} \tag{3.11.2}$$

（3）衰变时间

$$T=B[\ln(\sqrt{m}\sinh C+\sqrt{m\sinh^2 C+1})-C] \tag{3.11.3}$$

在这个时刻光强度衰减到 $I(T)=I(0)/m$，因子 m 可以取为 2～4。

（4）平均强度

$$\begin{aligned}I_W&=\frac{1}{W}\int_0^W A\mathrm{csch}^2(t/B+C)\,\mathrm{d}t\\&=\frac{AB}{W}[\coth C-\coth(W/B+C)]\end{aligned} \tag{3.11.4}$$

它是辐射强度在总的测量时间 W 内的平均值。

以上几个量都是顾参数的函数，它们刻画了一个实际延迟发光曲线的宏观特征。在实际分析工作中，通过一个计算机软件，从延迟发光的原始数据确定顾参数 A，B，C 的值，在此基础上分析样品的性质。在很多情况下，由 A，B，C 进而确定宏观量 $I(0), S, T, I_W$，随后的分析工作在宏观量的基础上进行。

利用延迟发光测量技术及顾参数分析方法，可以深入了解许多生物样品的性质。这里介绍一个典型的例子，它涉及食品新鲜度的生物光子技术测量。食品作为有机体组织（如牛肉、猪肉、鱼肉等），不但有较强的自发辐射信号，而且一般都有相当典型的延迟发光曲线。其自发辐射信号和延迟发光行为都强烈依赖于食品的新鲜度。一块鲤鱼肉的延迟发光数据被显示在图 3.20（d）中。实际上这块鲤鱼肉以及与之体积大致相同的另一块鲤鱼肉（它们来自同一条鲤鱼的对称部位）的延迟发光被测量 25 次（在 4 天的 70h 之内）。对于两块鱼肉的每一次测量，得到两条延迟发光曲线，每一条曲线给出一套 A，B，C 值，然后将它们代入式（3.11.1）和式（3.11.3），得到一个比值 $T/I(0)$。两块鱼肉的 $T/I(0)$ 值的平均作为时间的函数被显示在图 3.23。平均的 $T/I(0)$ 值在鱼肉新鲜度变坏的 70h 内单调下降，它是鱼肉新鲜度的一个度量。

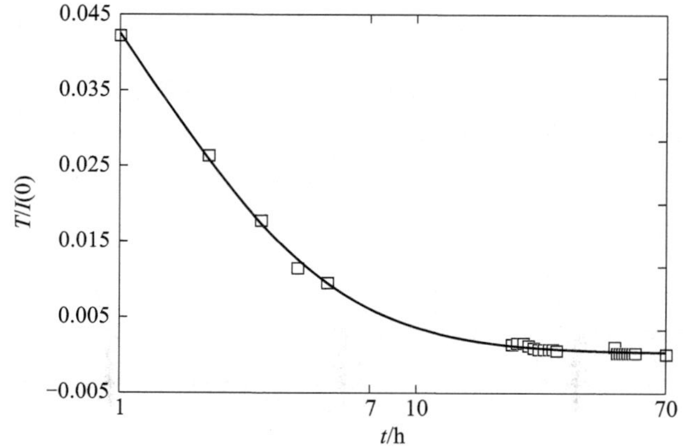

图 3.23　鱼肉新鲜度的测量

两块鲤鱼肉（每块体积约为 14cm^3）的延迟发光被测量 25 次（在 4 天的 70h 之内，图中横轴取对数坐标），每一条原始曲线与式（3.10.2）的最佳拟合给出参数 A，B，C 的值，进而利用式（3.11.1）和式（3.11.3）得到初始强度 $I(0)$及衰变时间 T。图中每个点来自两块鱼肉的 $T/I(0)$ 值的平均。在整个测量期间 $T/I(0)$ 值单调下降，它的拟合曲线刻画了鱼肉新鲜度的连续变化

3.12　结　　论

本章在生命系统合作性的意义上表述了生物光子辐射的量子理论。可以看出

系统被一个非平衡相变所支配，相变的“序参量”为

$$x=\frac{\gamma_1(1+\bar{n}_1)g_2^2+\gamma_2(1+\bar{n}_2)g_1^2+\mu_1 g_2^4+\mu_2 g_1^4}{(\nu_1+\gamma_1\bar{n}_1)g_2^2+(\nu_2+\gamma_2\bar{n}_2)g_1^2+\mu_1 g_1^4+\mu_2 g_2^4} \tag{3.12.1}$$

相变的临界点为 $x=1$，它标记了系统工作点在合作区 $x<1$ 和个体区 $x>1$ 之间的跃迁，即“有序态”和“混沌态”之间的跃迁[3.1]。在个体区，系统处于热平衡状态，分子之间没有关联，辐射场不具有相干性；在合作区，系统远离热平衡状态，分子之间存在着大范围的相干性和长时间的合作效应，辐射场具有高度的相干性。

序参数 x 扮演了一个支配性的角色。从式（3.12.1）可以看出，它关系到系统所有的因子，即 g_1，g_2，$\bar{n}_1$，$\bar{n}_2$，γ_1，γ_2，ν_1，ν_2，μ_1，μ_2，这些因子刻画了系统内部的性质和外界的作用。内部性质关系到衰变系数 γ_1，γ_2，吸收系数 ν_1，ν_2，无辐射率 μ_1，μ_2，$\bar{n}_1$，$\bar{n}_2$ 中的能级间隔 $h\nu$，g_1，g_2 中的偶极矩 d_1，d_2 等；而外界作用关系到 g_1，g_2 中的泵浦场 E_1，E_2，$\bar{n}_1$，$\bar{n}_2$ 中的环境温度 T 等。这些因子集体地确定系统的工作点 x。换言之，任何内部和外部的影响都会引起这些因子的改变，从而导致系统工作点的漂移或跃迁，最终改变生物光子辐射的性质，如辐射强度、光谱分布、光子空间分布、光子统计分布等。例如，环境温度 T 的升高使得热场的平均光子数 $\bar{n}_1$，$\bar{n}_2$ 增加［式（3.2.7）］，以至于 x 值增大。如果系统原来处于合作区，则有可能跃迁到个体区。

为了更简洁地理解序参量 x 的本质，需要将式（3.12.1）简化。为此取 $g_1^2=2/3$ 和 $g_2^2=1/3$（来自实验数据[3.18]），并假定 $\gamma_2\gg\gamma_1$，$\mu_1\gg\mu_2$，$\nu_1=\nu_2=0$，$\bar{n}_1=\bar{n}_2=0$，得到

$$x\approx\frac{3\gamma_2}{2\mu_1}+\frac{1}{4} \tag{3.12.2}$$

很明显，除了衰变系数 γ_2 之外，无辐射率 μ_1 扮演了一个核心的角色，在众多的系统因子中必须保证 $\mu_1\neq0$。这意味着分子系统的晶格振动波（声子模）提供了一个生物光子辐射的必要条件。至此，可以清楚地看到采用三能级系统描述生物光子辐射的必要性。对于现在的情况，维持系统工作在合作区的充分条件为 $\mu_1\geqslant2\gamma_2$。

参考文献

[3.1] Prigogine I, Stengers I. Order Out of Chaos. New York: Bantam Books Inc., 1984.

[3.2] Haken H. Cooperative Effects: Progress in Synergetics. American Elsevier: North-Holland, 1974.

[3.3] Bowden C M, Howgate D W, Robl H R. Cooperative Effects in Matter and Radiation. New York, London: Plenum press, 1977.

[3. 4] Skribanowitz N, Herman I P, MacGillivray J C, et al. Observation of Dicke superradiance in optically pumped HF gas. Phys. Rev. Lett., 1973, 30, 309-312 .

[3. 5] 顾樵．超辐射中的若干非线性效应（综述）．量子电子学，1987，4：107-121；超辐射的研究概况（综述）．物理，1989，18：15-20.

[3. 6] Bullough R K. Conceptual models of co-operative processes in nonlinear electrodynamics//Nonlinear Electrodynamics in Biological Systems. New York, London: Plenum press, 1984.

[3. 7] Gu Q A. simple method for describing superradiance. Chin. Phys. Lasers (USA), 1986, 13: 855-858.

[3. 8] Bogolubov N N, Quang T, Shumovsky A S. Double optical resonance in a system of atoms. Phys. Lett., 1985, A112: 323-326.

[3. 9] Gu Q. Superradiant Beats and their Spectroscopic Applications. Bull. Am. Phys. Soc., 1985, 30: 1830; Quantum beats in superradiance. Chin. Phys. Lasers (USA), 1987, 14: 709-714.

[3. 10] Lawande S V, JagatapB N. Cooperative effects in a system of strongly driven three-level atoms. Phys. Rev., 1989, A39: 683-693.

[3. 11] Knoester J, Mukamel S. Intermolecular forces, spontaneous emission, and superradiance in a dielectric medium: Polariton-mediated interactions. Phys. Rev., 1989, A40: 7065-7080.

[3. 12] Quang T. Squeezing via a two-photon transition in a system of driven three-level atoms. Phys. Rev., 1991, A43: 2561-2564.

[3. 13] Becker T, Rinkleff R-H. Superfluorescent transitions between high-lying levels in an external electric field. Phys. Rev., 1991, A44: 1806-1816.

[3. 14] Kennedy T A B. Quantum theory of cross-phase-modulational instability: Twin-beam correlations in a $\chi^{(3)}$ process. Phys. Rev., 1991, A44: 2113-2123.

[3. 15] Haroche S, Kleppner D. Cavity quantum electrodynamics. Phys. Today, 1989, 42: 24-30.

[3. 16] Miller D A. Useful perspective on the relation between biological and physical descriptions of phenomena. J. theor. Biol., 1991, 152: 341-355.

[3. 17] Szent-Györgyi A. Introduction to A Submolecular Biology. New York: Academic Press A, 1960.

[3. 18] Li K H, Popp F A, Nagl W, et al. Indications of optical coherence in biological systems and its possible significance//Coherent Excitations in Biological Systems. Heidelberg, Berlin, New York: Springer, 1983.

[3. 19] Popp F A. On the coherence of ultraweak photon emission from living tissues//Disequilibrium and Self-Organization. Dordrecht: Reidel, 1986.

[3. 20] Li K H, Popp F A. Dynamics of DNA excited states//Molecular and Biological Physics of Living Systems. Boston, London: Dordrecht, 1990.

[3. 21] McCullough J J. Photoadditions of aromatic compounds. Chem. Rev., 1987, 87: 811-860.

[3. 22] Agarwal G S, Jha S S. Theory of resonant Raman scattering of intense optical waves. J. Phys.,

1979, B12: 2655-2671.

[3.23] Agarwal G S. Quantum statistical theories of spontaneous emission and their relation to other approaches//Quantum Optics, Vol. 70 of Springer Tracts in Modern Physics. Berlin, Heidelberg, New York: Springer-Verlag, 1974.

[3.24] Agarwal G S, Narducci L M, Feng D H, et al. Intensity correlations of a cooperative system. Phys. Rev. Lett., 1979, 42: 1260-1263.

[3.25] Mishra R K. The Living State-II. Singapore: World Scientific, 1985.

[3.26] Balanovski E, Beaconsfield P. Solitonlike excitations in biological systems. Phys. Rev., 1985, A32: 3059-3064.

[3.27] Tombesi P, Pike E R. Squeezed and Nonclassical Light. New York, London: Plenum Press, 1989.

[3.28] Gu Q. Sub-Poissonian photon statistics in the degenerate two-photon laser. J. Shenzhen Univ. (Science & Engineering), 1989, 6: 1-9.

[3.29] Gu Q. Photon statistics for laser with a weak spontaneous emission. J. Shenzhen Univ. (Science & Engineering), 1990, 7: 11-20.

[3.30] Yuen H P. Nonclassical light//Photons and Quantum Fluctuations. Bristol and Philadelphia: Adam Hilger, 1988.

[3.31] Lax M. Quantum Noise XI: Multitime correspondence between quantum and classical stochastic processes. Phys. Rev., 1968, 172: 350-361.

[3.32] Compagno G, Persico F. Theory of collective resonance fluorescence in strong driving fields. Phys. Rev., 1982, A25: 3138-3168.

[3.33] Harris S E. Lasers without inversion: Interference of lifetime-broadened resoanances. Phys. Rev. Lett., 1989, 62: 1033-1036; Imamoǧlu A, Field J E, Harris S E. Lasers without inversion: A closed lifetime broadened system: Phys. Rev. Lett., 1991, 66: 1154-1156.

[3.34] Scully M O, Fleischhauer M. Lasers without inversion. Science, 1994, 263: 337-338.

[3.35] Levi B G. Researchers report evidence for lasing without inversion. Physics Today, 1995, 47: 19-20.

[3.36] Gu Q. Laser without Inversion of Many-atom System: Steady-state Properties and Dynamic Process//Proceedings of 1993 Laser Symposium for Young Chinese Scholars. China, Shanghai, 1993.

[3.37] Allen J F, Bennett J, Steinback K E. Chloroplast protein phosphorylation couples plastoquinone redox state to distribution of excitation energy between photosystems. Nature, 1981, 291: 25-29.

[3.38] Strehler B L, Arnold W. Light production by green plants. J. Gen. Physiol., 1951, 34: 809-820.

[3.39] Strehler B L. The luminescence ofisolated chlorplasts. Arch. Biochem. Biophys., 1951, 34: 239-248.

[3.40] Arnold W，Thompson J. Delayed light production by blue-green algae，red algae，and purple bacteria. J. Gen. Physiol.，1956，39：311-318.

[3.41] Crofts A R，Wraight C A，Fleischman D E. Energy conservation in the photochemical reactions of photosynthesis and its relation to delayed fluorescence. FEBS Lett.，1971，15：89-100.

[3.42] Fleischman D E，Mayne B C. Chemically and physically induced luminescence as a probe of photosynthetic mechanisms. Curr. Top. Bioenerg.，1973，5：77-105.

[3.43] Mar T，Roy G. Kinetic models of oxygen evolution in photosynthesis. J. Theor. Biol.，1972，36：427-446.

[3.44] Lavorel J. Luminescence//Bioenergetics of Photosynthesis. New York：Academic Press，1975.

[3.45] Malkin S，Kok B. Fluorescence induction studies in isolated chloroplasts. I. Number of components involved in the reaction and quantum yields. Biochim Biophys Acta.，1966，126：413-432；Malkin S. Fluorescence induction studies in isolated chloroplasts. II. Kinetic analysis of the fluorescence intensity dependence on time. Biochim Biophys Acta.，1966，126：433-442.

[3.46] Malkin S. Delayed luminescence//Primary Processes of Photosynthesis. North-Holland，Biomedical Press，Amsterdam：Elsevier，1977.

[3.47] Malkin S. Delayed luminescence//Photosynthesis I，Encyclopedia of Plant Physiology. Berlin，Heidelberg，New York：Springer-Verlag，1977.

[3.48] Amesz J，Gorkom H J V. Delayed fluorescence in photosynthesis. Annu. Rev. Plant Physiol.，1978，29：47-66.

[3.49] Fleischman D. Delayed fluorescence and chemiluminescence//The Photosynthetic Bacteria. New York：Plenum，1978.

[3.50] Govindjee，Jursinic P A. Photosynthesis and fast changes in light emission by green plants. Photochem. Photobiol. Rev.，1979，4：125-205.

[3.51] Lavorel J，Breton J，Lutz M. Methodological principles of measurement of light emitted by photosynthetic systems//Light Emission by Plants and Bacteria. Orlando：Academic Press，Inc.，1986.

[3.52] Jursinic P A. Delayed fluorescence：Current concepts and status//Light Emission by Plants and Bacteria. Orlando：Academic Press，Inc.，1986.

[3.53] Govindjee，Bohnert H J，Bottomley W，et al. Molecular Biology of Photosynthesis. Dordrecht，Netherlands：Kluwer Academic Publishers，1988.

[3.54] Singhal G S，Renger G，Sopory S K，et al. Concepts in Photobiology：Photosynthesis and Photomorphogenesis. Dordrecht，Netherlands：Kluwer Academic Publishers，1999.

[3.55] Gu Q . Delayed Luminescence：Theory，Experiments，and Applications（review）. Neuss，Germany：International Conference on Biophotonics，1998.

第 4 章　生物光子辐射与组织序

摘要：本章利用生物光子辐射的量子理论的有关激发态动力学的 c 数方程，进一步研究 exciplex 系统的序增长动力学，涉及序增长的确定性动力学、统计学处理及信息论描述。所得到的理论结果与发育中的种子幼芽的生物光子辐射动力学相符合，说明生物光子辐射在一定意义上是生物系统组织序的一个潜在性的度量。

关键词：序参量，序增长动力学，最大熵原理，组织序，组织序的潜在性度量

4.1　引　　言

第 3 章对于 exciplex 系统建立了生物光子辐射的量子理论。它描述了集体三能级分子与"泵浦场"及生物光子辐射场的相互作用。这个理论强调激发态布居数的动力学行为，相应的 c 数方程（3.2.20a）扮演了一个核心的角色。利用式（3.2.17a）及式（3.2.22），c 数方程（3.2.20a）能被写为

$$\frac{\mathrm{d}}{\mathrm{d}t}\langle E\rangle = 2x_2 N - (x_0 N + x_5)\langle E\rangle + x_0\langle E^2\rangle \tag{4.1.1}$$

在本节首先说明激发态布居数实际上是系统的一个序参量。然后建立与式（4.1.1)等价的福克-普朗克（Fokker-Plank）方程，进而利用它的含时解讨论系统的序增长动力学，我们的讨论将涉及序增长的确定性动力学、统计学处理及信息论描述。最后将所得到的描述序增长的理论结果联系到发育中的种子幼芽的生物光子辐射的动力学，两者之间的符合说明生物光子辐射是生物系统组织序的一个潜在性的度量。

4.2　系统的序参量

众所周知，用非平衡统计物理学的方法研究一个远离热平衡的系统，最重要的任务之一是找到它的序参量[4.1]。因为序参量是系统宏观序的一个度量。换言

之，序参量的大小反映了系统与热平衡偏离的程度。在 exciplex 系统中，激发态 $|\alpha_2\rangle$ 上的分子布居数 Q 能扮演一个序参量的角色，对此解释如下。如果系统处在热平衡之中，分子在三个能态 $|\alpha_1\rangle$，$|\alpha_2\rangle$，$|\alpha_3\rangle$ 上的布居数服从玻尔兹曼分布。这样一来，在室温下，激发态 $|\alpha_2\rangle$ 几乎是空的（$Q\approx 0$）。实际上，系统是远离热平衡的，由于外界"泵浦"的作用，激发态 $|\alpha_2\rangle$ 上总保持着数量可观的分子布居数。很显然，Q 反映了系统与热平衡的偏离，是系统宏观序的一个度量。

本节旨在研究系统的序增长动力学，从 c 数方程（4.1.1）出发并利用式（3.2.5b)和式（3.9.1)，得到

$$\frac{\mathrm{d}}{\mathrm{d}t}\langle Q\rangle = x_2 N - (x_0 N + x_5)\langle Q\rangle + 2x_0\langle Q^2\rangle \tag{4.2.1a}$$

方程（4.2.1a）能被改写为

$$\frac{\mathrm{d}}{\mathrm{d}\tau}\langle q\rangle = a - \langle q\rangle + \lambda(\langle q\rangle - \langle q^2\rangle) \tag{4.2.1b}$$

这是一个关于序参量 q 的 c 数方程，其中

$$q = \frac{2Q}{N}, \tau = \frac{t}{x_5} \tag{4.2.2a}$$

分别是激发态的相对布居数（相对于 $N/2$）和无量纲时间参量，参数 a 和 λ 分别被定义为

$$a = \frac{2}{x+2} \tag{4.2.2b}$$

$$\lambda = -\frac{x-1}{x+2}N \tag{4.2.2c}$$

参量 a 的变化范围限于 $0\leqslant a\leqslant 1$，这相应于 x 的整个变化范围：$\infty < x\leqslant 0$。参量 a 的取值与 x 的对应关系为：$a=\frac{2}{3}$（$x=1$）；$a>\frac{2}{3}$（$x<1$）；$a<\frac{2}{3}$（$x>1$）。实际上，a 仅是一个定性的"参照"因子（后面将说明之）。而参量 λ 则控制着整个系统的非线性行为，它被称为"控制参量"，是一个反映系统所有内部性质及外界影响的"综合"因子。控制参量 λ 作为 x 的函数被显示在图 4.1 中，这里参量 λ 的取值与 x 的对应关系为：$\lambda = 0$（$x = 1$)；$\lambda > 0$（$x < 1$)；$\lambda < 0$($x > 1$)。由于 $x\in[0,\infty)$ 及 $N\in[1,\infty)$，λ 的可能变化范围是 $-\infty<\lambda<+\infty$。方程（4.2.1b）是所讨论系统的宏观序动力学的出发点。

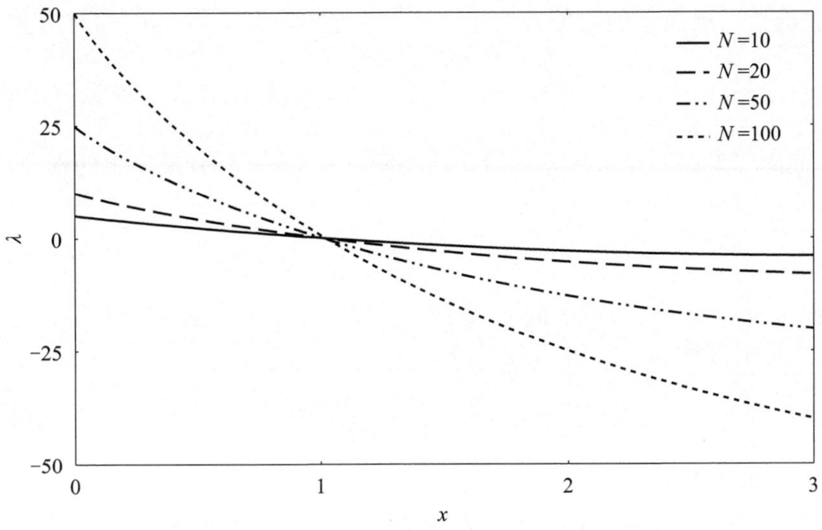

图 4.1　系统的控制参量 λ [式 (4.2.2c)] 作为 x 的函数

不同的曲线相应于不同的 N 值。控制参量 λ 的可能变化范围是 $-\infty<\lambda<\infty$

4.3　序增长的确定性动力学

从本节开始讨论系统的序增长动力学，过程中将涉及它的确定性动力学、统计学处理及信息论描述。首先写下相应于式 (4.2.1b) 的确定性方程

$$\frac{\mathrm{d}q}{\mathrm{d}\tau}=a-q+\lambda q(1-q),\quad q\in[0,1] \tag{4.3.1}$$

这个模型最初作为一个纯粹的理论问题被 Arnold 等引入[4.2]。后来发现它并不是一个人为的模型，特别是在总体遗传学 (population genetics) 的研究中，具有相当明确的实际意义，被称为“遗传模型”(genetic model) [4.3]。

方程 (4.3.1) 的稳态解（相应于 $\mathrm{d}q/\mathrm{d}\tau=0$）有两个，其中有物理意义的稳态解是

$$q_1=\frac{\lambda-1+\sqrt{(\lambda-1)^2+4a\lambda}}{2\lambda} \tag{4.3.2}$$

这个解被 $N/2$ 乘，并利用式 (4.2.2)，给出在第 3 章得到的稳态解 (3.9.14)。稳态解 q_1 的取值与 λ (a) 的对应关系为：$q_1=\frac{2}{3}$，$\lambda=0$ $\left(a=\frac{2}{3}\right)$；$q_1>\frac{2}{3}$，$\lambda>0$ $\left(a>\frac{2}{3}\right)$；$q_1<\frac{2}{3}$，$\lambda<0$ $\left(a<\frac{2}{3}\right)$。在下面的讨论中，只需要对稳态解的行为作定性的比较，为此参量 a 作为一个定性的“参照”因子可以在它取值的范围 (0,

1）内任意选择。最简单的取值方式为 $a=\frac{1}{2}$，这样稳态解 q_1 与 λ 的对应关系为：$q_1=\frac{1}{2}$（$\lambda=0$）；$q_1>\frac{1}{2}$（$\lambda>0$）；$q_1<\frac{1}{2}$（$\lambda<0$）。这并没有改变稳态解之间的定性关系。选择"参照"点 $a=\frac{1}{2}$之后，稳态解（4.3.2）具有最简单的形式

$$q_1=\frac{\lambda-1+\sqrt{\lambda^2+1}}{2\lambda} \tag{4.3.3}$$

这是区间 $\lambda\in(-\infty,+\infty)$和区间 $q_1\in[0,1]$之间的一一对应的映射。

进一步写下方程（4.3.1）的含时解

$$q(\tau)=q_3+q_4\frac{d+\tanh(\Omega\tau)}{1+d\tanh(\Omega\tau)} \tag{4.3.4}$$

它类似于式（3.9.13），其中

$$q_3=\frac{\lambda-1}{2\lambda},q_4=\frac{\sqrt{1+\lambda^2}}{2\lambda},\quad \Omega=\frac{\sqrt{1+\lambda^2}}{2} \tag{4.3.5a}$$

$$d=\frac{q_0-q_3}{q_4} \tag{4.3.5b}$$

$q_0\equiv q(0)$ 是序参量在初始 $\tau=0$ 时刻的值。为了后面讨论的需要，可写出序参量的变化率 $r(\tau)=\mathrm{d}q/\mathrm{d}\tau$，它由

$$r(\tau)=\frac{q_4\Omega(1-d^2)}{[d\sinh(\Omega\tau)+\cosh(\Omega\tau)]^2} \tag{4.3.6}$$

给出。含时解（4.3.4）作为无量纲时间参量 τ 的函数对于不同初始值 q_0 有不同的图样。在条件 $q_0>q_1$ 下，系统扮演了一个弛豫动力学，正如在第 3 章讨论的。而 $q_0=q_1$ 相应于一个无辐射过程。不过条件 $q_0<q_1$ 导致序参量的增加。特别是当 $\lambda>0$，$q_0<q_3$ 时，序参量的增加具有一个特征时间 τ_{d}，它是函数（4.3.4）的拐点，对应 $q(\tau)$ 的最大增长率，即 $r(\tau)$ 在 τ_{d} 取最大值。这个特征时间被 $\ddot{q}(\tau_{\mathrm{d}})=0$ 确定，结果为 $\tau_{\mathrm{d}}=\frac{1}{2\Omega}\ln\frac{1-d}{1+d}$。含时解（4.3.4）的所有可能的形式被列在表 4.1。而 $q(\tau)$ 和 $r(\tau)$ 的所有可能的图样被显示在图 4.2。在极限 $t\to\infty$时，序参量趋于稳定值 q_1，即 $q(\infty)=q_1$，而 $r(\infty)=0$。

表 4.1　含时解 $q(\tau)$随时间变化的所有可能的形式及系统的动力学特征

q_0	d		解的性质	系统的动力学
	$\lambda>0$	$\lambda<0$		
$q_1<q_0\leqslant 1$	$1<d\leqslant d^+$	$d_1\leqslant d<1$	$\dot{q}(\tau)<0$	弛豫
$q_0=q_1$	$d=1$		$\dot{q}(\tau)=0$	无辐射

续表

q_0	d		解的性质	系统的动力学
	$\lambda>0$	$\lambda<0$		
$q_3\leqslant q_0<q_1$	$0\leqslant d<1$	$d>1$	$\dot{q}(\tau)>0$	序增长，无拐点
$0\leqslant q_0<q_3$	$d^-\leqslant d<0$	—	$\dot{q}(\tau)>0$ $\ddot{q}(\tau_d)=0$	序增长，有拐点 τ_d

注：其中，$d^{\pm}=\dfrac{1\pm\lambda}{\sqrt{1+\lambda^2}}$。在条件 $\lambda<0$（即 $d>1$）之下，序增长过程中不存在拐点

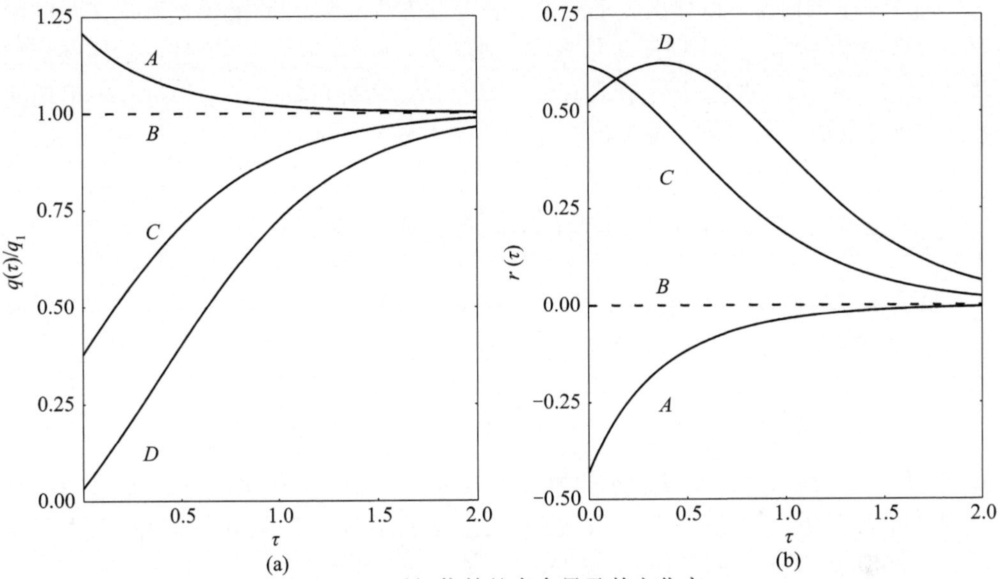

图 4.2 时间依赖的序参量及其变化率

(a) 时间依赖的序参量 $q(\tau)$［式（4.3.4）］相对于它的稳态值 $q_1=q_3+q_4$。图中的不同曲线相应于不同的初始条件，它们在极限条件 $\tau\to\infty$ 下趋于稳定值，即 $q(\infty)/q_1=1$；(b) 相应的变化率 $r(\tau)$［式（4.3.6）］。实际的取值为：控制参量 $\lambda=2$，$d=1.3$ (A)，1 (B)，0.1 (C)，-0.4 (D)，$d^+=1.342$，$d^-=-0.447$。对于曲线 D，$q(\tau)/q_1$ 的拐点［即 $r(\tau)$ 的极大值点］为 $\tau_d=0.379$，它相应于系统宏观序的开启时间

注意到对于 λ 取值的两种情况（$\lambda>0$ 和 $\lambda<0$），都存在序增长过程。它们的区别在于：在 $\lambda<0$ 情况下，序增长过程不存在拐点；而在 $\lambda>0$ 情况下，序增长过程呈现无拐点和有拐点两种情况。现在重点考查在 $\lambda>0$ 条件下的序增长行为。由于现在的条件导致 $|d|<1$，式（4.3.4）被简化为

$$q(\tau)=q_3+q_4\tanh(\Omega\tau+\phi) \tag{4.3.7}$$

其中，$\phi=\dfrac{1}{2}\ln\dfrac{1+d}{1-d}$，相应的变化率是

$$r(\tau)=q_4\Omega\,\mathrm{sech}^2(\Omega\tau+\phi) \tag{4.3.8}$$

函数（4.3.7）的拐点 τ_d 被 $\Omega\tau+\phi=0$ 确定，结果为

$$\tau_d=-\frac{\phi}{\Omega} \tag{4.3.9}$$

在 $\phi<0$ 情况下，存在着有物理意义的拐点。序参量在该点的值为 $q(\tau_d)=q_3=\frac{\lambda-1}{2\lambda}$，序参量的变化率在拐点达到最大值 $r(\tau_d)=q_4\Omega=\frac{1+\lambda^2}{4\lambda}$。在 $\phi>0$ 情况下，不存在有物理意义的拐点。

对于本节的讨论可以作出如下结论：确定性方程（4.3.1）能描述系统在两种情况下（$\lambda>0$ 和 $\lambda<0$）的序增长动力学。特别是在 $\lambda>0$ 情况下，时间依赖的序参量被式（4.3.7）表示，它的图样呈现具有和不具有拐点两种可能。序增长过程中出现拐点的条件是 $\phi<0$。在这种情况下拐点 τ_d 相应于系统宏观序的开启时间（onset time）。

4.4　序增长的统计学处理

现在从统计学的角度研究系统的序增长动力学，为此引入一个与方程（4.2.1b）等价的福克-普朗克方程[4.4]

$$\frac{\partial}{\partial\tau}P(q,\tau)=-\frac{\partial}{\partial q}[F(q)P(q,\tau)]+\frac{\partial^2}{\partial q^2}[D(q)P(q,\tau)] \tag{4.4.1}$$

其中，$P(q,\tau)$ 是 τ 时刻序参量 q 的概率密度函数（也称分布函数）；$F(q)$ 和 $D(q)$ 分别是漂移系数和扩散系数。首先确定这两个系数，为此利用概率密度函数 $P(q,\tau)$ 写下序参量 q 的平均值

$$\langle q(\tau)\rangle=\int qP(q,\tau)\mathrm{d}q \tag{4.4.2}$$

在式（4.4.2）两边取时间微商，并利用式（4.4.1），得到[1.28]

$$\begin{aligned}\frac{\mathrm{d}}{\mathrm{d}\tau}\langle q(\tau)\rangle&=\int q\mathrm{d}q\left\{-\frac{\partial}{\partial q}[F(q)P(q,\tau)]+\frac{\partial^2}{\partial q^2}[D(q)P(q,\tau)]\right\}\\&=\int F(q)P(q,\tau)\mathrm{d}q\\&=\langle F(q)\rangle\end{aligned} \tag{4.4.3}$$

可以看出，q 的平均运动不受扩散系数 $D(q)$ 的影响。这样可以任意选择扩散系数，最简单的情况是取 $D(q)=0$。另外，方程（4.4.3）与方程（4.2.1b）的比较给出漂移系数

$$F(q)=\frac{1}{2}-q+\lambda q(1-q) \tag{4.4.4}$$

这样一来，福克-普朗克方程（4.4.1）约化为下面的漂移方程

$$\frac{\partial}{\partial\tau}P(q,\tau)=-\frac{\partial}{\partial q}\left[\left(\frac{1}{2}-q+\lambda q(1-q)\right)P(q,\tau)\right] \tag{4.4.5}$$

方程（4.4.5）是可以精确求解的。首先从 $\frac{\partial}{\partial\tau}P(q,\tau)=0$ 可以得到它的稳态解

$$P(q,\infty)=\frac{1}{c}\frac{1}{F(q)} \tag{4.4.6}$$

其中，c 是归一化常数。稳态分布函数（4.4.6）有下列特征：①它的峰处在位置 q_1 [方程（4.3.3）和式（4.4.4）]，峰值为 $P(q_1,\infty)\rightarrow\infty$；② 它在区间 [0, 1] 是归一化的。这样一来，稳态分布函数（4.4.6）实际上是一个位于 q_1 的 δ 函数[4.5]

$$P(q,\infty)=\delta(q-q_1) \tag{4.4.7}$$

进而考查方程（4.4.5）的含时解，对于任意初始分布 $P(q,0)\equiv f(q)$，有

$$P(q,\tau)=\frac{1}{c(\tau)}\frac{F[g(q,\tau)]}{F(q)}f[g(q,\tau)] \tag{4.4.8}$$

其中，$g(q,\tau)$ 定义为

$$g(q,\tau)=q_3+q_4\tanh\left(\frac{1}{2}\ln\frac{q-q_2}{q_1-q}-\Omega\tau\right) \tag{4.4.9}$$

这里 $q_2=q_3-q_4$ 是常数，而 $c(\tau)$ 是归一化因子，它是时间 τ 的函数。分布函数 $P(q,\tau)$ 服从归一化条件

$$\int_0^1 P(q,\tau)\mathrm{d}q=1 \tag{4.4.10}$$

分布函数（4.4.8）的时间演化被显示在图 4.3 中，所用的序参量 q 的初始分布为指数函数

$$f(q)=\exp(-\eta q) \tag{4.4.11}$$

其中，η 是一个正的常数。指数函数（4.4.11）作为初始分布，它的峰设在 $q=0$。在接下来的一段时间内，峰的高度减低而峰的位置仍处在 $q=0$。随后峰的位置向大 q 的方向移动。经过一段时间后，峰的高度又转为升高而它的位置仍向大 q 的方向移动 。分布函数（4.4.8）最终在 $\tau\rightarrow\infty$ 时变成一个位于 q_1 的 δ 函数 [式（4.4.7)]。这意味着系统变成了一个纯态，具有最高程度的宏观序。应该强调，稳态分布函数 $\delta(q-q_1)$ 只依赖于系统的控制参量 λ，与初始分布无关。这意味着我们的系统能从一个任意的初态演化成一个只依赖于 λ 的纯态。

现在进一步考查宏观序形成过程中的细节行为。首先考查分布函数的最可几值的演化。其含义是：在任意 τ 时刻有分布函数 $P(q,\tau)$，它有极大值 $P_m(q,\tau)$，

与之相应的序参量为 $q_m(\tau)$（它是时间 τ 的函数）。分布函数的最可几值的演化就是 $q_m(\tau)$ 随 τ 的变化。从图 4.3 的数据计算出 $q_m(\tau)$ 对于 τ 的依赖关系，如图 4.4 所示。可以看出曲线 $q_m(\tau)$ 有一个特征时间 τ_0，在它之前所有的 $q_m(\tau)$ 值为零。这意味着在 τ_0 之前，分布函数的图样随 τ 在变化，但它们的峰一直处于 $q=0$ 位置。为了确定 τ_0，首先对式（4.4.8）微商，并从 $\frac{\partial}{\partial\tau}P(q,\tau)=0$ 得到关系式

$$\frac{F'[g(q,\tau)]}{F[g(q,\tau)]}+\frac{f'[g(q,\tau)]}{f[g(q,\tau)]}=\frac{4q_4(q_1-q)(\lambda-1)}{Ag^2(q,\tau)+Bg(q,\tau)+C} \tag{4.4.12}$$

其中

$$A=\exp(2\Omega\tau)-1 \tag{4.4.13a}$$

$$B=-[2q_1\exp(2\Omega\tau-1)+2q_4] \tag{4.4.13b}$$

$$C=q_1^2\exp(2\Omega\tau-1)+2q_1q_4 \tag{4.4.13c}$$

关系式（4.4.12）确定了分布函数（4.4.8）在任意 τ 时刻的极大值，这是一个一般性的结果。

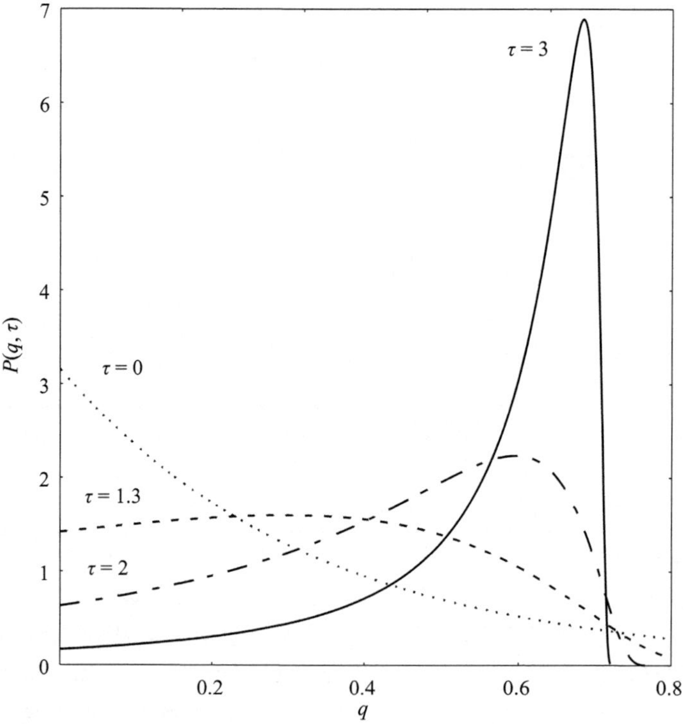

图 4.3　序参量的分布函数（4.4.8）的时间演化

控制参量为 $\lambda=1$，初始分布为指数函数（4.4.11），常数 $\eta=3$。在时间演化中，分布函数的峰逐渐向大 q 的方向移动。在 $\tau\to\infty$，分布函数趋于 $\delta(q-q_1)$ 函数

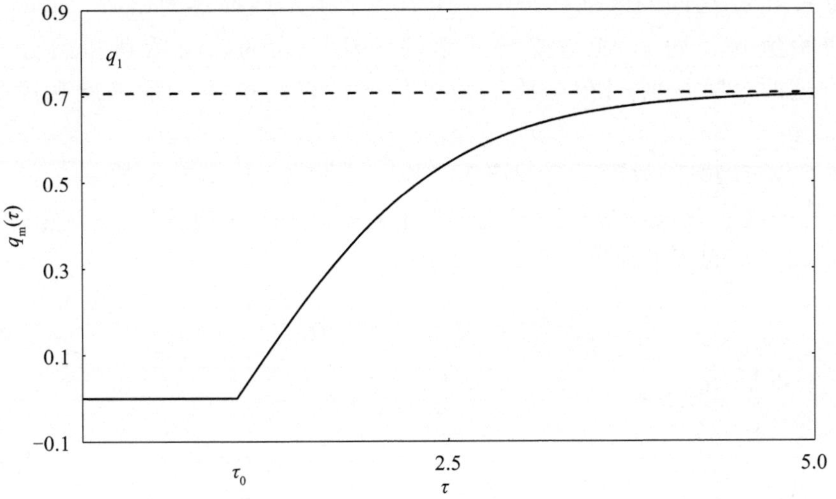

图 4.4　分布函数 $P(q,\tau)$[式(4.4.8)]的最可几值 $q_m(\tau)$的时间演化

控制参量为 $\lambda=1$，初始分布为指数函数（4.4.11），常数 $\eta=3$。在特征时间 τ_0 之前，分布函数的峰一直处于 $q=0$ 点，即 $q_m(\tau)=0(\tau\leqslant\tau_0)$。$\tau_0$ 相应于系统宏观序的开启时间。在 $\tau>\tau_0$ 区间，$q_m(\tau)$ 单调上升。在 $\tau\to\infty$时，最可几序参量趋于稳定值 $q_m(\infty)=q_1=\sqrt{2}/2$

现在考虑 $\lambda=1$ 的简单情况，在式（4.4.12）中取 $q=0$ 及 $\tau=\tau_0$，并利用初始分布（4.4.11），得到

$$\tau_0=\frac{1}{\sqrt{2}}\ln\frac{\sqrt{2}+\dfrac{\sqrt{4+2\eta^2}-2}{\eta}}{\sqrt{2}-\dfrac{\sqrt{4+2\eta^2}-2}{\eta}} \tag{4.4.14}$$

进而对于现在的条件解方程（4.4.12），求出时间 τ_0 之后的最可几序参量 $q_m(\tau)$，于是对于整个演化过程，有

$$q_m(\tau)=0,\quad \tau\leqslant\tau_0 \tag{4.4.15a}$$

$$q_m(\tau)=\frac{\sqrt{2}}{2}\tanh\left(\frac{\tau-\tau_0}{\sqrt{2}}\right),\quad \tau>\tau_0 \tag{4.4.15b}$$

在 $\tau\to\infty$的情况下，最可几序参量趋于稳定值 $q_m(\infty)\to q_1\left(q_1=\dfrac{\sqrt{2}}{2}\right)$。

这里的特征时间 τ_0 关系到式（4.3.9）所示的宏观序的开启时间 τ_d。事实上，在式（4.3.9）中取 $\lambda=1$ 立即得到 $\tau_d=\dfrac{1}{\sqrt{2}}\ln\dfrac{\sqrt{2}+2q_0}{\sqrt{2}-2q_0}$，它与表达式（4.4.14）是非常类似的，两者具有相应性 $q_0\leftrightarrow[\sqrt{1+(\eta^2/2)}-1]/\eta$。两个特

征时间 τ_d 和 τ_0 之间的区别在于：τ_d 作为一个确定性描述的结果，依赖于序参量的初始值 q_0；而 τ_0 则是按统计学的方法引入的，关系到初始分布函数 $f(q)$ 。这两个特征时间在本质上是等价的，它们扮演了系统宏观序的开启时间[4.6]。

除了分布函数的最可几值的演化之外，还可以讨论分布函数 $P(q,\tau)$ 关于序参量 q 的平均值 $\langle q(\tau)\rangle$ 的时间演化。为了得到 $\langle q(\tau)\rangle$ 的表达式，首先写下分布函数（4.4.8）的产生函数

$$Z(\xi)=\int_0^1 \exp(\xi q)P(q,\tau)\mathrm{d}q \tag{4.4.16}$$

它给出 q 的平均值

$$\langle q(\tau)\rangle=\left.\frac{\partial Z(\xi)}{\partial \xi}\right|_{\xi=0}=\int_0^1 qP(q,\tau)\mathrm{d}q \tag{4.4.17}$$

为了计算 $\langle q(\tau)\rangle$ 在 $\tau\to\infty$ 时的稳态值，将稳态分布函数（4.4.7）代入式（4.4.17），立即得到 $\langle q(\infty)\rangle=q_1$ 。

现在利用分布函数（4.4.8）和初始分布函数（4.4.11），对式（4.4.17）中的积分进行数值计算，并将平均运动 $\langle q(\tau)\rangle$ 作为 τ 的函数显示在图 4.5。很显然 $\langle q(\tau)\rangle$ 的行为与含时序参量（4.3.7）($\phi<0$) 非常类似。图 4.5 中的拐点相应于式（4.3.9）中的 τ_d 和式（4.4.14）中的 τ_0，它们是系统宏观序的开启时间。换言之，是系统从“混沌态”跃迁到“有序态”的相变临界点。

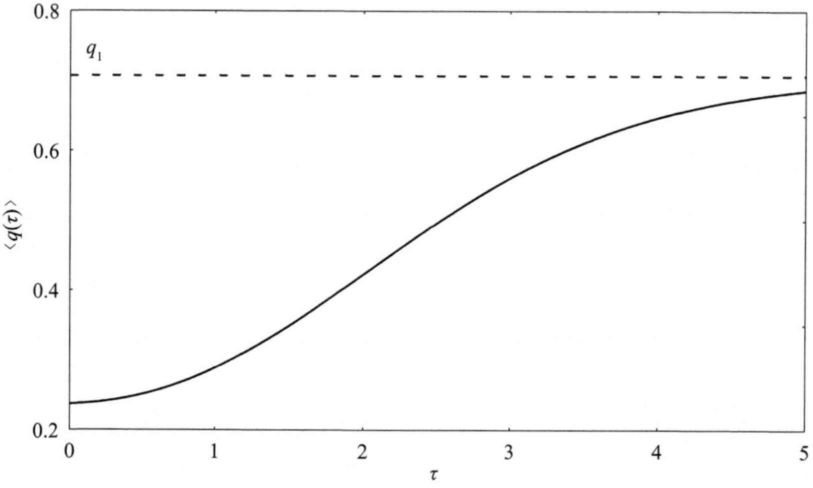

图 4.5 序参量 q 在分布函数 $P(q,\tau)$[式(4.4.8)]中的平均值 $\langle q(\tau)\rangle$ 的时间演化

控制参量为 $\lambda=1$，初始分布为指数函数（4.4.11），常数 $\eta=3$。曲线的拐点相应于系统宏观序的开启时间。在 $\tau\to\infty$ 时，平均序参量趋于稳定值 $\langle q(\infty)\rangle=q_1$

4.5　序增长的信息论描述

本节从信息论的角度研究系统的序增长动力学，确切地说研究系统熵的时间演化。注意到系统的序参量 q 不是分立的而是连续变化的，分布函数 $P(q,\tau)$ 所包含的状态不是有限的而是无限多个。因此不能直接利用分立变量情况下的熵的表达式（2.3.2）。我们必须首先讨论如何定义连续变量情况下的熵[4.7,4.8]。

考虑如图 4.6 所示的分布函数 $P(q,\tau)$，位于变量 x 附近的概率密度为 $P(x)$，引入一个精确度间隔 $\Delta x=\varepsilon$，该间隔内的概率为[1.28]

$$P_j(\varepsilon)=\int_{x_i-\varepsilon/2}^{x_j+\varepsilon/2}P(x)\mathrm{d}x\approx P(x_j)\varepsilon \tag{4.5.1}$$

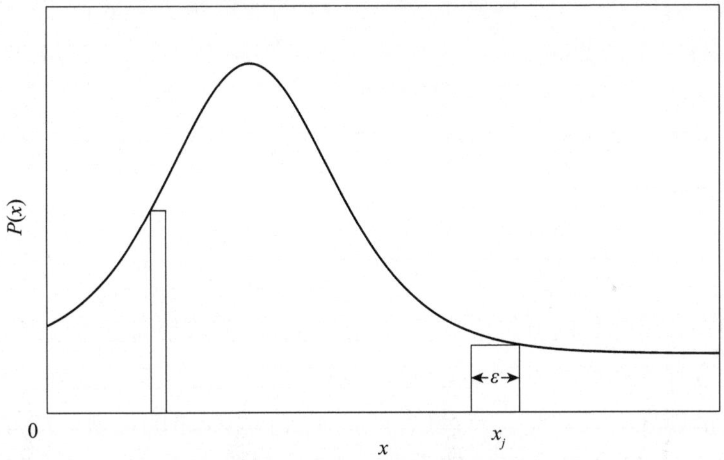

图 4.6　具有连续变量 x 的概率密度函数 $P(x)$

在 x 附近的概率被 $P(x_j)\varepsilon$ 表示。精确度间隔 ε 的取值与 x 有关：在斜率 $\left|\frac{\mathrm{d}P}{\mathrm{d}x}\right|$ 较大处，ε 应取较小值，在斜率 $\left|\frac{\mathrm{d}P}{\mathrm{d}x}\right|$ 较小处，ε 应取较大值

这里我们已经假定，所引入的间隔是如此之小，以至于 $P(x)$ 在间隔上每一点的取值是近似相等的，用 $P(x)$ 在间隔 ε 的中点的值 $P(x_j)$ 表示之。现在 $P(x_j)\varepsilon$ 能被认为是一个“分立态 j”出现的概率。然后用 $P(x_j)\varepsilon$ 代换式（2.3.2）中的 p_i，给出熵的表达式

$$S=-\sum_j\varepsilon P(x_j)\ln[P(x_j)\varepsilon]=-\int\mathrm{d}xP(x)\ln[P(x)\varepsilon] \tag{4.5.2a}$$

这是关于分布函数 $P(x)$ 的熵的一般结果。必须强调，精确度间隔 ε 在一般情况下是变量 x 的函数。正如图 4.6 所示，为了确保式（4.5.1）的精确性，ε 在不同的位置 x 应该取不同的值。一个简单的方法是取 ε 反比于 $\left|\frac{\mathrm{d}P}{\mathrm{d}x}\right|$（斜率 $\left|\frac{\mathrm{d}P}{\mathrm{d}x}\right|$ 越大，间隔 ε 越小）。一个重要的参量作为精确度间隔 ε 的倒数已经被 Jaynes 引入[1.28]，这就是所谓的“测量函数”（measurement function）：$m(x)=1/\varepsilon$，它扮演了一个（变量 x 附近的）态密度的角色。利用测量函数 $m(x)$，一个连续分布函数 $P(x)$ 的熵（4.5.2a）能被写为 Jaynes 所建议的形式

$$S=-\int P(x)\ln\frac{P(x)}{m(x)}\mathrm{d}x \tag{4.5.2b}$$

式（4.5.2b）表明，一个连续分布函数 $P(x)$ 的熵依赖于测量方式：即依赖于测定变量 x 附近的态密度的方式。对于同一个分布函数，不同的测量方式［相应于不同的测量函数 $m(x)$］能得出不同的熵值。另外，对于一个动力学系统，分布函数和测量函数还可能包含时间变量。用这样观点考虑 exciplex 系统（第 3 章），它的熵能被表示为[1.28]

$$S(\tau)=-\int_0^1 P(q,\tau)\ln\frac{P(q,\tau)}{m(q,\tau)}\mathrm{d}q \tag{4.5.3}$$

众所周知，自然界的有机生命体能用最巧妙的方式使自己处于最佳的生命状态，这是最合理的状态，也就是熵最大的状态[1.28]。为了描述这样一种状态，需要利用最大熵原理对式（4.5.3）最大化。下面利用拉格朗日乘子法寻找最大熵，为此对约束关系（4.4.10）两边同乘以参数 β，然后加到式（4.5.3）的右边，并对总和取变分，得到

$$\delta\left[\beta\int P(q,\tau)\mathrm{d}q-\int P(q,\tau)\ln\frac{P(q,\tau)}{m(q,\tau)}\mathrm{d}q\right]=0 \tag{4.5.4}$$

相对于 P 的微商得出

$$P(q,\tau)=\exp(\beta-1)m(q,\tau) \tag{4.5.5}$$

式中的参数 β 能被确定，事实上利用式（4.5.5）和约束关系（4.4.10），可立即得到

$$\beta=1-\ln\left[\int_0^1 m(q,\tau)\mathrm{d}q\right] \tag{4.5.6}$$

熵最大情况下的分布式（4.5.5）是“完全无知”的，没有任何“倾向性”，是一个最容易存在的、最合理的分布。将式（4.5.5）代入式（4.5.3）给出最大熵

$$S_{\mathrm{m}}(\tau)=\ln\left[\int_0^1 m(q,\tau)\mathrm{d}q\right] \tag{4.5.7}$$

它唯一地依赖于测量函数 $m(q,\tau)$。

表达式（4.5.7）刻画了在任意测量函数 $m(q,\tau)$ 情况下系统的最大熵的时间演化，不同形式的 $m(q,\tau)$ 给出不同形式的最大熵 $S_{\mathrm{m}}(\tau)$ 。由于 $S_{\mathrm{m}}(\tau)$ 只依赖于时间 τ，因此选择 $m(q,\tau)$ 的最简单的方式将它与分布函数（4.4.8）中的归一化因子 $c(\tau)$ 相联系。事实上利用关系式[1.70]

$$\int_0^1 m(q,\tau)\mathrm{d}q=\exp\left[\frac{1}{c(\tau)}\right] \tag{4.5.8}$$

选择测量函数 $m(q,\tau)$ ，其中 $c(\tau)$ 是分布函数（4.4.8）中的归一化因子。从式（4.5.8)和式（4.5.7）可立即得到最大熵

$$S_{\mathrm{m}}(\tau)=\frac{1}{c(\tau)}=\left\{\int_0^1\frac{F[g(q,\tau)]}{F(q)}f[g(q,\tau)]\mathrm{d}q\right\}^{-1} \tag{4.5.9}$$

这是最后的结果。这里应该强调，一个分布函数的归一化因子（就像一个统计分布中的配分函数一样）包含着整个系统的信息。事实上，从式（4.5.9）可以看出，最大熵 $S_{\mathrm{m}}(\tau)$ 包含了关于 q 的积分信息及关于时间 τ 的全部信息。

现在我们详细讨论最大熵（4.5.9）的时间演化。首先它的初始值为 $S_{\mathrm{m}}(0)=S_0$ ，这里 S_0 是初始分布函数 $f(q)$ 的归一化常数。例如，对于指数函数（4.4.11)，有 $S_0=\eta/(1-\mathrm{e}^{-\eta})$ 。作为一个例子，我们在图 4.7 显示了最大熵（4.5.9）的时间演化过程，在这里式（4.4.4）中的漂移系数 $F(q)$ ，式（4.4.9）中的 $g(q,\tau)$ 因子及初始分布函数（4.4.11）被用来完成数值计算。结果显示，最大熵 $S_{\mathrm{m}}(\tau)$ 从一个有限的初始值单调下降，意味着序参量 q 的不确定范围逐渐变小，系统的宏观序逐渐增长。最大熵在 $\tau\to\infty$ 的极限情况下趋于 $S_{\mathrm{m}}(\infty)=0$（这是一个纯态)，序参量 q 的不确定范围趋于零（具有完全确定值 q_1)，而系统的宏观序达到最高的程度。注意到最大熵的极限值 $S_{\mathrm{m}}(\infty)=0$ 与初始分布函数 $f(q)$ 无关，这意味着我们的系统可以由一个任意的初态演化成一个纯态。

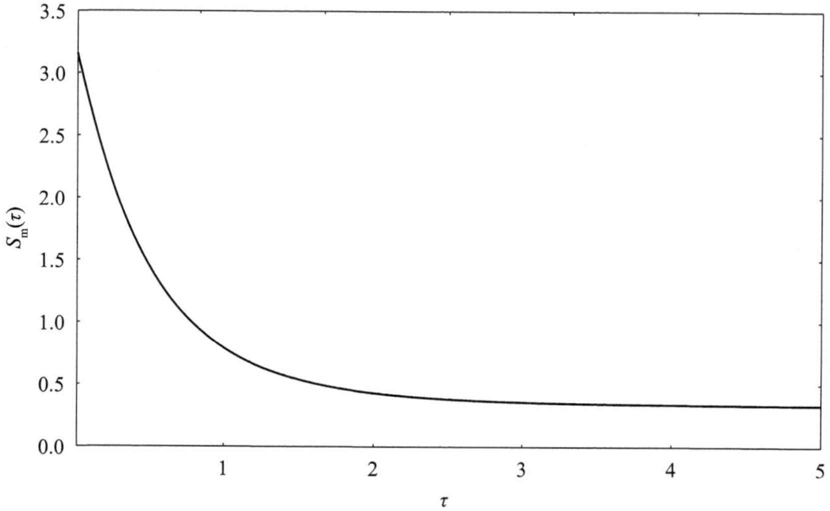

图 4.7 最大熵 $S_m(\tau)$ [式 (4.5.9)] 的时间演化

控制参量为 $\lambda=1$，初始分布为指数函数 (4.4.11)，常数 $\eta=3$，最大熵初始值为 $S_0\approx 3.16$，然后单调下降。在 $\tau\to\infty$ 时，最大熵趋于稳定值 $S_m(\infty)=0$。这里漂移系数 $F(q)$ [式 (4.4.4)]，因子 $g(q,\tau)$ [式 (4.4.9)] 被用来完成数值计算

4.6 生物光子辐射作为组织序的度量

众所周知，自然界的有机体是一个高度有序的系统。那么能否测量有机体的“序”呢？什么是生物系统“组织序”的度量呢？越来越多的实验迹象表明，生物系统的光子辐射可能是生物系统组织序的一个潜在性的度量。介绍一个典型的例子，它涉及种子幼芽的发育过程。众所周知，种子在适当的条件下可以发芽，幼芽经过发育变成小苗，小苗在成长中变成植物。毋庸置疑，种子幼芽的发育是一个典型的序增长过程。现在考查种子幼芽发育过程中的生物光子动力学。

将黄豆种子作为测量样品分成两组（每组 9 粒）。让第一组黄豆种子在暗室中发芽，并不断施加水分让它们进一步发育，在发育过程中定时测量黄豆芽的总质量，这样的培育及测量共持续 9 天。与此同时，将另一组黄豆种子放置在生物光子探测器的暗室中，在与第一组黄豆完全相同的生长条件下测量它们的自发光子辐射。图 4.8 (a) 显示了黄豆芽在 9 天发育过程中生物光子辐射强度的变化，它基本上呈现上升的趋势。在测量开始后大约 1000min，辐射强度有一个跃变，这对于种子发芽过程中的某种相变（如芽的绽出）。图 4.8 (b) 显示了黄豆芽在 9 天发育过程中总质量的变化，发现与通常有机体的生长曲线相符合。注意到，

芽的绽出可以导致生物光子辐射的突变，但不能引起有机体质量的突变，质量的变化是连续的。利用图 4.8（a），（b）的数据，可以得到黄豆芽的单位质量的光子辐射强度，被称为“生物光子密度”，它的时间演化被显示在图 4.8（c）。可以看到，生物光子密度在测量的开始阶段呈下降趋势，在相变发生时，突然上升。在以后的时间里，生物光子密度基本上单调下降，并逐渐趋于平缓。

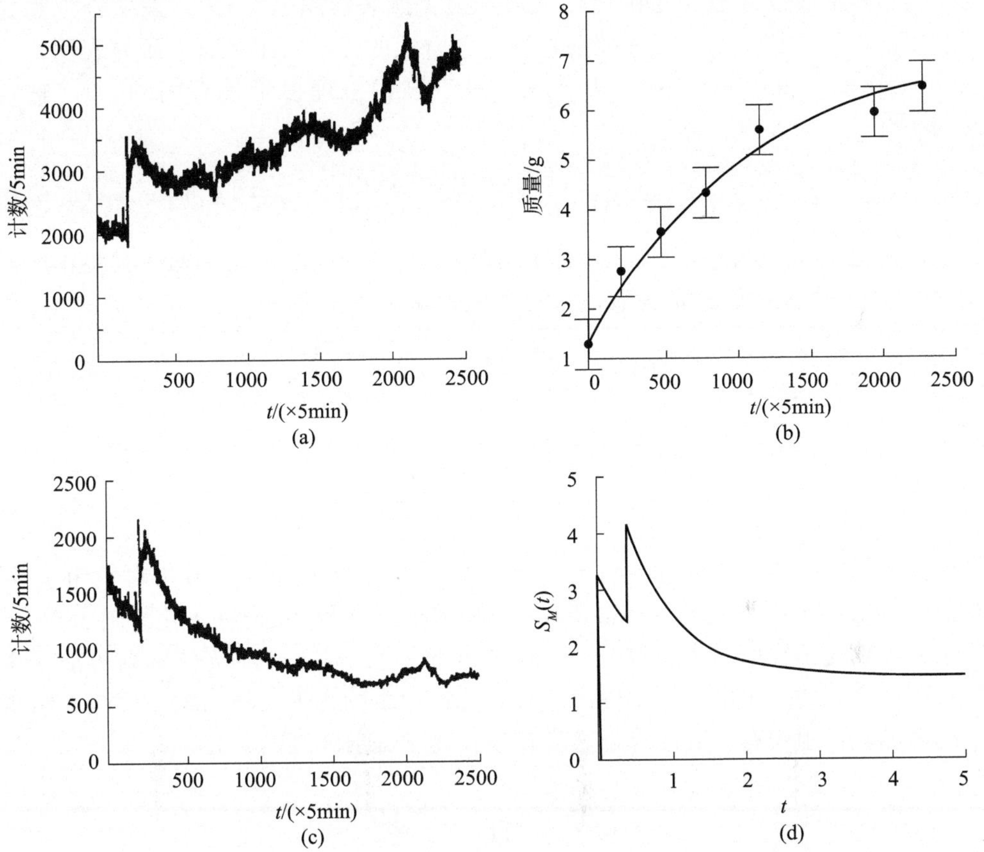

图 4.8 黄豆芽的生物光子辐射及其序增长动力学

（a）9 粒黄豆种子在发芽过程中的光子辐射强度的原始数据，在 9 天的测量中基本呈现上升的趋势，在 $t \approx 1000$ min 时出现辐射强度的跃变；（b）另外 9 粒黄豆种子（在相同培养条件下）的发芽过程中的质量测量数据，在 9 天的测量中单调增加，测量值被生长曲线 $M(t) = M[\nu + \tanh(\omega t + \phi)]$ 拟合［式（4.3.7）］，其中 M=5.7g，ν=0.16，$\omega=1.67\times10^{-4}\text{min}^{-1}$，$\phi$=0.07；（c）黄豆芽的单位质量的光子辐射强度（光子辐射密度），开始阶段呈下降趋势，在相变发生时，突然上升，在以后的时间里，基本上单调下降，并逐渐趋于平缓；（d）最大熵［式（4.5.9）］的时间演化，其中对数-正态分布函数（4.6.1）被取为初始分布函数。这里 $S_M(t) = AS_{\mathrm{m}}(Bt)$，$A$，$B$ 是标度因子：A=0.474，B=0.8。相变前取 μ=1.7，σ=1.081；相变后取 μ=1，σ=0.595。控制参量在整个过程取为 λ=1。最大熵 $S_M(t)$ 的时间演化与图 4.8（c）所示的光子辐射行为相吻合也许有两个问题值得思考：①这样一个生物光子密度潜在地度量了什么？②在黄豆芽序增长的过程中，其生物光子密度的下降意味着什么？实际上，有理由相信[1.13,1.60]，生物光子辐射关联到系统的熵［如式（3.6.8)］，它的降低意味着系统熵的降低［如式（2.3.14c)］，意味着系统组织序的升高［如式(2.6.6)］。

为了检验这个观点的正确性，试图用最大熵表达式（4.5.9）来拟合生物光子密度的实验曲线。为此首先需要选择一个合适的初始分布函数。研究表明，对数-正态分布（log-normal distribution）对于描述生理参量是有用的[4.9]，它定义为[4.10]

$$f(q)=\frac{1}{1-q}\exp\left\{-\frac{[\ln(1-q)-\mu^2]^2}{2\sigma^2}\right\},\quad q\in[0,1] \tag{4.6.1}$$

其中，q 是连续变量；$\sigma(\sigma\geqslant 0)$ 是标准方差；μ（任意实数）与平均值有关。选择式（4.6.1）作为初始分布函数，初始最大熵则为

$$S_{\mathrm{m}}(0)=\sqrt{\frac{2}{\pi\sigma^2}}\left[1-\operatorname{erf}\left(\frac{\mu}{\sqrt{2}\sigma}\right)\right]^{-1} \tag{4.6.2}$$

其中

$$\operatorname{erf}(x)=\frac{2}{\sqrt{\pi}}\int_0^x\exp(-t^2)\,\mathrm{d}t \tag{4.6.3}$$

是误差函数。图 4.8（d）显示了最大熵（4.5.9）的时间演化，其中对数-正态分布函数（4.6.1）被取为初始分布函数。可以看出，最大熵的时间演化与图 4.8（c）所示的生物光子辐射行为相符合。这在一定意义上说明，生物光子辐射可能是生物系统组织序的一个潜在性的度量。具体地说，生物光子信号的减小反映了组织序的增加；而组织有序度的降低表现在生物光子辐射强度的升高。

4.7 结　　论

本章从生物光子辐射量子理论的有关激发态动力学的 c 数方程出发，研究 exciplex 系统的序增长动力学，并用激发态布居数作为系统的序参量。本章讨论涉及序增长的确定性动力学、统计学处理及信息论描述。在确定性方法中得到一个特别的表达式（4.3.7），它描述了宏观序增长的细节。接着建立了概率密度函数 $P(q,\tau)$ 的福克-普朗克方程，它的稳态解预言：我们的系统能从一个任意的初态演化成一个纯态。它的含时解被用来从不同的角度讨论系统宏观序的形成过程，包括分布函数 $P(q,\tau)$ 向 δ 函数的演化、最可几序参量 $q_{\mathrm{m}}(\tau)$ 的演化、序参量的平均值 $\langle q(\tau)\rangle$ 的演化及系统最大熵 $S_{\mathrm{m}}(\tau)$ 的演化。最后考查了黄豆芽在 9

天发育过程中的光子辐射动力学，它被发现与系统最大熵 $S_m(\tau)$ 的时间演化相吻合。这在一定意义上说明，生物光子辐射可能是生物系统组织序的一个潜在性的度量。生物光子信号的减小反映了组织序的增加；而组织有序度的降低表现在生物光子辐射强度的升高。生物光子辐射的定量测量和分析，为生物系统组织序的定量描述提供了一个可能的途径。生物光子辐射与生物组织序之间的关联性被期待在生命态的定量分析中扮演一个重要的角色。

参 考 文 献

[4.1] Haken H. Synergetics: An Introduction, Nonequilibrium Phase Transitions and Self-Organization in Physics, Chemistry and Biology. Berlin, Heidelberg, New York: Springer-Verlag, 1977.

[4.2] Arnold L, Horsthemke W, Lefever R. White and coloured external noise and ctransition phenomena in nonlinear systems. Z. Phys., 1978, B29: 367-373.

[4.3] Horsthemke W, Lefever R. Noise-Induced Transitions. Berlin: Springer-Verlag, 1984.

[4.4] Risken H. The Fokker-Planck Equation. Berlin: Springer-Verlag, 1984.

[4.5] 顾樵．数学物理方法．北京：科学出版社，2012.

[4.6] Suzuki M. Scaling theory of instability, nonlinear fluctuation and formation of macroscopic structure//Synergetics: Far from Equilibrium. Berlin, Heidelberg, New York: Springer-Verlag, 1979.

[4.7] Lindblad G. Non-Equilibrium Entropy and Irreversibility. Dordrecht: D. Reidel, 1983.

[4.8] Ebeling W. Elements of a synergetics of evolutionary processes//Synergetics Evolution of Dynamical Structures in Complex Systems. Berlin, Heidelberg, New York: Springer-Verlag, 1992.

[4.9] Zhang C, Popp F A. Log-normal distribution of physiological parameters and coherence of biological system. Medical Hypotheses, 1994, 43: 11-16.

[4.10] Gu Q, Popp F A. Biophoton emission as a potential measure of organizational order. Science in China, 1994, B37: 1099-1112.

第 5 章　生物光子辐射与相变

摘要： 利用描述 exciplex 系统的序增长的动力学模型，定义了一个关于序参量 q 的随机微分方程，它描述了噪声起伏对系统的影响。然后引入了等价的福克-普朗克方程，并利用它的稳态解(分布函数)及势函数讨论噪声诱导的宏观态之间的相变。作为主要的理论结果得到了相变产生的条件，它表现为系统参数平面中的相变区与非相变区之间的分界线。还进一步讨论了系统宏观态之间的相变现象，包括“分岔”和“滞后回线”。最后将有关相变的理论研究联系到生物系统中的相关现象，特别从相变的意义上分析了正常细胞与肿瘤细胞的生物光子辐射的“分岔”图样。结果显示，我们的理论模型不但能够定性地解释正常细胞与肿瘤细胞在相变意义上的区别，而且能定量地拟合相关的实验数据。

关键词： 随机微分方程，福克-普朗克方程，噪声诱导的相变，相变的生物光子表征，正常细胞与肿瘤细胞的相变

5.1 引　　言

众所周知，一个生物系统的宏观行为是由其内在因素决定的，同时又受到外界环境的直接影响。对此，生物光子辐射的行为能够给出最好的诠释。生物光子辐射作为生物系统的一个宏观行为，不但受到其内部的新陈代谢活动的支配，而且被外界因素所影响，如环境温度、湿度、外界电磁场等。如果生物系统处于液体环境中，生物光子辐射还会因为液体性质的改变而发生变化，如液体的浓度、黏度、pH、污染程度、是否包含微生物及微生物的性质等。特别是外界环境往往是随机起伏的，这样系统的时间行为就不可避免地显示某种随机性。换言之，随机起伏的外界环境对于生物系统来说是一个噪声源。生物系统作为一个远离热平衡的开放系统，其宏观状态在随机起伏的外界环境中能够发生显著的变化。我们所考虑的系统，是一个进行着生物光子辐射的 exciplex 系统(正如第 3 章所讨论的)，这个系统能从一个任意的初态，经过序增长的演化过程，而达到一个高度有序的纯态（正如第 4 章所讨论的)。本节将进一步讨论随机起伏的外界噪声对系统宏观行为的影响。

5.2 动力学方程及其稳态解

考虑 exciplex 系统的序参量 q 所满足的确定性方程（4.3.1），选择其中的"参照"因子为 $a=\frac{1}{2}$，有

$$\frac{\mathrm{d}q}{\mathrm{d}\tau}=\frac{1}{2}-q+\lambda q(1-q),\quad q\in[0,1] \tag{5.2.1}$$

它的稳态解为

$$q_1=\frac{\lambda-1+\sqrt{\lambda^2+1}}{2\lambda} \tag{5.2.2}$$

其中，λ 是控制参量，它是一个刻画系统内部活动及外界影响的综合因子。

首先对于稳态解(5.2.2)进行稳定性分析。对于一个形如

$$\frac{\mathrm{d}x}{\mathrm{d}t}=F(x) \tag{5.2.3}$$

的常微分方程，可以引入一个势函数 $V(x)$，它被方程式

$$\frac{\partial V(x)}{\partial x}=-\frac{\mathrm{d}x}{\mathrm{d}t} \tag{5.2.4}$$

确定。这个势函数的重要性在于能对常微分方程（5.2.3）的稳态解进行稳定性分析，所谓的稳态解是方程 $F(x)=0$ 的根。从式（5.2.3）和式（5.2.4）可以看出，稳态解处于势函数 $V(x)$ 曲线的极值位置，相应于 $V(x)$ 极小值的稳态解是稳定的，而相应于 $V(x)$ 极大值的稳态解是不稳定的。方程（5.2.1）的势函数是它右边的函数对 q 的直接积分，结果是

$$V(q)=\frac{\lambda}{3}q^3-\frac{\lambda-1}{2}q^2-\frac{1}{2}q \tag{5.2.5}$$

这个势函数对于不同的 λ 值被显示在图 5.1。很明显，相应于不同 λ 值的每一个稳态解 q_1 都处于势函数（5.2.5）的极小值，它们都是稳定的。可进一步注意到，因为 $\frac{\mathrm{d}q}{\mathrm{d}\tau}<0$（对于 $q>q_1$）及 $\frac{\mathrm{d}q}{\mathrm{d}\tau}>0$（对于 $q<q_1$），这些稳定态是渐进球状稳定的。从热力学的观点看，系统稳定态的渐进球状稳定性意味着控制参量 λ 取任何量值都不会改变这种稳定性。换言之，热力学分支是唯一稳定的分支，系统总是演化到属于热力学分支的稳定态。在控制参量为常数的情况下，系统被强烈吸引到属于热力学分支的稳定态，绝不会发生任何不稳定性。如果发生任何跃变现象，一定是由控制参量的不稳定性引起的。对此将在下一节讨论。

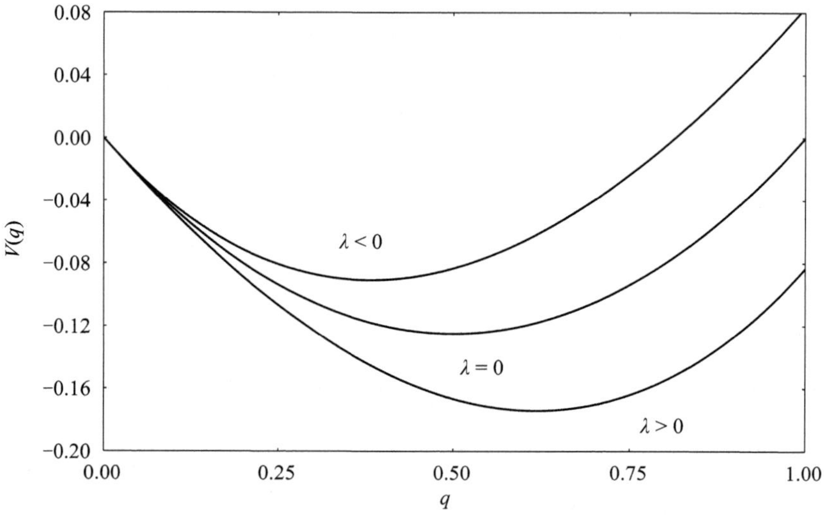

图 5.1　势函数（5.2.5）的曲线

它们相应于不同的 λ 值。式(5.2.2)所示的稳态解处于势函数的极小值，因此是稳定的。图中所取的稳态解为：$q_1=0.382$ ($\lambda=-0.5$)，$q_1=0.5$ ($\lambda=0$)，$q_1=0.618$ ($\lambda=0.5$)

5.3　福克-普朗克方程及其稳态分布

现在基于确定性方程（5.2.1）讨论一个随机噪声对系统的影响。因为这个方程只包含唯一的参量，即控制参量 λ，因此来自系统内部和外部的任何影响都反映在 λ 的随机起伏。这里不追究起伏的精确来源，而是用一个随机变化的因子 $\lambda(t)$ 代替常数 λ。这样一来，确定性方程（5.2.1）变成了下面的随机微分方程

$$\frac{dq}{d\tau}=\frac{1}{2}-q+\lambda(\tau)q(1-q),\quad q\in[0,1] \tag{5.3.1}$$

可按照一个简单的情况来定义随机控制参量 $\lambda(\tau)$[5.1]，即 $\lambda(\tau)$起伏的关联时间小于确定性方程（5.2.1）的特征时间［它被式（4.3.4）中的 $1/\Omega$ 表示］。这允许我们进入理想化的所谓白噪声情况，即 $\lambda(\tau)$被表示为

$$\lambda(\tau)=\lambda+\xi(\tau) \tag{5.3.2}$$

这里 λ 是 $\lambda(\tau)$的宏观平均；$\xi(\tau)$表示在 λ 附近的随机起伏，它有下列性质[5.2]

$$\langle\xi(\tau)\rangle=0 \tag{5.3.3a}$$

$$\langle\xi(\tau)\xi(\tau')\rangle=\sigma^2\delta(\tau-\tau') \tag{5.3.3b}$$

$$w(\xi)=\frac{1}{\sqrt{2\pi}\sigma}\exp\left(-\frac{\xi^2}{2\sigma^2}\right) \tag{5.3.3c}$$

其中，$w(\xi)$是高斯分布，它度量白噪声的强度；σ 是高斯分布的方差。

现在序参量 q 是一个随机变量。按通常的处理，可以写出与随机微分方程(5.3.1)等价的福克-普朗克方程[5.1]

$$\frac{\partial}{\partial\tau}P(q,\tau)=-\frac{\partial}{\partial q}[F(q,\lambda)P(q,\tau)]+\frac{\sigma^2}{2}\frac{\partial^2}{\partial q^2}[D(q)P(q,\tau)] \tag{5.3.4}$$

其中，$P(q,\tau)$是一个关于随机变量 q 的含时概率密度函数，而

$$F(q,\lambda)=\frac{1}{2}-q+\lambda q(1-q),\quad D(q)=q^2(1-q)^2 \tag{5.3.5}$$

分别是漂移系数和扩散系数。漂移描述序参量 q 的无穷小演化，而扩散是围绕它的方差。方程（5.3.4）的稳态解为[4.4]

$$P(q)=\frac{c(\lambda,\sigma)}{D(q)}\exp\left[\frac{2}{\sigma^2}\int^q\frac{F(q,\lambda)}{D(q)}\mathrm{d}q\right] \tag{5.3.6}$$

其中，$c(\lambda,\sigma)$是归一化因子，它依赖于 λ 和 σ。将式（5.3.5）代入式（5.3.6），完成其中的积分，得到

$$P(q)=\frac{c(\lambda,\sigma)}{q^2(1-q)^2}\exp\left\{-\frac{1}{\sigma^2}\left[\frac{1}{q(1-q)}-2\lambda\ln\frac{q}{1-q}\right]\right\} \tag{5.3.7}$$

它在$[0,1]$区间是归一化的。

现在计算稳态分布函数（5.3.7）的极大值的位置，从而考查系统的稳态行为相对于无噪声情况是否有所变化。稳态分布函数 $P(q)$取极值的位置 q_{m} 能从 $\mathrm{d}P/\mathrm{d}q=0$ 确定，它们是下列三次方程的根

$$\frac{1}{2}-q_{\mathrm{m}}+\lambda q_{\mathrm{m}}(1-q_{\mathrm{m}})-\sigma^2 q_{\mathrm{m}}(1-q_{\mathrm{m}})(1-2q_{\mathrm{m}})=0 \tag{5.3.8}$$

很明显，当噪声强度 $\sigma^2=0$ 时，方程（5.3.8）的有物理意义的根正是稳态解(5.2.2)。不过对于 $\sigma^2>0$ 情况，方程（5.3.8）可以有三个正实数根。这表示系统的稳态行为发生了变化，有可能出现两个稳定态，这意味着系统中存在相变的可能性。事实上，可以看出方程（5.3.8）与真实气体的范德瓦耳斯（Van der Waals）方程是类似的，而后者确实可以诱导气体和液体之间的相变。

5.4 噪声诱导的相变

5.4.1 范德瓦耳斯方程

首先介绍关于相变的知识，一个简单的例子涉及描述真实气体状态的范德瓦耳斯方程

$$\left(P+\frac{a}{V^2}\right)(V-b)=RT \tag{5.4.1}$$

其中，P、V 和 T 分别是气体的压强、体积和温度，a 和 b 是常数，R 是熟知的

气体常数。这个方程与理想气体的状态方程有很大的区别。事实上，它计及了分子之间的引力和斥力，它们分别被 a/V^2 和 b 刻画。图 5.2 显示了不同温度下的 P-V 曲线，每一条曲线是方程（5.4.1）的等温线。在温度较高的情况下（$T>T_c$），压强随体积的增加单调下降，这就是理想气体的状态变化。曲线在温度低于临界值 T_c 时显示奇异的性质，它有极大值和极小值。在实际气体状态变化的实验观察中人们发现，随着气体压强的缓慢增加，处于温度 $T<T_c$ 的气体，其状态并不是沿着 $ABCDEFG$ 的过程变化。事实上到达 B 点之后，在压强不变的情况下，其体积被不断压缩（实际的变化过程是直线 BDF）。在这个过程中气体不断被液化，这就是气体到液体的相变过程[5.3]。当气体完全液化后（F 点之后），图中显示的是液体的 P-V 曲线。众所周知，由于压缩液体的困难性，液体体积的略微减小需要极大的压强增量，正如 FG 段所示。直线 BDF 的位置由麦克斯韦（Maxwell）条件确定：区域 BCD 和区域 DEF 有相等的面积。

在临界温度 $T=T_c$，整个 $BCDEF$ 过程缩成一个点。压强、体积和温度的临界值由 P 对于 V 的一阶和二阶偏微商为零来确定：

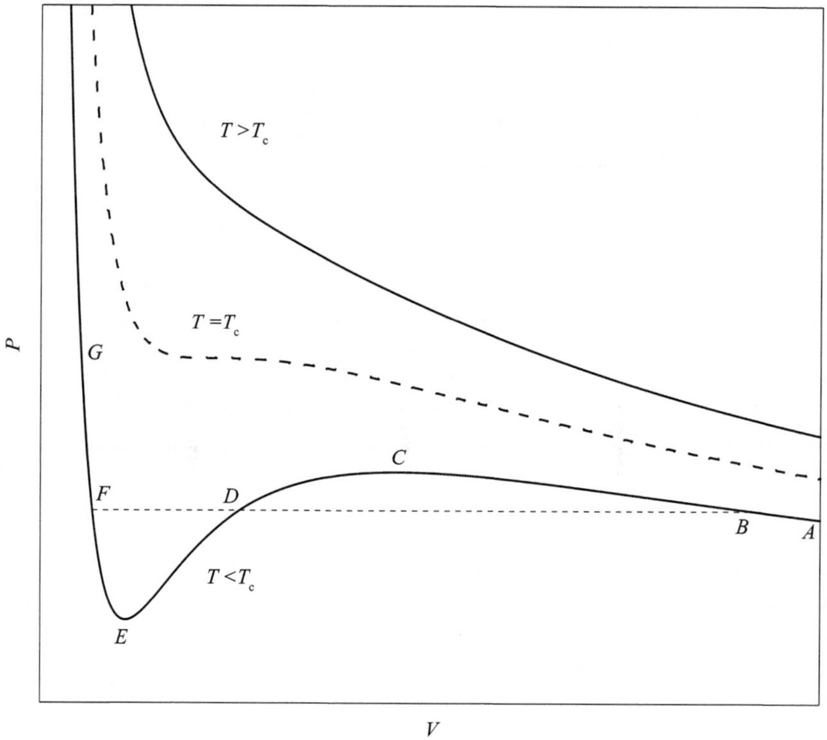

图 5.2 范德瓦耳斯方程（5.4.1）的 P-V 曲线

每一条曲线是方程（5.4.1）的等温线。温度较高的情况（$T>T_c$）相应于理想气体的状态变化。温度较低时（$T<T_c$），出现气-液相变。临界温度 T_c 由 P 对于 V 的一阶和二阶偏微商为零来确定

$$\left(\frac{\partial P}{\partial V}\right)_T=-\frac{RT}{(V-b)^2}+\frac{2a}{V^3}=0 \tag{5.4.2a}$$

$$\left(\frac{\partial^2 P}{\partial V^2}\right)_T=\frac{2RT}{(V-b)^3}-\frac{6a}{V^4}=0 \tag{5.4.2b}$$

从式（5.4.2）和式（5.4.1），容易得到压强、体积和温度的值

$$T_c=\frac{8}{27}\frac{a}{Rb},\quad V_c=3b,\quad P_c=\frac{1}{27}\frac{a}{b^2} \tag{5.4.3}$$

它们表征了气体和液体之间的相变的临界点，这是典型的一阶相变。

5.4.2 分布函数

范德瓦耳斯方程所描述的气体和液体之间的相变行为在原理上有普遍的意义。事实上在我们的 exciplex 系统中也存在着类似的相变过程。利用式（5.3.8）作出函数 λ 随变量 q_m 变化的曲线，如图 5.3 所示，其中不同的曲线对应参数 σ^2 的不同的值。它们本质上与图 5.2 的曲线是类似的。对于较小的 σ^2，一个 λ 值对应唯一的 q_m 值（用 q_{m0} 标记），如同理想气体情况下压强 P 与体积 V 的关系。当

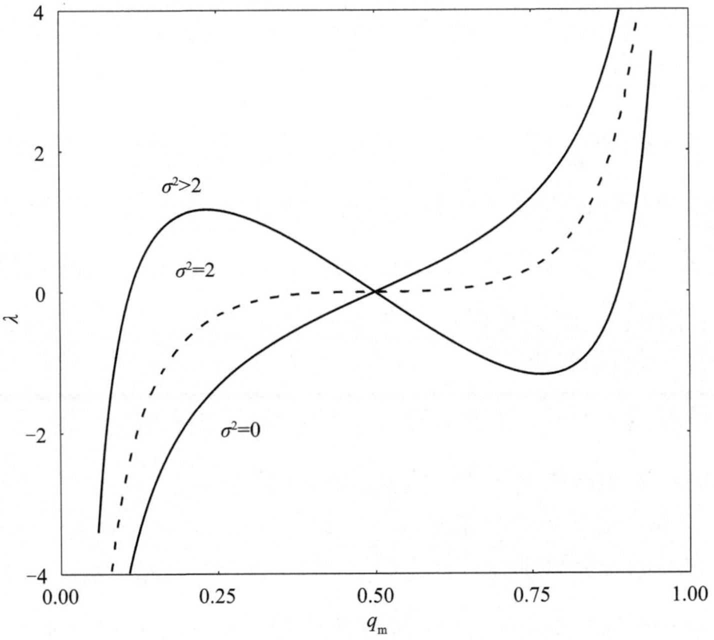

图 5.3 平均控制参量 λ 作为 $P(q)$ 的极值点 q_m 的函数[式(5.3.8)]

图中不同的曲线对应不同的 σ^2 值。具有 $\sigma^2=0$ 的曲线相应于确定性情况式（5.2.2），一个 λ 值对应一个 q_m 值。临界点处于：$\sigma_c^2=2$，$q_{mc}=1/2$，$\lambda_c=0$。在 $\sigma^2>\sigma_c^2$ 的情况下（图中取 $\sigma^2=5$），一个 λ 值可能对应三个 q_m 值

σ^2 超过临界值 σ_c^2 时，一个 λ 值可能相应于三个 q_m 值（用 q_{m1}，$\tilde{q}_m$，q_{m2} 标记，这里假定 $q_{m1}<\tilde{q}_m<q_{m2}$）。很明显，系统的三个参量 σ^2、q_m 和 λ 与范德瓦耳斯方程中的温度、体积和压强有如下的对应关系

$$\sigma^2 \leftrightarrow T, \quad q_m \leftrightarrow V, \quad \lambda \leftrightarrow P \tag{5.4.4}$$

参数 σ^2、变量 q_m 及函数 λ 的临界值被 $(\partial\lambda/\partial q_m)_\sigma=0$、$(\partial^2\lambda/\partial q_m^2)_\sigma=0$ 及式（5.3.8)确定，它们是

$$\sigma_c^2=2, \quad q_{mc}=1/2, \quad \lambda_c=0 \tag{5.4.5}$$

现在按 $\lambda=0$ 和 $\lambda\neq0$ 两种情况讨论噪声 σ^2 对于系统稳态行为的影响。

1. 对称分布函数($\lambda=0$)

对于这种情况，分布函数（5.3.7）约化为

$$P(q)=\frac{c(\sigma)}{q^2(1-q)^2}\exp\left\{-\frac{1}{\sigma^2}\left[\frac{1}{q(1-q)}\right]\right\} \tag{5.4.6}$$

这个分布函数对于不同的 σ^2 值被显示在图 5.4，而分布函数的极值位置 q_m 被三次方程（5.3.8）的正实数根确定，它们是

$$\sigma^2<2: q_{m0}=\frac{1}{2}\ (\text{极大值}) \tag{5.4.7a}$$

$$\sigma^2=2: q_{mc}=\frac{1}{2}\ (\text{极大值}) \tag{5.4.7b}$$

$$\sigma^2>2: \tilde{q}_m=\frac{1}{2}\ (\text{极小值}); q_{m1},\ q_{m2}=\frac{1}{2}\left(1\mp\sqrt{1-\frac{2}{\sigma^2}}\right)\ (\text{极大值}) \tag{5.4.7c}$$

系统的状态取决于噪声强度 σ^2 的取值范围，现在对 $\sigma^2\neq0$ 的各种情况讨论如下：

（1）在 $\sigma^2<\sigma_c^2=2$ 情况下，三次方程（5.3.8）有一个正的实数根 $q_{m0}=\frac{1}{2}$（及两个没有物理意义的虚数根），它相应于分布函数（5.4.6）的极大值，表示系统有一个位于 q_{m0} 的稳定态。

（2）在临界点 $\sigma^2=\sigma_c^2$，三次方程（5.3.8）有三重根 $q_{mc}=\frac{1}{2}$，分布函数在临界点取极大值，表示系统有一个位于 q_{mc} 的稳定态。

（3）在 $\sigma^2>\sigma_c^2$ 情况下，分布函数（5.4.6）出现分岔，具有一个极小值和两个极大值，它们的位置分别由式（5.4.7c）中的三个根 $\tilde{q}_m$，q_{m1}，q_{m2} 确定。很显然，位于分布函数极小值的 $\tilde{q}_m=\frac{1}{2}$ 对应系统的不稳定态，而位于分布函数极大值的 q_{m1} 和 q_{m2} 对应系统的两个稳定态。

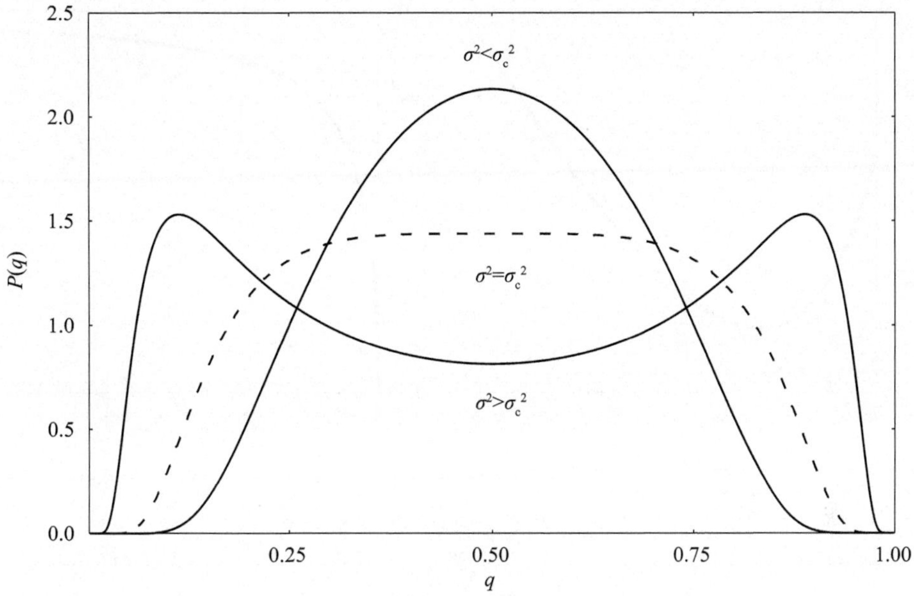

图 5.4 分布函数（5.4.6）

在 $\sigma^2<\sigma_c^2$ 情况下（图中取 $\sigma^2=1$），系统有一个位于 $q_{m0}=1/2$ 的稳定态。虚线相应于临界噪声强度 $\sigma_c^2=2$，系统有一个位于 $q_{mc}=1/2$ 的稳定态。在 $\sigma^2>\sigma_c^2$ 情况下（图中取 $\sigma^2=5$），系统有一个位于 $\tilde{q}_m=1/2$ 的不稳定态和两个分别位于 $q<1/2$（$q_{m1}\approx0.12$）和 $q>1/2$（$q_{m2}\approx0.88$）的稳定态

我们已经看到，在确定性动力学中所得到的稳态解 $q_1=\dfrac{1}{2}$，作为唯一的热力学分支，在 $\sigma^2>\sigma_c^2$ 情况下已经分成两个稳态解 q_{m1} 和 q_{m2}，这意味着相变现象的存在。这是一个纯噪声效应，产生的唯一原因是 $\lambda(\tau)$的随机起伏。换言之，我们的系统中存在着噪声诱导的相变现象。

可以利用式（5.4.6）进一步计算两个稳定态 q_{m1} 和 q_{m2} 的概率密度，即 $P(q_{m1})=P(q_{m2})\equiv P(\sigma^2)$。另外还可以写下这两个态的间隔

$$\Delta(\sigma^2)\equiv q_{m2}-q_{m1}=\sqrt{1-\frac{2}{\sigma^2}} \tag{5.4.8}$$

它在临界点 $\sigma_c^2=2$ 的值为零，即 $\Delta(\sigma_c^2)=0$,然后随着 σ^2 的增加而单调地增加，最终在 $\sigma^2\to\infty$极限情况下达到最大值 $\Delta(\infty)=1$。这意味着稳定态 q_{m1}（q_{m2}）随着噪声强度 σ^2 的增加向着端点 $q=0$（$q=1$）移动。稳定态的概率密度 $P(\sigma^2)$ 及间隔 $\Delta(\sigma^2)$ 作为噪声强度 σ^2 的函数被显示在图 5.5 中。

2. 非对称分布函数（$\lambda\neq0$）

现在分布函数（5.3.7）变成非对称的，如图 5.6 所示。不过系统的稳态解行为与 $\lambda=0$ 情况是定性相同的。两种情况下的稳态解行为的区别在于以下方面：

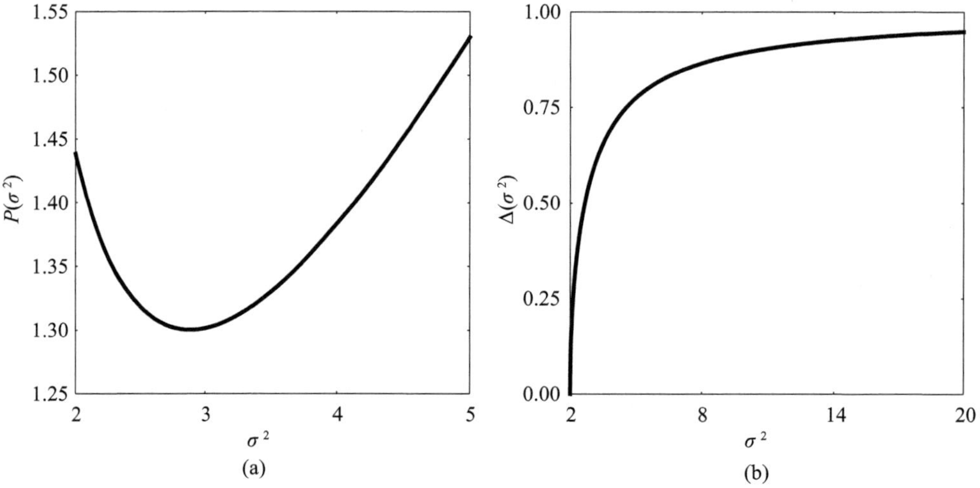

图 5.5　稳定态的概率密度及间隔

(a) 稳定态 q_{m1}，q_{m2}的概率密度 $P(\sigma^2)$ 作为噪声强度 σ^2 的函数，它在 $\sigma^2 \approx 2.9$ 取极小值 $P_m \approx 1.3$。
(b) 稳定态 q_{m1}，q_{m2}的间隔 $\Delta(\sigma^2)$ 作为噪声强度 σ^2 的函数，它单调增加，并在 $\sigma^2 \to \infty$ 极限情况下达到最大值 $\Delta(\infty)=1$

(1) 噪声强度 σ^2 的临界值不再是 $\sigma^2=\sigma_c^2=2$（它相应于一个稳定态），而是高于这个值。换言之，直到 σ^2 增加到一个阈值 $\sigma_{th}^2>\sigma_c^2$ 之前，系统仍然不具有两个稳定态。

(2) 在 $\sigma^2<\sigma_{th}^2$ 的情况下，稳定态 q_{m0} 的位置相对于确定性动力学情况下的 $q_1=\dfrac{1}{2}$有一定的漂移：在 $\lambda>0$ 条件下向 $q=1$ 方向漂移；而在 $\lambda<0$ 条件下向 $q=0$ 方向漂移。漂移量随着噪声强度 σ^2 的增大而增加。

(3) 在 $\sigma^2>\sigma_{th}^2$ 情况下，可能出现两个稳定态 q_{m1} 和 q_{m2}，但它们在态空间 $q\in[0, 1]$ 的位置是不对称的：$\dfrac{1}{2}-q_{m1}\neq q_{m2}-\dfrac{1}{2}$（即 $q_{m1}+q_{m2}\neq 1$）。

(4) 两个稳定态 q_{m1} 和 q_{m2} 具有不同的概率密度值：当 $\lambda>0$ 时，$P(q_{m1})<P(q_{m2})$；当 $\lambda<0$ 时，$P(q_{m1})>P(q_{m2})$。

(5) 在 $\lambda>0$ 和 $\lambda<0$ 两种情况下，对于相同的 $|\lambda|$ 值和相同的 σ^2 值，分布函数关于中点 $q=\dfrac{1}{2}$是镜像对称的。

现在进一步考查平均控制参量 λ 对分布函数（5.3.7）的影响，如图 5.7 所示，其中噪声强度 $\sigma^2(\sigma^2>2)$ 的值是固定的。这在 $\lambda=0$ 的情况下可能存在两个稳定态，但我们可以看出，随着$|\lambda|$的增加，系统的稳定态从两个变成了一个。这个结果也可以从图 5.3 看出，它类似于 $\sigma^2=0$ 的确定性情况。

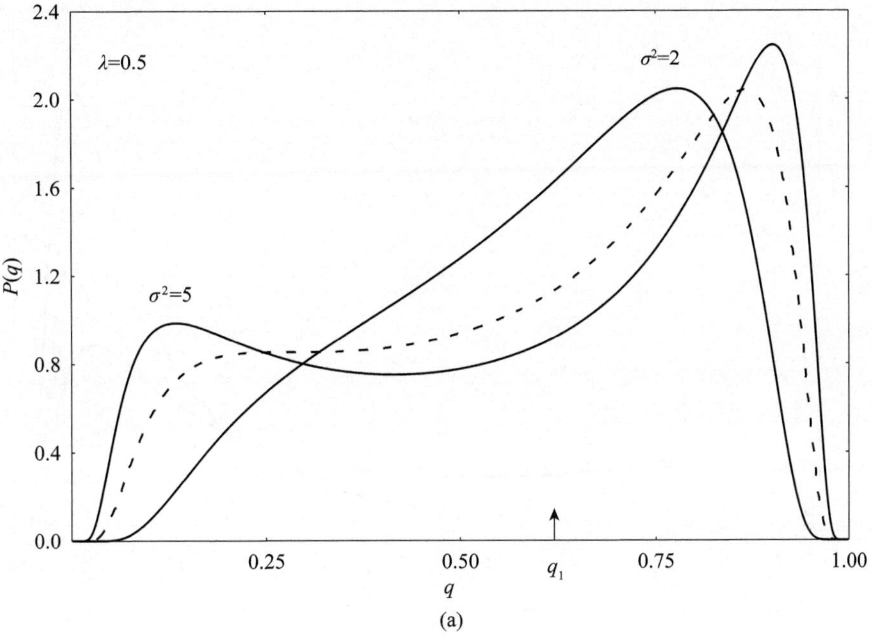

(a)

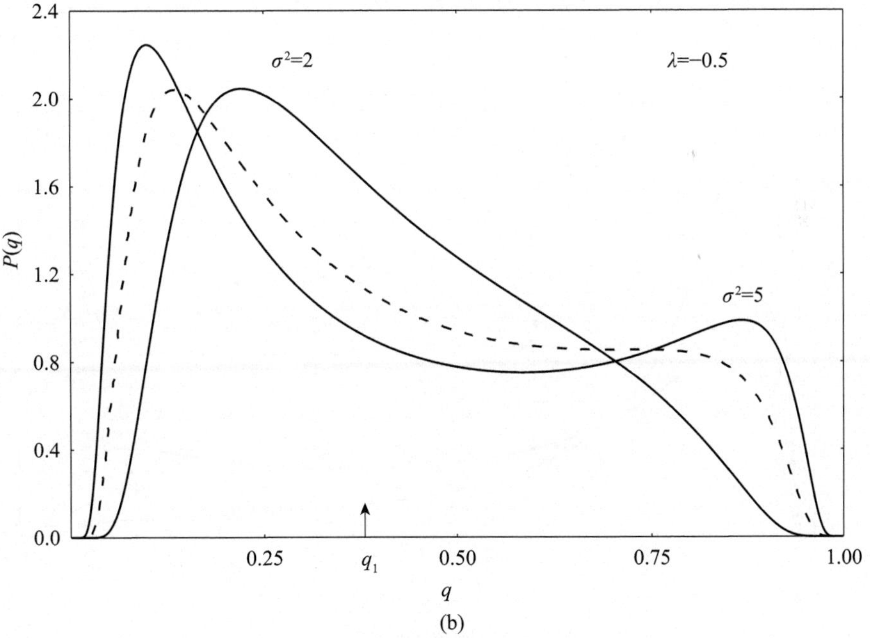

(b)

图 5.6 分布函数（5.3.7）

确定性稳态取为 $q_1=0.618$（$\lambda>0$）和 $q_1=0.382$（$\lambda<0$），稳定态 q_{m0} 相对于 q_1 有一定的漂移。

虚线相应于噪声强度的阈值 $\sigma_{th}^2=3.62$

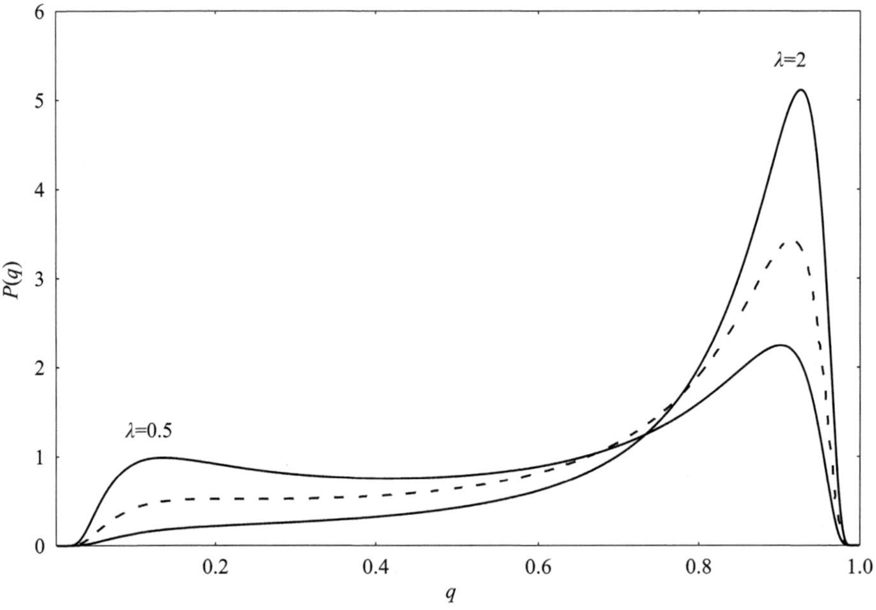

(a)

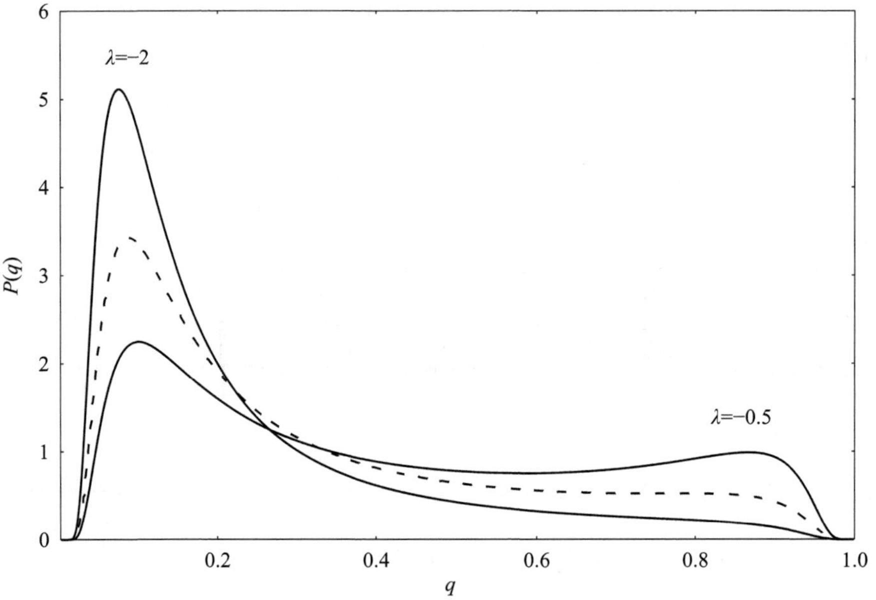

(b)

图 5.7　分布函数（5.3.7）

其中 $\sigma^2>2$（图中取 $\sigma^2=5$），对于 $\lambda>0$（a）和 $\lambda<0$（b）。随着 $|\lambda|$ 的增加，系统的稳定态从两个变成了一个。虚线相应于平均控制参量取阈值 $|\lambda|_{th}=1.17$

上述的讨论可以引申为一个问题：如何在参数平面 σ^2-λ 中勾画出一个分界线，它将分布函数取一个极大值和两个极大值的区域划分开来。这个问题实际上是确定噪声强度阈值 σ_{th}^2 和平均控制参量阈值 $|\lambda|_{th}$ 所满足的关系式。可以从不同的角度考虑这个问题。

（1）从图 5.6 及图 5.7 中的虚线可以看出，分界线上的（λ，σ^2）的取值要满足的条件是分布函数 $P(q)$ ［式（5.3.7)］对于 q 的一阶导数和二阶导数在临界点 $\tilde{q}_m$ 的取值均为零，即

$$P'(\tilde{q}_m)=0 \text{ 和 } P''(\tilde{q}_m)=0 \tag{5.4.9a}$$

（2）从图 5.3 可以看出，导致系统有两个稳定态 q_{m1} 和 q_{m2} 的条件是函数 λ 对于变量 q_m 的一阶导数在 q_{m1} 和 q_{m2} 的取值均为零，即

$$\lambda'(q_{m1})=0 \text{ 和 } \lambda'(q_{m2})=0 \tag{5.4.9b}$$

（3）从图 5.6 及图 5.7 中的虚线可以看出，分界线上的（λ，σ^2）的取值要满足的条件是：在 $\lambda>0$ 情况下，最小值点 $\tilde{q}_m$ 与最大值点 q_{m1} 重合；在 $\lambda<0$ 情况下，最小值点 $\tilde{q}_m$ 与最大值点 q_{m2} 重合，即

$$\tilde{q}_m-q_{m1}=0 \text{ 和 } q_{m2}-\tilde{q}_m=0 \tag{5.4.9c}$$

（4）从数学上考查关于 q_m 的三次方程（5.3.8）是直截了当的，它有一个单个实数根及一对二重实数根时，给出分界线上（λ，σ^2）的取值，即

$$\frac{1}{4}\left(\frac{2a^3}{27}-\frac{ab}{3}+c\right)^2+\frac{1}{27}\left(b-\frac{a^2}{3}\right)^3=0 \tag{5.4.9d}$$

其中

$$a=\frac{\lambda-3\sigma^2}{2\sigma^2},\quad b=-\frac{\lambda-1-\sigma^2}{2\sigma^2},\quad c=-\frac{1}{4\sigma^2} \tag{5.4.10}$$

对式（5.4.9）中的任意一个关系式进行数值计算给出 σ^2-λ 参数平面的分界线，如图 5.8 所示。图中的曲线是关于 $\lambda=0$ 镜像对称的，它作为一个锥尖形突变（cusp catastrophe）分界线，将 σ^2-λ 参数平面分成确定的两部分，落入上（下）部分的（λ，σ^2）参数分别相应于分布函数（5.3.7）有两个（一个）极大值，意味着系统有两个（一个）稳定态。当 $\lambda=0$ 时，有临界值 $\sigma^2=\sigma_c^2=2$，这就是式（5.4.5）所示的临界点。在这种情况下，只要噪声强度 σ^2 高于临界值，即 $\sigma^2>\sigma_c^2$，分布函数（5.3.7）就有两个极大值。但是对于 $\lambda\neq0$ 情况，σ^2 的临界值不再是 σ_c^2，而是要高于 σ_c^2，即 $\sigma_{th}^2(|\lambda|)>\sigma_c^2$。而且 $\sigma_{th}^2(|\lambda|)$ 是 $|\lambda|$ 的函数，$|\lambda|$ 越大，临界值 $\sigma_{th}^2(|\lambda|)$ 越高，呈现一种非线性的依赖性。利用这个锥尖分界线，对于一个给定的 $|\lambda|$ 可以得到精确的临界值 $\sigma_{th}^2(|\lambda|)$；反之对于一个给定的 σ^2，可以得到精确的临界值 $|\lambda|_{th}(\sigma^2)$，它们分别相应于图 5.6 及图 5.7 中的虚线的行为。

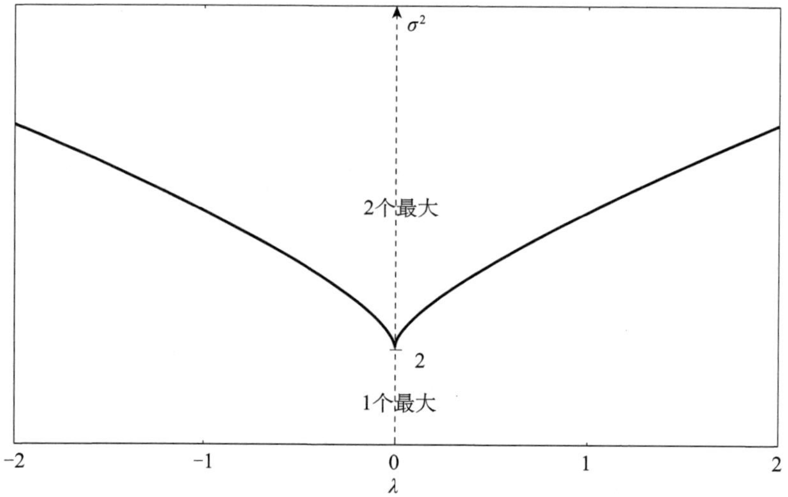

图 5.8 σ^2-λ 参数平面中的锥尖形突变分界线

参数平面被分成确定的两部分，落入上(下)部分的(λ, σ^2)参数相应于分布函数(5.3.7)有两个(一个)极大值，意味着系统有两个(一个)稳定态。处于分界线上的(λ, σ^2)参数相应于系统的临界状态：分布函数有一个极大值，系统有一个稳定态

5.4.3 势函数

随机噪声造成的系统稳态行为的定量变化归结为式（5.3.8）左边的关于 q_m 的多项式的方次的升高：确定性情况只涉及二次项 q_m^2，而现在的情况涉及三次项 q_m^3。其实这种定量变化可以从另一个更直接的途径去讨论，那就是利用随机势函数。对于确定性方程（5.2.1），其势函数由式（5.2.5）表示。鉴于噪声影响下的系统具有式（5.3.8）所确定的稳态行为，可以构造一个“计及噪声影响的”动力学方程

$$\frac{\mathrm{d}q}{\mathrm{d}\tau}=\frac{1}{2}-q+\lambda q(1-q)-\sigma^2 q(1-q)(1-2q) \tag{5.4.11}$$

就描述系统的稳态行为而言，方程（5.4.11）与最初建立的随机微分方程（5.3.1）是等价的（白噪声情况），因为方程（5.4.11）的稳态解正好对应 q_m 的三次方程式（5.3.8）。这样一来，关于系统稳态行为的描述可以基于动力学方程（5.4.11）的势函数。按照式（5.2.4）所示的关于势函数的一般定义，对于方程（5.4.11）右边的多项式积分，得到

$$V(q)=\frac{\sigma^2}{2}q^4+\frac{\lambda-3\sigma^2}{3}q^3-\frac{\lambda-1-\sigma^2}{2}q^2-\frac{1}{2}q \tag{5.4.12}$$

这个势函数相应于随机微分方程（5.3.1），故也称为“随机势函数”。与确定性

情况下的势函数（5.2.5）相比较，计及噪声影响的势函数（5.4.12）作为序参量 q 的多项式具有更高的方次。当噪声强度 $\sigma^2=0$ 时，势函数（5.4.12）化为确定性势函数（5.2.5），正如图 5.1 所示。作出势函数（5.4.12）的曲线，如图 5.9 所示，其中不同的曲线相应于不同的噪声强度 σ^2。可以看出系统的稳定态 q_m 处于势函数 $V(q)$ 的极小值，相应于分布函数 $P(q)$ 的极大值；而不稳定态则处于势函数的极大值，相应于分布函数的极小值。另外对于一个稳定态 q_m，势函数在 q_m 点的深度 $V(q_m)$ 是该点概率密度 $P(q_m)$ 的度量。分布函数和相应的势函数在临界状态具有共同的参数（λ，σ^2）值。所有这些表明，势函数对系统稳态行为的描述与分布函数是等价的。

不过势函数有一些特别的优点。首先势函数（5.4.12）对于 $\sigma^2=0$ 是有定义的，如式（5.2.5）所示，而分布函数（5.3.7）在这种情况下没有定义。另外势函数作为 q 的多项式，在微分计算上比分布函数（5.3.7）要容易得多，例如，利用势函数（5.4.12）容易计算图 5.8 的锥尖形突变分界线所满足的条件

$$V'(q)=0 \text{ 和 } V''(q)=0 \tag{5.4.13}$$

前者给出极值点 q_m，正如三次方程（5.3.8）所表示的，而后者给出

$$q_\pm=\frac{1}{2}-\frac{\lambda\pm\sqrt{3\sigma^2(\sigma^2-2)+\lambda^2}}{6\sigma^2} \tag{5.4.14}$$

其中 $\sigma^2\geqslant 2$。在一般情况下，$q_\pm$ 是曲线 $V(q)$ 的两个拐点。特别是 q_+（q_-）相应于 $\lambda>0$（$\lambda<0$）情况下满足条件（5.4.13）的临界点。联立式（5.3.8）与式（5.4.14），得出 λ 和 σ^2 的临界关系

$$2a^3\pm3a^2d\mp d^3-9b(a\pm d)+27c=0 \tag{5.4.15}$$

它们分别适用于 $\lambda>0$ 和 $\lambda<0$ 的情况，其中 $d=\sqrt{3\sigma^2(\sigma^2-2)+\lambda^2}/2\sigma^2$。利用方程（5.4.15）能计算出锥尖形突变分界线，正如图 5.8 所示。

作为势函数（5.4.12）的另一个应用，进一步讨论系统的稳定态 q_m 的相变性质。这一点是重要的，因为稳定态 q_m 是系统真正的宏观状态。这些态被条件

$$V'(q)=0 \text{ 和 } V''(q)>0 \tag{5.4.16}$$

确定。从这些条件作出 q_m 随噪声强度 σ^2 的变化曲线，如图 5.10（a），(b)，(c）所示。并且在图 5.10（d）显示了 q_m 随平均控制参数 λ 的变化曲线。前者展示了一个稳定态如何分化成两个稳定态的不同途径，被称为“分岔”（bifurcation），而后者则展示了稳定态的“滞后回线”（hysteresis）现象，或称“双稳性”（bi-stability）。

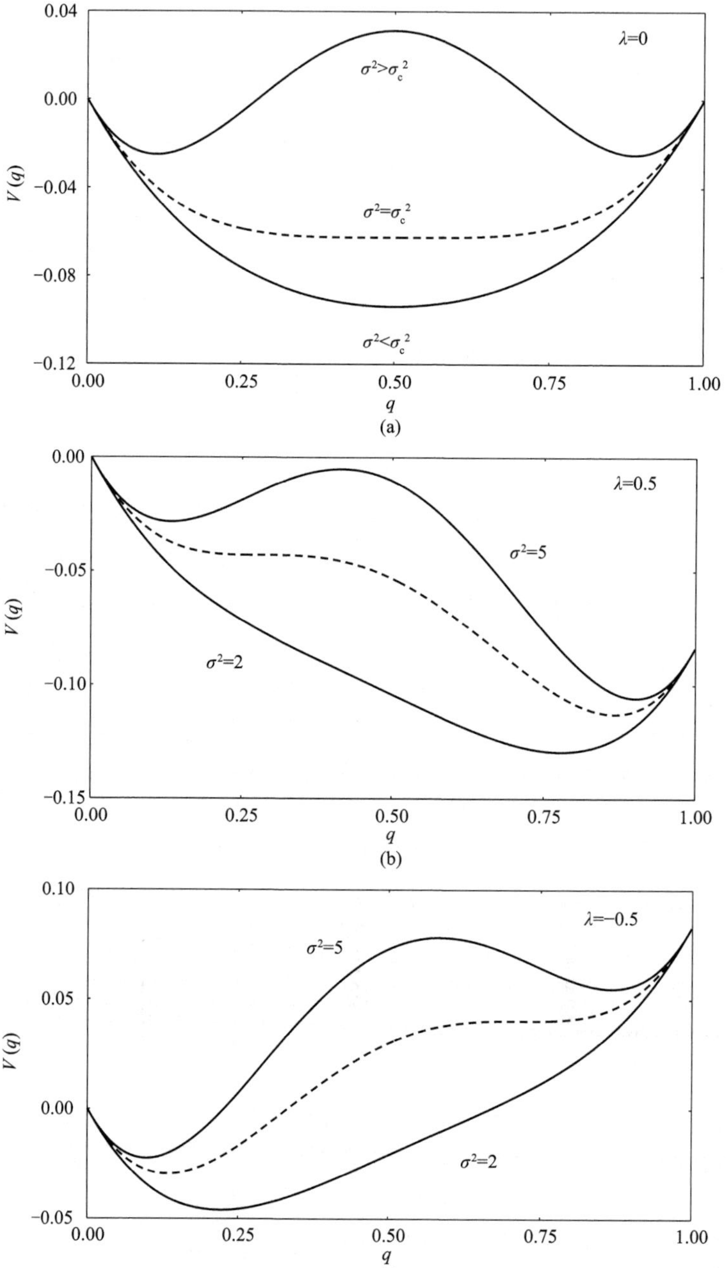

图 5.9　势函数（5.4.12）

(a) $\lambda=0$，虚线相应于临界噪声强度 $\sigma_c^2=2$。在情况 $\sigma^2<\sigma_c^2$ 和 $\sigma^2>\sigma_c^2$ 下，系统分别有一个和两个稳定态，图中分别取 $\sigma^2=1$，$\sigma^2=5$。(b)，(c) $\lambda>0$ 和 $\lambda<0$，虚线相应于临界噪声强度 $\sigma_{th}^2=3.62$

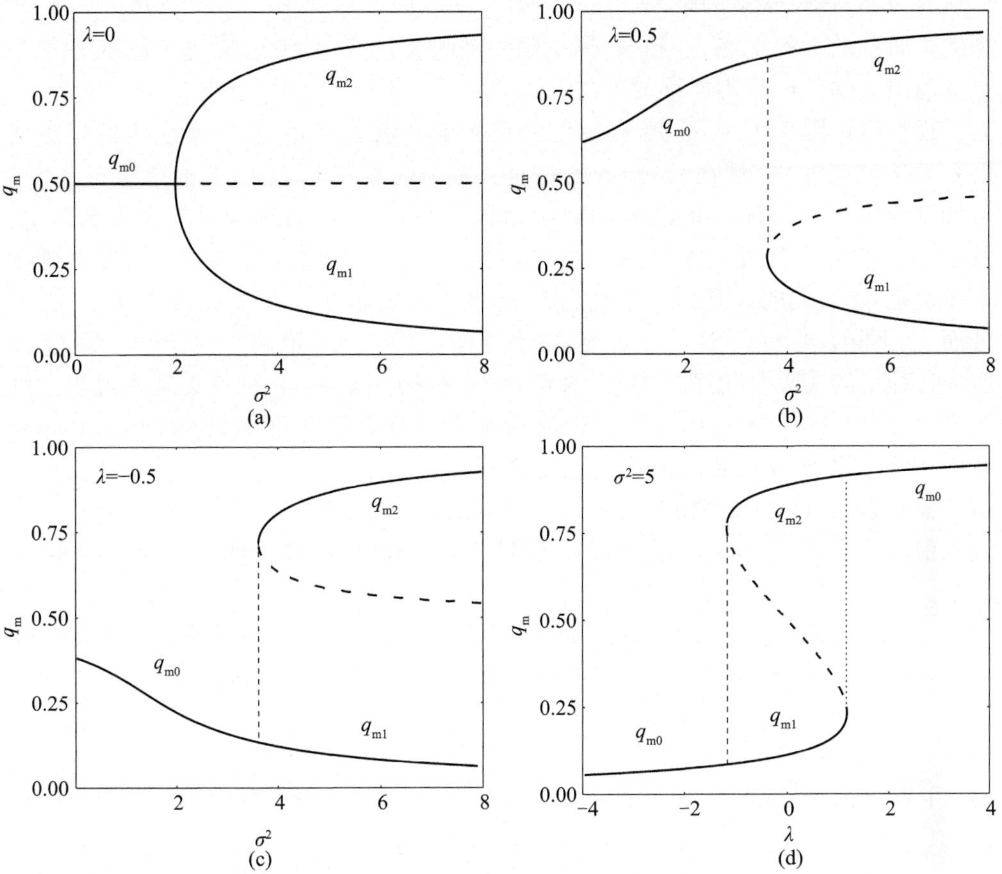

图 5.10 系统的宏观稳定态的相变

稳定态 q_m（包括单稳定态 q_{m0} 和双稳定态 q_{m1}，q_{m2}）作为噪声强度 σ^2 的函数及平均控制参量 λ 的函数。(a) 宏观稳定态的分岔；(b)，(c) 宏观稳定态的不连续性分岔；(d) 宏观稳定态的滞后回线。图中稳定态 q_{m1} 和 q_{m2} 之间的虚线表示不稳定态 $\tilde{q}_m$

分岔的形成过程能被理解如下。在 $\lambda=0$ 情况下，对于较小的 σ^2 值，系统只有一个稳定态 $q_{m0}=1/2$。一旦 σ^2 超过临界值 $\sigma_c^2=2$，系统就生出一个不稳定态 $\tilde{q}_m$ 及两个稳定态 q_{m1} 和 q_{m2}。随着 σ^2 的增加，两个稳定态的间隔($q_{m2}-q_{m1}$)变得越来越大，而不稳定态 $\tilde{q}_m$ 一直维持在 $q_m=1/2$ 的位置，它与单个稳定态 q_{m0} 在 σ^2 增加的整个区间上属于同一个函数。在 $\lambda>0$ 情况下，当 σ^2 开始增加时，系统有一个稳定态 q_{m0}，而 q_{m0} 的位置也随之升高。从阈值 σ_{th}^2 开始，系统有一个不稳定态 $\tilde{q}_m$ 及两个稳定态 q_{m1} 和 q_{m2}。实际上单个稳定态 q_{m0} 和稳定态 q_{m2} 属于同一个函数，它们在阈值前后是连续的。而另一个稳定态 q_{m1} 是在阈值 σ_{th}^2 点突然出现的，它在

该点就与 q_{m2} 保持一定的距离。这是一种不连续的分岔现象。$\lambda<0$ 的情况与 $\lambda>0$ 是镜像对称的：稳定态 q_{m0} 和 q_{m1} 属于同一个函数，另一个稳定态 q_{m2} 是在阈值 σ_{th}^2 点突然出现的，也是不连续的分岔。

现在讨论图 5.10（d）所显示的稳定态的"滞后回线"。对于固定的噪声强度 σ^2，单稳态 q_{m0} 出现在 $|\lambda|$ 较大的位置。首先注意相应于 $\lambda<0$ 的单稳态，当 λ 增加到阈值 $-|\lambda|_{th}$ 时，单稳态 q_{m0} 延续为稳定态 q_{m1}，同时出现另一个稳定态 q_{m2} 及不稳定态 $\tilde{q}_m$。另外，相应于 $\lambda>0$ 的单稳态 q_{m0} 在 λ 减少到阈值 $+|\lambda|_{th}$ 时，延续为稳定态 q_{m2}，同时出现另一个稳定态 q_{m1} 及不稳定态 $\tilde{q}_m$。随着 $|\lambda|$ 的减小，q_{m1} 上升而 q_{m2} 下降，当 $\lambda=0$ 时，q_{m1} 和 q_{m2} 在态空间 $q\in[0,1]$ 形成对称分布。系统在 λ 增加过程中的实际变化途径为 $q_{m0}(\lambda<0)\rightarrow q_{m1}\rightarrow q_{m0}(\lambda>0)$；而在 λ 减小过程中则为 $q_{m0}(\lambda>0)\rightarrow q_{m2}\rightarrow q_{m0}(\lambda<0)$。这就构成了一个"滞后环"（hysteresis loop），系统在低阈值 $-|\lambda|_{th}$ 和高阈值 $+|\lambda|_{th}$ 之间存在两个稳定态 q_{m1} 和 q_{m2}，这就是所谓"双稳态"。这样一种相变行为已经被发现存在于许多物理模型和各种实际系统之中。一个典型的例子是光学双稳性 [5.4]，这个问题我们将在下一章详细讨论。

作为势函数（5.4.12）的进一步的应用，现在求出系统的临界点。为此首先考查势函数的一阶导数 $V'(q)$ 的拐点的位置，它被 $V'''(q)=0$ 确定，结果为

$$q_0=\frac{1}{2}-\frac{\lambda}{6\sigma^2} \tag{5.4.17}$$

拐点有物理意义[即 $0\leqslant q_0\leqslant 1$]的条件是 $0\leqslant|\lambda|/\sigma^2\leqslant 3$，拐点 q_0 的位置与 λ 的对应关系为：$q_0\in\left[0,\frac{1}{2}\right)$（$\lambda>0$），$q_0\in\left(\frac{1}{2},1\right]$（$\lambda<0$），$q_0=0$（$\lambda=0$），正如图 5.11 中的 $V'(q)$ 和 $V'''(q)$ 所显示的。在 $|\lambda|/\sigma^2>3$ 条件下，一阶导数 $V'(q)$ 没有拐点。进而 $V'(q)$ 的临界拐点被

$$V'(q)=0 \text{ 和 } V'''(q)=0 \tag{5.4.18}$$

确定，它们的解从式(5.4.14)和式(5.4.17)的联立给出，有物理意义的解($\sigma^2=2$，$q=\frac{1}{2}$，$\lambda=0$)恰好是系统的临界点。

以上讨论表明，利用随机势函数 $V(q)$ 和它的各阶导数很容易得到关于系统稳态行为的所有信息。表 5.1 列出了相关的结果。

作为本节的结束，我们利用势函数（5.4.12）讨论系统在噪声强度 σ^2 及平均控制参量 λ 取极限值情况下的行为。首先对于有限的 λ 和无限大的 σ^2，势函数变为

$$V(q)=\frac{\sigma^2}{2}q^2(1-q)^2 \tag{5.4.19}$$

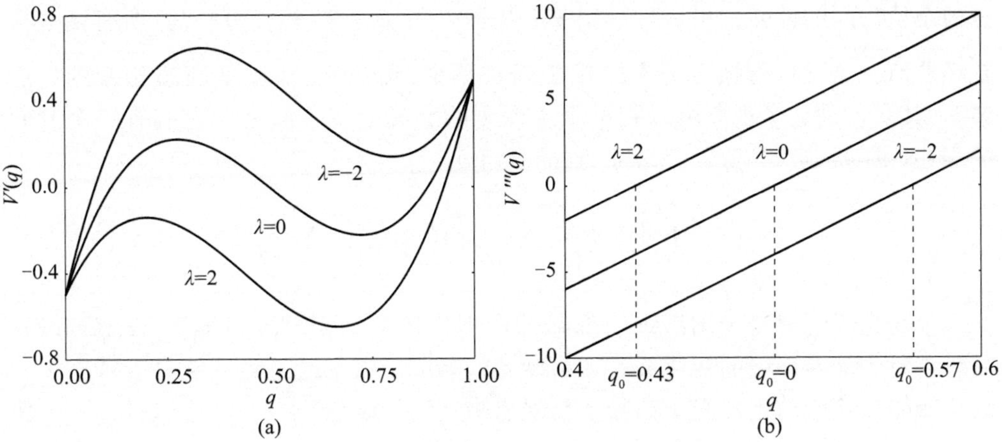

图 5.11　势函数（5.4.12）的导数

(a) 势函数（5.4.12）的一阶导数 $V'(q)$，它的拐点的位置［式（5.4.17）］依赖于比值 λ/σ^2；

(b) $V'(q)$的拐点的位置 q_0 相应于 $V'''(q)=0$。图中取 $\sigma^2=5$

表 5.1　势函数（5.4.12）的各阶导数与系统的稳态行为

$V'(q)=0$	$V'(q)=0$ $V''(q)>0$	$V'(q)=0$ $V''(q)<0$	$V'(q)=0$ $V''(q)=0$	$V''(q)=0$ $V'''(q)>0$	$V''(q)=0$ $V'''(q)<0$	$V''(q)=0$ $V'''(q)=0$
稳态 q_m	稳定态 q_{m0}，q_{m1}，q_{m2}	不稳定态 $\tilde{q}_m$	锥尖形突变分界线式(5.4.15)	$V(q)$ 下拐到 q_{m2}	$V(q)$ 上拐到 $\tilde{q}_m$	系统的临界点式（5.4.5）

它与 λ 无关。这个势函数在 $q=\dfrac{1}{2}$ 有一个极大值，在 $q=0$ 和 $q=1$ 有两个极小值，意味着系统在态空间 $q\in[0,\ 1]$ 的中点有一个不稳定的态，在两端各有一个稳定的态。

另外，对于有限的 σ^2 和无限大的 λ，势函数变为

$$V(q)=\lambda q^2\left(\frac{1}{3}q-\frac{1}{2}\right) \tag{5.4.20}$$

注意势函数的方次降到三次。它（对于 $\lambda>0$）在 $q=0$ 有极大值，而在 $q=1$ 有极小值；镜像对称到 $\lambda<0$ 的情况，在 $q=1$ 有极大值，而在 $q=0$ 有极小值。两种情况都相应于态空间 $q\in[0,\ 1]$ 两端的一个不稳定态与一个稳定态。

利用随机势函数方法研究噪声对系统的影响，其重要性还在于有可能用突变论（catastrophe theory）[5.5]的语言处理噪声诱导的相变现象。

为了建立上述噪声诱导的相变与经典相变现象之间的联系，可以计算两者的临界指数。事实上，势函数极小值所确定的稳定态是系统的宏观“相貌”（phases）。考虑一个参数 $m=|q_m-q_1|$，它是受噪声影响的系统与确定性动力学系统

在稳态值之间的偏差，可以计算出临界指数[4.3]：$\beta=\frac{1}{2},\delta=3,\gamma=1$。所有这些都是经典值。这意味着噪声诱导的相变确实是平衡态相变和非平衡态相变的“近亲”。其实，这三个现象可以在一个更深刻的意义上统一起来，它们有一个共同的表述，那就是“相变”（phase transitions）。

5.5　生物光子辐射中的相变迹象

生物光子辐射是生物系统内部新陈代谢作用的一个“反应器”（reflector），同时它对于外界环境的变化又有非常敏感的响应。特别是生物系统的宏观态之间的相变能在相应的生物光子信号上反映出来。为了说明这一点，这里叙述一个典型的例子。图 5.12 显示了生物光子信号的分岔图[5.6]，其中的两个分支分别相应于正常大鼠的活性细胞（hepatocytes）和相应的恶性肿瘤细胞（hepatoma H35）。实验的目的是考查生物光子信号对于细胞浓度的依赖性，因此被测量的样品是一系列具有不同浓度的正常细胞溶液及肿瘤细胞溶液。实验观察数据来自对每个样品的延迟发光的测量。延迟发光的总光子计数与细胞浓度的关系是所考查的主要内容。结果显示，正常细胞及肿瘤细胞的延迟发光的总光子计数之间有类似相变的特征。在细胞浓度较低的情况下，两种样品的延迟发光的总光子计数没有直观上的区别。不过当细胞浓度增加并超过一个临界值时，正常细胞及肿瘤细胞的生物光子信号向相反的方向变化：正常细胞的生物光子信号下降而肿瘤细胞的生物光子信号上升。而且随着细胞浓度的增加，两者的差距变得越来越大。

如何理解正常细胞和相应的肿瘤细胞的生物光子信号的分岔现象？我们知道被测量的两个样品属于相同种类的细胞，它们在相同浓度下的生物光子信号的不同反映了其生命状态的不同。正常态和肿瘤态都是这种细胞的宏观态，但是两者有完全不同的“相貌”，并表现在它们的生物光子信号的不同强度。我们能够将这样一个生物光子信号的分岔现象理解为两个宏观态（正常态和肿瘤态）之间的相变。进而可以利用本章所建立的理论模型绘制一个分岔图来拟合上述的实验数据。为此考虑表达式（5.4.17），它作为系统稳态行为的随机势函数描述方法中最后出现的一个量，具有本质性的意义。注意到式中的唯一参量是比值 σ^2/λ，这里 $|\lambda|/\sigma^2$ 能被理解为系统的信噪比（用 R 表示），即 $R\sim|\lambda|/\sigma^2$。我们用 $\sigma^2/|\lambda|$ 类比细胞的浓度 C，即 $C\sim\sigma^2/|\lambda|$，而延迟发光的总光子计数 I 被认为相应于我们系统的稳定态变量 q_m(q_{m0}，q_{m1} 和 q_{m2})，即 $I\sim q_m$。这样一来可从式（5.3.8）得到表达式

$$C=\frac{0.5-I+\lambda I(1-I)}{|\lambda|I(1-I)(1-2I)} \tag{5.5.1}$$

它表示细胞浓度 C 对于生物光子信号的强度 I 的依赖性，其中 λ 是系统的控制参

量。利用式（5.5.1）作出 I 随 C 变化的曲线，它呈现分岔行为，如图 5.12 中的实线所示。这个理论结果被发现与实验数据相符合。按照我们的模型，在细胞浓度 C 较低的情况下，正常细胞及肿瘤细胞的生物光子信号没有直观上的区别，两者相应于一个宏观稳定态 $I\sim q_{m0}$。随着细胞浓度 C 的增加，在阈值 $C_{th}\sim(\sigma^2/\lambda)_{th}$ 之后，单稳定态 q_{m0} 延续到一个宏观稳定态 $I\sim q_{m1}$，它相应于正常态。另外，肿瘤细胞的浓度 C 的增加相应于系统信噪比 R 的减低，降低到阈值点 $R_{th}\sim(|\lambda|/\sigma^2)_{th}$ 时，另一个宏观稳定态 $I\sim q_{m2}$ 出现，它相应于肿瘤态。我们的模型认为肿瘤态是正常态的一种“相变”，并把肿瘤态的出现归结为系统信噪比减低的结果。

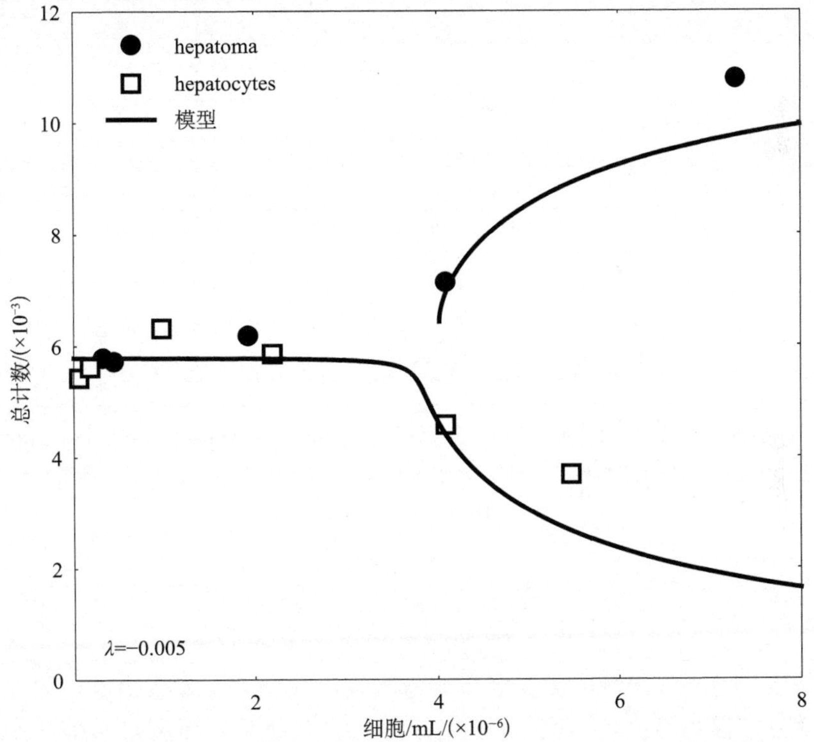

图 5.12　正常大鼠的活性细胞（hepatocytes）和相应的恶性肿瘤细胞（hepatoma H35）的延迟发光的总光子计数的分岔图样

被测量的样品是一系列具有不同浓度的正常细胞溶液及肿瘤细胞溶液。在细胞浓度较低的情况下，两种样品的生物光子信号没有直观上的区别。当细胞浓度增加并超过临界值 2×10^6 细胞/mL 时，正常细胞及肿瘤细胞的生物光子信号呈现相反的变化趋势，而且随着细胞浓度的增加而加剧。这样的分岔图样能够被理解为正常细胞及肿瘤细胞之间的相变行为。图中的实线来自理论表达式（5.5.1），它与实验数据相符合实验研究表明，生物光子辐射还可以诱导其他形式的相变现象，如滞后回线。一个典型的温度滞后回线的例子被显示在图 5.13，在这里大麦芽的自发生物光子辐射信号对于温度的双向变化呈现清楚的滞后环[5.7]。这种相变现象的理论描述显示在图 5.10(d) 之中。

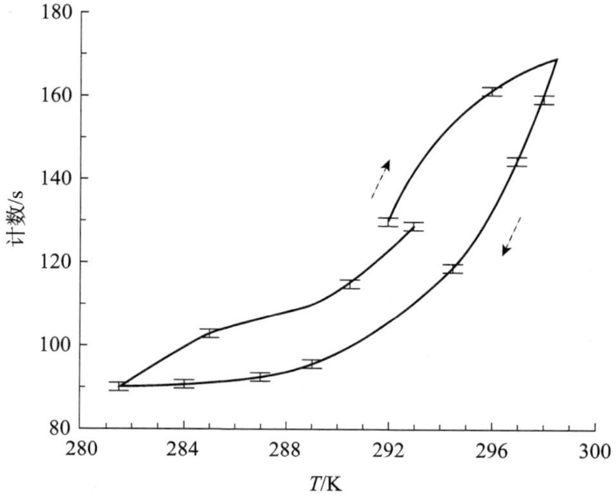

图 5.13　大麦芽的自发生物光子辐射信号对于环境温度变化的滞后环

培育 4 天后的大麦芽的自发生物光子辐射信号在环境温度双向变化的情况下被测量，测量的起始温度为 $T=292$K。温度的变化率在上调和下调测量过程中均为 $\Delta T/\Delta t=0.5$K/min。滞后环所确定的温度的高、低阈值分别为 $T=298.5$K 及 $T=281.5$K。这种现象是系统的两个稳定态之间的相变行为（在同一温度下系统有两个宏观状态，它们相应于强度不同的两个生物光子信号）。这种相变的理论描述显示在图 5.10(d) 之中

5.6　结　　论

从描述 exciplex 系统的激发态布居数的确定性动力学方程出发，建立了相应的随机微分方程和等价的福克-普朗克方程，它们计及了噪声对系统的影响。我们进一步利用福克-普朗克方程的稳态解讨论系统的宏观态行为。结果显示，宏观态之间存在着噪声诱导的相变现象。这个现象在随机势函数的意义上被进一步讨论。作为主要的理论结果我们得到了相变产生的条件，它表现为系统参数平面中的相变区与非相变区之间的分界线。还进一步讨论了系统宏观态之间的相变，包括“分岔”和“滞后回线”。最后将有关相变的理论研究联系到生物系统中的相关现象，特别从相变的意义上分析了正常细胞与肿瘤细胞的生物光子辐射的分岔图样。我们的理论和实验研究提供了一个从生物光子辐射意义上理解生物系统

中相变现象的新途径。

参 考 文 献

[5. 1] Horsthemke W. Nonequilibrium Transitions Induced by External White and Coloured Noise// Dynamics of Synergetic Systems. Berlin, Heidelberg, New York: Springer-Verlag, 1980.

[5. 2] Walls D F, Milburn G J. Quantum Optics. Berlin, Heidelberg: Springer-Verlag, 1994.

[5. 3] Volkenstein M V. Physics and Biology: New York, London: Academic Press, 1982.

[5. 4] Gibbs H M. Optical Bistability: Controlling Light with Light. New York, London: Academic Press, 1985.

[5. 5] Ebeling W. Nonequilibrium transitions and stationary probability distributions of stochastic processes. Phys. Lett., 1978, A68: 430-432.

[5. 6] Wijk R V. Aken J M V. Photon emission in tumour biology. Experientia, 1992, 48: 1092-1102.

[5. 7] Slawinski J, Popp F A. Temperature hysteresis of low level luminescence from plants and its thermodynamical analysis. J. Pl. Physiol., 1987, 130: 111-123 .

第 6 章　生物光子辐射的半经典理论

摘要：本章综述辐射与物质相互作用的半经典理论。建立了描述集体二能级原子与平面波场模相互作用的麦克斯韦-布洛赫方程组。它们被用来研究一系列非线性及量子光学效应，特别被用来解释和描述生物光子辐射的相干性现象。例如，在合作辐射的意义上理解同步培养的群体果蝇卵的光子辐射强度的 n^2 依赖性，在孤立子无损耗传播的意义上解释生命物质对于生物光子传播的透明性。还推出了包含空间及时间变量的贝塞尔方程，它的解被用来定量地描述水蚤 Daphnia 群体的生物光子辐射的干涉性图样。另外，我们还得到了辐射场的熵与强度的关系式，它为后续的关于生物光子辐射相干性的光子统计学研究奠定了理论基础。结果表明，辐射与物质相互作用的半经典理论为我们提供了一个理解和描述生物光子辐射相干性的有力工具。

关键词：辐射与物质的相互作用，半经典理论，麦克斯韦-布洛赫方程组，光学孤立子，生物光子辐射的透明性效应，群体生物光子辐射的干涉性图样，光学双稳性，辐射场的熵，洛伦兹模型

6.1　麦克斯韦-布洛赫方程

辐射与物质相互作用的半经典理论的含义是，原子系统用量子理论处理，而辐射场用经典的麦克斯韦方程组描述。按照这一理论我们考虑一个由集体的二能级原子与单模辐射场组成的系统，如图 6.1 所示。系统的布居矩阵定义为[6.1]

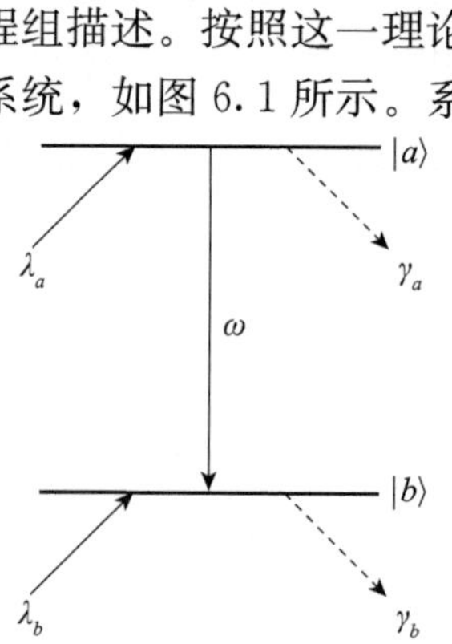

图 6.1　二能级原子系统

$|a\rangle$和$|b\rangle$分别表示系统的上、下能态，ω表示能态的频率间隔；λ_a、λ_b 表示在单位时间内激发到能态$|a\rangle$、$|b\rangle$上的原子数目；γ_a、γ_b 是能态$|a\rangle$、$|b\rangle$上的原子布居数的衰变率

$$\rho(z,t)=\sum_{\alpha}\int_{-\infty}^{t}\mathrm{d}t_0\lambda_{\alpha}(z,t_0)\rho(\alpha,z,t_0,t) \tag{6.1.1}$$

其中，$\lambda_{\alpha}(z,t_0)$表示在初始t_0时刻的单位时间内、在二能级原子系统的单位体积内激发到能态$|\alpha\rangle$($\alpha=a$或b)上的原子数目；$\rho(\alpha,z,t_0,t)$是纯态二能级原子的密度矩阵。原子布居矩阵的对角元$\rho_{aa}(z,t)$和$\rho_{bb}(z,t)$分别表示原子在能态$|a\rangle$和$|b\rangle$上的布居数，而非对角元$\rho_{ab}(z,t)$和$\rho_{ba}(z,t)$则决定系统的宏观电极化。

布居矩阵元服从下列运动方程[6.1]：

$$\dot{\rho}_{aa}=\lambda_a-\gamma_a\rho_{aa}-\frac{\mathrm{i}}{\hbar}V(\rho_{ba}-\rho_{ab}) \tag{6.1.2a}$$

$$\dot{\rho}_{bb}=\lambda_b-\gamma_b\rho_{bb}+\frac{\mathrm{i}}{\hbar}V(\rho_{ba}-\rho_{ab}) \tag{6.1.2b}$$

$$\dot{\rho}_{ab}=-(\mathrm{i}\omega+\gamma)\rho_{ab}+\frac{\mathrm{i}}{\hbar}V(\rho_{aa}-\rho_{bb}) \tag{6.1.2c}$$

$$\rho_{ba}=\rho_{ab}^{*} \tag{6.1.2d}$$

其中，ω是能态$|a\rangle$和$|b\rangle$的频率间隔；λ_{α}表示在单位时间内激发到能态$|\alpha\rangle$上的原子数目；γ_{α}是能态$|\alpha\rangle$上的原子布居数的衰变率；γ是非对角元的衰变率；V是微扰算子$\hat{V}=-\boldsymbol{p}\cdot\boldsymbol{E}_V$的矩阵元，这里$\boldsymbol{p}$是偶极算子，$\boldsymbol{E}_V$是辐射场振幅。现在考虑一个沿$z$方向传播的平面波，$\boldsymbol{E}_V$有简单的形式

$$E_V=E(z,t)\cos[\Omega t-kz+\phi(z,t)] \tag{6.1.3}$$

其中，$E(z,t)$、Ω、k和$\phi(z,t)$分别表示场模的振幅、频率、波数和位相。在旋转波近似下，微扰算子矩阵元V表示为

$$V=-\frac{1}{2}\mu E(z,t)\exp\{-\mathrm{i}[\Omega t-kz+\phi(z,t)]\} \tag{6.1.4}$$

这里$\mu=\langle a|p|b\rangle$是原子的偶极矩。

利用布居矩阵元定义一个三维实矢量$\boldsymbol{R}(z,t)=R_1\boldsymbol{e}_1+R_2\boldsymbol{e}_2+R_3\boldsymbol{e}_3$，其中$\boldsymbol{e}_1$、$\boldsymbol{e}_2$和$\boldsymbol{e}_3$是相互正交的单位矢量，三个分量为[6.2]

$$R_1=\rho_{ab}\exp\{\mathrm{i}[\Omega t-kz+\phi(z,t)]\}+c.c. \tag{6.1.5a}$$

$$R_2=\mathrm{i}\rho_{ab}\exp\{\mathrm{i}[\Omega t-kz+\phi(z,t)]\}+c.c. \tag{6.1.5b}$$

$$R_3=\rho_{aa}-\rho_{bb} \tag{6.1.5c}$$

这些分量具有清楚的物理意义。事实上，R_1和R_2关联到宏观电极化强度P，特别是对于均匀展宽物质，它被表示为

$$\begin{aligned}P&=\mu(\rho_{ab}+\rho_{ba})\\&=\mu\{R_1\cos[\Omega t-kz+\phi(z,t)]-R_2\sin[\Omega t-kz+\phi(z,t)]\}\end{aligned} \tag{6.1.6}$$

而分量R_3是原子在能态$|a\rangle$和$|b\rangle$之间的反转密度。在$\{R_1,R_2,R_3\}$的意义上，布

居矩阵元的运动方程（6.1.2）被改写为

$$\dot{R}_1=-(\omega-\Omega-\dot{\phi})R_2-\frac{R_1}{T_2} \tag{6.1.7a}$$

$$\dot{R}_2=(\omega-\Omega-\dot{\phi})R_1-\frac{R_2}{T_2}+\frac{\mu}{\hbar}ER_3 \tag{6.1.7b}$$

$$\dot{R}_3=-\frac{R_3-n_0}{T_1}-\frac{\mu}{\hbar}ER_2 \tag{6.1.7c}$$

这里已经假定 $\gamma_a=\gamma_b=1/T_1$ 及 $\gamma=1/T_2$，而 T_1 和 T_2 分别表示原子的纵向和横向弛豫时间，n_0 被定义为 $n_0=T_1(\lambda_a-\lambda_b)$。很显然，$n_0$ 刻画了外界向原子的上、下能态的泵浦之差，可以称为泵浦参数；实际上从方程（6.1.7c）可以看出 n_0 是零场情况下（$E=0$），原子的稳态反转密度：$n_0=R_3$。方程（6.1.7）类似于自旋共振理论中的“布洛赫方程”，这里称之为“光学布洛赫方程”。方程（6.1.7）能被简捷地写为矢量的形式

$$\dot{\boldsymbol{R}}=-\boldsymbol{A}+\boldsymbol{R}\times\boldsymbol{B} \tag{6.1.8}$$

这是一个关于矢量函数 $\boldsymbol{R}$ 的微分方程，所含的矢量变量 $\boldsymbol{A}$ 和 $\boldsymbol{B}$ 分别被定义为

$$\boldsymbol{A}=\frac{R_1}{T_2}\boldsymbol{e}_1+\frac{R_2}{T_2}\boldsymbol{e}_2+\frac{R_3-n_0}{T_1}\boldsymbol{e}_3 \tag{6.1.9a}$$

$$\boldsymbol{B}=\frac{\mu E}{\hbar}\boldsymbol{e}_1-(\omega-\Omega)\boldsymbol{e}_3 \tag{6.1.9b}$$

矢量方程（6.1.8）有简单的几何学含义[6.1]。事实上，随着时间的推移，矢量 $\boldsymbol{R}$ 绕着位于 $\boldsymbol{e}_1-\boldsymbol{e}_3$ 平面内的矢量 $\boldsymbol{B}$ 做顺时针旋转，旋转的角速度为

$$B=\sqrt{\left(\frac{\mu E}{\hbar}\right)^2+(\omega-\Omega)^2} \tag{6.1.10}$$

由于 $\boldsymbol{A}$ 是一个衰变因子，矢量 $\boldsymbol{R}$ 在旋转过程中，其长度 R 变小。如果衰变因子 $\boldsymbol{A}$ 可以忽略，则容易从几何学的观点理解矢量 $\boldsymbol{R}$ 的时间演化，即系统的时间演化 [6.3]。事实上，用 $\boldsymbol{R}$ 标乘方程（6.1.8）的两边，注意到 $\boldsymbol{R}\cdot\boldsymbol{B}\times\boldsymbol{R}=0$[4.5]，有 $\boldsymbol{R}\cdot(\mathrm{d}\boldsymbol{R}/\mathrm{d}t)=\frac{1}{2}(\mathrm{d}R^2/\mathrm{d}t)=0$，从而 $R=$常数。这意味着方程（6.1.8）在 $\boldsymbol{A}=0$ 的情况下有一个常数解 $R=n_0$。

光学布洛赫方程（6.1.7）反映了振幅为 $E(z,t)$的平面波场模对物质系统的作用；另外，用经典的麦克斯韦方程组可以描述物质系统对一个沿 z 方向传播的光场（作为一个线性极化波）的作用，它被表示为[6.1]

$$\frac{\partial^2 E_V}{\partial z^2}-\frac{\sigma}{\varepsilon c^2}\frac{\partial E_V}{\partial t}-\frac{1}{c^2}\frac{\partial^2 E_V}{\partial t^2}=\frac{1}{\varepsilon c^2}\frac{\partial^2 P}{\partial t^2} \tag{6.1.11}$$

其中，ε 是物质的介电常数；c 是介质中的光速；σ 是介质的电导率（它唯象地表征介质的损耗，如吸收、衍射、散射等）。方程（6.1.11）表明，物质对光场的

作用起源于介质的极化强度 P。

现在考虑一个光场-物质系统，它的光场振幅 E_V 和介质的极化强度 P 分别被式（6.1.3）和式（6.1.6）表示。将式（6.1.3）和式（6.1.6）代入方程（6.1.11）并取缓变包络近似：$|\partial E/\partial t|\ll\Omega E$、$|\partial E/\partial z|\ll kE$、$|\partial\phi/\partial t|\ll\Omega$、$|\partial\phi/\partial z|\ll k$ 及附加近似 $\partial^2P/\partial t^2\approx-\Omega^2P$ [6.3]，得到[6.1]

$$c\frac{\partial E}{\partial z}+\frac{\partial E}{\partial t}+\frac{\sigma}{2\varepsilon}E=\frac{\mu\Omega}{2\varepsilon}R_2 \tag{6.1.12a}$$

$$E\left(c\frac{\partial\phi}{\partial z}+\frac{\partial\phi}{\partial t}\right)=-\frac{\mu\Omega}{2\varepsilon}R_1 \tag{6.1.12b}$$

方程（6.1.12）作为一阶微分方程组分别描述了物质系统对光场振幅 E 及位相 ϕ 的作用。

至此得到了包含 5 个变量 R_1，R_2，R_3，E，ϕ 的 5 个方程（6.1.7）和方程（6.1.12）。它们作为一套自恰的方程组，描述了集体二能级原子与一个平面波场模的相互作用，被称为“麦克斯韦-布洛赫”方程组[6.4]。应该指出我们所建立的麦克斯韦-布洛赫方程组有以下特点：① 它们是非线性的方程组，包含非线性项 ER_2，ER_2 等；②它们是偏微分方程组，包含空间变量 z 和时间变量 t；③ 不但含有场振幅 E 的方程而且含有关于位相 ϕ 的方程；④我们的物质系统不是单个原子，而是集体二能级原子系统，其中 R_3 表示原子数反转密度。由于这个方程组在描述辐射与物质相互作用中具有一般性，它们能被用来讨论许多非线性光学和量子光学问题，而且可以用来解释和描述有关生物光子辐射的实验现象，对此将在后面的内容中详细讨论。

6.2 超 荧 光

在下列近似条件下讨论麦克斯韦-布洛赫方程组（6.1.7）和方程组（6.1.12）：① 原子频率接近辐射场频率，即 $\omega\approx\Omega$；②辐射场与集体原子相互作用的特征时间远小于原子系统的弛豫时间 T_1，T_2，这样我们可以假定 $1/T_1\to0$，$1/T_2\to0$；③ 辐射场的位相是时间缓变的，即 $\dot{\phi}\to0$；④辐射场是空间均匀的：$\partial E/\partial z=0$。在这些条件下，系统的麦克斯韦-布洛赫方程组约化为下面三个方程[3.9]

$$\dot{R}_2=\frac{\mu}{\hbar}ER_3 \tag{6.2.1a}$$

$$\dot{R}_3=-\frac{\mu}{\hbar}ER_2 \tag{6.2.1b}$$

$$\dot{E}=\frac{\mu\Omega}{2\varepsilon}R_2-\frac{\sigma}{2\varepsilon}E \tag{6.2.1c}$$

布洛赫方程（6.2.1a）和方程（6.2.1b）的解可以表示为

$$R_2 = -n\sin\theta \tag{6.2.2a}$$

$$R_3 = -n\cos\theta \tag{6.2.2b}$$

$$\dot{\theta} = \frac{\mu}{\hbar}E \tag{6.2.2c}$$

其中，n 是原子反转密度 R_3 的最大可能值，实际上是系统的原子数密度，θ 被称为“布洛赫角”，它是时间的函数。将式（6.2.2c）代入场方程（6.2.1c），得到关于布洛赫角的微分方程

$$\ddot{\theta} + \frac{\sigma}{2\varepsilon}\dot{\theta} + \omega_n^2\sin\theta = 0 \tag{6.2.3}$$

其中

$$\omega_n = \sqrt{\frac{\mu^2 \Omega n}{2\hbar\varepsilon}} \tag{6.2.4}$$

方程（6.2.3）是一个非线性单摆方程，其中 $\ddot{\theta}$ 项描述“振荡”，而 $\dot{\theta}$ 项描述“阻尼”。现在讨论方程（6.2.3）的两个特殊情况。

6.2.1　单脉冲超荧光

首先考虑一种过阻尼情况，它意味着系统受到的阻尼很大，以至于系统只是单向的运动，不发生振荡行为($\ddot{\theta}=0$)，这时方程（6.2.3）约化为

$$\dot{\theta} + \frac{1}{\tau_r}\sin\theta = 0 \tag{6.2.5}$$

其中

$$\tau_r = \frac{\sigma}{2\varepsilon\omega_n^2} = \frac{\hbar\sigma}{\mu^2 \Omega n} \tag{6.2.6}$$

方程（6.2.5）有解

$$\theta(t) = 2\arctan\left[\tan\frac{\theta(0)}{2}\exp\left(-\frac{t}{\tau_r}\right)\right] \tag{6.2.7}$$

在此基础上利用式（6.2.2c）计算辐射场振幅 E，进而得到辐射强度（它正比于 E^2）

$$I(t) = I_m \,\mathrm{sech}^2\left(\frac{t-\tau_d}{\tau_r}\right) \tag{6.2.8}$$

其中

$$I_m = \left(\frac{\mu\Omega n}{\sigma}\right)^2 \tag{6.2.9a}$$

$$\tau_d = \tau_r \ln\left[\tan\frac{\theta(0)}{2}\right] \tag{6.2.9b}$$

表达式（6.2.8）显示了一个典型的单脉冲超荧光的波形，它有以下特点：① τ_r 表征脉冲宽度，它与原子总数成反比，即 $\tau_r \propto 1/n$[式(6.2.6)]；②辐射强度正比于 n^2，而不是 n，这是合作辐射的基本特点；③峰值强度 I_m 出现在 τ_d 时刻，相

应于 $\theta=\pi/2$ 及 $R_3=0$（原子在上、下能态的布居数相等），这就是所谓的“超辐射态”。表达式（6.2.8）被发现与在铯原子蒸气中观察到的单脉冲超荧光的波形符合很好[1.28]。另外在同步培养的群体果蝇（Drosophila）卵的自发生物光子辐射中也存在辐射强度的 n^2 依赖性[6.5]，这意味着这种群体的生物光子辐射具有合作性。

6.2.2 压缩效应

在方程（6.2.3）中考虑无阻尼情况（$\dot{\theta}=0$），这时系统的行为类似于非线性单摆的振动

$$\ddot{\theta}+\omega_n^2\sin\theta=0 \tag{6.2.10}$$

下面讨论系统的压缩效应，为此引入无量纲场振幅 β 及无量纲时间参量 τ，它们分别被定义为

$$\beta=-\frac{\mu}{\hbar\omega_n}E,\quad \tau=\omega_n t \tag{6.2.11}$$

这样一来，方程（6.2.2c）及方程（6.2.10）被改写为

$$\frac{\mathrm{d}\theta}{\mathrm{d}\tau}=-\beta,\quad \frac{\mathrm{d}\beta}{\mathrm{d}\tau}=\sin\theta \tag{6.2.12}$$

这描述了一个非线性的“布洛赫单摆”，这里角位移 θ 关系到原子的角动量$[J_z\leftrightarrow(N/2)\cos\theta]$，而角速度相应于场振幅$(a\leftrightarrow\sqrt{N}\beta)$，其中 N 是原子总数。这个布洛赫摆的能量为

$$E_0=\beta^2/2+(1-\cos\theta) \tag{6.2.13}$$

从能量的角度看，系统有两种类型的初态，它们分别相应于 $E_0<2$（自发超荧光）和 $E_0>2$（触发超荧光）。原子变量及场变量的量子起伏由摆的初始位移及初始角速度的起伏表征，它们是

$$\Delta\theta_0=\Delta\beta_0=1/\sqrt{N} \tag{6.2.14}$$

它相应于相干态的正交算子的起伏：$\Delta x=\Delta p=1$（详见第 8 章）。利用方程组（6.2.12）可以计算在不同初始条件下相格$(\Delta\theta)^2(\Delta\beta)^2$ 在相空间 θ-β 的时间演化[1.28]。很显然，场的压缩效应相应于$(\Delta\beta)^2<1/N$。事实上，场在时间演化中诱导压缩效应，特别是在 $\theta=0$（原子能量取最小值）附近。

6.2.3 横向效应

上面的处理涉及一个空间均匀的辐射场，它本质上是基于一种平均场理论，没有计及场的横向效应。现在考虑下面的麦克斯韦-布洛赫方程组

$$\dot{R}_2=\frac{\mu}{\hbar}ER_3 \tag{6.2.15a}$$

$$\dot{R}_3=-\frac{\mu}{\hbar}ER_2 \tag{6.2.15b}$$

$$c\frac{\partial E}{\partial z}+\frac{\partial E}{\partial t}=\frac{\mu\Omega}{2\varepsilon}R_2 \qquad (6.2.15c)$$

它们与方程（6.2.1）的区别在于式（6.2.15c），这里引入了场的空间依赖性，它被 $\partial E/\partial z$ 项刻画。另外，为了简单起见，我们在利用式（6.1.12a）时忽略了场的损耗，$\sigma\to 0$。为了解方程组（6.2.15），引入无量纲的时间-空间变量

$$w=\omega_n^2\left(t-\frac{z}{c}\right)\frac{z}{c} \qquad (6.2.16)$$

其中，ω_n 由式（6.2.4）给出，注意到表达式（6.2.2c），这样一来，方程组（6.2.15）变成关于 w 的常微分方程

$$w\frac{\mathrm{d}^2\theta}{\mathrm{d}w^2}+\frac{\mathrm{d}\theta}{\mathrm{d}w}=-\sin\theta \qquad (6.2.17)$$

这是一个 Sine-Gordon 方程。由于存在振荡项 $\mathrm{d}^2\theta/\mathrm{d}w^2$ 及阻尼项 $\mathrm{d}\theta/\mathrm{d}w$，所以可以想象它的解（输出波形）为一系列随时间衰减的脉冲，这就是超荧光的“横向效应”。这个效应通过对方程（6.2.17）的数值求解能被详细研究[1.28]。超荧光的横向效应在物理上被解释如下。考查一个位于激活介质内任意 z 点的初始处于激发态的原子，它发射一个光子跃迁到基态。之后它可能会吸收一个来自位置 z_1（$z_1<z$）的光子而被再次激发。另外，产生于 z 点的光子在传播中也可能激发一个位于 z_2（$z_2>z$）的早先已经发射光子而回到基态的原子。而且位于 z 点的原子还可能被多次激发，多次发射光子。所有这些过程导致了一个振荡衰减的输出波形，显然这是样品的长度 L 太大所致。如果 L 足够小，以至于样品内任何位置的原子都不被二次激发，换言之，当原子发射光子回到基态后，所有的光子已经离开了样品，这样就不会出现振荡的输出波形，从而确保一个单脉冲输出。不出现原子的二次激发，这在物理上意味着系统是“过阻尼”的，即方程（6.2.17）中的阻尼项远大于振荡项。在这样的条件下，振荡项能被忽略，得出一个类似于式（6.2.5）的方程，它诱导一个单脉冲输出，正如式（6.2.8）所示。

顺便指出，Sine-Gordon 方程是一个可积系统，出现在许多专题研究中，如 Josephson 交叉（junctions），液相 ^{3}He（A-相）中的自旋波，晶体脱位理论（crystal dislocation theory），一唯铁磁晶体及反铁磁晶体（如$CsNiFe_3$，TMMC）中的自旋波。有理由相信 Sine-Gordon 方程也会在描述生物信息的相干传递中扮演一个重要的角色[3.6]。

6.3　光学孤立子

6.3.1　孤立子的特征

现在讨论麦克斯韦-布洛赫方程组（6.2.15）的另一种形式的解。事实上布洛赫方程（式 6.2.15a，式 6.2.15b）有解（6.2.2），将它代入方程（6.2.15c），

得到

$$c\frac{\partial^2\theta}{\partial z\partial t}+\frac{\partial^2\theta}{\partial t^2}=-\omega_n^2\sin\theta \tag{6.3.1}$$

其中，ω_n 由式（6.2.4）给出。引入无量纲的时间-空间变量

$$\xi=\omega_n t-\frac{2\omega_n}{c}z \tag{6.3.2a}$$

及无量纲的时间变量

$$\tau=\omega_n t \tag{6.3.2b}$$

方程（6.3.1）被改写为

$$\frac{\partial^2\theta}{\partial\xi^2}-\frac{\partial^2\theta}{\partial\tau^2}=\sin\theta \tag{6.3.3}$$

这是 Sine -Gordon 方程的标准形式，它有解

$$\theta=4\arctan\left[\exp\left(\xi\sqrt{1+\alpha^2}-\alpha\tau\right)\right] \tag{6.3.4}$$

其中，α 是一个不含时间的常数，但与系统的初始条件有关。这个解［与式（6.2.2c）联立］给出一个光脉冲，其波形为

$$E(z,t)=E_0\operatorname{sech}\left(\frac{t-z/U}{t_{\mathrm{D}}}\right) \tag{6.3.5}$$

其中

$$E_0\equiv E(0,0)=2\frac{\hbar}{\mu}\omega_n\left(\sqrt{1+\alpha^2}-\alpha\right) \tag{6.3.6}$$

是脉冲的振幅，U 和 t_{D} 分别是脉冲的速度和宽度，它们能在脉冲振幅的意义上表示为

$$U=\frac{c}{1+\left(2\dfrac{\hbar}{\mu}\dfrac{\omega_n}{E_0}\right)^2} \tag{6.3.7a}$$

$$t_{\mathrm{D}}=2\frac{\hbar}{\mu}\frac{1}{E_0} \tag{6.3.7b}$$

表达式（6.3.5）表示了一个孤立子解。它的特征是，脉冲的振幅越大传播越快、且宽度越窄。图 6.2 显示了孤立子在任意位置 z 的波形。

孤立子脉冲的时间积分（脉冲面积）给出它在空间任意位置 z 的能量

$$\begin{aligned}\theta&=\frac{\mu}{\hbar}\int_{-\infty}^{\infty}E(z,t)\,\mathrm{d}t\\&=\frac{\mu}{\hbar}\int_{-\infty}^{\infty}E_0\operatorname{sech}\left(\frac{z-Ut}{Ut_{\mathrm{D}}}\right)\mathrm{d}t\\&=\frac{\mu}{\hbar}E_0 t_{\mathrm{D}}\left[\arctan(\sinh\xi)\right]_{-\infty}^{\infty}=2\pi\end{aligned} \tag{6.3.8}$$

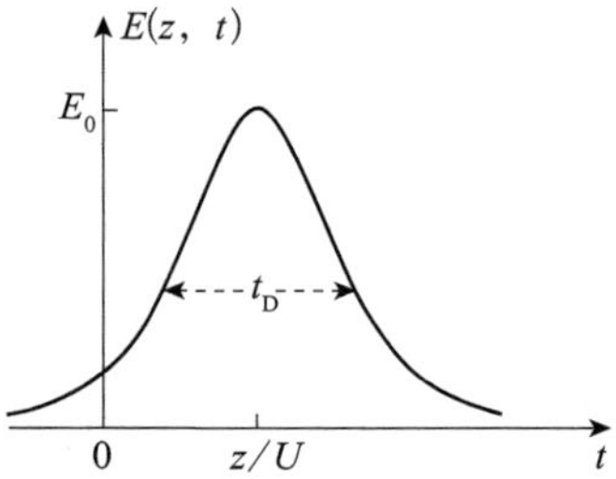

图 6.2　孤立子(6.3.5)在任意位置 z 的波形

这个常数结果意味着孤立子脉冲在空间传播时，其能量与空间位置 z 没有关系，即在任意位置孤立子脉冲具有相同的能量（能量守恒）。换言之，孤立子在介质中传播时不损失它的能量，这是由 sech 波形决定的。其物理机制是面积为 2π 的孤立子光脉冲进入介质之初，原子处于低能态。孤立子通过介质时将原子从低能态激发到高能态，在这个过程中孤立子失去了一定的能量。随后，当孤立子离开介质时，高能态的原子跃迁回低能态又将等量的能量“退还”给孤立子。如图 6.3 所示。这样孤立子在穿过介质的全过程中没有将自身的能量消耗在原子系统中。所以孤立子脉冲是一个所谓的“自感应透明”（self-induced transparency）脉冲。

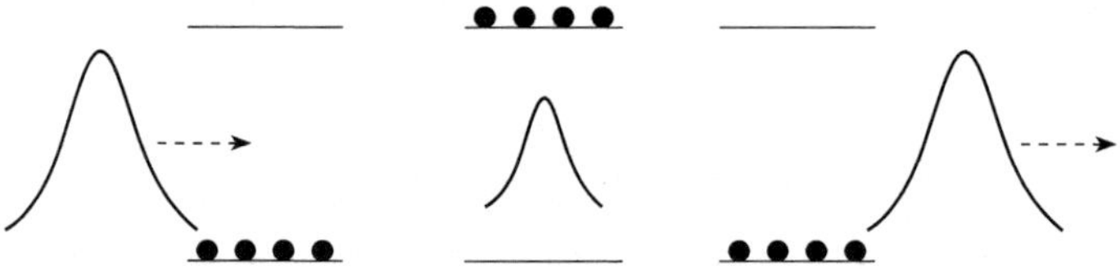
图 6.3　孤立子传播不损失能量的物理机制

孤立波可以发生在许多不同的介质中，一个众所周知的例子是河水中的孤立波。据报道早在 1834 年，英国的一位造船工程师正骑马沿运河行进，发现河中一只船突然停止时，它的前方水面上形成了一个光滑而轮廓清晰的大鼓包沿运河向前推进。他一直跟踪观察，发现这一鼓包保持着约 9m 长和 30～45cm 高的形状，一直前进了约 1.5km 的距离才在运河的拐弯处消失了。这也许就是在水中传播的孤立波。

6.3.2　生物光子辐射的“透明性”

事实上除了水之外，已经在许多非线性介质中观察到了具有自感应透明性质的孤立子。这里要强调的是在生物系统中，特别是当生物光子穿过生命物质时，存在着类似的自感应透明现象[1.13]。

为了理解生物光子辐射的自感应透明现象，首先从物理学的观点解说生物系统的本质。生物系统本质上是一个开放系统，与外界环境永恒存在着物质、能量、信息的交换。外界环境不间断地泵浦耗散的生物系统，使之处于一种远离热平衡的状态。事实上，一个有机体被高度地组织化，以至于有机体内的所有组分被相互关联起来，在新陈代谢过程中合作的行动。换言之，内部的关联性及合作性使得有机体成为一个有机的整体，呈现最高程度的有序性。生物光子被认为在生命活动中扮演着一个传递生物信息的角色，因此它必须具有极高的工作效率以便最有效地协调有机体内的所有组分的行动，完成新陈代谢过程中的所有环节。生物光子很像是一种工作在孤立子状态的光信号，它在生物介质中无损耗地传播，一个典型的例子被显示在图 6.4。图中最下方的测量结果显示，生命物质对于生物光子的传播呈现极高的透明性，生物光子在生物介质中传播时，几乎没有能量损失。因此我们有理由相信生物光子具有光学孤立子的传播特征。

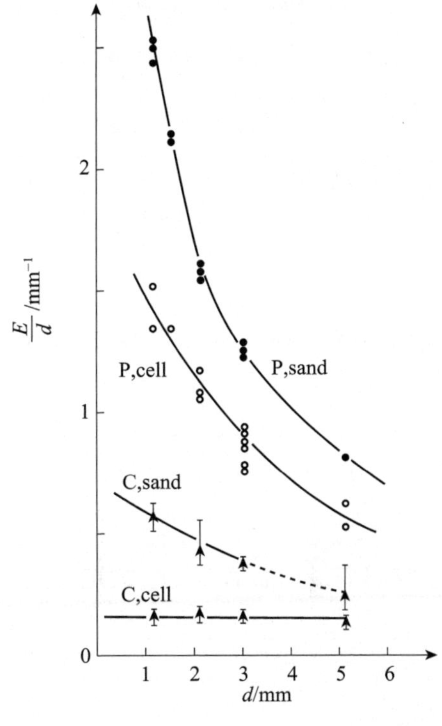

图 6.4 消光系数 $E/d(\mathrm{mm}^{-1})$ 的测量值

各种厚度 d(mm)的沙子（P，sand）及黄豆细胞（P，cell）对人造光的消光系数首先被测量，所用仪器为 Gilford 250 分光光度计（取波长 $\lambda=550$nm）。然后测量黄瓜芽的光子辐射的消光系数，所用介质仍然为沙子（C，sand）及黄豆细胞（C，cell）。结果显示：①对于相同的光（在人造光及生物光子两种情况下），生命物质具有更好的透明性；②对于相同的介质（在沙子及细胞两种情况下），当生物光子穿过时具有更好的透明性；③生命物质对于生物光子的传播呈现极高的透明性

6.4 干涉效应

6.4.1 Sine-Gordon 方程的线性近似

现在试图对于 Sine-Gordon 方程（6.3.1）作进一步的讨论，假定其中的 θ 足够小，以至于可以取线性近似：$\sin\theta \approx \theta$，这样方程（6.3.1）变成下面的线性方程

$$c\frac{\partial^2\theta}{\partial z\partial t}+\frac{\partial^2\theta}{\partial t^2}=-\omega_n^2\theta \tag{6.4.1}$$

求解方程（6.4.1），为此引入无量纲的时间-空间变量

$$v=2\omega_n\sqrt{\left(t-\frac{z}{c}\right)\frac{z}{c}} \tag{6.4.2}$$

其中，ω_n 由式（6.2.4）给出，方程（6.4.1）变成

$$\frac{\mathrm{d}^2\theta}{\mathrm{d}v^2}+\frac{1}{v}\frac{\mathrm{d}\theta}{\mathrm{d}v}+\theta=0 \tag{6.4.3}$$

这是一个贝塞尔方程，它在描述集体偶极子系统与一个平面波相互作用的经典理论中被详细讨论过[1.28]，现在用它讨论生物光子辐射的相干性问题。方程（6.4.3）有解[4.5]

$$\theta(v)=\theta(0)J_0(v) \tag{6.4.4}$$

其中，$J_0(v)$ 是零阶贝塞尔函数。将式（6.4.4）代入式（6.2.2c）并利用关系式 $J_1=-J_0'$，然后与式（6.2.2c）联立，得到场振幅

$$E(\tau)=E_0\frac{J_1\left(2\sqrt{\dfrac{\tau}{\tau_{\mathrm{R}}}}\right)}{\sqrt{\dfrac{\tau}{\tau_{\mathrm{R}}}}} \tag{6.4.5}$$

其中，$\tau=t-z/c$ 是时间-空间变量，而 E_0 和 τ_{R} 被定义为

$$E_0=-\frac{\hbar}{\mu}\frac{z}{c}\theta(0)\omega_n^2 \tag{6.4.6a}$$

$$\tau_{\mathrm{R}}=\frac{c}{z}\frac{1}{\omega_n^2} \tag{6.4.6b}$$

在式（6.4.6a）中 $E_0\equiv E(0)$ 是常数振幅。而相对振幅 $E_{\mathrm{R}}(\tau)\equiv E(\tau)/E(0)$ 作为变量 τ 的函数被显示在图 6.5（a），其中不同的曲线相应于不同的 τ_{R} 值，它们显示了振荡式的衰变。事实上 τ_{R} 是一个特征的衰变时间，它特别刻画了振幅在较小时间 τ 段的衰变特征：τ_{R} 越大，衰变时间越长。如果 τ_{R} 足够大，以至于 $2\sqrt{\tau/\tau_{\mathrm{R}}}$ 小于贝塞尔函数的第一个零点，$E_{\mathrm{R}}(\tau)$ 将显示一种单调的衰变，如图 6.5（b）所示。从式（6.4.6）看到 $E_0^2\propto n^2$ 及 $\tau_{\mathrm{R}}\propto 1/n$，这是合作辐射的特点。

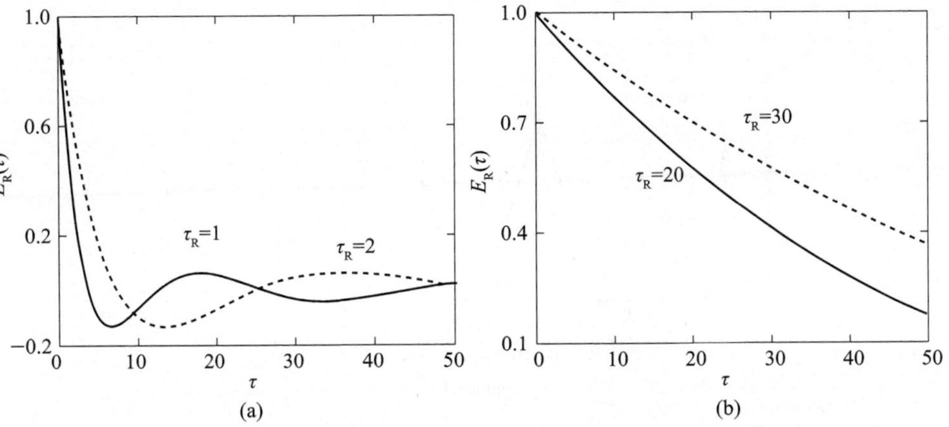

图 6.5 相对场振幅 $E_R(\tau)$［式（6.4.5）］作为时间-空间变量 τ 的函数

（a）振荡式衰变（τ_R 较小）；（b）单调衰变（τ_R 较大）

6.4.2 生物光子辐射的“干涉”现象

表达式（6.4.5）能被理解为密度为 n 的许多全同辐射单元所诱导的辐射场振幅。现在我们试图用这样一个“叠加场”来描述水蚤 Daphnia 群体的生物光子辐射的干涉性图样[1.67]。首先简单介绍有关的实验情况，实验中制备一系列水蚤 Daphnia 溶液作为测量样品，每个样品具有不同的水蚤密度。实验目的是考查水蚤群体的自发光子辐射强度对于水蚤密度的依赖性。测量显示，随着水蚤密度的增加，水蚤群体的自发光子辐射强度不是线性增加，而是呈现非线性增加的趋势，特别是交替出现极大值与极小值，如图 6.6 所示。这样的现象可以被考虑为来自水蚤群体内部的某种“干涉”效应。该实验是德国生物学家 Calle 在 Popp 的研究小组完成的，又被称为“Calle 效应”。

6.4.3 生物群体干涉现象的理论描述

为了在干涉性的意义上定量描述这一生物群体现象，我们假定水蚤群体在溶液中是均匀分布的，其数密度为 n。想象整个水蚤溶液被分成许多体积相等的单元，每个单元的体积足够小，确保单元内的所有水蚤能相互关联起来，以至于该单元的光子辐射场能被式（6.4.5）表示。总的辐射场是所有单元的光子辐射场的叠加。可以不失一般性地考虑最简单的情况，那就是任意两个单元的光子辐射场的叠加，如图 6.7 所示，其中 z_1 和 z_2 分别表示两个单元到探测器的距离。对于稳态辐射场的情况（$t\to\infty$），每一个单元在探测器诱导的光子辐射场由式（6.4.5）表示为

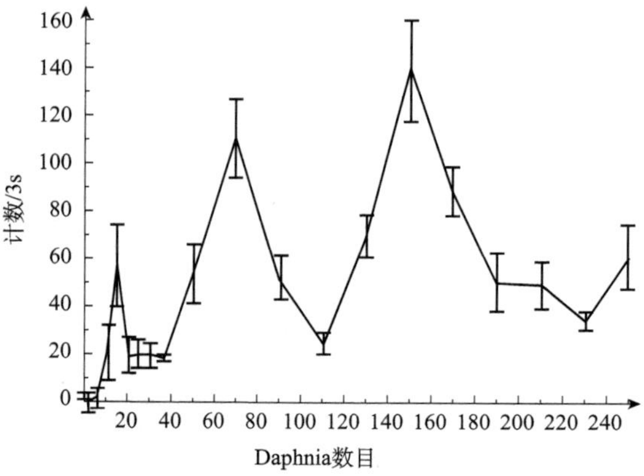

图 6.6　水蚤 Daphnia 群体的生物光子辐射的干涉性图样

辐射强度作为水蚤个体数目的函数。处于青春期的若干数目的水蚤 Daphnia magna 及 15mL 溶液被置于石英样品池作为每次测量的样品，实际被测量的样品具有一系列不同的水蚤数目。图中显示的平均值及二重标准方差来自水蚤被置于样品池 7.5min 后的 150 个读数

$$E(z,t)=E_0\frac{1}{\sqrt{\pi}\left(\frac{t-z/c}{\tau_R}\right)^{3/4}}\cos\left[2\left(1-\frac{z}{2ct}\right)\sqrt{\frac{t}{\tau_R}}-\frac{3\pi}{4}\right] \tag{6.4.7}$$

其中，$z=z_1$ 或 z_2，这里已经使用了相应于 $t\to\infty$ 的近似式

$$J_1(x)\approx\sqrt{\frac{2}{\pi x}}\cos\left(x-\frac{3\pi}{4}\right) \tag{6.4.8}$$

$$\sqrt{1-\frac{1}{x}}\approx 1-\frac{1}{2x} \tag{6.4.9}$$

它们成立的条件为 $x\to\infty$。

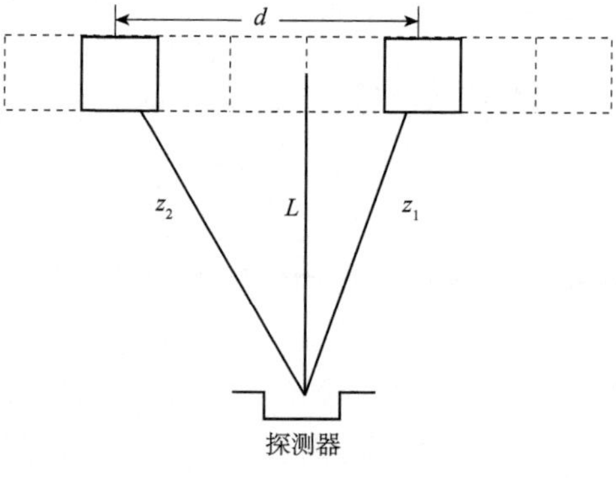

图 6.7　用叠加场模型描述水蚤 Daphnia 群体的生物光子辐射的干涉性图样的示意图

z_1 和 z_2 分别表示水蚤群体中的任意两个单元到探测器的距离，d 和 L 分别表示两个单元的间距及水蚤样品到探测器的距离

实际使用的测量系统满足几何条件 $L \gg d$，其中 L 是水蚤样品到探测器的距离，d 是水蚤样品中任意两个单元之间的距离，这样有

$$z_2 - z_1 \approx d\sin\theta \text{ 和 } z_2 + z_1 \approx 2L \tag{6.4.10}$$

其中 2θ 是探测器对于两个单元的张角。叠加场的振幅是考虑中的两个单元的光子辐射场的振幅［式（6.4.7）］之和，它的平方给出被探测的辐射场的强度，作为水蚤密度 n 的函数被表示为

$$I(n) = I_0 \cos^2(\pi C\sqrt{n}) \tag{6.4.11}$$

其中

$$I_0 = \frac{4}{\pi}E_0^2\left(\frac{t - L/c}{\tau_R}\right)^{-\frac{3}{4}} \tag{6.4.12}$$

$$C = \frac{d\sin\theta}{2\pi c}\sqrt{\frac{L}{ct}}\sqrt{\frac{\mu^2\Omega}{2\hbar\varepsilon}} \tag{6.4.13}$$

均是与水蚤密度 n 无关的常数，在得到式（6.4.11）的过程中已经利用了条件（6.4.10），并将叠加场振幅中出现的 z_1 和 z_2 近似地用 L 代替。很明显，表达式（6.4.11）表征了探测器所记录的水蚤群体的自发光子辐射的总强度。它对于水蚤密度 n 的增加显示交替出现的极大值和极大值，它们分别由

$$\frac{K}{\sqrt{n}} = C(\text{极大}), \quad \frac{2K+1}{2\sqrt{n}} = C(\text{极小}) \tag{6.4.14}$$

确定，其中极值的级数为 $K=1, 2, 3, \cdots$。如果从一开始就考虑 N 个单元的叠加场，所得结果与式（6.4.11）类似，只不过常数 I_0 和 C 包含了对于 N 的依赖性，这并没有从形式上改变最终的结果式（6.4.14）。

由图 6.4 的实验观察值和式（6.4.14）的理论预言值，可以作出表 6.1。这里首先列出了相应于所有的三级极大和三级极小的水蚤密度 n 的六个观察值，然后将 n 值代入式（6.4.14）得到关于常数 C 的理论预言值。结果发现相互很接近，平均值为 $\bar{C}=0.243$，正如图 6.8 所示。这意味着辐射强度取极值所相应的水蚤密度可以被理论表达式（6.4.14）所支配。这不仅说明从光子辐射的干涉性的角度考虑水蚤图样信息的观点是定性正确的，而且证明我们的模型对于水蚤图样信息的描述是定量精确的。进一步还可以利用上述过程所得到的常数 C 的来预言更高级数的水蚤密度。例如，对于第四级极值，将 $K=4$ 和 $\bar{C}=0.243$ 代入式（6.4.14），立即得到 $n=271$ 及 $n=343$，它们分别相应于辐射强度取第四级极大和极小所对应的水蚤密度。

表 6.1　水蚤 Daphnia 群体的生物光子辐射的干涉性实验的观察值和理论表达式（6.4.14）所预言的 C 值

	极大	极小	极大	极小	极大	极小
K	1	1	2	2	3	3
n	15	36	70	110	150	230
$K/\sqrt{n}$	0.258	—	0.239	—	0.245	—
$(2K+1)/2\sqrt{n}$	—	0.250	—	0.238	—	0.231

注：n 是相应于辐射强度三级极大和三级极小的水蚤密度，数据来自于图 6.6

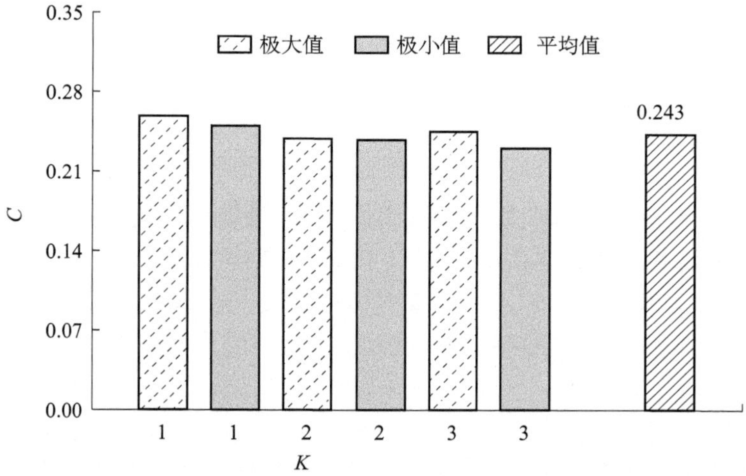

图 6.8　用叠加场模型描述水蚤 Daphnia 群体的生物光子辐射的干涉性图样的理论预言值

相应于辐射强度的三级极大和三级极小数据来自表 6.1，C 的六个理论预言值相互很接近，其平均值为 $\bar{C}=0.243$

6.5　绝热辐射场

6.5.1　场方程

现在从麦克斯韦-布洛赫方程组（6.1.7）和方程组（6.1.12）出发，考虑一个集体二能级原子与平面波场模相互作用的系统，假定这个系统的原子变量的弛豫时间远小于场变量的弛豫时间。这意味着在原子与辐射场相互作用的过程中，原子变量被认为已经达到了稳态：$\dot{R}_1=\dot{R}_2=\dot{R}_3=0$，而场变量仍然随时间变化。这样的处理被称为“绝热近似”[4.1]。在绝热近似下，布洛赫方程（6.1.7）有解

$$R_2=\frac{(\mu/\hbar)T_2 n_0 E}{1+(\mu/\hbar)^2 T_1 T_2 E^2} \tag{6.5.1a}$$

$$R_3=\frac{n_0}{1+(\mu/\hbar)^2T_1T_2E^2} \tag{6.5.1b}$$

这里已经取了共振近似：$\omega\approx\Omega$ 和缓变位相近似：$\dot{\phi}\to0$。将式（6.5.1a）代入式（6.1.12），引入无量纲场振幅 X 和时间参量 τ

$$X=\frac{\mu}{\hbar}\sqrt{T_1T_2}E \tag{6.5.2a}$$

$$\tau=\frac{\sigma}{2\varepsilon}t \tag{6.5.2b}$$

并取平均场近似：$\partial E/\partial z=0$，得到场方程

$$\frac{dX}{d\tau}=-X+\lambda\frac{X}{1+X^2} \tag{6.5.3}$$

其中

$$\lambda=\frac{\mu^2\Omega T_2n_0}{\hbar\sigma} \tag{6.5.4}$$

是方程中的唯一参量，它被称为系统的“控制参量”[与方程（4.2.1b）中的控制参量类似]。

现在原子变量已经不出现在方程（6.5.3）之中，系统的麦克斯韦-布洛赫方程组约化为唯一的场方程，上面的处理过程称为“原子变量的绝热消除”。方程（6.5.3）所描述的场可以称为“绝热辐射场”下面从不同的角度讨论场方程（6.5.3）。

6.5.2 含时解与稳态解

对方程（6.5.3）的直接积分给出场振幅 X 与时间 τ 的关系式

$$f(X)=f(X_0)\exp(2\tau) \tag{6.5.5}$$

其中，X_0 是初始 $\tau=0$ 时刻的场振幅，函数 $f(X)$ 被定义为

$$f(X)=\frac{\left(\dfrac{X^2}{\lambda-1-X^2}\right)^{\frac{1}{\lambda-1}}}{\lambda-1-X^2} \tag{6.5.6}$$

关系式（6.5.5）确定了场方程（6.5.3）的含时解。但它是一个超越方程，不能写出 $X(\tau)$ 作为 τ 的函数的解析表达式。不过 $X(\tau)$ 对 τ 的依赖性可以用数值方法讨论。

现在用势函数方法讨论常微分方程（6.5.3）的稳态解。按照势函数的一般定义式（5.2.4），对方程（6.5.3）右边直接积分，得到它的势函数

$$V(X)=\frac{1}{2}[X^2-\lambda\ln(1+X^2)] \tag{6.5.7}$$

方程（6.5.3）的稳态解被 $dX/d\tau=0$ 确定，它们是

$$X_s=0,\ \pm\sqrt{\lambda-1} \tag{6.5.8}$$

这里已假定 $\lambda>1$。势函数（6.5.7）被显示在图 6.9，可以看出在 $\lambda>1$ 条件下稳态解 $X_{s0}=0$ 对应势函数的极大值，因此是不稳定的；而稳态解 $X_{s\pm}=\pm\sqrt{\lambda-1}$ 对应于势函数的极小值，因此是稳定的。在 $\lambda\leqslant1$ 条件下，方程（6.5.3）只有一个稳态解 $X_{s0}=0$，如图 6.9 中的虚线所示。

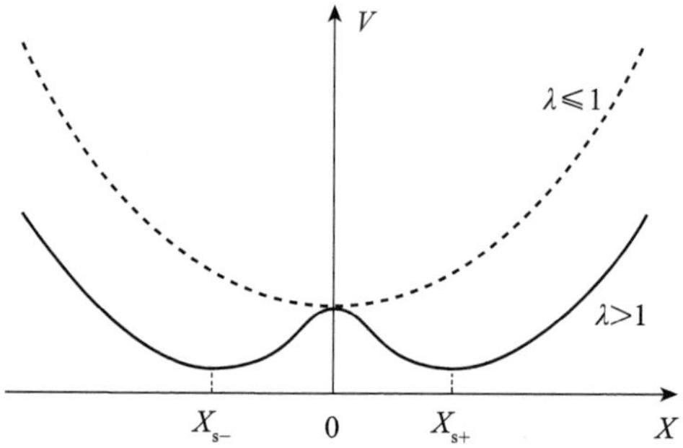

图 6.9　式（6.5.7）所示的势函数

势函数 $V(X)$ 的行为表明：方程（6.5.3）在 $\lambda>1$ 条件下有两个稳定的稳态解 $X_{s\pm}$，在 $\lambda\leqslant1$ 条件下有一个稳定的稳态解 $X_{s0}=0$

6.5.3　噪声诱导的稳态漂移

在上面的讨论中，控制参量 λ 是一个常数。实际上，λ 所包含的 n_0 作为一个泵浦参量具有随机起伏的可能性，因此控制参量在一般情况下可以表示为

$$\lambda(\tau)=\lambda+\xi(\tau) \tag{6.5.9}$$

这里 λ 是控制参量的平均值，而 $\xi(\tau)$ 表示在 λ 附近的随机起伏，假定 $\xi(\tau)$ 具有白噪声的性质，即

$$\langle\xi(\tau)\rangle=0 \tag{6.5.10a}$$

$$\langle\xi(\tau)\xi(\tau')\rangle=\kappa\delta(\tau-\tau') \tag{6.5.10b}$$

其中，κ 是一个常数，它是噪声强度的度量。这样方程（6.5.3）变成了下面的郎之万（Langevin）方程

$$\frac{dX}{d\tau}=-X+\lambda(\tau)\frac{X}{1+X^2} \tag{6.5.11}$$

这是一个随机微分方程，X 是随机变量。按照通常的处理，引入一个关于随机变量 X 的分布函数 $P(X,\tau)$，它服从福克-普朗克方程[4.4]

$$\frac{\partial P(X,\tau)}{\partial\tau}=-\frac{\partial}{\partial X}[F(X,\lambda)P(X,\tau)]+\frac{\kappa}{2}\frac{\partial^2}{\partial X^2}[D(X)P(X,\tau)] \tag{6.5.12}$$

其中，$F(X,\lambda)$ 和 $D(X)$ 是漂移系数和扩散系数，它们分别被定义为

$$F(X,\lambda)=-X+\lambda\frac{X}{1+X^2} \tag{6.5.13a}$$

$$D(X)=\left(\frac{X}{1+X^2}\right)^2 \tag{6.5.13b}$$

这样一来，就把随机微分方程（6.5.11）化成了等价的福克-普朗克方程（6.5.12）。而后者的稳态解是[4.4]

$$P(X)=\frac{N}{D(X)}\exp\left[\frac{2}{\kappa}\int^X\frac{F(X,\lambda)}{D(X)}\mathrm{d}X\right] \tag{6.5.14}$$

其中，N 是一个归一化常数。将式（6.5.13）代入式（6.5.14）并完成其中的积分，得到

$$P(X)=N\,(1+X^2)^2\,(X^2)^{\frac{\lambda-1-\kappa}{\kappa}}\exp\left[-\frac{X^2}{\kappa}\left(\frac{X^2}{2}-\lambda+2\right)\right] \tag{6.5.15}$$

稳态分布函数（6.5.15）的最可几 X 值对应计及噪声后系统的稳定态。为了得到该分布函数的最可几值，首先定性分析式（6.5.15）的特征。很明显，它是关于 X 的偶函数，具有对称性分布。在 $\lambda\leqslant1$ 条件下，分布函数的最大值出现在 $X=0$，意味着系统在该点有一个稳定态。另外，在 $\lambda>1$ 条件下，分布函数有两个对称的极大值，相应于系统的两个稳定态，特别是在噪声强度 $\kappa\to0$ 的情况下，分布函数（6.5.14）约化成

$$P(X)=\frac{1}{2}\left[\delta(X-\sqrt{\lambda-1})+\delta(X+\sqrt{\lambda-1})\right] \tag{6.5.16}$$

它给出位于 $\pm\sqrt{\lambda-1}$ 的两个解，正是方程（6.5.3）的稳定的稳态解。在一般情况下，稳态分布函数（6.5.15）的最可几的值被 $\mathrm{d}P(X)/\mathrm{d}X=0$ 确定，它给出三次方程

$$Y^3-\lambda Y^2-\kappa Y+2\kappa=0 \tag{6.5.17}$$

其中，$Y\equiv X^2+1$（$1\leqslant Y<\infty$）是与 X 等价的随机变量，它反映了系统在 $\pm X$ 部分的对称性。很明显，方程（6.5.17）有一个特解：$Y=2$（对于 $\lambda=2$ 及任意 κ 值），它扮演了系统的临界点。图 6.10（a）和图 6.10（b）分别显示了在临界点两侧（$1<\lambda<2$ 和 $\lambda>2$）稳态分布函数（6.5.15）的图样。可以看出分布函数的最可几值（即噪声影响下的系统的稳定态）相对于无噪声时的稳定态 $X_s^2+1=\lambda$ 有一定的漂移。漂移的方向因 λ 的取值而不同：在 $1<\lambda<2$ 情况下呈现负漂移（向较小的 X_s^2 值漂移）；而在 $\lambda>2$ 的情况下呈现正漂移（向较大的 X_s^2 值漂移）。无论是负漂移还是正漂移，噪声强度 κ 越大，漂移量越大。在临界点 $\lambda=2$，噪声影响下的系统的稳定态与无噪声时系统的稳定态重合在 $X_s^2=1$，没有漂移现象。

再来考查稳态分布函数（6.5.15）的最可几值的性质，为此求解方程（6.5.17），得到有物理意义的根

$$Y_{\mathrm{m}}=\left[-\frac{q}{2}+\sqrt{\left(\frac{q}{2}\right)^2+\left(\frac{p}{3}\right)^3}\right]^{\frac{1}{3}}+\left[-\frac{q}{2}-\sqrt{\left(\frac{q}{2}\right)^2+\left(\frac{p}{3}\right)^3}\right]^{\frac{1}{3}}+\frac{\lambda}{3} \tag{6.5.18}$$

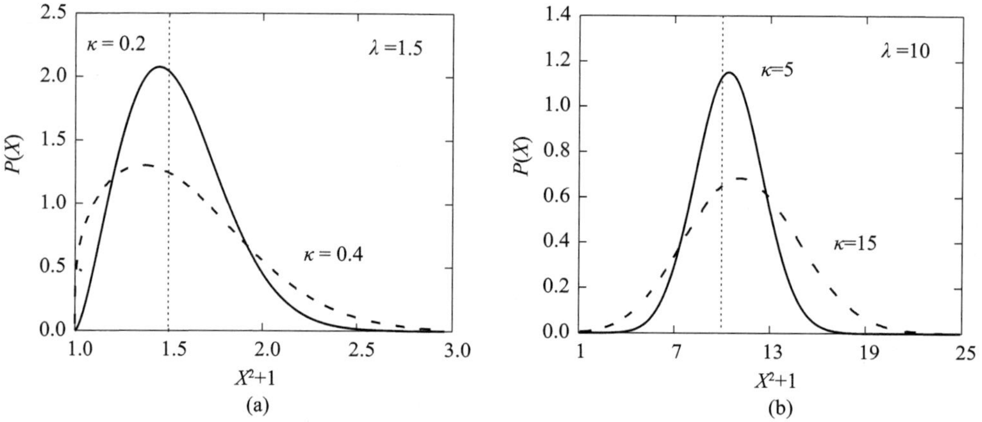

图 6.10　噪声影响下的系统的稳态分布函数（6.5.15）

最可几值相对于无噪声情况下系统的稳定态 $X_s^2+1=\lambda$ 发生漂移：(a) $1<\lambda<2$ 条件诱导负漂移；(b) $\lambda>2$ 条件诱导正漂移

其中

$$p=-\kappa-\frac{\lambda^2}{3},\quad q=-\frac{2\lambda^3}{27}-\frac{\lambda\kappa}{3}+2\kappa \tag{6.5.19}$$

最可几值 Y_m 对于参数 λ 和 κ 的依赖性被显示在图 6.11。根据这些曲线可以利用给定的 κ 和任意的 λ 确定稳定态漂移量的精确值。

至此可以总结如下：控制参量的随机噪声可以诱导系统稳定态的漂移，这种漂移被一个相变现象所支配：随着平均控制参量 λ 的变化，存在着正漂移和负漂移两种不同的情况，而在相变的临界点 $\lambda=2$，没有稳定态的漂移发生。

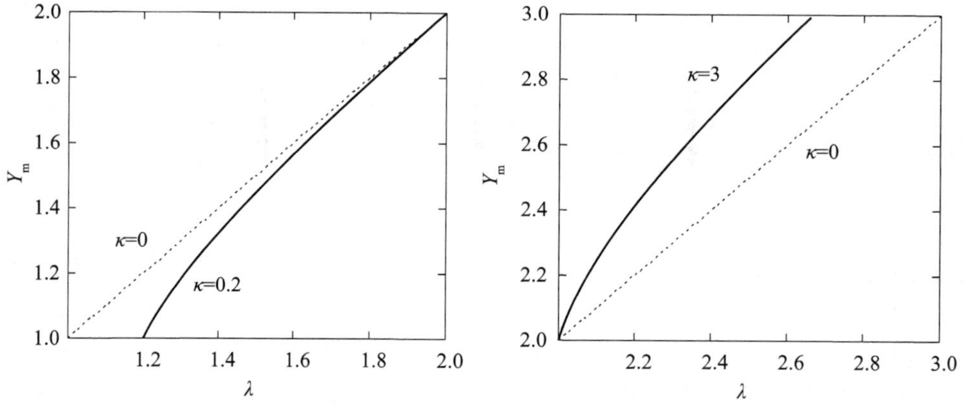

图 6.11　噪声影响下的系统的稳态分布函数的最可几值

最可几值 Y_m 对于平均控制参量 λ 的依赖性［式（6.5.18）和式（6.5.19）］。虚线表示无噪声时系统的稳定态。随着 λ 的增加，Y_m 值经历了一个从负漂移到正漂移的相变，在相变的临界点 $\lambda=2$，稳定态不漂移

6.6 相变现象

方程（6.5.3）扮演了集体二能级原子与平面波场模在绝热近似下相互作用的场方程，现在给辐射场引入一个驱动项（这在物理上相当于给系统施加一个外界驱动场），以至于系统的场方程变为

$$\frac{\mathrm{d}X}{\mathrm{d}\tau}=Z-X+\lambda\frac{X}{1+X^2} \tag{6.6.1}$$

其中，Z 表示外界驱动场的振幅。现在考查受外界驱动的系统的稳态行为。事实上，微分方程（6.6.1）有稳态解

$$Z=X-\lambda\frac{X}{1+X^2} \tag{6.6.2}$$

关系式（6.6.2）中的三个量有清楚的物理含义：Z 是对系统的输入信号，X 是系统的输出信号，λ 则是系统的控制参量。现在对表达式（6.6.2）作进一步的讨论。

6.6.1 “驱动场”与“压强”

第 5 章讨论了范德瓦耳斯方程所诱导的气-液相变以及噪声在 exciplex 系统中所诱导的稳定态之间的相变。将会看到这样的相变现象还会发生在方程（6.6.2）之中。利用式（6.6.2）作出 Z-X 曲线，如图 6.12 所示，其中每一条曲线对应一个确定的 λ 值。注意这里只显示了 $X>0$ 部分，因为 Z 是 X 的偶函数，有关 $X<0$ 的部分是镜像对称的。显然这些曲线与图 5.2 及图 5.3 的那些曲线在本质上是类似的。

当控制参量 λ 取较大值时，在输入信号 Z 和输出信号 X 之间存在着一一对应的关系，就像理想气体的压强 P 与体积 V 之间的关系一样。当 λ 减小到临界点 λ_c 之下时，式（6.6.2）作为关于 X 的三次方程有三个实数根：X_1、X_0 和 X_2（令 $X_1<X_0<X_2$），一个 Z 值可能对应三个 X 值。不过在临界点 λ_c，三个实数根 X_1、X_0 和 X_2 重叠成一个实数根 X_c。在临界点，Z、X 和 λ 的值被 $(\partial Z/\partial X)_\lambda=0$，$(\partial^2 Z/\partial X^2)_\lambda=0$ 及关系式（6.6.2）确定，结果是

$$\lambda_c=-8, X_c=\sqrt{3}, Z_c=3\sqrt{3} \tag{6.6.3}$$

通过图 6.10 与图 5.2 的比较给出对应关系

$$\lambda\leftrightarrow T,\quad X\leftrightarrow V,\quad Z\leftrightarrow P \tag{6.6.4}$$

与范德瓦耳斯方程一样，方程（6.6.2）也能诱导输出信号 X 之间的相变。这里 X_0 与 X_1、 X_2 有本质的区别：前者处在 Z-X 曲线的下降分支，它是不稳定

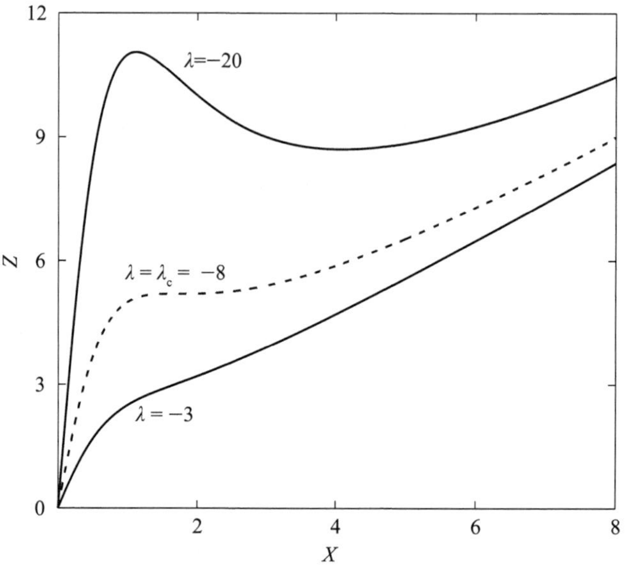

图 6.12 方程（6.6.2）的 Z-X 曲线，每一条曲线对应一个确定的 λ 值

控制参量 λ 取较大值时（$\lambda>\lambda_c$），Z 和 X 之间存在着一一对应的关系。控制参量 λ 取较小值时（$\lambda<\lambda_c$），一个 Z 值可能对应三个 X 值。系统的临界点由式（6.6.3）给出

的；而后者处在 Z-X 曲线的上升分支，它们是稳定的。系统的相变实际上发生在输出信号 X_1 与 X_2 之间。相变发生的条件是控制参量 λ 要小于临界值，即 $\lambda<\lambda_c$，这与范德瓦耳斯方程诱导气-液相变的条件 $T<T_c$ 是类似的，这里的控制参量 λ 与范德瓦耳斯方程中的温度 T 扮演着相同的角色，它们都是系统的状态参量。不过与第 5 章相变产生的机理不同，那里讨论的相变是由外界噪声引起的；而这里的相变是由外界驱动场引起的。外界驱动场与范德瓦耳斯方程中的压强扮演着相同的角色。

6.6.2 光学双稳性

为了进一步讨论系统的相变行为，利用势函数对系统的状态进行稳定性分析。方程（6.6.1）的势函数 $V(X)$ 由

$$\frac{\partial V}{\partial X}=-Z+X-\lambda\frac{X}{1+X^2} \tag{6.6.5}$$

确定，对式（6.6.5）右边直接积分给出

$$V(X)=-ZX+\frac{1}{2}[X^2-\lambda\ln(1+X^2)] \tag{6.6.6}$$

这个势函数的曲线对于确定的 λ 值和不同的 Z 值被显示在图 6.13。可以看出对于较小的 Z 值及较大的 Z 值，势函数 $V(X)$ 都只有一个极小值，意味着系统只

有一个稳定态。当 Z 值处于一定的范围之内，势函数 $V(X)$ 有一个位于 X_0 的极大值及两个分别位于 X_1 和 X_2 的极小值，意味着系统有一个不稳定态 X_0 和两个稳定态 X_1 和 X_2。对于一个输入信号 Z，存在着两个稳定的输出信号 X_1 和 X_2，这就是所谓“光学双稳性”的基本原理[6.6]。

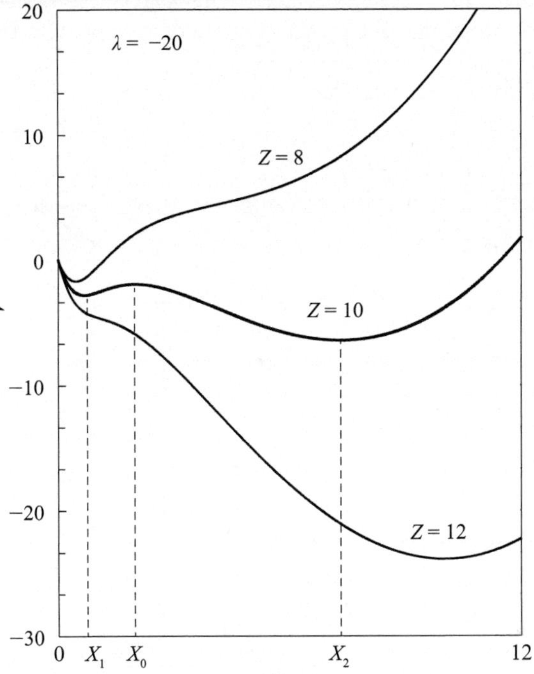

图 6.13 势函数 $V(X)$［式（6.6.6)］

对于较小的 Z 值及较大的 Z 值，势函数 $V(X)$ 都只有一个极小值，意味着系统只有一个稳定态。当 Z 值处于一定的范围之内，势函数 $V(X)$ 有一个位于 X_0 的极大值及两个分别位于 X_1 和 X_2 的极小值，意味着系统有一个不稳定态 X_0 和两个稳定态 X_1 和 X_2

在一个实际的光学双稳系统中，输入光强度和输出光强度分别扮演了模型中输入信号 Z 和输出信号 X 的角色，在较低强度的输入信号 Z 逐渐增强而较高强度的输入信号 Z 逐渐减弱的过程中，形成了具有低阈值 Z_1 和高阈值 Z_2 的滞后环，如图 6.14 所示。高、低阈值的位置被 $\mathrm{d}Z/\mathrm{d}X=0$ 确定，再利用式（6.6.2）即可得到

$$Z_{1,2}=\frac{1}{\sqrt{2}}\left(1+\frac{2\lambda}{\lambda\mp\sqrt{\lambda^2+8\lambda}}\right)\sqrt{-(2+\lambda)\pm\sqrt{\lambda^2+8\lambda}} \tag{6.6.7}$$

其中 $\lambda<-8$。利用式（6.6.7）作出低阈值 Z_1 和高阈值 Z_2 随 λ 变化的曲线，如图 6.15（a）所示。在临界点 $\lambda=-8$，Z_1 和 Z_2 重合在一起，随着 λ 的减小，Z_1

和 Z_2 分离开来并均向高 Z 的方向移动，但 Z_2 比 Z_1 移动得快，因此滞后环的宽度 Z_2-Z_1 随之增加，正如图 6.15（b）所示。

一个工作在双稳态输出的光学系统，其输入信号 Z 被控制在滞后环的宽度 Z_2-Z_1 之内，输出信号则在两个稳定值 X_1 和 X_2 之间跃变，系统在启动和关闭之间诱导双稳态输出。这样一种双稳态输出的现象在生物系统的光子辐射中也有相应的实验观察，一个典型的例子是大麦芽的自发生物光子辐射信号对于温度的双向变化呈现清楚的滞后环，如图 5.13 所示。

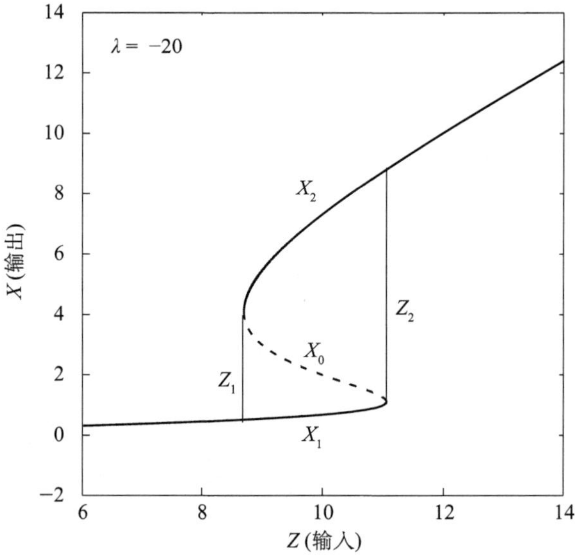

图 6.14　光学双稳态

在较低输入信号 Z 逐渐增强，而较高输入信号 Z 逐渐减弱的过程中，形成了具有低阈值 Z_1 和高阈值 Z_2 的滞后环，而输出信号 X 则在两个稳定值 X_1 和 X_2 之间跃变，系统形成光学双稳态输出。虚线表示系统的不稳定态 X_0

6.6.3　辐射场的熵

在热力学中，系统的熵被定义为自由能 ϕ 对温度 T 的偏微商，即

$$S=-\left(\frac{\partial\phi}{\partial T}\right)_V \tag{6.6.8}$$

这里 V 是系统的体积。将我们的系统与范德瓦耳斯方程相比较，可以看出控制参量 λ 扮演了一个温度 T 的角色，同时输出信号 X 扮演了一个体积 V 的角色［式(6.6.4)］，而系统的势函数 $V(X)$ 与自由能 ϕ 有类似的概念。因此可以按照热力学熵的定义式（6.6.8），求系统的势函数（6.6.6）对控制参量 λ 的偏微商，给出系统的熵

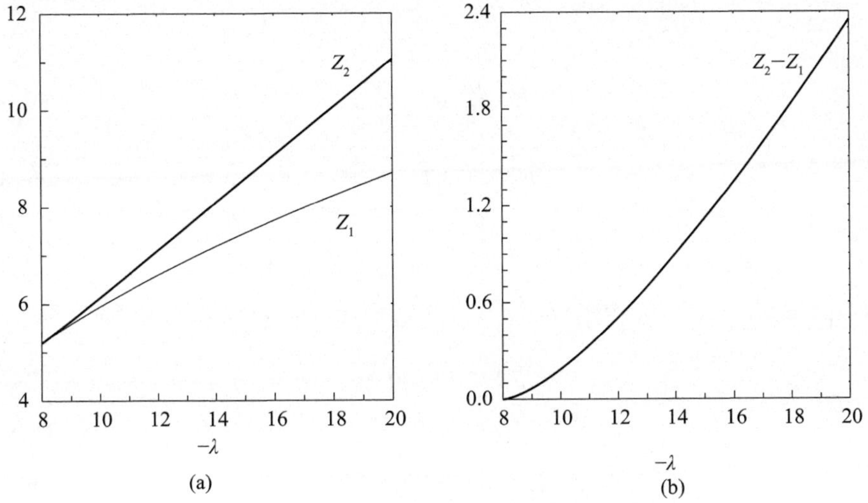

图 6.15 光学双稳态输出的阈值

(a) 诱导光学双稳态输入信号的低阈值 Z_1 和高阈值 Z_2 对于控制参量 λ 的依赖性：在临界点 $\lambda=-8$，Z_1 和 Z_2 重合在一起，然后随着 λ 的减小均向高 Z 的方向移动。(b) 滞后环的宽度 Z_2-Z_1 在临界点为零，但随着 λ 的减小而增加

$$S=-\left(\frac{\partial V}{\partial \lambda}\right)_X \tag{6.6.9}$$

将式（6.6.6）代入式（6.6.9），得到

$$S\propto\ln(1+X^2) \tag{6.6.10}$$

这意味着一个辐射场的熵关系到它的辐射强度 X^2，这与量子理论的结果式（3.6.8）是一致的，与哈肯（Haken）所得到的结果相符合[1.28]。这个结果说明，辐射场强度的降低导致场熵的减小，进而系统有序性增加。在辐射场强度 $X^2\to 0$ 的极限情况下，场熵 $S\to 0$，系统达到最大可能的有序性。

另外，熵在一个统计分布 p_i 的意义上由式（2.3.2）定义，它是统计分布 p_i 的不确定性的度量。对于一个辐射场，可以测量光子数分布 p_i，进而可以按照式（2.3.2）计算光子统计熵。第 8 章将要显示，统计熵（2.3.2）与场熵（6.6.10）对于描述辐射场的相干性是等价的。

6.7 洛伦兹模型

基于麦克斯韦-布洛赫方程组（6.1.7）和方程组（6.1.12），这里考虑一个描述集体二能级原子与平面波场模相互作用的系统，现在的模型需要下列近似条件：①场与原子的相互作用满足共振条件：$\omega\approx\Omega$；②场的位相变化是缓慢的，即

$|\dot{\phi}|\ll\Omega$；③场是空间均匀的：$\partial E/\partial z=0$。在这些近似条件下，系统的运动方程为

$$\dot{E}=\frac{\mu\Omega}{2\varepsilon}R_2-\frac{\sigma}{2\varepsilon}E \tag{6.7.1a}$$

$$\dot{R}_2=\frac{\mu}{\hbar}ER_3-\frac{R_2}{T_2} \tag{6.7.1b}$$

$$\dot{R}_3=\frac{n_0-R_3}{T_1}-\frac{\mu}{\hbar}ER_2 \tag{6.7.1c}$$

假定泵浦参量 $n_0>0$。方程组（6.7.1）能被写成哈肯建议的形式[6.7]

$$\dot{X}=aY-aX \tag{6.7.2a}$$

$$\dot{Y}=XZ-Y \tag{6.7.2b}$$

$$\dot{Z}=b(c-Z)-XY \tag{6.7.2c}$$

其中

$$X=\frac{\mu T_2}{\hbar}E \tag{6.7.3a}$$

$$\begin{pmatrix}Y\\Z\end{pmatrix}=\frac{\mu^2\Omega T_2}{\hbar\sigma}\begin{pmatrix}R_2\\R_3\end{pmatrix} \tag{6.7.3b}$$

$$\tau=t/T_2 \tag{6.7.4}$$

其余的参量被定义为 $a=\sigma T_2/2\varepsilon$，$b=T_2/T_1$，$c=\mu^2\Omega T_2 n_0/\hbar\sigma$。注意到式（6.7.2）是关于 X，Y，Z 的非线性方程组，只含时间变量 τ。事实上，式（6.7.2）就是所谓的洛伦兹（Lorenz）模型[6.8]。洛伦兹最早用这个模型研究 Rayleigh-Bénard 对流不稳定性。相应的实验是：水平放置的两个盘子之间盛有一种液体，当盘子从下面被加热的时候，随着参量 c 的增加液体变成二维的有序结构。之后这个模型获得了广泛的应用[6.9～6.11]，由于涉及不稳定性、吸引子、混沌、相变等研究课题，它被期待在生物系统特别是生物光子辐射的研究中获得应用。

6.8 结　论

基于辐射与物质相互作用的半经典理论，我们建立了描述二能级原子与平面波场模相互作用的麦克斯韦-布洛赫方程组，其特点是：①方程组是非线性的；②包含空间和时间变量；③含有场振幅和场位相；④物质系统涉及集体二能级原子。由于该方程组的一般性，我们用之描述了一系列非线性光学及量子光学效应，如多原子系统的超荧光、光学孤立子、噪声诱导的稳定态漂移、驱动场诱导的相变及光学双稳性，进而引出了洛伦兹模型。特别是，我们的模型还可以用来

解释和描述有关生物光子辐射的若干实验现象，例如，在合作辐射的意义上理解同步培养的群体果蝇卵的光子辐射强度的 n^2 依赖性，在孤立子无损耗传播的意义上解释生命物质对于生物光子传播的透明性，定量地描述水蚤 Daphnia 群体的生物光子辐射的干涉性图样。另外还得到了辐射场的熵与辐射强度的关系式，它为后续的关于生物光子辐射相干性的光子统计学研究奠定了理论基础。结果表明，辐射与物质相互作用的半经典理论为我们提供了一个理解和描述生物光子辐射相干性的有力工具。

参 考 文 献

[6.1] Sargent III M, Scully M O , Lamb W E. Laser Physics. London: Addison-Wesley Publishing Co. , 1974; Scully M O, Zubairy M S . Quantum Optics. Cambridge: Cambridge University Press, 1997.

[6.2] Gu Q. Vector model of population matrix. Journal of Northwest University (Natural Science Edition), 1986, 16: 119-122 .

[6.3] Svelto O S. Principles of Lasers (4 editions). Translated by Hanna D C , New York and London: Plenum Press, 1976, 1982, 1989, 1998.

[6.4] Gu Q. Rate equations for a four-level system which include an apparent dependence on geometric parameters of the laser cavity. Chin. Phys. Lasers (USA), 1986, 13: 87-90.

[6.5] Ho M W, Xu X, Ross S, et al. Light emission and rescattering in synchronously developing populations of early Drosophila embryos//Recent Advances in Biophoton Research and its Applications. Singapore, New Jersey, London, Hong Kong: World Scientific, 1992.

[6.6] MacCall S L, Gibbs H M. Optical Bistability//in Dissipative Systems in Quantum Optics. Berlin, Heidelberg, New York: Springer-Verlag, 1982.

[6.7] Haken H. Synergetics: An Introduction, Nonequilibrium Phase Transitions and Self-Organization in Physics, Chemistry and Biology (2nd Edition) . Berlin, Heidelberg, New York: Springer-Verlag, 1978.

[6.8] Lorenz E N. Deterministic nonperiodic flow. J. Atoms, Sci. , 1963, 20: 134-141.

[6.9] Lucke M. Statistical dynamics of the Lorenz model. J. Stat. Phys. , 1976, 15: 455-475 .

[6.10] Lorenz E N. On the prevalence of aperiodicity in simple systems. Lect. Notes in Math. , 1979, 755: 53-74.

[6.11] Lorenz E N. Dimension of weather and climate attrators. Nature, 1991, 353: 241-244 .

第 7 章　生物光子辐射与量子干涉现象

摘要： 两个相干态的叠加作为经典杨氏干涉的量子对应现象显示了一系列奇特的非经典性质，如辐射场的相长与相消干涉、振荡光子数分布、亚泊松光子统计、辐射场的压缩等。所有这些效应只出现在辐射场含有较低光子数的情况，它们在光子数增加时全部消失。众多样品的低强度生物光子辐射的实验观察显示了量子干涉效应的迹象，如水蚤 Daphnia 群体、水蚤 Gonyaulax 群体、单细胞水藻 Acetabularia 个体及黄瓜芽等植物样品。本章的理论研究和所述的实验观察为理解生物光子辐射的相干性本质提供了新的途径。

关键词： 量子干涉，相干态的叠加，非经典辐射场，场的相长与相消干涉，振荡光子数分布，亚泊松光子统计，辐射场的压缩，生物光子辐射中的量子干涉迹象

7.1　引言：杨氏干涉的量子对应现象

按照生物光子辐射的相干性理论，生物光子场与相干态有密切的关系[1.60]。因此深入了解与相干态有关的辐射场态的性质对于深刻理解生物光子辐射的相干性是很有意义的。本章考虑由相干态叠加而成的辐射场态，它们被发现具有许多奇异的性质。这些性质被发现起因于相干态之间的一种“量子干涉”。

相干态之间的量子干涉能被联系到经典相干光的杨氏干涉效应。为了说明这一点，首先回顾经典的杨氏双缝干涉实验，如图 7.1（a）所示。入射到接收屏 S 上的光场的振幅 E 为

$$E=E_1+E_2 \tag{7.1.1}$$

其中，E_1 和 E_2 分别表示来自两个狭缝的光场振幅，它们在一般情况下可以写为复数的形式：$|E_i|=|E_i|\exp(i\delta_i)$（$i=1$ 或 2），这里 $|E_i|$ 和 δ_i 分别表示辐射场的振幅和位相。

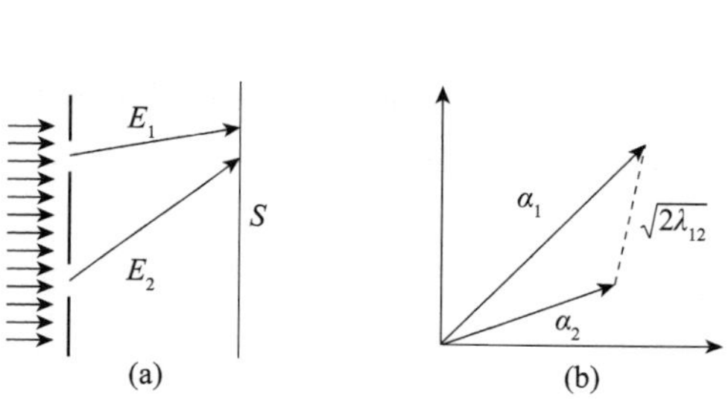

图 7.1　杨氏干涉的量子对应现象

（a）经典的杨氏双缝干涉；（b）两个相干态的量子叠加。两者之间具有经典-量子对应关系

由于光强度正比于振幅的平方，所以接收屏 S 上的光强度为

$$I=|E_1|^2+|E_2|^2+2|E_1||E_2|\cos\delta_{12} \tag{7.1.2}$$

其中，$\delta_{12}=\delta_1-\delta_2$ 是两个分量场的位相差。如果 δ_{12} 不随时间变化，只含空间变量，则接收屏 S 上显示的光强度分布表现为由因子 $\cos\delta_{12}$ 引起的明暗相间的干涉条纹。

什么是经典杨氏干涉的量子对应现象？在量子领域寻找杨氏干涉实验的分量光场时，最恰当的选择就是相干态。因为相干态具有测不准原理所允许的最小测不准乘积：$\Delta x\Delta p=1$[7.1]。换言之，相干态是一种最接近经典形式的量子态。因此与两个经典光场叠加［式（7.1.1)］最接近的量子方式是两个相干态的叠加

$$|\Psi\rangle=|\alpha_1\rangle+|\alpha_2\rangle \tag{7.1.3}$$

它是经典杨氏干涉的量子对应现象。这个叠加态的光强度被平均光子数 $N\equiv\langle\Psi|a^+a|\Psi\rangle$ 表示，计算给出

$$N=|\alpha_1|^2+|\alpha_2|^2+2|\alpha_1||\alpha_2|\exp(-\lambda_{12})\cos\Delta_{12} \tag{7.1.4}$$

它与相应的经典表达式（7.1.2）的区别在于指数因子 $\exp(-\lambda_{12})$ 中的 λ_{12} 是否为零，这个指数因子起源于两个相干态 $|\alpha_k\rangle$ 和 $|\alpha_j\rangle$ 的非正交性关系式

$$\begin{aligned}\langle\alpha_k|\alpha_j\rangle&=\exp\left[-\frac{1}{2}(|\alpha_k|^2+|\alpha_j|^2)+\alpha_k^*\alpha_j\right]\\&=\exp(-\lambda_{kj}+\mathrm{i}\varepsilon_{kj})\end{aligned} \tag{7.1.5}$$

其中

$$\begin{aligned}\lambda_{kj}&=\frac{1}{2}|\alpha_k-\alpha_j|^2\\&=\frac{1}{2}(|\alpha_k|^2+|\alpha_j|^2-2|\alpha_k||\alpha_j|\cos\phi_{kj})\end{aligned} \tag{7.1.6}$$

$$\Delta_{kj}=\phi_{kj}+\varepsilon_{kj} \tag{7.1.7}$$

$$\varepsilon_{kj}=-|\alpha_k||\alpha_j|\sin\phi_{kj} \tag{7.1.8}$$

这里 $\phi_{kj}=\phi_k-\phi_j$ 是相干态复参数 $\alpha_k=|\alpha_k|\exp(\mathrm{i}\phi_k)$ 和 $\alpha_j=|\alpha_j|\exp(\mathrm{i}\phi_j)$ 的位相差。表达式（7.1.4）与式（7.1.2）的比较说明，因子 λ_{12} 起源于一个纯量子效应［图 7.1（b)］。

经典杨氏干涉现象被强度的空间图样刻画，而两个相干态的叠加场的性质能从更多的角度去描述：除了平均光子数（正比于光强度）之外，还有光子数分布、强度关联函数（包括光子数方差及高阶统计矩）及光场起伏等。这里将要显示，这样一个叠加态有一系列奇特的性质，如相长与相消干涉、振荡的光子数分布、亚泊松光子统计、辐射场的压缩及相应于无限大测不准乘积的“最量子态”等。

7.2　N 个相干态叠加的一般性表述

众所周知，叠加原理是量子力学最基本的特征之一，正如狄拉克（Dirac）在其名著《量子力学原理》（*The Principles of Quantum Mechanics*）中指出的那样[7.2]：“任何两个或更多的态能被叠加成一个新态”。正是基于这个原理，现在考虑由 N 个属于相同模式的相干态叠加而成的一个辐射场态 $|\Psi\rangle$，它被表示为

$$|\Psi\rangle=\frac{1}{\sqrt{A}}\sum_{k=1}^{N}c_k|\alpha_k\rangle \tag{7.2.1}$$

其中，A 是归一化常数，c_k 是叠加系数，它在一般情况下是复数：$c_k=|c_k|\exp(\mathrm{i}\theta_k)$，其中位相角 θ_k 扮演了一个重要的角色，正如将要看到的，θ_k 的取值决定了诸相干态 $|\alpha_k\rangle$ 之间的量子干涉是相长还是相消干涉。表达式（7.2.1）表示了一个一般性的叠加态，在 $|c_k|=1$ 的情况下，它约化为 Buzek 等所讨论的形式[7.3]。

下面研究叠加态（7.2.1）的性质，首先归一化常数 A 被 $\langle\Psi|\Psi\rangle=1$ 确定，它给出

$$A=\sum_{k=1}^{N}|c_k|^2+2\sum_{k,j=1(j>k)}^{N}|c_k||c_j|\exp(-\lambda_{kj})\cos\Omega_{kj} \tag{7.2.2}$$

其中，$\Omega_{kj}=\varepsilon_{kj}+\theta_{kj}$，而 $\theta_{kj}=\theta_k-\theta_j$ 是位相差。

在一个量子态 $|\Psi_i\rangle$ 中，任意算子 F 的量子力学期待值由

$$\langle F\rangle_i=\langle\Psi_i|F|\Psi_i\rangle \tag{7.2.3}$$

给出。如果知道期待值 $\langle F\rangle_i$ 出现的概率为 P_i，它们服从归一化条件 $\sum_i P=1$，那么可以利用概率分布 P_i 进一步计算 $\langle F\rangle_i$ 的统计平均值[1.28]

$$\begin{aligned}\langle F\rangle &= \sum_i P_i\langle\Psi_i|F|\Psi_i\rangle = \mathrm{Tr}\Big(F\sum_i P_i|\Psi_i\rangle\langle\Psi_i|\Big)\\ &=\mathrm{Tr}(F\rho)\end{aligned} \tag{7.2.4}$$

其中

$$\rho=\sum_i P_i|\Psi_i\rangle\langle\Psi_i| \tag{7.2.5}$$

是混合态的密度算子。表达式（7.2.4）显示了量子力学期待值 $\langle F\rangle_i$ 的统计平均，P_i 为相应的概率。本章只考虑 $P_i=\delta_{ij}$ 情况，即辐射场处于纯态，这样密度算子（7.2.5）约化为

$$\rho=|\Psi\rangle\langle\Psi| \tag{7.2.6}$$

其中 $|\Psi\rangle$ 是叠加态（7.2.1）。

现在从不同的角度考虑密度算子（7.2.6）所描述的辐射场的量子统计性质。

首先辐射场的光子数分布被定义为 $P_n=\langle n|\rho|n\rangle$，其中 $|n\rangle$ 是光子数态。利用式（7.2.6）及式（7.2.1），得到光子数分布

$$P_n=\frac{1}{A}\left[\sum_{k=1}^{N}|c_k|^2P_n^{(k)}+2\sum_{k,j=1(j>k)}^{N}|c_k||c_j|P_n^{(kj)}\right] \tag{7.2.7}$$

其中

$$P_n^{(k)}=\exp(-|\alpha_k|^2)\frac{|\alpha_k|^{2n}}{n!} \tag{7.2.8}$$

是相干态 $|\alpha_k\rangle$ 所服从的泊松分布，而

$$P_n^{(kj)}=\exp\left[-\frac{1}{2}(|\alpha_k|^2+|\alpha_j|^2)\right]\frac{|\alpha_k|^n|\alpha_j|^n}{n!}\cos(n\phi_{kj}+\theta_{kj}) \tag{7.2.9}$$

反映了相干态 $|\alpha_k\rangle$ 和 $|\alpha_j\rangle$ 之间的干涉效应。一般情况下式（7.2.7）呈现振荡的光子数分布，它起因于式（7.2.9）所示的干涉项。如果参与叠加的 N 个相干态有相同的振幅：$|\alpha_k|=|\alpha_j|=|\alpha|$ 和相同的叠加系数：$|c_k|=|c_j|=|c|$，则光子数分布（7.2.7）约化为

$$P_n=\frac{|c|^2}{A}\exp(-|\alpha|^2)\frac{|\alpha|^{2n}}{n!}\left[N+2\sum_{k,j=1(j>k)}^{N}\cos(n\phi_{kj}+\theta_{kj})\right] \tag{7.2.10}$$

关于式（7.2.10）中位相 ϕ_k 和 θ_k 在 N 个相干态的分布，考虑下面两种情况：

（1）位相 ϕ_k 和 θ_k 在 $[0,2\pi]$ 范围内均呈现随机分布，这导致 $\sum_{k,j}\cos(n\phi_{kj}+\theta_{kj})=0$，于是式（7.2.10）约化成形如式（7.2.8）的泊松分布。

（2）位相 ϕ_k 和 θ_k 分别在范围 $[\phi,N\phi]$ 和 $[\theta,N\theta]$ 内均匀分布，间隔为 $\phi_{k+1,k}=\phi$ 和 $\theta_{k+1,k}=\theta$，这样式（7.2.10）变为

$$P_n=\frac{|c|^2}{A}\exp(-|\alpha|^2)\frac{|\alpha|^{2n}}{n!}\frac{\sin^2\left[\dfrac{N(n\phi+\theta)}{2}\right]}{\sin^2\left(\dfrac{n\phi+\theta}{2}\right)} \tag{7.2.11}$$

它扮演了一个被泊松分布调制的“多光束干涉”图样。

继续讨论叠加态（7.2.1）的性质。事实上可以利用式（7.2.4）计算出下面的期待值

$$\langle a^+a\rangle=\frac{1}{A}\left[\sum_{k=1}^{N}|c_k|^2|\alpha_k|^2+2\sum_{k,j=1(j>k)}^{N}|c_k||c_j||\alpha_k||\alpha_j|e^{-\lambda_{kj}}\cos(\Omega_{kj}+\phi_{kj})\right] \tag{7.2.12}$$

$$\langle n^2\rangle=\langle a^+a\rangle+\frac{1}{A}\left[\begin{aligned}&\sum_{k=1}^{N}|c_k|^2|\alpha_k|^4\\&+2\sum_{k,j=1(j>k)}^{N}|c_k||c_j||\alpha_k|^2|\alpha_j|^2e^{-\lambda_{kj}}\cos(\Omega_{kj}+2\phi_{kj})\end{aligned}\right] \tag{7.2.13}$$

$$\langle a\rangle=\frac{1}{A}\Big[\sum_{k=1}^{N}|c_k|^2\alpha_k+\sum_{k,j=1(k\neq j)}^{N}|c_k||c_j|\alpha_k\exp(-\lambda_{kj}+\mathrm{i}\Omega_{kj})\Big]\tag{7.2.14}$$

$$\langle a^2\rangle=\frac{1}{A}\Big[\sum_{k=1}^{N}|c_k|^2\alpha_k^2+\sum_{k,j=1(k\neq j)}^{N}|c_k||c_j|\alpha_k^2\exp(-\lambda_{kj}+\mathrm{i}\Omega_{kj})\Big]\tag{7.2.15}$$

可以看到在式（7.2.12）～式（7.2.15）所示的关于期待值的四个表达式中，每一个表达式都包含两种求和，第一种求和涉及 N 个相干态各自的贡献，而第二种求和则反映了每两个相干态之间的干涉效应的贡献。在这些期待值的基础上，可以一般性地讨论叠加态（7.2.1）的性质，过程中涉及任意的相干态参数 α_k 及任意的叠加系数 c_k，而关于叠加态（7.2.1）的量子统计性质的讨论将涉及下面的物理量：

（1）平均光子数

$$N=\langle a^+a\rangle\tag{7.2.16}$$

（2）归一化的光子数方差

$$\sigma^2=\frac{\langle n^2\rangle-\langle n\rangle^2}{\langle n\rangle}\tag{7.2.17}$$

这里 $\sigma^2<1$ 相应于亚泊松光子统计。

（3）场算子 $x=a^++a$ 和 $p=\mathrm{i}(a^+-a)$ 的量子起伏[7.4～7.5]

$$\begin{pmatrix}(\Delta x)^2\\(\Delta p)^2\end{pmatrix}=1+2\langle a^+a\rangle\pm2\mathrm{Re}\langle a^2\rangle-4\begin{pmatrix}\mathrm{Re}^2\langle a\rangle\\\mathrm{Im}^2\langle a\rangle\end{pmatrix}\tag{7.2.18}$$

这里 $(\Delta x)^2<1$［或 $(\Delta p)^2<1$］意味着场的 x 分量（或 p 分量）存在压缩效应。

（4）归一化的高阶统计矩

$$m^{(k)}=\sum_{n=k}^{\infty}\frac{n!}{(n-k)!}P_n\quad(k=1,2,3,\cdots)\tag{7.2.19}$$

其中，光子数分布 P_n 由（7.2.7）给出，$m^{(k)}<1$ 表示存在 k 阶非经典效应。

必须强调，相干态之间的量子干涉起源于它们的非正交性，正如关系式（7.1.5）所表示的。如果相干态是正交的，即 $\exp(-\lambda_{kj})=0(\alpha_k\neq\alpha_j)$，则出现在式（7.2.12）～式（7.2.15）右边的所有干涉项为零。实际上，只要两个相干态 $|\alpha_k\rangle$ 和 $|\alpha_j\rangle$ 是彼此不相同的，式（7.1.6）即有 $\lambda_{kj}\neq0$，它必然导致干涉现象的出现。因此 λ_{kj} 可以称为“干涉性因子”。将会看出，这个干涉性因子的取值决定叠加态（7.2.1）的经典或非经典性质。

7.3　宏观可区分的相干态的量子干涉

上面的结果显示了 N 个相干态叠加的一般情况。注意到所讨论的量子干涉只发生在成对相干态之间，因为干涉性因子 λ_{kj} 只关联到两个相干态 $|\alpha_k\rangle$ 和 $|\alpha_j\rangle$，而没有牵扯两个以上的相干态之间的作用。因此研究两个相干态的叠加是有代表

意义的，特别是可以构造一个最基本的叠加态

$$|\Psi\rangle=\frac{1}{\sqrt{A}}(|\alpha e^{i\phi_1}\rangle+e^{i\theta}|\alpha e^{i\phi_2}\rangle) \tag{7.3.1}$$

其中，两个分量相干态有相同的幅度 α 但是不同的位相 ϕ_1 和 ϕ_2，因此这两个分量态是宏观可区分的。换言之，式（7.3.1）扮演了一个所谓的“薛定谔猫”态。式（7.3.1）在 $\Phi\equiv\phi_1+\phi_2=0$ 和 $\theta=0$ 的情况下约化成 Schleich 等所讨论的形式[7.6]。叠加态（7.3.1）的量子统计性质对位相差 $\phi\equiv\phi_1-\phi_2$ 的依赖性是本节讨论的主要内容。

通过利用式（7.2.7）～式（7.2.9）及式（7.2.12）～式（7.2.15），得到

$$P_n=e^{-\alpha^2}\frac{\alpha^{2n}}{n!}\frac{1+\cos(n\phi-\theta)}{1+e^{-\lambda}\cos\Omega} \tag{7.3.2}$$

$$N=\alpha^2\frac{1+e^{-\lambda}\cos(\Omega+\phi)}{1+e^{-\lambda}\cos\Omega} \tag{7.3.3}$$

$$\sigma^2=1-2\lambda e^{-\lambda}\frac{\cos(\Omega+\phi)+e^{-\lambda}\cos^2(\phi/2)}{(1+e^{-\lambda}\cos\Omega)[1+e^{-\lambda}\cos(\Omega+\phi)]} \tag{7.3.4}$$

$$\begin{pmatrix}(\Delta x)^2\\(\Delta p)^2\end{pmatrix}=1-2\lambda\frac{e^{-2\lambda}\begin{pmatrix}\cos^2\dfrac{\Phi}{2}\\\sin^2\dfrac{\Phi}{2}\end{pmatrix}\pm e^{-\lambda}\cos\Phi\cos\Omega-\begin{pmatrix}\sin^2\dfrac{\Phi}{2}\\\cos^2\dfrac{\Phi}{2}\end{pmatrix}}{(1+e^{-\lambda}\cos\Omega)^2} \tag{7.3.5}$$

其中，$\lambda=2\alpha^2\sin^2(\phi/2)$，$\Omega=\alpha^2\sin\phi-\theta$。关于场起伏（7.3.5）可以引入两个参量 S 和 R，它们分别是 $(\Delta x)^2$ 和 $(\Delta p)^2$ 的共同最小值和共同最大值，即

$$S\equiv(\Delta x)^2|_{\Phi=0}=(\Delta p)^2|_{\Phi=\pi} \tag{7.3.6}$$

$$R\equiv(\Delta x)^2|_{\Phi=\pi}=(\Delta p)^2|_{\Phi=0} \tag{7.3.7}$$

这里 $\Phi=0$ 意味着两个分量态在相空间 $x-p$ 是关于 x 轴对称的，而 $\Phi=\pi$ 时它们关于 p 轴对称。这样从式（7.3.5）有

$$S=1-2\lambda e^{-\lambda}\frac{e^{-\lambda}+\cos\Omega}{(1+e^{-\lambda}\cos\Omega)^2} \tag{7.3.8}$$

$$R=1+2\lambda\frac{1}{1+e^{-\lambda}\cos\Omega} \tag{7.3.9}$$

以后在讨论场的压缩效应时，只需考虑式（7.3.8）即可，它代表了 $(\Delta x)^2$ 和 $(\Delta p)^2$ 的共同最小值。

为了显示叠加态（7.3.1）的量子统计性质，首先作出光子数分布（7.3.2）的各种图样和相应的归一化高阶统计矩的曲线，如图 7.2 和图 7.3 所示。另外图 7.4～图 7.6 显示了平均光子数、归一化的光子数方差以及场起伏的最小值 S 随位相差 ϕ 的变化曲线。这些结果被讨论如下：

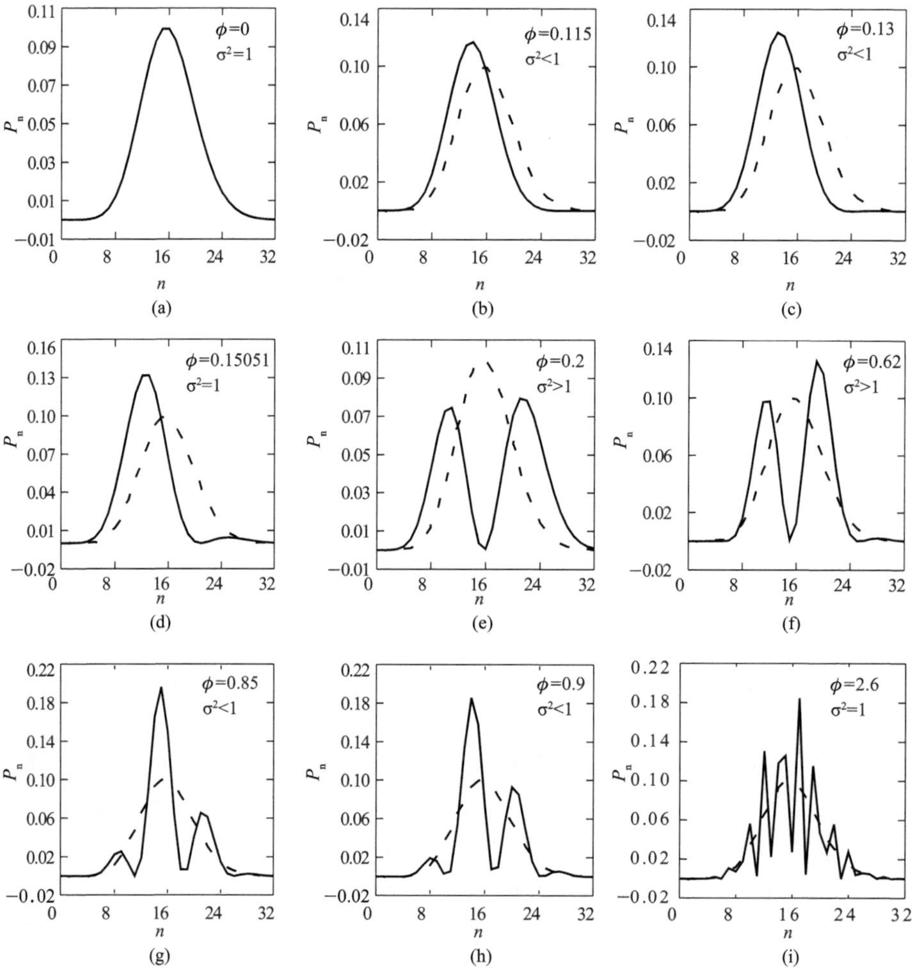

图 7.2　叠加态（7.3.1）的光子数分布（7.3.2）

随着位相差 ϕ 的变化，光子数分布呈现各种图样，每个图样中的虚线表示具有相同平均光子数的泊松分布

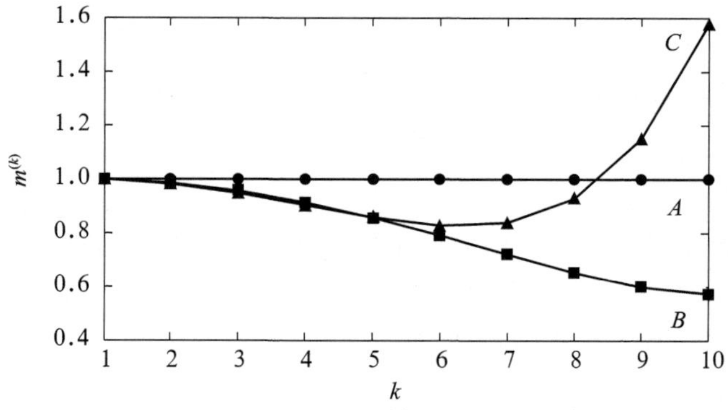

(a)

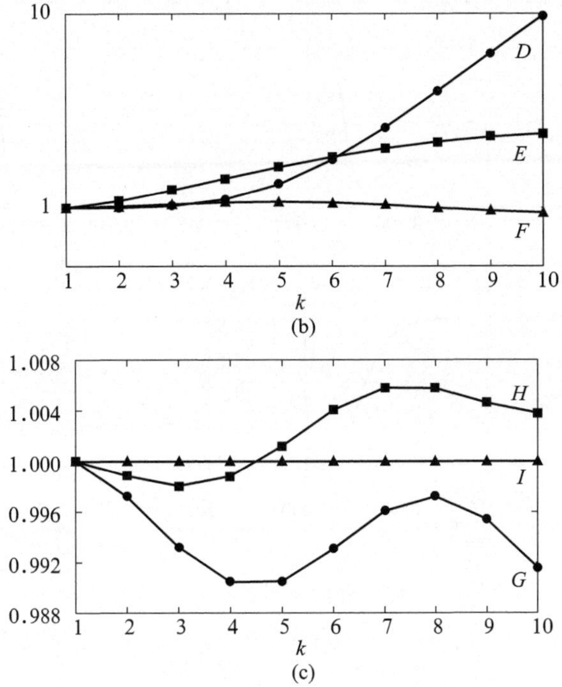

图 7.3　相应于图 7.2 各种光子数分布图样的归一化高阶统计矩 $m^{(k)}$ [式 (7.2.19)]

它们的多样性提供了一个分析辐射场光子统计性质变化的灵敏工具

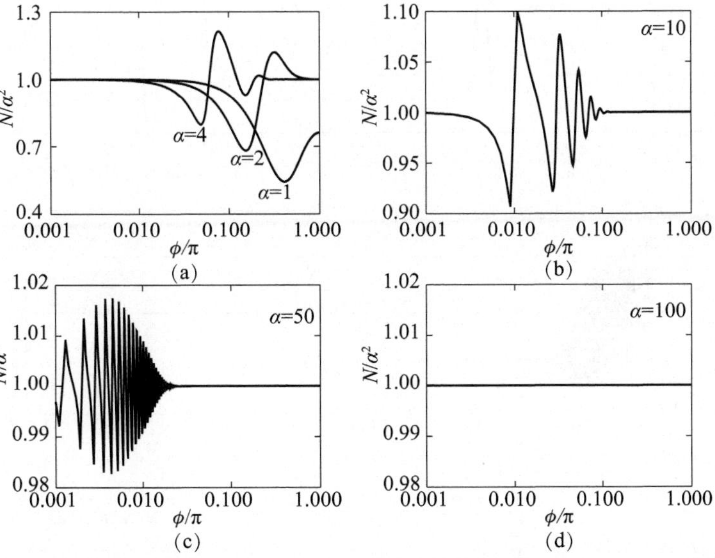

图 7.4　相对平均光子数 N/α^2 [式 (7.3.3)] 作为相对位相差 ϕ/π 的函数

这里 $N/\alpha^2>1$ ($N/\alpha^2<1$) 相应于相长(相消)干涉。对于较大的光子数参量 α,干涉效应消失:$N/\alpha^2\to 1$

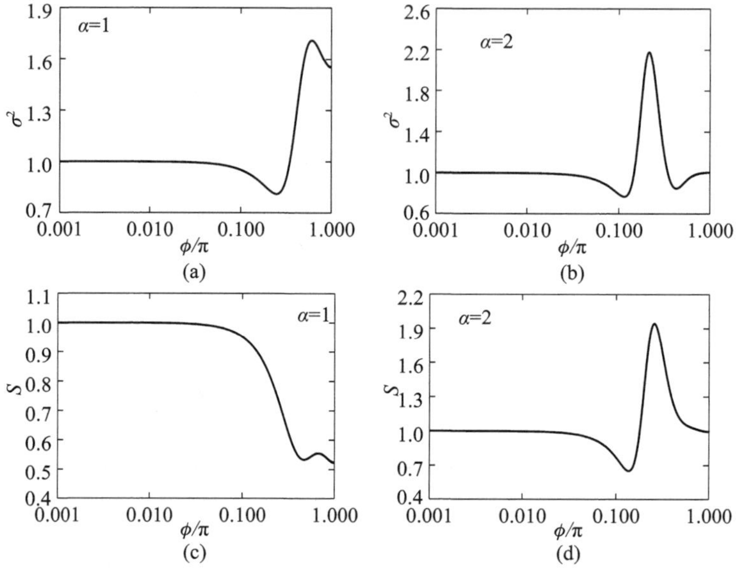

图 7.5　归一化的光子数方差 σ^2 和场起伏 S

式 (7.3.4) 的 σ^2 和式 (7.3.8) 的 S 作为相对位相差 ϕ/π 的函数，其中光子数参量 α 取较小值，辐射场存在亚泊松光子统计 ($\sigma^2<1$) 和压缩效应 ($S<1$)

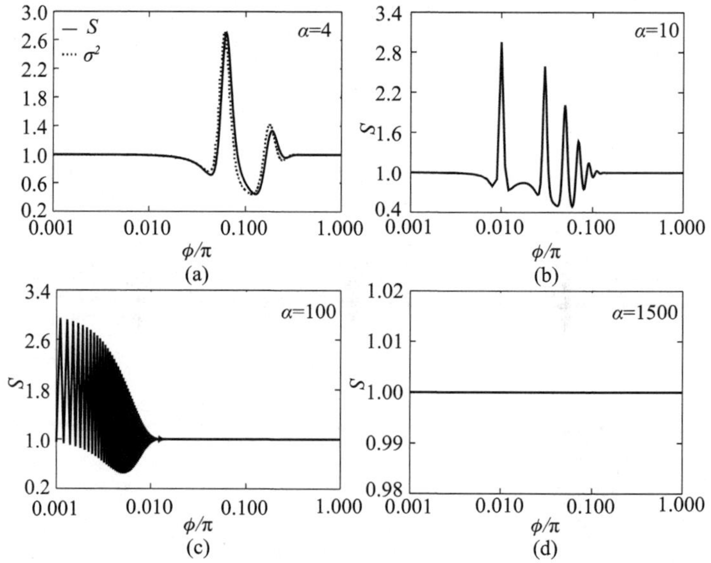

图 7.6　归一化的光子数方差 σ^2 和场起伏 S（对参量 α 的依赖性）

(a) 归一化的光子数方差 σ^2 [式 (7.3.4)] 和场起伏 S [式 (7.3.8)] 作为相对位相差 ϕ/π 的函数，其中光子数参量取值为 $\alpha=4$，这时 σ^2 与 S 非常接近（当 $\alpha>4$ 时二者重合），存在亚泊松光子统计 ($\sigma^2<1$) 和场压缩 ($S<1$)；(b)，(c) 场起伏 S 随光子数参量 α 的增加而减弱；(d) 非经典效应在较大 α 值时消失

(1) 在相消干涉、亚泊松光子统计、压缩这三种效应之间存在着一定的相应性

$$(N/\alpha^2<1)\leftrightarrow(\sigma^2<1)\leftrightarrow(S<1) \tag{7.3.10}$$

事实上，当 ϕ 从零开始增加时，这三个效应同时出现，它们还在 $\phi\to\pi$ 时同时消失。特别是当 $\alpha\geqslant4$ 时，σ^2 和 S 显示了几乎相同的行为。

(2) 这三种效应对光子数参数 α 有类似的依赖性。在 α 较小的情况下，在相当宽的 ϕ 区域内都存在这三种效应。随着 α 的增加，这三种效应的程度减弱而且相应的 ϕ 区域变得越来越窄，另外这些区域还向 $\phi=0$ 方向移动。当 α 变得充分大时，所有这些效应消失，在整个 $\phi\in(0,\pi)$ 区域出现由 $N/\alpha^2\to1$，$\sigma^2\to1$，$S\to1$ 表征的状态。这个态不是相干态，因为测不准乘积 $\Delta x\Delta p\to\infty$(由于 $R\to\infty$)。这个态具有无穷大的测不准乘积，与经典情况相差最大，因此可以称为“最量子态”。

(3) 众所周知，一个泊松分布给出 $\sigma^2=1$，如图 7.2 所示的每一个虚线图样。$\sigma^2\to1$ 通常导致一个近似的泊松分布，如图 7.2 (d) 所示的曲线。但 $\sigma^2=1$ 还能导致一个强烈振荡的分布，如图 7.2 (i) 所示的曲线 I。所以我们得到一个结论：泊松分布对应 $\sigma^2=1$，但 $\sigma^2=1$ 不一定对应泊松分布。

(4) 光子数分布的振荡是一个奇异的现象（没有经典对应），它可以存在于亚泊松分布和超泊松分布两种情况之中。亚泊松分布情况下的光子数振荡比超泊松分布来得强烈，如图 7.2 (g)、(h) 所示曲线的光子振荡强于图 7.2 (e)、(f) 所示情况。光子数分布的振荡能在相空间 x-p 干涉性的意义上给出深刻的解释[7.7]。

(5) 具有不同位相的两个单光子相干态 ($\alpha=1$) 的叠加显示了奇异的特征：相消干涉和压缩存在于整个 $\phi\in(0,\pi)$ 区域。而亚泊松光子统计和超泊松光子统计分别出现在位相差 ϕ 较小和较大的区域。

(6) 亚泊松光子统计 ($m^{(2)}<1$) 作为一个二阶非经典效应与高阶非经典效应 $m^{(k)}<1$ ($k>2$) 之间没有直接的关联。两者可以同时出现（如图 7.3 中的曲线 B 和 G），也可能只出现其中的一个，例如，对于图 7.3 中的曲线 C，有 $m^{(2)}<1$，$m^{(9)}>1$；而对于曲线 F，则有 $m^{(2)}>1$，$m^{(9)}<1$。

(7) 归一化的高阶统计矩 $m^{(k)}$ 作为阶数 k 的函数显示了诸多不同的图样，这意味着它们能够灵敏地显示辐射场光子统计性质的变化。例如，图 7.2 中曲线 B 和 C 所示的光子分布是难以区分的，但是相应的高阶矩有明显的区别，特别当 $k=9$ 和 $k=10$ 时，两种情况分别显示 $m^{(k)}<1$ 和 $m^{(k)}>1$ 的定性区别。另一个例子是图 7.2 中彼此类似的曲线 E 和 F，都是超泊松分布 ($m^{(2)}>1$)，但彼此的区别被显示在高阶统计矩之中。还有 $m^{(2)}=1$ 并不意味着对高阶矩一定有 $m^{(k)}=1$，对于情况 A 和 I：确实有 $m^{(k)}=1$（对于所有 k 值）；但对于情况 D，虽然有

$m^{(2)}=1$，但当 $k>3$ 后，$m^{(k)}$ 随 k 迅速增加。

现在利用上述结果讨论众所周知的偶、奇相干态，它们被表示为

$$|\Psi\rangle^{\pm}=\frac{1}{\sqrt{A^{\pm}}}(|\alpha\rangle\pm|-\alpha\rangle) \tag{7.3.11}$$

不失一般性，取 α 为实数。按照定义式（7.2.1），式（7.3.11）能被写为

$$|\Psi\rangle^{\pm}=\frac{1}{\sqrt{A^{\pm}}}(|\alpha\rangle+e^{i\theta^{\pm}}|\alpha e^{i\pi}\rangle) \tag{7.3.12}$$

现在偶、奇相干态都是位相差为 π 的两个相干态的叠加，它们的区别在于叠加系数：偶相干态取 $\theta^{+}=0$ 而奇相干态取 $\theta^{-}=\pi$。偶、奇相干态（7.3.12）作为薛定谔猫态（7.3.1）的特殊情况：$\phi_1=0$，$\phi_2=\pi$ 以及 $\theta^{+}=0$（$\theta^{-}=\pi$），有下列结果

$$P_n^{\pm}=\frac{\alpha^{2n}}{n!}\begin{Bmatrix}\operatorname{sech}(\alpha^2)\cos^2(n\pi/2)\\ \operatorname{csch}(\alpha^2)\sin^2(n\pi/2)\end{Bmatrix} \tag{7.3.13}$$

$$N^{\pm}=\alpha^2\begin{Bmatrix}\tanh(\alpha^2)\\ \coth(\alpha^2)\end{Bmatrix} \tag{7.3.14}$$

$$(\sigma^2)^{\pm}=1\pm2\alpha^2\operatorname{csch}(2\alpha^2) \tag{7.3.15}$$

$$S^{\pm}=1\mp2\alpha^2\exp(-\alpha^2)\begin{Bmatrix}\operatorname{sech}(\alpha^2)\\ \operatorname{csch}(\alpha^2)\end{Bmatrix} \tag{7.3.16}$$

$$R^{\pm}=1+2\alpha^2\left[1+\begin{Bmatrix}\tanh(\alpha^2)\\ \coth(\alpha^2)\end{Bmatrix}\right] \tag{7.3.17}$$

对这些结果讨论如下：

(1) 偶、奇相干态均有振荡的光子数分布。偶相干态只含有偶数的光子概率，而奇数的光子概率为零，即 $P_n^{+}=0$（$n=1, 2, 3, \cdots$）；相反，奇相干态只含有奇数的光子概率，而偶数的光子概率为零，即 $P_n^{-}=0$（$n=0, 2, 4, \cdots$），如图 7.7 所示。

(2) 对于任何非零的 α 值，偶相干态（$\theta^{+}=0$）有相消干涉 [$N^{+}/\alpha^2=\tanh(\alpha^2)<1$] 和压缩效应（$S^{+}<1$），但是没有亚泊松光子统计 [$(\sigma^2)^{+}>1$]；相反，奇相干态（$\theta^{-}=\pi$）有相长干涉 [$N^{-}/\alpha^2=\coth(\alpha^2)>1$] 和亚泊松光子统计 [$(\sigma^2)^{-}<1$]，但是没有压缩效应（$S^{-}>1$）。这个情况取决于叠加系数的位相因子 θ 的值。

(3) 偶相干态的场起伏 S^{+} 作为光子数参量 α 的函数被显示在图 7.8，它在 α_{m} 取极小值，而 α_{m} 是超越方程

$$\exp(-2\alpha_{\mathrm{m}}^2)=2\alpha_{\mathrm{m}}^2-1 \tag{7.3.18}$$

的解，数值计算给出 $\alpha_{\mathrm{m}}\approx0.8$。相应的场起伏的极小值为 $S_{\mathrm{m}}^{+}\approx0.44$，它具有 56%的压缩度。

(4) 偶、奇相干态的所有非经典效应只存在于低光子数情况。随着 α 的增加，它们迅速趋于由 $N^{\pm}/\alpha^2 \to 1$、$(\sigma^2)^{\pm} \to 1$、$S^{\pm} \to 1$、$R^{\pm} \to \infty$表征的态。这不是一个相干态，它具有 $\Delta x \Delta p \to \infty$的特点。由于相干态（$\Delta x \Delta p = 1$）是一个最接近经典描述的态，因此这个具有无限大测不准乘积的态可以称为“最量子态”。

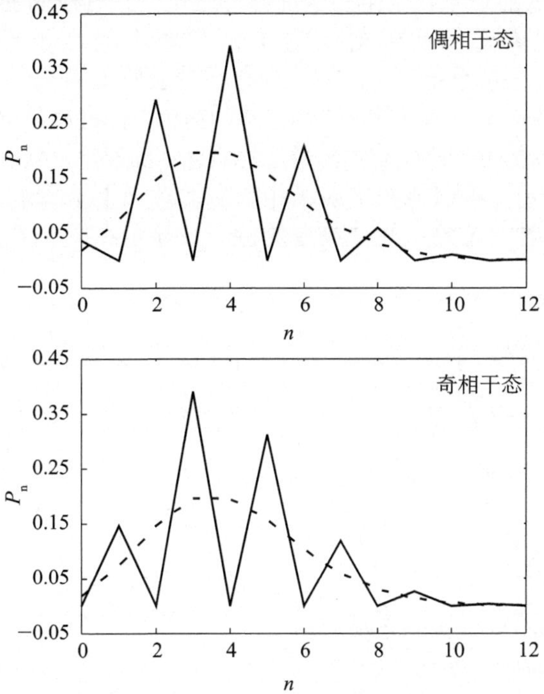

图 7.7　偶、奇相干态的光子数分布（7.3.13）

偶相干态只含有偶数的光子概率，而奇数的光子概率为零；奇相干态只含有奇数的光子概率，而偶数的光子概率为零。图中的虚线表示具有相同平均光子数的泊松分布

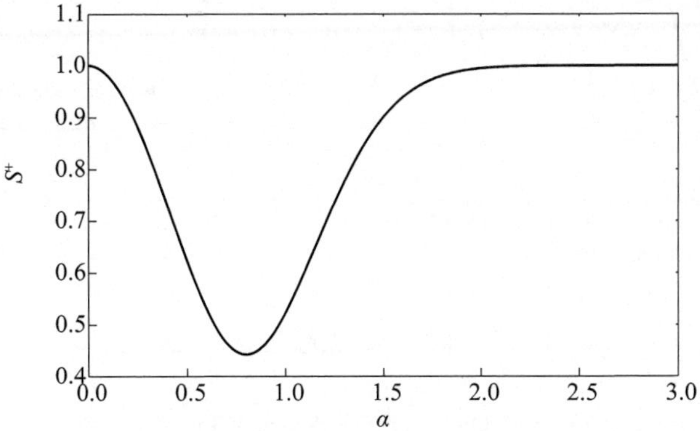

图 7.8　偶相干态的场起伏

S^+作为光子数参量 α 的函数，在 $\alpha_m \approx 0.8$ 有极小值 $S_m^+ \approx 0.44$

7.4　非经典生物光子辐射的迹象

非经典光最本质的特征是高信噪比[3.30]，因此它的应用潜力在于信息传递，如光通信。生物光子辐射是来自于生物系统的自然光，它有极弱的强度，因此是一个量子现象。这个现象必须从辐射与物质相互作用的量子理论的意义上去理解[1.12，1.15～1.16，1.62]。生物系统的内部被认为存在着大范围的相干性[2.6]，而生物光子辐射被认为在生命活动中扮演着传递生物信息的角色，因此生物光子应该工作在一个自然的非经典态，以尽可能高的效率传递生物信息，确保整个新陈代谢过程的实行。

事实上，生物光子辐射能在辐射场相干态的意义上被深刻理解。而且存在着非经典生物光子辐射的迹象，几个典型的例子被显示在图 7.9 中，它们涉及相消

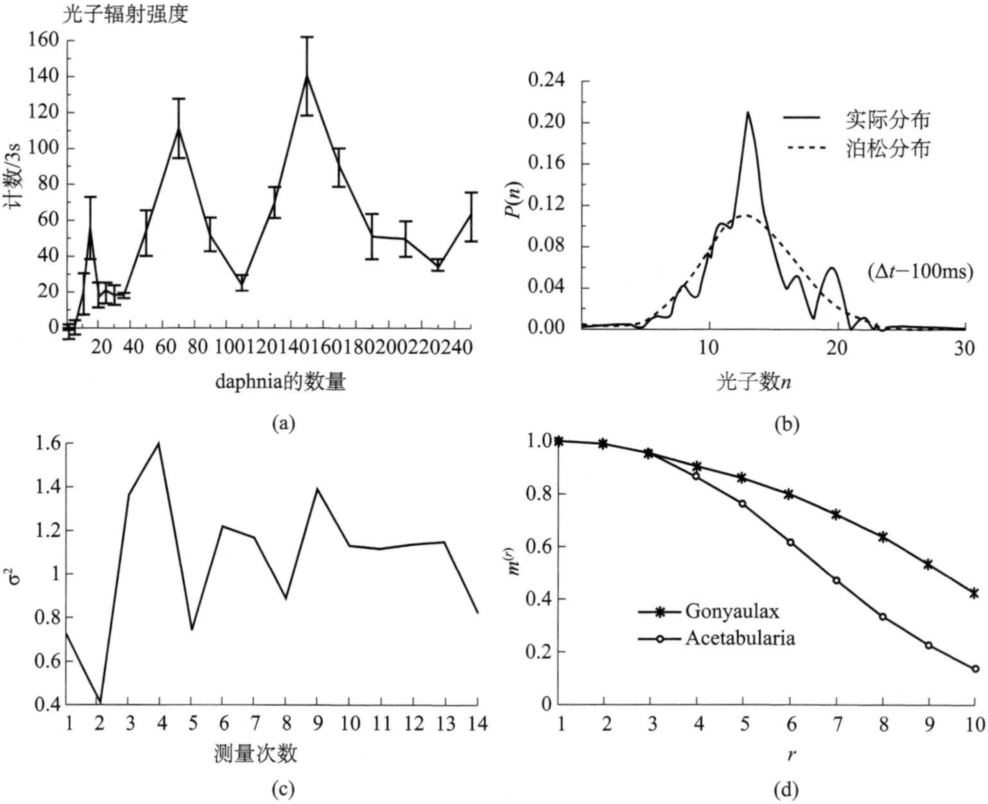

图 7.9　非经典生物光子辐射的迹象

(a) 水蚤 Daphnia 群体的生物光子辐射强度对于水蚤数目的非线性依赖关系，其中的极小值对应于相消干涉；(b) 水蚤 Gonyaulax polyedra 群体的生物光子辐射呈现振荡的光子数分布；(c) 黄瓜 Cucumis sativus 幼芽的生物光子辐射的归一化光子数方差在不同测量中显示 $\sigma^2>1$ 和 $\sigma^2<1$ 之间的振荡现象，它可能关系到被测样品的生物节律；(d) 水蚤 Gonyaulax polyedra 群体和单细胞水藻 Acetabularia 个体的生物光子辐射的归一化高阶统计矩不但显示两个样品有亚泊松光子统计，而且存在高阶非经典效应

干涉[1.66~1.67]、振荡的光子数分布[1.60]、亚泊松光子统计[1.39, 1.16]以及高阶非经典效应[1.14]。如何理解这些非经典生物光子辐射现象？按照我们的模型，所有这些非经典效应能被联系到由相干态叠加而成的辐射场在强度极低情况下所显示的特征[7.8]。换言之，生物光子场可以被理解为众多相干态的叠加，其中每个分量相干态来自于不同的生物单元（如组织、细胞、亚细胞、生物大分子等），这些单元被高度关联起来，它们各自的辐射场之间发生干涉，而生物光子辐射又具有极低的强度，因此作为叠加态的生物光子辐射诱导非经典效应不但有理论描述，也有相应的实验迹象。

7.5 结　　论

本章讨论经典杨氏干涉的量子对应现象：两个相干态的叠加。对于 N 个相干态的叠加进行了一般性的研究。作为最简单的例子，详细讨论了两个宏观可区分的相干态之间的量子干涉，推出了描述辐射场的量子统计性质的一系列表达式，涉及光子数分布、平均光子数、归一化的光子数方差、光场起伏以及归一化高阶统计矩等。结果显示，辐射场在光子数较低的情况下显示一系列奇特的性质，如相长及相消干涉效应、振荡的光子数分布、亚泊松光子统计、辐射场的压缩、相应于无限大测不准乘积的“最量子态”等。进一步联系到一些非经典生物光子辐射迹象，诸多样品的低强度生物光子辐射的实验观察显示了量子干涉的迹象，包括水蚤 Daphnia 群体、水蚤 Gonyaulax 群体、单细胞水藻 Acetabularia 个体以及黄瓜芽等植物样品。结论是：①生物光子辐射能在辐射场的相干态的意义上被深刻理解；②相干态之间的量子干涉可能提供一个解释非经典生物光子辐射迹象的基础；③本章的理论研究和所述的实验观察为理解生物光子辐射的相干性本质提供了新的途径。

参考文献

[7.1] 顾樵．双光子 Jaynes-Cummings 模型中的压缩．物理学报，1988，37：751-759.

[7.2] Dirac P A M. The Principles of Quantum Mechanics. 4th edition. Oxford：Oxford University Press，1987.

[7.3] Buzek V，Vidiella-Barranco A，Knight P L. Superposition of coherent states：Squeezing and dissipation. Phys. Rev.，1992，A45：6570-6585.

[7.4] Gu Q. Squeezing in superradiance. Chin. Phys. Lasers (USA)，1988，15：218-221；Squeezing in one-atom maser. Chin. Phys. Lasers (USA)，1990，17：347-351.

[7.5] Gu Q. Novel features in photon statistics from a single-model laser. Science in China (English Edition)，1990，33：1460-1468.

[7.6] Schleich W，Pernigo M，Kien F L. Nonclassical state from two pseudoclassical states. Phys. Rev.，1991，A44：2172-2187.

[7.7] Schleich W，Wheeler J A. Oscillation in photon distribution of squeezed states and interference in phase space. Nature，1987，326：574-577.

[7.8] Gu Q. Quantum interference between coherent states Biophotonics. Moscow Bioinform Services Co.，1995.

第 8 章　非经典光与生物光子统计

摘要： 基于光子场与声子库的相互作用机制，我们建立了一个量子光学模型来描述“薛定谔猫”态所诱导的非经典效应的动力学演化。除了光场的一般性质（如光子数分布、平均光子数、光子数方差、场起伏等）之外，特别讨论了光场熵的时间演化，涉及通常的量子熵、Wehrl 熵及光子统计熵。研究表明，这三种熵在描述光场的量子统计性质方面是相互等价的，而光子统计熵具有可测量的特点，因此光子统计熵的概念和表述被用来进一步研究生物光子辐射的相干性。我们测量了新鲜树叶的自发光子辐射并与一个非生命的天然辐射体相比较。对两种样品的光子数方差及光子统计熵的分析对比表明，生物光子辐射具有高度的相干性。还进一步测量了衰变过程中的生物光子辐射的相干性并与稳态情况相比较，发现二者具有高度的一致性。特别是，可以用统一的表达式很好地拟合衰变和稳态两种情况下场熵随平均光子数变化的观察值。作为光子统计熵方法的应用，测量了转基因黄豆的自发光子辐射并与相应的传统样品相比较，发现二者在光子统计熵的意义上有显著的区别。

关键词： 子场与声子库相互作用，光场的非经典效应，量子熵，Wehrl 熵，光子统计熵，生物光子统计方法，生物光子辐射的相干性，转基因黄豆的生物光子统计性质

8.1　引言：非经典光的基本特征

众所周知，单色平面波的电场强度为 $E(t)=E_0[a\exp(-\mathrm{i}\omega t)+a^+\exp(\mathrm{i}\omega t)]$，其中 ω 为场的频率，E_0 是场振幅。在辐射的量子理论中，复振幅 a 和 a^+ 是量子力学算子；a 被称为湮没算子，而 a^+ 是产生算子。它们是非厄米算子，服从玻色对易关系 $[a, a^+]=1$。现在在 a 和 a^+ 的意义上定义两个无量纲的厄米算子 x 和 p[8.1]：

$$x=a^++a,\quad p=\mathrm{i}(a^+-a) \tag{8.1.1}$$

本质上 x 和 p 是通常的坐标和动量算子。在 x 和 p 的意义上，电场强度能被改写为 $E(t)=E_0(x\cos\omega t+p\sin\omega t)$。这样 x 和 p 被确认为场的两个正交分量的实振幅。进而推出 x 和 p 的对易关系为 $[x,p]=2\mathrm{i}$。而 x 和 p 的测不准关系被表示为 $\Delta x\Delta p\geqslant 1$，其中 $(\Delta u)^2=\langle u^2\rangle-\langle u\rangle^2$（$u=x$ 或 p）。

辐射场的相干态是一个最小测不准态。其测不准乘积取测不准原理所允许的最小值，即 $\Delta x \Delta p = 1$。在这个意义上，相干态是一个最接近场的经典描述的量子力学态。事实上相干态的两个正交分量的起伏是相等的，即 $\Delta x = \Delta p = 1$。这意味着相干态的量子起伏是零点起伏。零点起伏标志一个噪声的最低量子极限，即使一个运转在纯相干态的理想激光器，仍然有零点起伏所引起的量子噪声。

其他类型的最小测不准态是可能的，这样的态在一个正交分量上有低于相干态的起伏；而在另一个正交分量上必须有高于相干态的起伏，这是测不准原理的要求。这样的辐射场态称为压缩态，它们能被定义为 $\Delta x < 1 < \Delta p$（或 $\Delta p < 1 < \Delta x$）[8.2]。显然压缩态在超低噪声的光通信中有应用价值。一个工作在压缩态的光通信系统，它的一个分量的量子噪声低于零点起伏，于是有低于相干态的信噪比。原则上，压缩态的量子起伏能趋近于零，这意味着压缩光能有无穷大的信噪比。

一个辐射场的统计性质能用一种类似于经典概率论的方法进行分析，它是基于 Glauber-Sudarshan 的 P 表示

$$\rho = \int P(\alpha) |\alpha\rangle \langle \alpha | \mathrm{d}^2 \alpha \tag{8.1.2}$$

本质上，Glauber-Sudarshan P 是表示将一个光场的密度算子 ρ 表示为纯相干态 $|\alpha\rangle$ 的密度算子 $|\alpha\rangle\langle\alpha|$ 的统计叠加，这里 $P(\alpha)$ 扮演了一个分布函数的角色。这样一种表示方法已经广泛应用于量子光学的许多研究课题，因为量子力学平均的计算在这里被简化成经典平均的程序。事实上，如果存在一个正定的非奇异函数 $P(\alpha)$，任何算子 F 的量子力学期待值能在式（8.1.2）的意义上被表示为

$$\langle F \rangle = \int P(\alpha) F(\alpha) \mathrm{d}^2 \alpha \tag{8.1.3}$$

其中，$F(\alpha) = \langle \alpha | F | \alpha \rangle$，它类似于观察量 $F(\alpha)$ 的经典平均。分布函数对于一些典型的光场而言是熟知的，例如，混沌场的分布函数为 $P(\alpha) = (1/\pi N) \exp(-|\alpha|^2/N)$，其中 N 是平均光子数，而相干态则有形如 $P(\alpha) = \delta(\alpha - \alpha_0)$ 的分布函数。但是一个压缩态没有非奇异的分布函数，这样一种光场的统计性质不能用经典的表达式（8.1.3）来计算，因此压缩态是一个非经典光场。确切地说，一个非经典光场的含义是不存在非奇异的 Glauber-Sudarshan P 表示。

另一类非经典光场涉及亚泊松光子统计[8.3]，即它的光子数分布比具有相同平均数的泊松分布更窄。从二阶关联函数 $g^{(2)}(0)$ 的意义说，一个相干态具有泊松光子统计，其二阶关联函数为 $g^{(2)}(0) = 1$。混沌场则有较高的强度起伏：$g^{(2)}(0) = 2$。由于 $g^{(2)}(0)$ 表示两个光子同时到达的概率，当这个概率呈现较高值时（$g^{(2)}(0) > 1$），被称为光子聚束（photon bunching）。而具有亚泊松光子统

计的光场给出较低的概率($g^{(2)}(0)<1$)，故被称为光子反聚束（photon anti-bunching）[8.4]。具有光子反聚束的光场，其 Glauber-Sudarshan P 表示的分布函数是高度奇异的，从这个意义上可以说这样的场是非经典的。压缩态和光子反聚束是典型的非经典效应，它们已经在一些量子光学系统被观察到[8.5]。

这里可以提出一个问题[1.11]：在生物光子辐射中是否存在着非经典效应？这个问题的提出是基于下列事实。有机体本质上是一个开放系统，外界泵浦使之处于一种远离热平衡的状态。有机体的这样一种高度有序性来自其内部所有组分之间的相互关联，于是我们想象在众多的组分之间一定存在着生物信息的传递，而且这种信息传递必须有极高的效率才能确保新陈代谢的进行。那么“谁”能够扮演传递生物信息的角色？这显然不是那种一般性的“物质”作用，而应当是工作在生命物质内部的某种“场”的作用[1.13]。生物光子辐射是自然界一个普遍的生命现象［第1章］，它是来自于有机体及其组织、细胞及生物大分子的超微弱的电磁辐射。生物光子辐射被认为起源于生命物质内的非局域电磁场，已经显示其高度的相干性，而且有迹象表明生物光子辐射可以引发非经典效应［第7章］。因此生物光子辐射很可能在生物信息传递中扮演着重要的角色。

本章建立了一个新的量子光学模型来描述生物光子的相干性，它是基于光子场与声子库的相互作用机制。首先利用这个模型讨论“薛定谔猫”态所诱导的非经典效应的动力学演化，它引出了一个利用光子统计熵分析光子辐射相干性的新方法，这个分析方法是基于自发的生物光子辐射的测量。利用这个方法我们测量了树叶的自发光子辐射并与一个非生命的天然辐射体相比较，结果显示了生物光子辐射的高度相干性。作为光子统计熵方法的应用，在最后讨论了转基因黄豆种子的识别。

8.2 生物光子场与DNA声子库的相互作用

按照生物光子辐射的相干性理论，DNA在诱导光子辐射中扮演了一个最基本的角色，特别是DNA晶格系统中的振动波可能是生物光子辐射的一个必要条件[1.13]。为了微观地刻画DNA振动波对于生物光子辐射的影响，需要在量子理论的意义上建立描述光子-声子相互作用的一般模型。我们知道声子是振动波量子化的能量单元，鉴于生物系统中DNA振动波模式的复杂性，我们的模型必须涉及一个DNA声子库（即声子“浴盆”），它包含大量的声子数目和模式。而对于生物光子场则考虑单模情况。这样我们的系统便由多模的DNA声子库及单模的生物光子场组合而成，它们的相互作用如图8.1所示。

假定光子场与声子库的相互作用满足旋转波近似的条件，这样系统的哈密顿

可以写为

$$H=\hbar\omega\left(a^{+}a+\frac{1}{2}\right)+\hbar\sum_{j}\omega_{j}\left(b_{j}^{+}b_{j}+\frac{1}{2}\right)+\hbar\sum_{j}(\kappa_{j}b_{j}a^{+}+\kappa_{j}^{*}b_{j}^{+}a) \tag{8.2.1}$$

其中，第一部分描述频率为 ω 的单模辐射场，a 和 a^{+} 分别是光子的湮没和产生算子；第二部分描述多模声子库，b_j 和 b_j^{+} 分别是频率为 ω_j 的第 j 个声子模的湮没和产生算子，服从玻色对易关系$[b_j,b_k^{+}]=\delta_{jk}$；第三部分描述光子场与声子库的相互作用，$\kappa_j$ 是光子模和第 j 个声子模的耦合常数，而$\hbar\omega/2$ 和$\hbar\omega_j/2$ 分别表示光子模和第 j 个声子模的零点能。假定声子库的谱分布足够平坦，以至于第 j 个声子模的平均声子数$\langle b_j^{+}b_j\rangle$ 与 j 无关，还假定可以忽略系统的热辐射。在这些近似条件下，光场密度算子 ρ 的主方程在相互作用表象中写为[1.28]：

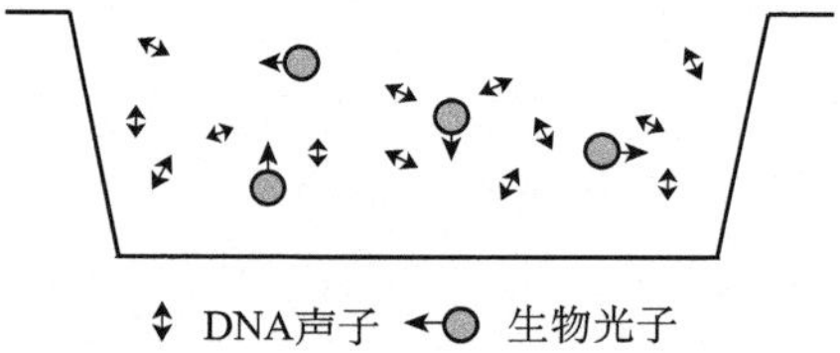

图 8.1　DNA 声子与生物光子的相互作用

声子库包含大量的声子数目和模式，而生物光子扮演了一个单模辐射场

$$\frac{d\rho}{dt}=\frac{\gamma}{2}(2a\rho a^{+}-a^{+}a\rho-\rho a^{+}a) \tag{8.2.2}$$

其中，γ 是一个衰变常数。主方程（8.2.2）描述了一个单模辐射场在一个巨大的声子库中的衰变行为。

主方程（8.2.2）的解可以表示为

$$\rho(t)=\exp(\hat{L}t)\exp\left\{\frac{\hat{J}}{\gamma}[1-\exp(-\gamma t)]\right\}\rho(0) \tag{8.2.3}$$

其中，$\rho(0)$是系统在初始 $t=0$ 时刻的密度算子，而算子 $\hat{J}$ 和 $\hat{L}$ 分别由

$$\hat{J}\rho=\gamma a\rho a^{+},\quad \hat{L}\rho=-\frac{\gamma}{2}(a^{+}a\rho+\rho a^{+}a) \tag{8.2.4}$$

定义。对于一个给定的初始密度算子 $\rho(0)$，可以利用式（8.2.3）和式（8.2.4）计算出含时密度算子 $\rho(t)$ 的解析表达式。然后可以讨论系统量子统计性质的时间演化。比如辐射场的光子数分布

$$P(n)=\langle n\mid\rho\mid n\rangle \tag{8.2.5}$$

它是密度算子在光子数态$|n\rangle$的对角矩阵元。还可以计算作为 a，a^{+} 函数的任意算子 $f(a,a^{+})$ 的期待值$\langle f\rangle=\mathrm{Tr}[\rho f(a,a^{+})]$。最简单的期待值是平均光子数

$$N = \langle a^{+}a \rangle \tag{8.2.6}$$

对于强度起伏，可以计算归一化的光子数方差

$$V = [\langle a^{+}aa^{+}a \rangle - \langle a^{+}a \rangle^{2}]/\langle a^{+}a \rangle \tag{8.2.7}$$

还可以计算场起伏

$$\begin{pmatrix} (\Delta x)^2 \\ (\Delta p)^2 \end{pmatrix} = 1 + 2\langle a^{+}a \rangle \pm 2\mathrm{Re}\langle a^2 \rangle - 4\begin{pmatrix} \mathrm{Re}^2\langle a \rangle \\ \mathrm{Im}^2\langle a \rangle \end{pmatrix} \tag{8.2.8}$$

事实上，一个量子系统的密度算子能被用来确定系统的全部量子统计性质。

8.3 “薛定谔猫”态的动力学

8.3.1 密度算子的含时解

选择“薛定谔猫”态（一个宏观量子叠加态）作为系统的初态。它可以示意为

$| C\rangle = \frac{1}{\sqrt{2}}\{ |$  $\rangle + |$  $\rangle \}$

这样一种叠加态的两个分量在宏观上可区分的。“薛定谔猫”态的一个典型表述是两个相干态的叠加［第 7 章］，它可以最简单地表示为[7,8]

$$|C\rangle = \frac{1}{\sqrt{A}}[|\alpha \exp(\mathrm{i}\phi_1)\rangle + |\alpha \exp(\mathrm{i}\phi_2)\rangle] \tag{8.3.1}$$

这里参与叠加的两个相干态有相同的振幅 α 但是不同的位相 ϕ_1 和 ϕ_2；$A=2(1+q\cos\varepsilon)$是归一化常数，其中 $q=\exp[-2\alpha^2\sin^2(\phi/2)]$，$\varepsilon=-\alpha^2\sin\phi$，而 $\phi=\phi_1-\phi_2$ 是位相差。

这个态的量子统计性质已经在第 7 章详细研究过，现在进一步讨论它在主方程（8.2.2）支配下的动力学演化。假定系统的初始状态是式（8.3.1）所表征的纯态，相应的初始密度算子为 $\rho(0)=|C\rangle\langle C|$，将它代入式（8.2.3）得到任意 t 时刻的密度算子

$$\rho(t) = \sum_{k,j=1}^{2} P_{kj}(t)\ |\Psi_j(t)\rangle\langle\Psi_k(t)| \tag{8.3.2}$$

其中

$$|\ \Psi_j(t)\rangle = |\alpha \exp[(-\gamma t/2) + \mathrm{i}\phi_j]\rangle \tag{8.3.3}$$

$$P_{kj}(t) = Z_{kj}^{1-\exp(-\gamma t)}/A \tag{8.3.4}$$

$$Z_{kj} = \langle \alpha \exp(\mathrm{i}\phi_k) | \alpha \exp(\mathrm{i}\phi_j) \rangle \tag{8.3.5}$$

应该注意到，式（8.3.3）仍然是一个相干态，其复参数 $\alpha\exp[(-\gamma t/2)+i\phi_j]$ 是含时的，而式（8.3.5）则表示两个相干态的内积。可以看出，系统现在已经演化成式（8.3.2）所示的混合态。将从不同的角度对这个混合态的量子统计性质进行讨论。

8.3.2 辐射场的一般性质

利用式（8.2.5）～式（8.2.8）、式（8.3.2）～式（8.3.5），计算出下列诸量的含时解析表达式：光子数分布 $P(n,t)$、平均光子数 $N(t)$、归一化的光子数方差 $V(t)$ 以及 $(\Delta x)^2$ 和 $(\Delta p)^2$ 的共同极小值 $F(t)$

$$P(n,t)=\exp[-\alpha^2\exp(-\gamma t)]\frac{\alpha^{2n}\exp(-n\gamma t)}{n!}\cdot\frac{1+q^{1-\exp(-\gamma t)}\cos\{\varepsilon[1-\exp(-\gamma t)]-n\phi\}}{1+q\cos\varepsilon} \tag{8.3.6}$$

$$N(t)=\alpha^2\exp(-\gamma t)\frac{1+q\cos(\varepsilon-\phi)}{1+q\cos\varepsilon} \tag{8.3.7}$$

$$V(t)=1-2\lambda q\exp(-\gamma t)\frac{\cos(\varepsilon-\phi)+q\cos^2(\phi/2)}{(1+q\cos\varepsilon)[1+q\cos(\varepsilon-\phi)]} \tag{8.3.8}$$

$$F(t)=1-2\lambda q\exp(-\gamma t)\frac{q+\cos\varepsilon}{(1+q\cos\varepsilon)^2} \tag{8.3.9}$$

其中，$\lambda=2\alpha^2\sin^2(\phi/2)$，$V(t)<1$ 和 $F(t)<1$ 分别相应于亚泊松光子统计和压缩态。

首先讨论这些量的特殊情况：

（1）当 $t=0$ 时，它们约化为第 7 章的结果，即式（7.3.2）～式（7.3.5）。

（2）在 $t\to\infty$ 的极限情况，光场趋于一个真空态 $\rho(\infty)=|0\rangle\langle 0|$：$P(n,\infty)=\delta_{n0}$，$N(\infty)=0$，$V(\infty)=F(\infty)=1$。我们知道一个真空态 $|0\rangle$ 可以是相干态 $|\alpha\rangle$（$\alpha=0$），也可以是光子数态 $|n\rangle$（$n=0$），它们的区别在于前者的归一化光子数方差为 $V=1$，场起伏为 $\Delta x=\Delta p=1$，而后者有最大程度的光子反聚束，即 $V=-1$，显然现在的真空态具有相干态的特征。

（3）当两个分量相干态的位相相等，即 $\phi_1=\phi_2$ 时，式（8.3.1）变成一个相干态 $|\alpha\rangle$，式（8.3.6）～式（8.3.9）给出光子数分布 $P(n,t)=\exp[-N(t)][N(t)]^n/n!$、平均光子数 $N(t)=\alpha^2\exp(-\gamma t)$ 以及量子起伏 $V(t)=F(t)=1$。这个结果表明，在主方程（8.2.2）支配下，一个纯相干态 $|\alpha\rangle$ 在演化中只是出现平均光子数的衰减，而光子数分布始终维持泊松分布，归一化光子数方差维持 $V(t)=1$，场起伏维持 $F(t)=1$，简言之，它在时间演化中维持着相干态的特征。这里的讨论提供了哈密顿式（8.2.1）能保持辐射场相干性的一个验证[8.6]。

利用式（8.3.6）～式（8.3.9）作出这些量的时间演化，如图 8.2 所示。首先可以看出，在整个演化期间，经典场和非经典场的平均光子数 $N(t)$的行为是相同的。不过两个场的光子数分布 $P(n,t)$ 确实有差别，例如，在 $t=0.2$ 时，经典场的光子数分布出现两个峰。正是光子数分布的差别导致两个场在整个演化期间具有完全不同的光子统计性质：经典光是聚束的[$V(t)>1$]，具有超泊松光子统计，而非经典光是反聚束的[$V(t)<1$]，具有亚泊松光子统计。另外，两个场的起伏在整个演化期间也呈现完全不同的行为：经典光没有压缩[$F(t)>1$]，而非经典光有压缩[$F(t)<1$]。由于光场被声子库所耗散，其强度在整个演化期间单调衰减，最终在 $t\to\infty$时趋于零。而强度起伏和场起伏则最终趋于相干态的水平。

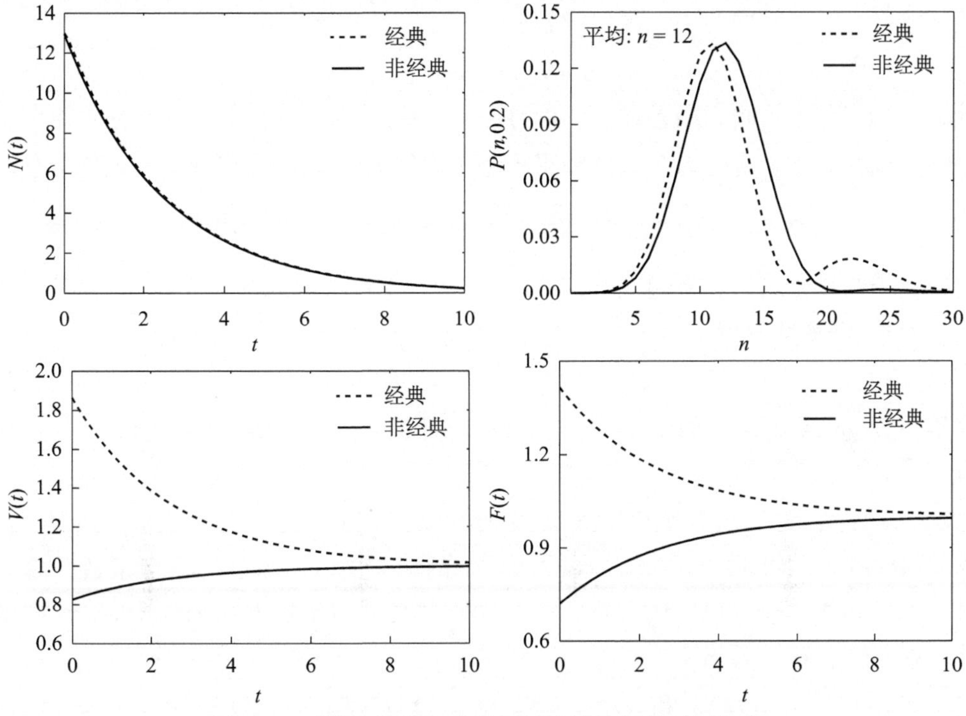

图 8.2 “薛定谔猫”态的量子统计性质的时间演化

所用表达式为式（8.3.6）～式（8.3.9），其中 $\gamma=0.4$。图中的虚线相应于初态：$\alpha=4,\phi=0.168$，而实线相应于初态：$\alpha=4,\phi=0.142$。两种初态有相等的平均光子数 $N(0)=13$，前者是经典场：$V(0)=1.86,F(0)=1.42$，而后者是非经典场：$V(0)=0.83,F(0)=0.72$。在时间演化中，两种光场保持着各自的性质，在 $t\to\infty$时，它们趋于共同的真空态

8.3.3　量子熵

可以看出，密度算子式（8.3.2）在 $t>0$ 时刻描述了一个混合态，这是因为 $\mathrm{Tr}\rho^2(t)\neq 1$。这启示我们从量子熵的角度进一步分析光场的性质。它的重要性在于这样一个事实：由相干和非相干信号混合而成的辐射场的量子统计性质的定量描述的最佳方式是计算辐射场的量子熵[1.28]，它在密度算子 ρ 的意义上被定义为

$$S = -\mathrm{Tr}\rho\ln\rho \tag{8.3.10}$$

服从归一化条件 $\mathrm{Tr}\rho=1$。可看到量子熵的表达式（8.3.10）只含密度算子 ρ，不含别的任何算子，因此在量子熵的意义上研究辐射场的性质是直截了当的。为了计算式（8.3.10）中的迹，需要求解密度算子 ρ 的本征方程

$$\rho\,|R_i\rangle = R_i\,|R_i\rangle \tag{8.3.11}$$

其中，$|R_i\rangle$是正交归一的本征态，即$\langle R_i\,|\,R_j\rangle=\delta_{ij}$，$R_i$ 是本征值，它表示本征态$|R_i\rangle$出现的概率，因此为实数。如果得到了本征值 R_i，可以在 $\{R_i\}$ 表象中求迹

$$S = -\mathrm{Tr}\rho\ln\rho = -\sum_i\langle R_i\,|\rho\ln\rho|R_i\rangle = -\sum_i R_i\ln R_i \tag{8.3.12}$$

这样量子熵就化成了经典形式［式（2.3.2）］。现在求解式（8.3.2）的含时密度算子 $\rho(t)$ 的本征方程

$$\rho(t)\,|R(t)\rangle = R(t)\,|R(t)\rangle \tag{8.3.13}$$

这里$|R(t)\rangle$是本征态，而$R(t)$是（实数）本征值。为了求解本征方程（8.3.13），将本征态写成叠加态

$$|R(t)\rangle = \mu\,|\Psi_1(t)\rangle + \nu\,|\Psi_2(t)\rangle \tag{8.3.14}$$

这里$|\Psi_i(t)\rangle$（$i=1$ 或 2）是式（8.3.3）中的相干态，μ 和 ν 是叠加系数。将式（8.3.2）和式（8.3.14）代入式（8.3.13）并用式（8.3.3）～式（8.3.5），本征方程（8.3.13）变成

$$[X(t)\mu + Y^*(t)\nu]\,|\,\Psi_1(t)\rangle - [X^*(t)\mu + Y(t)\nu]\,|\,\Psi_2(t)\rangle = 0 \tag{8.3.15}$$

其中

$$X(t) = 1 - AR(t) + Z_{21} \tag{8.3.16a}$$

$$Y(t) = Z_{21}^{\exp(-\gamma t)} + Z_{12}^{1-\exp(-\gamma t)} \tag{8.3.16b}$$

是两个含时的复数因子。方程（8.3.15）两边分别向态矢量$\langle\Psi_1(t)\,|$和$\langle\Psi_2(t)\,|$投影，并利用其正交归一性：$\langle\Psi_i(t)\,|\,\Psi_j(t)\rangle=\delta_{ij}\,(i=1$ 或 2)，得到

$$[X(t) + Y(t)Z_{12}^{\exp(-\gamma t)}]\mu + [Y^*(t) + X^*(t)Z_{12}^{\exp(-\gamma t)}]\nu = 0 \tag{8.3.17a}$$

$$[X(t)+Y(t)Z_{21}^{\exp(-\gamma t)}]\mu+[Y^*(t)+X^*(t)Z_{21}^{\exp(-\gamma t)}]\nu=0 \quad (8.3.17b)$$

这是一个关于 μ 和 ν 的线性齐次方程组，它有非零解的必要充分条件是系数行列式为零

$$\begin{vmatrix} X(t)+Y(t)Z_{12}^{\exp(-\gamma t)} & Y^*(t)+X^*(t)Z_{12}^{\exp(-\gamma t)} \\ X(t)+Y(t)Z_{21}^{\exp(-\gamma t)} & Y^*(t)+X^*(t)Z_{21}^{\exp(-\gamma t)} \end{vmatrix}=0 \quad (8.3.18)$$

计算式（8.3.18）得到一个关于 $R(t)$ 的二次代数方程，它的根为

$$R^{\pm}(t)=\frac{1}{2}\left\{1\pm\sqrt{1-\frac{1+q^2-q^{2\exp(-\gamma t)}-q^{2[1-\exp(-\gamma t)]}}{(1+q\cos\varepsilon)^2}}\right\} \quad (8.3.19)$$

可以看到，密度算子（8.3.2）只有两个本征态 $|R^{\pm}(t)\rangle$，而 $R^{\pm}(t)$ 则是相应的本征值，它们表示本征态 $|R^{\pm}(t)\rangle$ 出现的概率。我们有概率守恒条件 $R^+(t)+R^-(t)=1$。最终量子熵（8.3.12）包含两项

$$S(t)=-R^+(t)\ln R^+(t)-R^-(t)\ln R^-(t) \quad (8.3.20)$$

现在对所得到的结果进行讨论，首先考查一些特殊情况。对于初始 $t=0$ 时刻和 $t\to\infty$，有 $R^+(0)=R^+(\infty)=1$ 和 $R^-(0)=R^-(\infty)=0$，于是 $S(0)=S(\infty)=0$，这意味着光场在初始时刻及 $t\to\infty$ 均处于纯态 $|R^+(t)\rangle$。事实上我们知道光场的初态为纯的“薛定谔猫”态，即式（8.3.1），而在 $t\to\infty$ 时演化为真空态 $|0\rangle$。在一定的初始条件下，还可能有 $R^{\pm}(t)=1/2$ 的情况，从式（8.3.19）可以看出它发生在满足

$$1+q^2-q^{2\exp(-\gamma t)}-q^{2[1-\exp(-\gamma t)]}=(1+q\cos\varepsilon)^2 \quad (8.3.21)$$

的 t 时刻，这时光场的量子熵为 ln2，它是双态系统熵的最大值。

量子熵（8.3.20）的时间演化显示在图 8.3（a）。在 $t>0$ 的情况下，两种场均处在 $|R^+(t)\rangle$ 和 $|R^-(t)\rangle$ 的混合态 [$S(t)>0$]，其中的一个场是具有亚泊松光子统计和压缩效应的非经典光场（图 8.2）。这里得到一个有意义的结论：非经典光可能工作在一个混合态（不一定是纯态）。这首先意味着在实验室产生非经典光辐射时，对于实际的光学系统有相当宽阔的选择范围。另外，没有纯态的限制，更容易理解生物系统诱导非经典光子辐射的理由。否则很难想象生物光子场为了诱导反聚束光而处在一个理想的光子数态，或者为了诱导压缩光而处在一个理想的双光子相干态（最典型的压缩态）[8.7]。结果还显示：在量子熵 $S(t)$ 随时间演化的任意 $t>0$ 时刻，非经典光的熵值总是小于同时刻经典光的熵值。这说明在非经典光情况下，光场处于本征态 $|R^+(t)\rangle$ 和 $|R^-(t)\rangle$ 的不确定性比经典光情况更小。由此得到另一个有意义的结论：量子熵是系统量子起伏（噪声）和有序性的度量，熵越低，系统的量子起伏（噪声）越低，而有序性则越高。

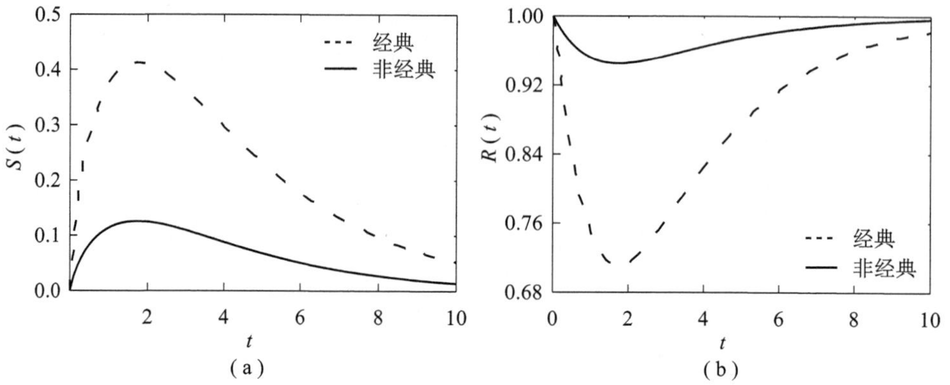

图 8.3　“薛定谔猫”态的量子熵 $S(t)$ 的时间演化

(a) $S(t)$ 的数值计算所用的表达式为式（8.3.20）和式（8.3.19）；(b) 概率差 $R(t)$ 的时间演化，所用表达式为式（8.3.22）和式（8.3.19）。计算中取 $\gamma=0.4$。图中的虚线相应于初态：$\alpha=4, \phi=0.168$，光场在演化中保持经典性质，而实线相应于初态：$\alpha=4, \phi=0.142$，光场在演化中保持非经典性质。两种光场在 $t>0$ 演化过程中均处于混合态。在 $t\to\infty$时，它们均演化成纯态：量子熵 $S(\infty)\to 0$，概率差 $R(\infty)\to 1$

对于我们的双态系统，可以用概率差

$$R(t) \equiv R^{+}(t) - R^{-}(t) \tag{8.3.22}$$

来度量光场处于本征态$|R^{+}(t)\rangle$的确定性。从式（8.3.19）可以看出，对于任何 t 时刻，有 $R^{+}(t)>R^{-}(t)$。在初始 $t=0$ 时刻，光场处于纯态$|R^{+}(0)\rangle$，有$R(0)=1$。在以后的时间里光场是$|R^{+}(t)\rangle$和$|R^{-}(t)\rangle$的混合态，使得 $R(t)<1$。因此 $R(t)$ 越大，光场处于$|R^{+}(t)\rangle$态的确定性越高，而 $R(t)$ 越小，意味着$|R^{-}(t)\rangle$态在光场中出现的概率越大，因而光场处于$|R^{+}(t)\rangle$态的确定性越低。概率差 $R(t)$ 随时间的演化被显示在图 8.3(b)。很明显，非经典光场与经典光场相比，在任何 t 时刻具有更高的 $R(t)$ 值，意味着光场处于$|R^{+}(t)\rangle$态的确定性更高。系统的有序性更高。在 $R(t)$ 取极小值的时刻，$|R^{-}(t)\rangle$态在光场中出现的概率最大，光场的熵 $S(t)$ 取最大值，辐射场的有序性最低。

8.3.4　Wehrl 熵

量子熵（8.3.10）对于所有的纯态光场都给出零值，不管它们是经典光场还是非经典光场。Wehrl 利用相干态表象定义了一个新的辐射场熵[8.8]：

$$W = -\frac{1}{\pi}\int Q(\beta)\ln Q(\beta)\,\mathrm{d}^2\beta \tag{8.3.23}$$

其中，$Q(\beta)=\langle\beta|\rho|\beta\rangle$ 是密度算子 ρ 在相干态$|\beta\rangle$的对角矩阵元，服从归一化条件

$$\frac{1}{\pi}\int Q(\beta)\mathrm{d}^2\beta = 1 \tag{8.3.24}$$

$Q(\beta)$ 正是相应于算子的反正规序的分布函数，被称为 Q 表示。首先分析式 (8.3.23) 作为熵的合理性：①Q 表示总是非负的，不像其他的表示如 P 和 W 表示等；②$Q(\beta)$ 是一个有界函数：$0\leqslant Q(\beta)\leqslant 1$，它满足概率密度的定义域；③分布函数 $Q(\beta)$ 通过定义式 (8.1.1) 包含了场算子 x 和 p，因此含有场振幅的信息，还特别包含场起伏 $(\Delta x)^2$ 和 $(\Delta p)^2$ 的信息。这样 Wehrl 熵作为分布函数 $Q(\beta)$ 的不确定性的度量，能够像量子熵一样提供关于辐射场的量子起伏（噪声）与有序性的信息。而 Wehrl 熵的优越性在于：①它作为 c 数的形式在一般情况下比算子形式的量子熵容易计算；②不同的纯态能在 Wehrl 熵的意义上区别开来[8.9]。

现在计算密度算子 (8.3.2) 的 Wehrl 熵 $W(t)$，为此首先计算分布函数，它在相干态复参量 $\beta = r\exp(\mathrm{i}\theta)$ 的意义上表示为

$$Q(\beta,t) = \frac{\exp\{-[r^2+\alpha^2\exp(-\gamma t)]\}}{2(1+q\cos\varepsilon)}[Q_1(\beta,t)+Q_2(\beta,t)+Q_{12}(\beta,t)] \tag{8.3.25}$$

其中

$$Q_j(\beta,t) = \exp[2\alpha r\exp(-\gamma t/2)\cos(\theta-\phi_j)]\ (j=1\text{ 或 }2) \tag{8.3.26}$$

$$\begin{aligned} Q_{12}(\beta,t) = {} & 2q^{1-\exp(-\gamma t)}\exp\left[2\alpha r\exp\left(-\frac{\gamma t}{2}\right)\cos\left(\frac{\phi}{2}\right)\cos\left(\theta-\frac{\phi_1+\phi_2}{2}\right)\right] \\ & \times\cos\left\{\varepsilon[1-\exp(-\gamma t)]-2\alpha r\exp\left(-\frac{\gamma t}{2}\right)\sin\left(\frac{\phi}{2}\right)\cos\left(\theta-\frac{\phi_1+\phi_2}{2}\right)\right\} \end{aligned} \tag{8.3.27}$$

很明显，分布函数由 Q_1、Q_2 和 Q_{12} 三部分构成，其中 Q_1 和 Q_2 来自于式 (8.3.3) 所示的两个相干态各自的贡献，而 Q_{12} 则起源于它们之间的量子干涉。利用式 (8.3.25) ～ 式 (8.3.27)，对 Wehrl 熵 (8.3.23) 进行数值计算，结果显示在图 8.4 (a)。可以看出图中的两个初始纯态（一个是经典的而另一个是非经典的）已经在 Wehrl 熵的意义上被区分开来。在 $t\to\infty$ 时，两个光场演化成真空态 $|0\rangle$，它本质上是一个相干态 $|\beta\rangle$ ($\beta=0$)，因此 Wehrl 熵为 $W(\infty)\to 1$。现在的情况与量子熵不同，Wehrl 熵在任何有限的 $t\geqslant 0$ 时刻，对于非经典光给出比经典光更低的值。

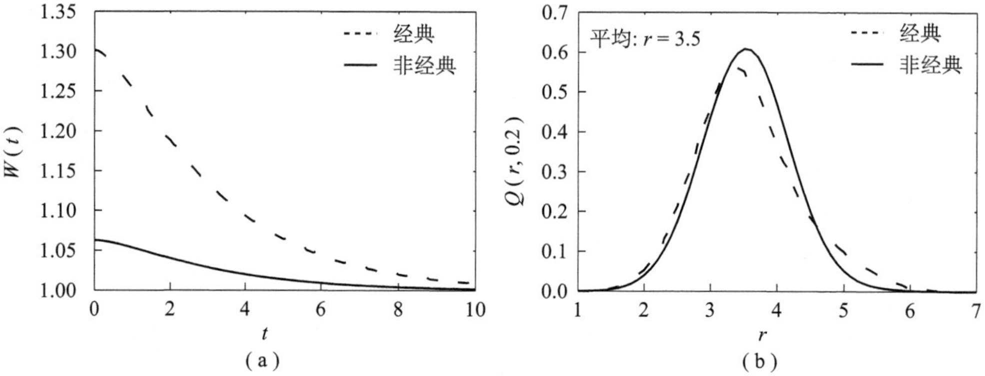

图 8.4 “薛定谔猫”态的 Wehrl 熵 $W(t)$ 的时间演化

(a) $W(t)$ 的数值计算所用的表达式为式（8.3.23）和式（8.3.25）～式（8.3.27）；(b) 径向分布函数 $Q(r,t)$ 在 $t=0.2$ 时的曲线，所用表达式为式（8.3.28）和式（8.3.25）～式（8.3.27）。计算中取 $\gamma=0.4$。图中的虚线相应于初态：$\alpha=4,\phi=0.168$，光场在演化中保持经典性质，而实线相应于初态：$\alpha=4,\phi=0.142$，光场在演化中保持非经典性质。两种光场的 Wehrl 熵在任何有限的 $t\geqslant0$ 时刻取不同的值。在$t\to\infty$时，它们均演化成相干态 $|\beta\rangle(\beta=0)$；$W(\infty)\to1$

为了进一步理解 Q 表示的含义，考虑分布函数 $Q(\beta,t)$ ［式(8.3.25)］对于复参量 β 的依赖性。简单起见，只考虑径向分量，它是 $Q(\beta,t)$对 θ 积分后的结果

$$Q(r,t)=\frac{r}{\pi}\int_0^{2\pi}Q(\beta,t)\mathrm{d}\theta \tag{8.3.28}$$

这里 $Q(r,t)$ 是归一化的：$\int_0^{\infty}Q(r,t)\mathrm{d}r=1$。径向分布函数 $Q(r,t)$对于一个确定的时间被显示在图 8.4（b）。可以看出对于相等的 r 值，非经典光比经典光具有更窄的分布，这就是非经典光具有压缩效应的根源。正如上面所分析的，Q 表示确实包含场起伏$(\Delta x)^2$ 和$(\Delta p)^2$ 的信息。

8.3.5 光子统计熵

量子熵（8.3.10）和 Wehrl 熵（8.3.23）的困难性在于对它们的测量。对于一个实际的辐射场，不管是它的密度算子的本征值还是 Q 表示，借助目前的量子光学技术都是难以测量的。尽管一些测量方法已经被建议[1.28]，但还没有付诸应用。如何在可测量参数的基础上分析一个实际辐射场的有序性，是一个很有意义的研究课题。事实上，一些研究者已经注意到由辐射场的光子数分布 $P(n)=\langle n|\rho|n\rangle$所构造的熵[8.10]

$$G=-\sum_{n=0}^{\infty}P(n)\ln P(n) \tag{8.3.29}$$

这里光子数分布 $P(n)$ 是可以直接测量的，因此这个熵是可以确定的。实际上，

形如式（8.3.29）的统计熵是一个普遍的定义式，对于任何一个统计分布 p_i 都可以定义一个统计熵［式（2.3.2)］，用它来度量 p_i 的不确定性。

我们需要解释这个统计熵如何度量 p_i 的不确定性。为此首先考虑一个特殊情况，如果一个统计测量的结果是：每个可能值以相等的概率出现，也就是说统计分布 p_i 是常数，与 i 无关，在这种情况下如果测量有 W 个可能的值，则 $p_i=1/W$，这意味着分布 p_i 没有任何倾向性，测量结果是完全不确定的，而统计熵给出最大值 $S=\ln W$，这就是熟知的玻尔兹曼熵。另一个特殊情况是，每次测量都给出某个确定的值，统计分布 p_i 只在这个测量值取 1 而在其余的可能值取零。在这种情况下分布 p_i 完全确定在这个测量值，而统计熵给出最小值零。从上面两个相互对立的极端情况可以想象，统计熵 S 是 p_i 的不确定性的度量：S 越大，p_i 越不确定，S 达到最大值时，所有的情况等概率出现，p_i 完全不确定。另外，当 $S=0$ 时，p_i 完全确定在某个特殊情况 j ，则 $p_j=1$（其余的 $p_i=0$）。

可以称式（8.3.29）为光子统计熵，它度量了光子数分布 $P(n)$ 的不确定性。实际上，定义光子统计熵的思路与定义 Wehrl 熵是类似的。Wehrl 熵中的分布函数 $Q(\beta)=\langle\beta|\rho|\beta\rangle$ 是密度算子 ρ 在相干态 $|\beta\rangle$ 的期待值，而光子统计熵中的光子数分布 $P(n)=\langle n|\rho|n\rangle$ 是密度算子 ρ 在光子数态 $|n\rangle$ 的期待值。在形式上，Wehrl 熵是对于连续变化的相干态参数 β 积分，而光子统计熵是对于分立变化的光子数 n 求和。两者在本质上的区别是，分布函数 $Q(\beta)$ 包含光场振幅 β 的信息而光子数分布 $P(n)$ 包含光子数 n 的信息。Wehrl 熵对于相干态 $|\beta\rangle$ 取最小值 $W=1$，它能用来作为基准度量一个实际压缩光的压缩程度[8.9]。另外，光子数态具有最大程度的光子反聚束（归一化的光子数方差 $V=0$），光子统计熵对于光子数态 $|n\rangle$ 取最小值 $G=0$，因此它能用来作为基准度量一个实际反聚束光的反聚束程度[1.28]。

光子统计熵对于一些不含位相因子的光场，如位相平均的光场，混合态的光场等是精确可用的[8.10]，特别是对于光子数态 $|n\rangle$ 的混合密度算子

$$\rho=\sum_{n=0}^{\infty}P(n)|n\rangle\langle n| \tag{8.3.30}$$

其光子统计熵给出与量子熵完全相同的结果。事实上将式（8.3.30）代入式（8.3.10）得到

$$\begin{aligned}S&=-\operatorname{Tr}\rho\ln\rho\\&=-\operatorname{Tr}\sum_{n}P(n)|n\rangle\langle n|\ln\sum_{m}P(m)|m\rangle\langle m|\\&=-\sum_{n,m}\langle m|P(n)|n\rangle\langle n|\ln P(m)|m\rangle\\&=-\sum_{n}P(n)\ln P(n)\end{aligned} \tag{8.3.31}$$

在计算中用到了光子数态的正交归一性：$\langle m|n\rangle=\delta_{mn}$。这意味着对于由光子数态 $|n\rangle$ 构成的混合态密度算子（8.3.30），只需要将式中的光子数分布 $P(n)$ 代入光子统计熵（8.3.29）就给出精确的量子熵。作为例子，我们考虑下面的混合态密度算子

$$\rho=\exp(-|\beta|^2)\sum_{n=0}^{\infty}\frac{|\beta|^{2n}}{n!}|n\rangle\langle n| \tag{8.3.32}$$

它表示一个位相平均的相干态，其中的光子数分布是泊松分布。我们知道相干态表示一个位相确定的相干信号。而位相平均相干态表示一个不含位相信息的相干态，它可以近似地刻画光学频率的相干光（如高于阈值运转的激光）的特征[8.11]。将式（8.3.32）代入式（8.3.29），得到位相平均相干态的光子统计熵（也是它的量子熵）

$$G=N(1-\ln N)+\exp(-N)\sum_{n=0}^{\infty}\frac{N^n\ln n!}{n!} \tag{8.3.33}$$

其中，$N=|\alpha|^2$ 是平均光子数。另外对于一个纯相干态，其密度算子为 $\rho=|\alpha\rangle\langle\alpha|$，显然它的量子熵为零，我们现在考虑它的光子统计熵。已知相干态的光子数分布是泊松分布，即

$$P(n)=|\langle n|\alpha\rangle|^2=\exp(-|\alpha|^2)\frac{|\alpha|^{2n}}{n!} \tag{8.3.34}$$

由于光子统计熵只依赖于光子数分布，纯相干态与位相平均相干态有相同的泊松光子数分布，因此二者具有相同的光子统计熵，即式（8.3.33）。

图 8.5 中显示了相干态的光子统计熵 G 对于平均光子数 N 的依赖性，G 随 N 的增加呈现缓慢上升的趋势。光子统计熵对平均光子数的这样一种依赖性使我们想到了在第 3 章及第 6 章所得到的相关结果［式（3.6.8）及式（6.6.10）］，由这些结果我们试图构造一个辐射场熵，它作为平均光子数 N 的函数被表示为

$$G=A\ln(1+BN) \tag{8.3.35}$$

其中，A 和 B 分别是熵和平均光子数的比例系数。作为比较，在图 8.5 中也作出了场熵（8.3.35）随 N 变化的曲线。发现式（8.3.33）与式（8.3.35）之间符合很好。由此可以看出，辐射场熵对于平均光子数的依赖性一般可由式（8.3.35）表示。

现在利用光子数分布（8.3.6）对于光子统计熵（8.3.29）进行数值计算，结果显示在图 8.6（a）。可以看到，与 Wehrl 熵一样，两个初始纯态（一个是经典的而另一个是非经典的）在光子统计熵 G 的意义上被区分开来。在 $t\to\infty$，两个光场演化成平均光子数为零的相干态 $|\beta\rangle$（$N=0$）。由图 8.5 中的实线可以看出，当 $N=0$ 时，熵 $G(\infty)\to 0$。现在的光子统计熵与 Wehrl 熵类似，在任何有限的 $t\geqslant 0$ 时刻，对于非经典光给出比经典光更低的值。

另外利用式（8.3.29）、式（8.3.6）和式（8.3.7）作出光子统计熵随平均光子数变化的曲线［即 $G(N) \sim N$ 曲线］，如图 8.6(b) 所示，这里 $G(N)$ 随 N 的增加显示了单调的上升趋势，这意味着平均光子数与光场熵是正关联的，因而在一定程度上能够度量光子数分布的不确定性。为了检验表达式（8.3.35）对于一般辐射场的适用情况，还可以用它拟合图 8.6(b) 的两条曲线。结果显示了高度的关联性：式（8.3.35）与图中虚线（经典场）拟合的关联度为 $r=0.999$，相应的比例系数为 $A=0.63$，$B=7.19$；而与实线（非经典场）的拟合给出关联度 $r=0.998$，相应的比例系数为 $A=0.56$，$B=9.16$。这说明我们的辐射场熵表达式（8.3.35）具有相当普遍的适用性。

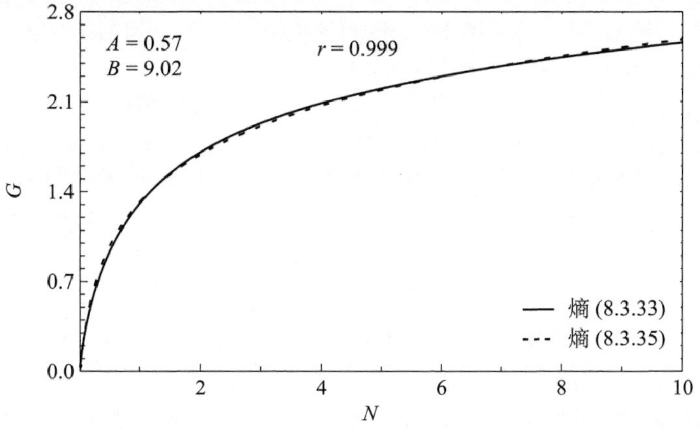

图 8.5 辐射场熵对于平均光子数的依赖性

实线表示相干态的光子统计熵 G［式（8.3.33）］对于平均光子数 N 的依赖性，虚线来自辐射场熵对平均光子数依赖性的一般表达式（8.3.35），二者之间有很高的关联度：$r=0.999$，其中的 A 和 B 是最佳关联所确定的比例系数

作为本节的结论我们指出："薛定谔猫"态（8.3.1）在主方程（8.2.2）支配下的动力学被显示在图 8.2～图 8.4，以及图 8.6 之中，以下几点应该被强调：①具有不同初始条件的两个光场在时间演化中有相同的强度行为，但是完全不同的量子统计性质：一个是经典的而另一个是非经典的；②量子熵 $S(t)$，Wehrl 熵 $W(t)$，光子统计熵 $G(t)$ 在描述光场的量子统计性质方面是相互等价的，特别是对于演化中给定的时间 $t>0$，它们对于非经典场均给出较低的值（与具有相同平均光子数的经典场相比较）；③这些熵能够度量系统的量子起伏（噪声）和有序性：熵越低，系统的量子起伏（噪声）越低，而系统的有序性越高；④辐射场的平均光子数与场熵是正关联的，式（8.3.35）是一个刻画辐射场熵对平均光子数依赖性的一般表达式。

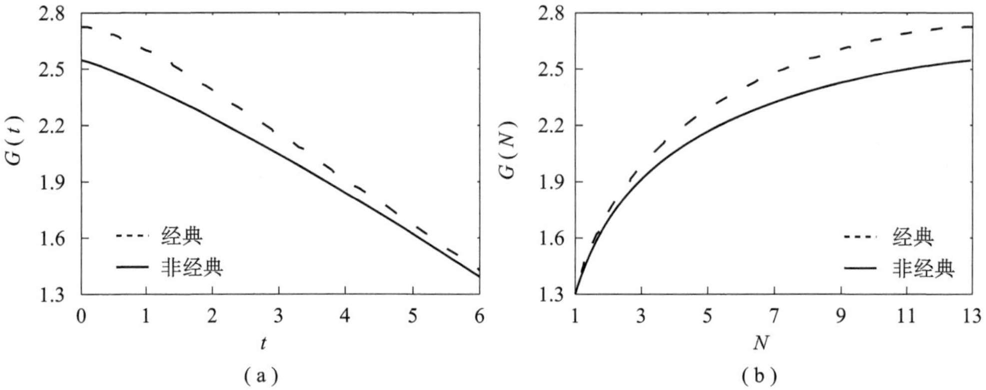

图 8.6　“薛定谔猫”态的光子统计熵 $G(t)$ 的时间演化

(a) $G(t)$ 的数值计算所用的表达式为式 (8.3.29) 和式 (8.3.6)。(b) 光子统计熵作为平均光子数的函数，所用表达式为式 (8.3.29) 及式 (8.3.6)、式 (8.3.7)。计算中取 $\gamma=0.4$。图中的虚线相应于初态：$\alpha=4$，$\phi=0.168$，光场在演化中保持经典性质，而实线相应于初态：$\alpha=4$，$\phi=0.142$，光场在演化中保持非经典性质。两种光场的光子统计熵在任何有限的 $t\geqslant0$ 时刻取不同的值。在 $t\to\infty$ 时，它们均演化成平均光子数为零的相干态 $|\beta\rangle(N=0)$：$G(\infty)\to0$。图中的 $G(N)\sim N$ 曲线与辐射场熵的一般表达式 (8.3.35) 符合很好

8.4　实验：生物光子统计性质的测量

上述理论研究将被联系到生物光子辐射的实验观察，特别是我们将显示生物光子统计性质与一个非生命的天然辐射体行为的区别。首先对实验说明如下。

8.4.1　仪器、样品、测量

测量仪器如图 8.7 所示，它本质上是一个单光子计数系统，由样品室（暗室）、光电倍增管（带有冷却系统）、电子线路系统及计算机四部分组成。光电倍增管的阴极直径为 4.4cm，光谱响应范围是 200～800nm。光电倍增管的冷却温度为 −30℃。被测量的样品是从橡胶树上剪下的一片新鲜叶子，它的总面积约为 35cm^2 而厚度约为 0.5mm。这片树叶被固定在光电倍增管之前（在整个测量期间没有发生位置的变化），可测量的面积为 28cm^2（是被测光子流进入光电倍增管的通道的面积，通道的直径为 6cm）。测量期间的环境温度保持在 25±0.5℃。实验中我们测量样品的自发光子辐射，每一个标准的测量单元由 $M=400$ 个观察点组成（这是足够多的，具有统计意义），每个观察点表示在计数间隔（dwell time）$\Delta t=100\text{ms}$ 内的光子计数，因此一个标准的测量单元持续 40s。图 8.8 显示了一个标准测量单元的原始数据，它显示了 400 个随机起伏的观察点，但它们的总趋势是相当稳定的（表示仪器和样品都达到了稳定状态）。

为了与生物光子辐射比较，在相同的条件下还测量一个非生命的天然辐射体

(Lichtzeiger) 的自发辐射，该辐射体是一个用来校准仪器的标准辐射源。

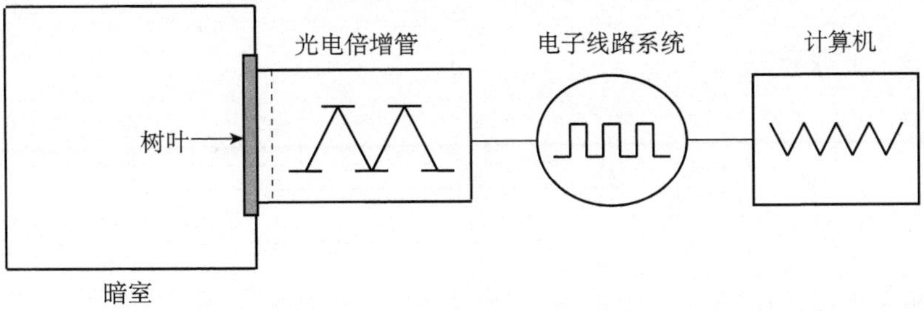

图 8.7 一个单光子计数系统

被测量的树叶固定在光电倍增管之前，它的自发辐射光子进入光电倍增管。光电倍增管将入射的光信号转变为电信号，继而输入到一个电子线路系统进行处理。计算机用来记录和显示随机起伏的观察点

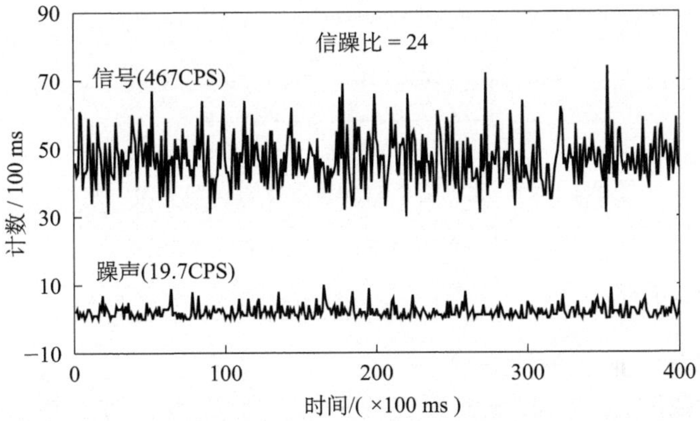

图 8.8 一个标准测量单元的原始数据：一片树叶的自发光子辐射与仪器的本底噪声

树叶来自橡胶树，总面积 35cm²，厚度 0.5mm。它被固定在光电倍增管的窗口前，被测面积为 28cm²。测量在温度 25±0.5℃下完成。观察点总数为 $M=400$，光子计数的间隔为 $\Delta t=100$ms。树叶自发光子辐射的平均值为 467 CPS (counts per second)，仪器本底噪声的平值为19.7 CPS。信噪比为 24

8.4.2 数据分析

对于由 $M=400$ 个观察点组成的一个标准测量单元（图 8.8），可以得到一个归一化的光子数分布 $P(n)$（图 8.9），它表示计数为 n 的观察点出现的概率（它在一般情况下是计数间隔 Δt 的函数）。然后我们可以计算任何一个作为 n 的函数的可观测量 $f(n)$ 的平均值 $\langle f\rangle$，它由

$$\langle f\rangle = \sum_{n=0}^{n_{\mathrm{m}}} f(n)P(n) \tag{8.4.1}$$

给出，其中 n_{m} 表示 M 个观察点中的最大计数。特别是，对于平均光子数，有

$$N = \langle n \rangle = \sum_{n=0}^{n_{\mathrm{m}}} nP(n) \tag{8.4.2}$$

而归一化光子数方差由

$$V = \frac{\langle n^2 \rangle - \langle n \rangle^2}{\langle n \rangle} = \frac{\left[\sum_{n=0}^{n_{\mathrm{m}}} n^2 P(n)\right] - \left[\sum_{n=0}^{n_{\mathrm{m}}} nP(n)\right]^2}{\sum_{n=0}^{n_{\mathrm{m}}} nP(n)} \tag{8.4.3}$$

确定，光子统计熵则为

$$G = \langle -\ln P(n) \rangle = -\sum_{n=0}^{n_{\mathrm{m}}} P(n) \ln P(n) \tag{8.4.4}$$

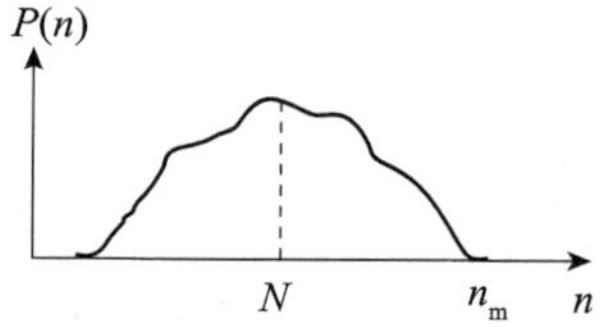

图 8.9　归一化的光子数分布示意图：$\sum_{n=0}^{n_{\mathrm{m}}} P(n) = 1$

其中 n_{m} 表示观察点中的最大计数，N 是平均光子数

8.4.3　结果与讨论

1. 稳态情况下的相干性测量

用变化计数间隔 Δt 来测量相应的平均光子数 N：对于树叶依次取 $\Delta t=$ 10ms，20ms，…，300ms；对于辐射体，由于其强度较高，依次取 $\Delta t=5$ms，10ms，…，140ms，结果被显示在图 8.10（a）。在树叶和天然辐射体两种情况下，平均光子数 N 对于计数间隔 Δt 均显示线性依赖性，这样的结果说明仪器和样品都处于相当稳定的状态。线性拟合给出二者的平均辐射率：0.46 计数/ms（树叶）和 1.02 计数/ms（辐射体），后者约是前者的 2 倍。图 8.10（b）中左边的曲线显示了计数间隔 $\Delta t=100$ms 情况下树叶的光子数分布（其原始数据即为图 8.8 中的那个标准测量单元），由此得到平均光子数为 $N=46$，然后利用图 8.10（a）关于辐射体的 $N\sim\Delta t$ 直线找到对应的计数间隔 $\Delta t=45$ms，再作出辐射体的光子数分布［图 8.10（b）中右边的曲线］。可以看出，树叶的光子数分布明显比辐射体的光子数分布窄，这是两种辐射场最本质的区别。正是这个区别导致树叶的归一化光子数方差及光子统计熵均显著低于辐射体的值，如图 8.10（c），（d）所示［来自对式（8.4.3）和式（8.4.4）的数值计算］。结论是明显的，树叶的光子数分布具有更小的不确定性，这意味着树叶的辐射场有更低的量子起伏（噪声）和更高的有序性。换言之，与非生命的辐射体相比，生物光子场具有更高的相干性。这里还特别注意到，树叶光子场的归一化光子数方差的平均值为

1.26，这与生物光子辐射的量子理论（第 3 章）的预言值 1.2 是相当接近的。

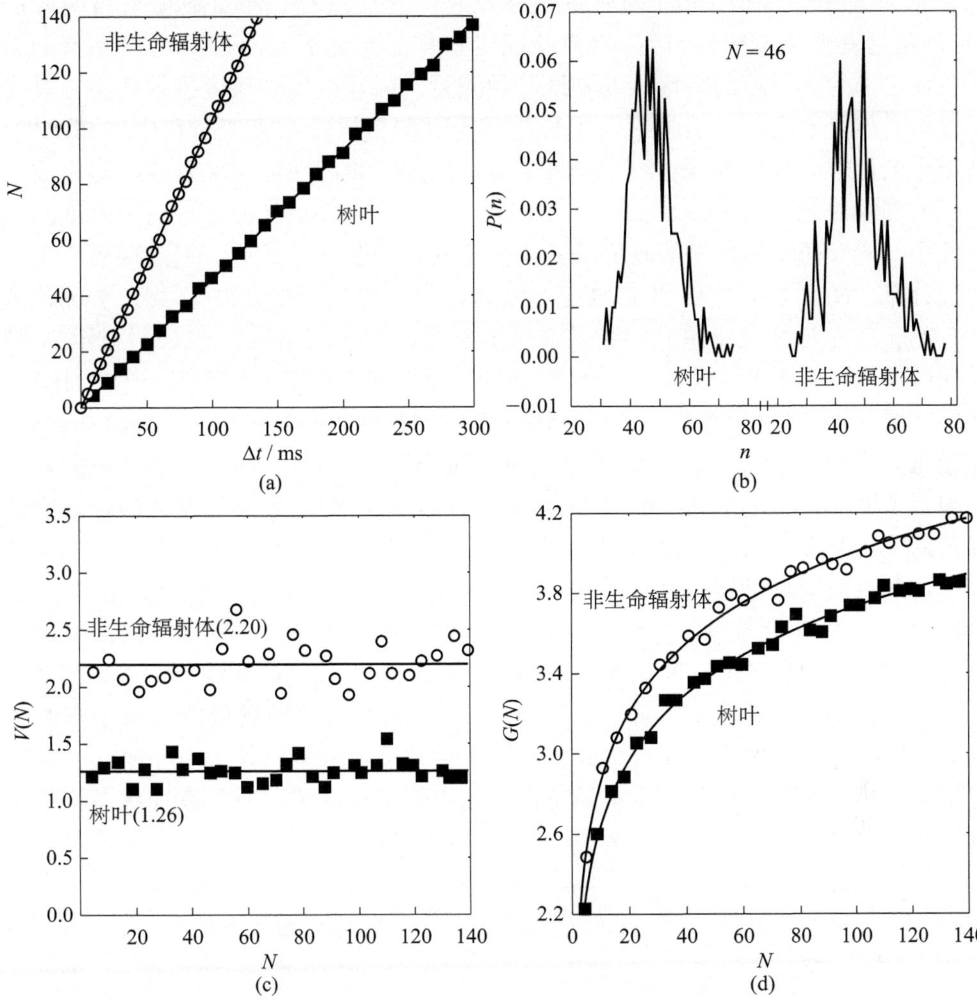

图 8.10 树叶与非生命辐射体的光子统计性质的比较

（a）不同计数间隔 Δt 对应的平均光子数 N（每一个测量点来自一个图 8.8 所示的一个标准单元），图中相当精确的线性拟合（说明仪器和样品都处于相当稳定的状态）给出样品的平均辐射率：0.46 计数/ms（树叶）和 1.02 计数/ms（辐射体）；（b）典型的光子数分布（计数为 n 的观察点出现的概率），其中 Δt=100ms（树叶）和 Δt=45ms（辐射体）对应基本相等的平均光子数 N=46。其中树叶的光子数分布来自于图 8.8 的原始数据；（c）随着平均光子数 N 的增加，归一化光子数方差 V［数值计算用式（8.4.3）］在平均值 1.26（树叶）和 2.20（辐射体）附近起伏；（d）光子统计熵 G 随平均光子数 N 的变化［数值计算用式（8.4.4）］。图中的曲线来自于辐射场熵与平均光子数的关系式（8.3.35），期待值与观察值之间具有高度的关联，比例系数为 A=0.48，B=25.5（树叶）和 A=0.50，B=31.3（辐射体）

2. 衰变过程中的相干性测量

对于生物光子场相干性的测量还涉及它的衰变过程。测量数据来自树叶的“自然延迟发光”（图 3.21）。把树叶固定在样品室之后，立即关闭样品室的盖子，使之成为光屏蔽的暗室，并随即开始测量。树叶由日光环境进入暗室，其光子辐射必然是衰变的。实验中，用长达 90min 测量树叶在衰变过程中的相干性，把整个测量时间分成 30 段，在每段的 180s 期间，我们在前 40s 采样，即完成一个标准测量单元（$M=400$，$\Delta t=100$ms）。由于 40s≪90min，在每一个标准测量单元中，树叶的光子辐射的趋势是相当稳定的，如图 8.8 所示，于是得到一个光子数分布（图 8.9），它给出平均光子数 N、归一化光子数方差 V 及光子统计熵 G。全部 30 个标准测量单元的结果被显示在图 8.11，其中图 8.11(a) 显示 N 随时间的变化，而图 8.11(b)，(c) 则分别显示 V 和 G 随 N 的变化。作为比较，我们在图 8.11 中也一并显示了稳态情况下的测量结果，其中图 8.11(a) 的稳态测量是在衰变测量结束 120min 后开始的，而图 8.11(b)，(c) 中的稳态测量数据来自于图 8.10(c)，(d)。注意到图 8.11(b)，(c) 的结果是很有趣的，衰变情况下的 $V\sim N$ 和 $G\sim N$ 曲线是对于固定的 $\Delta t=100$ms 而变化的 N 作出的（光场处于逐渐衰减中）；另外，稳态情况下的 $V\sim N$ 和 $G\sim N$ 曲线是对于变化的 Δt 而固定的 $N=0.46$ 计数/ms 作出的（光场处于稳态辐射中）。二者显示出高度的一致性：①两种测量的 $V\sim N$ 关系都是在 $V=1.26$ 附近起伏的直线；②两种测量的 $G\sim N$ 曲线都统一服从关系式（8.3.35）。这意味着这两种测量方式对于刻画生物光子辐射的相干性是相互自恰的。这样一种自恰性似乎反映了一个事实：生物光子场的相干性是生物系统的本质特性，它不管在稳定情况还是衰变状态都维持在固有的水平，与测量的方式无关[8.12]。

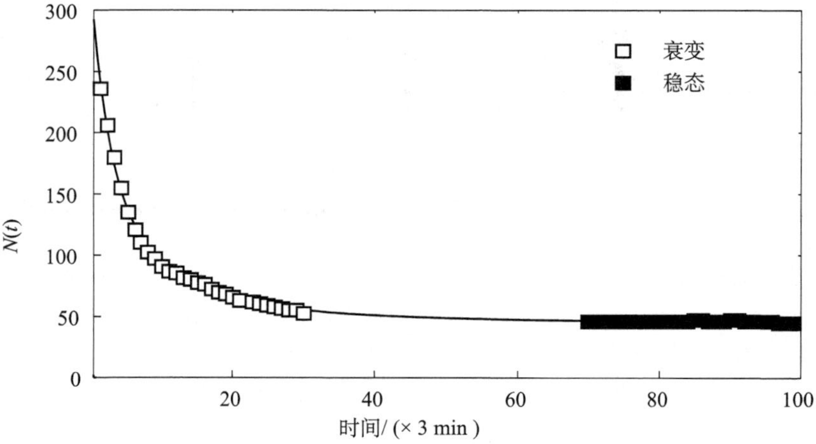

(a)

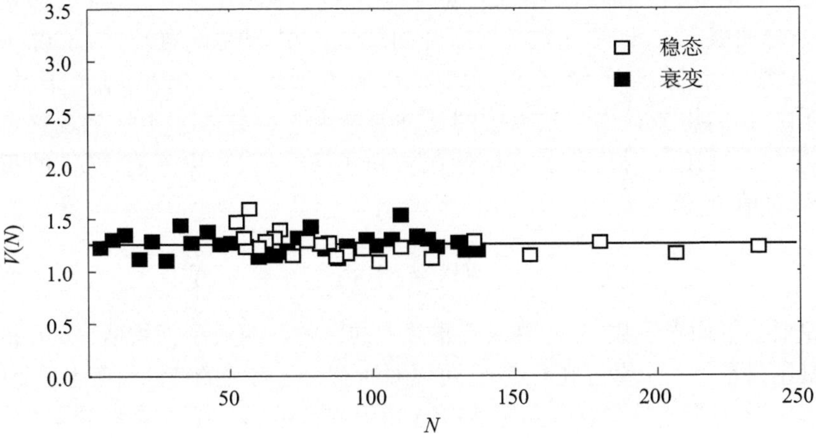

(b)

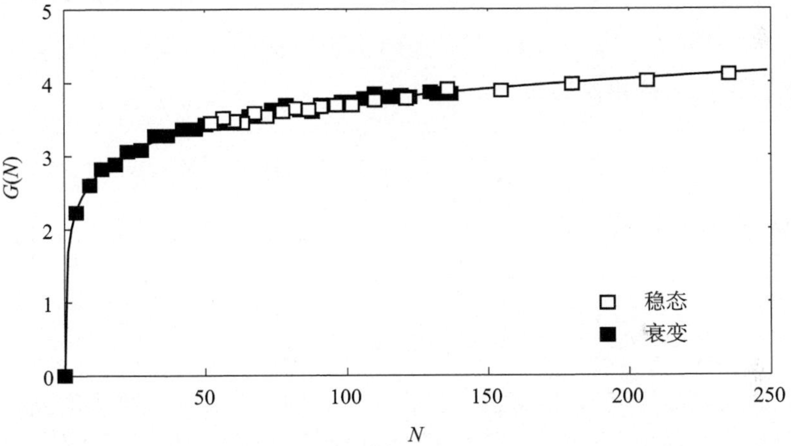

(c)

图 8.11 树叶自发光子辐射的衰变和稳态过程

两种测量过程各由 30 个观察点组成。(a) 每一个观察点表示一个标准测量单元 ($M=400$，$\Delta t=100$ms) 的平均光子数 N；(b) 衰变过程的归一化光子数方差 $V(N)$ [数值计算用式 (8.4.3)]，稳态过程的数据来自图 8.9 (c)，所有观察点在平均值 1.26 附近起伏；(c) 衰变过程的光子统计熵 $G(N)$ [数值计算用式 (8.4.4)]，稳态过程的数据来自图 8.9 (d)，所有观察值被式 (8.3.35) 统一拟合：$A=0.48, B=25.5$

8.5 光子统计熵方法的优点

归一化的光子数方差 V 和光子统计熵 G 均能度量光子数分布的不确定性，描述辐射场的量子起伏（噪声）和有序性。不过二者之间有一个显著的区别，这个区别反映在图 8.11（b）和（c）的对比中。可以看出，与图 8.11（b）相比，

图 8.11（c）的那些观察点具有更小的不确定性（图中所有的观察点都相当确定地处于拟合曲线上，没有一个点与拟合曲线发生显著的偏离）。为了说明其中的原因，考虑一个标准测量单元，如图 8.8 所示，它给出平均光子数 N［式(8.4.2)］。我们想象，由于测量中的某种偶然因素，在 $M=400$ 个观察点中有一个值异常之大（用 n_{m} 标记），它虽然在求和式（8.4.2）中只有 $1/M$ 的贡献，但贡献的绝对值为

$$nP(n)=\frac{n_{\mathrm{m}}}{M} \tag{8.5.1}$$

这个分量对于平均光子数〈n〉可以有非常大的影响，而对于平均值〈n^2〉的影响则更大。其结果是，一个奇异观察点 n_{m} 可以对所有与 n 有关的统计值产生显著的影响。

但是这个奇异点 n_{m} 绝不会显著影响光子统计熵 G。下面来解释其中的道理。我们知道，测量值 n 出现的概率为 $P(n)$，它对总熵的贡献只是一个分量

$$g(n)\equiv -P(n)\ln P(n) \tag{8.5.2}$$

所有分量熵的求和给出总熵

$$G=\sum_{n=0}^{n_{\mathrm{m}}}g(n)=-\sum_{n=0}^{n_{\mathrm{m}}}P(n)\ln P(n) \tag{8.5.3}$$

在全部 M 个观察点中，一个奇异点 n_{m} 出现的概率为 $P(n_{\mathrm{m}})=1/M$，相应的分量熵为

$$g(n_{\mathrm{m}})=-P(n_{\mathrm{m}})\ln P(n_{\mathrm{m}})=\frac{\ln M}{M}\xrightarrow{\text{large}M}\frac{1}{M} \tag{8.5.4}$$

可见该分量熵在奇异点 n_{m} 的取值 $g(n_{\mathrm{m}})$ 与 n_{m} 的大小无关，再大的 n_{m} 也只给出 $1/M$ 的分量熵。显然，$g(n_{\mathrm{m}})$ 与式（8.5.1）所示的平均值分量不同，后者与奇异值 n_{m} 的大小有关。

进一步的问题是：一个光子统计熵（8.4.4）有（$n_{\mathrm{m}}+1$）项分量熵（从第零项到第 n_{m} 项），这些分量熵之中，哪一项对总熵的贡献最大？这个问题意味着：函数 $g=-P\ln P$ 在什么 P 取最大值。数学上，它在 $P=1/\mathrm{e}=0.37$ 时取最大值（图 8.12）。但是对于实际样品的生物光子分布，$P(n)$ 的取值范围相当小［图 8.10（b）显示 $P(n)<0.07$］。这样，在 $P(n)$ 的变化范围内，$g(n)=-P(n)\ln P(n)$ 实际上是单调增加的，如图 8.13（a）所示。这个曲线意味着，$P(n)$ 取最大值时，分量熵 $g(n)$ 也取最大值。而 $P(n)$ 肯定在最可几光子数 n_{p} 取最大值 $P(n_{\mathrm{p}})$，如图 8.13（b）所示。结论很清楚，在 $n_{\mathrm{m}}+1$ 项分量熵中，相应于最可几光子数 n_{p} 的那一项 $g(n_{\mathrm{p}})=-P(n_{\mathrm{p}})\ln P(n_{\mathrm{p}})$ 对于总熵（8.5.3）有最大的贡献。所以一个光子统计熵本质上只是被最可几值 n_{p} 及其附近的观察点所确定，偏离 n_{p} 越大的观察点贡献越小，而奇异点 n_{m} 的贡献实际上是最小的。为了直观

地显示奇异点 n_m 对于归一化光子数方差及光子统计熵的不同影响，在图 8.14 中给出了一个实际的例子。

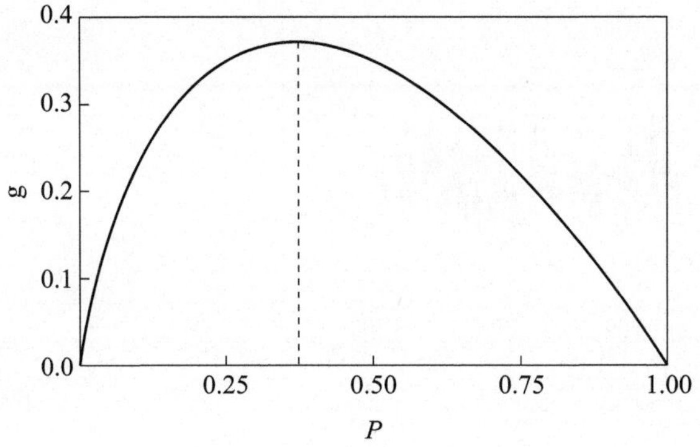

图 8.12 函数 $g=-P\ln P$ 随变量 P 的变化曲线

这里对于光子统计熵的讨论具有一般性。实际上对于任何一个归一化的分布 $P(n)$（无论是理论模型还是实际测量结果）都可以利用熵（8.3.29）来分析该分布的不确定性。它的特点是强调一个分布的最可几值 n_p 而不是平均值，因此它不计及奇异观察点对测量的统计结果带来的误差。与通常的平均值、标准方差相比，它能够更可靠更精确地度量一个分布的性质[8.13]。正是这样的原因，图 8.11（b）的光子统计熵比图 8.11（c）的归一化光子数方差具有更小的统计起伏。

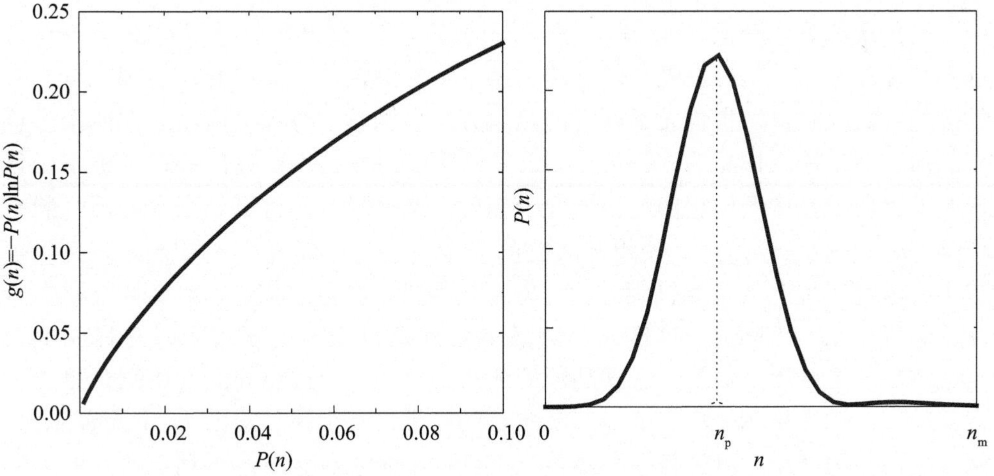

图 8.13 分量熵 $g(n)=-P(n)\ln P(n)$作为概率 $P(n)$的函数

对于生物光子分布情况，分量熵随概率单调上升，在 $P(n)$ 最大处取最大值，而 $P(n)$ 在最可几光子数 n_p 取最大值 $P(n_p)$

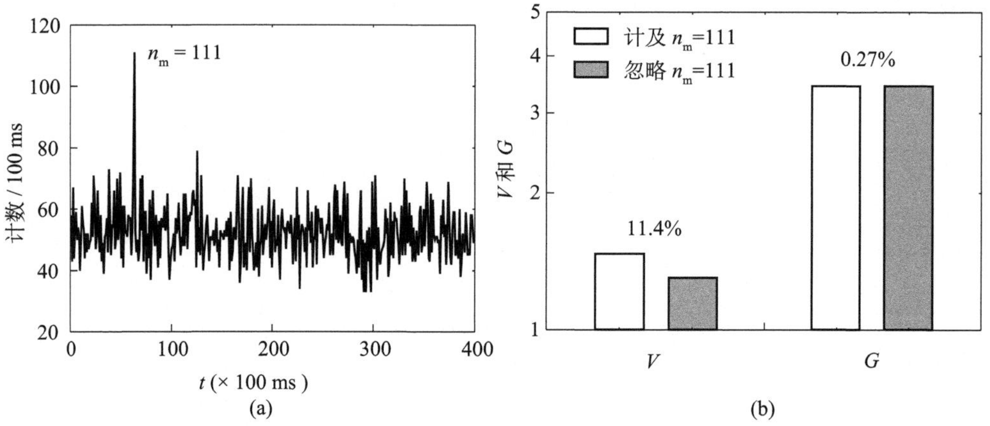

图 8.14　光子统计熵对奇异点的不敏感性

(a) 树叶自发光子辐射的一个标准测量单元。测量中存在一个奇异点 $n_m=111$；(b) 计及和忽略奇异点 n_m 对于归一化光子数方差 V 及光子统计熵的影响：V 的相对变化为 11.4%而 G 的相对变化为 0.27%，G 的敏感性是 V 的 1/40

8.6　转基因种子的光子统计性质

光子统计熵作为一个可靠而精确的统计方法在生物光子分析中有重要的作用，一个典型的例子显示在图 8.15。这里被测量的样品是两种黄豆种子，其中一种是传统的黄豆种子（No. 1），而另一种是对前者转基因的黄豆种子（No. 2）。这两个样品曾用“延迟发光”的方法（第 3 章）测量过，但没有观察到二者之间的区别，后改用自发生物光子辐射的测量方法。测量中将每个样品放入四个石英样品池，每个被测样品的体积为 17cm^3。测量前对样品不作任何处理，也不用任何激发手段，直接测量它们的自发光子辐射。测量时首先将第一个样品池（装有样品 No. 1）放入样品室，关闭样品室的盖子，使之逐渐成为光屏蔽的暗室，等待 10min 至光屏蔽的指标被满足后，即开始测量。测量过程取 $M=1800$ 观察点，计数间隔为 $\Delta t=100$ms，这样一个测量单元持续 3min，对于每个装有样品的石英池测量三个单元。对第一个样品池的测量结束后，再按相同的程序测量第二个样品池（装有样品 No. 2）。这样交替测量的结果对每个样品给出 12 个测量单元。然后进行数据处理：对于每个测量单元得到一个光子数分布，再利用式（8.4.3）及式（8.4.4）计算每个光子数分布的归一化光子数方差 V 和光子统计熵 G，最后按通常的方法对于 12 个测量值计算平均值和标准方差，最终结果显示在图 8.15 中。可看出在归一化的光子数方差 V 的意义上，两个样品的差别显示不出来，但是在光子统计熵 G 的意义上，两个样品的差别是显著的。我们再一次看到了光子统计熵的重要的作用。

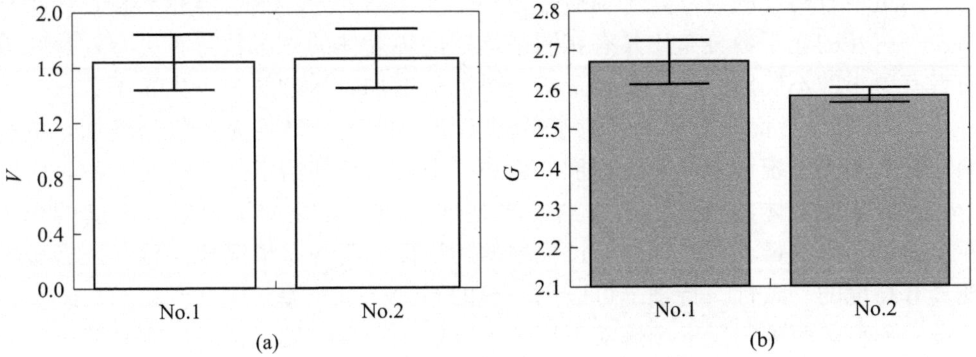

图 8.15　转基因黄豆种子的光子统计性质

两个黄豆种子样品的自发光子辐射的测量给出归一化的光子数方差 V(a) 和光子统计熵 G(b)。样品 No.1：传统的黄豆种子，样品 No.2：对前者转基因的黄豆种子（roundup-ready-soybean）。测量期间的环境温度为 26±0.5℃，每个样品的体积为 $17cm^3$，光子计数间隔为 $\Delta t=100ms$，一个测量单元的观察点为 $M=1800$。每个样品置入四个石英样品池，进行交替测量，每次测量记录三个测量单元。每个样品的最终结果来自对 12 个测量值的平均和标准方差的计算。光子统计熵 G 显示出转基因黄豆种子与传统黄豆种子的显著区别

最后需要说明，由于统计熵能够更可靠更精确地度量一个统计分布的不确定性（不计及奇异点带来的误差），以及生物光子统计熵在刻画稳态生物光子辐射中比常用的方法（平均值，标准方差等）更优越，特别是，由于利用生物光子辐射的统计熵很好地解决了转基因种子的识别问题，上述的光子统计熵表达式(8.4.4) 被国际同行称为关于生物光子辐射的“稳态顾参数”（“steady-state Gu parameter”）。这样一个统计方法有一般性的意义，它被期待在统计学的理论研究和各种实际的测量和分析工作中发挥重要的作用[8.4~8.16]。

8.7　结　论

我们用单模辐射场与多模声子库相互作用的量子光学模型描述生物光子辐射的相干性，反映了生物光子与 DNA 声子的耦合机制。作为一个例子这里详细讨论了“薛定谔猫”态（具有相同振幅不同位相的两个相干态的叠加）的动力学。从不同的角度研究辐射场的量子统计性质的时间演化，涉及光子数分布、平均光子数、归一化的光子数方差以及场的起伏。特别是用熵描述辐射场的量子起伏（噪声）和有序性，包括通常的量子熵、Wehrl 熵以及光子统计熵。研究表明这三种熵在描述光场的量子统计性质方面是相互等价的，而光子统计熵具有可测量

的特点，因此光子统计熵的概念和表述被用来进一步研究生物光子辐射的相干性。

测量新鲜树叶的自发光子辐射并与一个非生命的天然辐射体相比较，结果显示：①树叶的光子数分布比具有相同平均数的辐射体的光子数分布更窄，意味着前者有更小的不确定性。②随着平均光子数的增加，树叶的归一化光子数方差维持在 1.26 附近，而辐射体的相应水平为 2.20。③随着平均光子数的增加，树叶和辐射体的光子统计熵均呈现增加的趋势，但对于任何给定的平均光子数，树叶的熵值低于辐射体的熵值。所有这些清楚地说明了生物光子辐射有高度的相干性。还进一步测量了树叶在衰变过程中的相干性并与稳态情况相比较，二者被发现具有高度的一致性。特别是可以用一般的 $G(N) \sim N$ 关系式（8.3.35）统一拟合衰变和稳态两种情况下场熵随平均光子数变化的观察值。说明生物光子场的相干性是生物系统的本质特性。

作为光子统计熵方法的应用，我们测量了转基因黄豆的自发光子辐射并与相应的传统样品相比较，发现二者在光子统计熵的意义上有显著的区别。最后指出统计熵方法的应用普适性

参考文献

[8.1] 顾樵．Jaynes-Cummings 模型的量子统计性质．物理学报，1989，38：735-744.

[8.2] Gu Q. Squeezing states in a two-photon Dicke Hamiltonian. Bull. Am. Phys. Soc. , 1988，33：1636；Gu Q. Squeezing in the superposition-state Jaynes-Cummings model. Bull. Am. Phys. Soc. , 1988，33：1671；顾樵，张纪岳，马爱群．JCM 迭加态中的非经典光场效应．量子电子学，1989，6：215-221.

[8.3] 顾樵，张纪岳．一种产生亚泊松光场的可能途径．光学学报，1989，9：478-480 .

[8.4] Gu Q. Photon antibunching in light from a single-mode laser. Chin. Phys. Lasers (USA)，1988，15：615-619.

[8.5] Meystre M，Walls D F. Nonclassical Effects in Quantum Optics. New York：American Institute of Physics，1991.

[8.6] Glauber R J. Classical behavior of systems of quantum oscillators. Phys. Lett. , 1966，21，650-652.

[8.7] Yuen H P. Two-photon coherent states of the radiation field. Phys. Rev.，1976，A13：2226-2243.

[8.8] Wehrl A. On the relation between classical and quantum-mechanical entropy. Rep. Math. Phys. , 1979，16：353-358.

[8.9] Deutsch D. Uncertainty in quantum measurements. Phys. Rev. Lett. , 1983，50：631-636.

[8.10] Perinova V, Krepelka J, Perina J. Entropy of optical fields. Optica Acta, 1986, 33: 15-32.

[8.11] Louisell W H. Quantum Statistical Properties of Radiation. New York, Chichester, Brisbane, Toronto, Singapore: John Wiley & Sons, 1973.

[8.12] Gu Q. Biophotons and Nonclassical Ligh // Biophotons. Dordrecht, Boston, London: Kluwer Academic Publishers, 1998.

[8.13] Gu Q. Biophoton Statistics. Journal of the Society of Chinese Physicists in Germany, 1998, 4: 11-16.

[8.14] Gu Q. Quantum entropy of radiation fields. Journal of Shenzhen University (Science and Engineering), 2011, 28: 95-105.

[8.15] Gu Q. The maximum entropy principle for radiation fields. Journal of Shenzhen University (Science and Engineering), 2011, 28: 283-294.

[8.16] Gu Q. Quantum entropy and its applications in biophotonics. Journal of Shenzhen University (Science and Engineering), 2013, 30: 111-121.

第 9 章　声致发光的量子理论

摘要： 本章在综述声致发光实验研究的基础上，试图对这一非寻常发光现象进行理论描述。我们从光子和声子相互作用的量子力学机制出发，将声致发光系统归结为一个三能级模型，它是一个被外场泵浦又对外耗散的开放系统。我们的模型涉及泵浦场、光子模、声子模的不同频率组合，即斯托克斯模式和反斯托克斯模式两种情况。详细讨论了系统的光子模的动力学演化。特别推出了含时平均光子数的解析表达式。我们的理论结果不但说明了声子能量转变为光子能量的可能性，而且可以用来解释气泡声致发光的实验现象并进而拟合发光强度的观察曲线。另外还在声子模作用的意义上，解释温度变化对生物延迟发光行为的影响，并拟合绿藻 Chlorella 延迟发光的特殊图样。

关键词： 同步声致发光，气泡的声致发光，光子和声子相互作用，水藻的延迟发光，延迟发光的特殊图样

9.1　引　　言

声致发光（sonoluminescence）是一个非寻常的发光现象，它的基本特征是一个共振声场的能量被高度浓缩后在液体介质中产生光闪烁[9.1~9.5]。这个现象已经在实验室被观察和研究了半个多世纪。而自然界声致发光的典型例子被公认为是众所周知的地震光[9.6]。在早期关于高强度声场对化学反应影响的研究中[9.7]，人们发现当水中存在气泡时，高强度声场在水中可以诱导出过氧化氢（H_2O_2）[9.8]。从水中产生过氧化物所需要的能量子是极强的（与声场的能量子相比）[9.9]，这些能量子被认为足以形成可见光的光子。事实上，声场能量子向可见光光子的转变已经被实验所证实[9.10]。

9.2　同步皮秒声致发光的实验研究综述

声致发光的实验观察已经形成了标准的模式[9.4]。光发射来自一个气泡，它位于水中的共振声场的压腹（pressure antinode），而光发射则呈现一系列的闪烁信号[9.11~9.14]。测量显示，每一个光闪烁信号的峰值功率约为 30mW，其宽度小于 50ps。这些光闪烁信号按声场的频率重复出现，与共振声场同步发生，故称为

同步皮秒声致发光（synchronous picosecond sonoluminescence）。由于声场的每个周期产生一个光闪烁，声音的振动扮演了光信号的斩波器的角色。声致发光的光谱分布从750nm向短波延伸至190nm，谱峰出现在光子能量约为6eV的位置。实验中肉眼所看见的光闪烁信号呈蓝色。

诱导声致发光的基本装置是一个充满过滤蒸馏水（不含气体）的球形容器，容器的中心有一个或若干个振动着的气泡，泡的典型半径为4μm。水中有一束相干的声波，它被一对压电极所驱动，而压电极则被胶着在球形容器的外壁。实验所用的典型声波周期为37.7μs，相当于频率26.5kHz。当气泡被激光照射时，它产生光闪烁信号，用快速光电倍增管记录来自气泡的光信号的时间变化。气泡闪烁之后，其振动半径变窄。实验结果显示，对于确定的声场频率，声致发光的强度随声场振幅p'而增加。另外，对于确定的声场振幅，声致发光的强度则随声场频率f_a而减小。图9.1(a)显示，在确定的声场频率10.736kHz下，发光强度随着声场振幅p'的增加而上升。图9.1(b)则显示在最大振幅情况下，发光强度随着声场频率f_a的增加而下降[9.11]。声致发光的强度依赖于容器中水的温度，实验显示在水被冷却的过程中，发光强度增加。实际上，当水的温度被冷却到10℃以下时，发光强度增加10倍以上，正如图9.2(a)[9.12]所示。另外，水的冷却引起谱峰向紫外波段的漂移，如图9.2(b)所示[9.12]。注意在水温10℃的情况下，光谱分布在紫外波段有显著增大的谱密度。

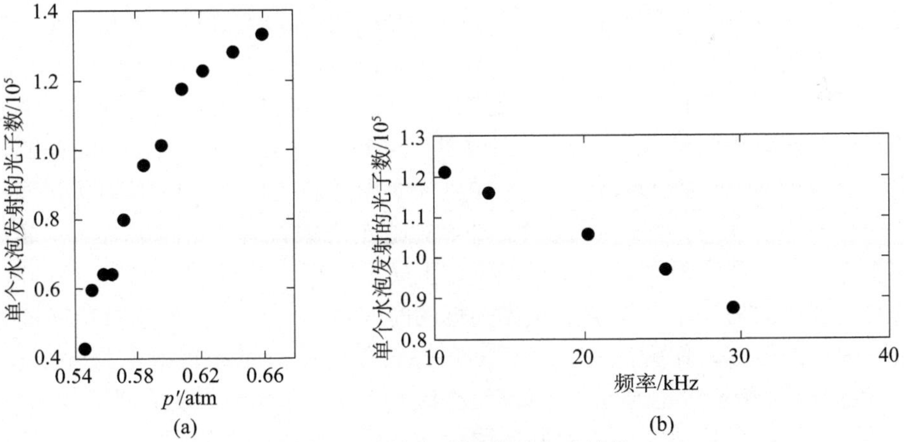

图9.1 声致发光的典型实验结果

(a) 声致发光的强度作为声场振幅p'的函数，声场频率固定为10.736kHz；

(b) 声致发光的强度作为声场频率的函数，声场振幅取其最大值

注：1atm=1.01325×10^5Pa。

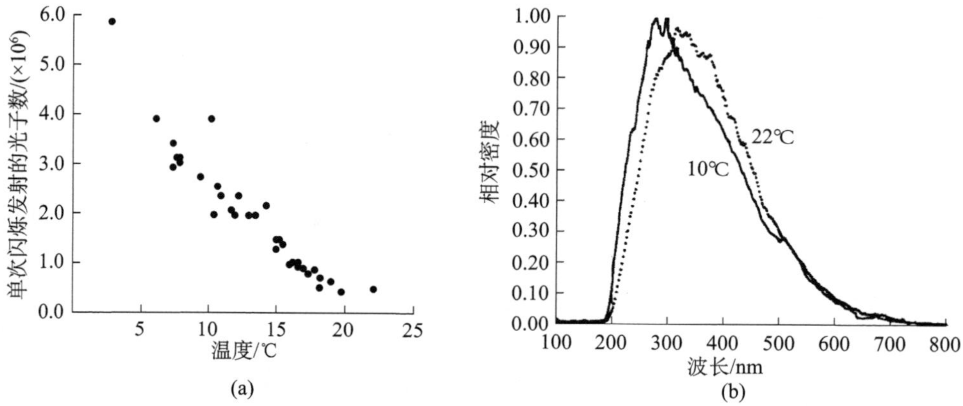

图 9.2　声致发光对水温的依赖性

(a) 声致发光的强度作为容器中水的温度的函数，当水的温度被冷却到 10℃以下时，发光强度能增加 10 倍以上；(b) 声致发光的光谱分布对容器中水的温度的依赖性，水的冷却引起谱峰向紫外波段的漂移

声致发光中的光闪烁信号有一个显著的特点，那就是其波形的稳定性。那些皮秒光脉冲具有相当完好的“钟”样波形，这样的波形能连续保持几小时，而且无论驱动声场调节到什么频率（从可听见波段到超声波），其波形都不改变。波形从声波的一个周期到下一个周期的“跳跃”被确认不长于 50ps，这意味着那些光闪烁能被用作某些设备的触发信号[9.5]。声致发光能成为一个理想的宽带计量光源（190～750nm）的候选者[9.12]。由于声致发光的强度与光谱分布敏感地依赖于气泡内部的气体的性质，如图 9.3[9.14]所示，它还被期待用于气体分析。

声致发光现象的一个“疑惑”是似乎实现了声场能量的“上转换”：声子似乎被转换成能量更强的光子。诱导声致发光的典型声场有 $p'\approx$1atm 的振幅，它在水中相应于 Mach 数 $M\approx10^{-5}$。这样声场的能量密度是 10^{-11}eV/原子。而一个声致发光的光子能有约 6eV 的能量。那么，这个现象背后一定隐藏着一个超乎寻常的能量聚焦或放大机制，它使得能量“上转换”可以越过 12 个数量级的跨度。声致发光现象的另一个“疑惑”是光闪烁的时间宽度，它已经处于目前所能达到的快速测量的极限。作为比较，我们知道导致氢原子可见光辐射的最快跃迁（3→2）尚比声致发光的光闪烁慢 100 倍之多。换言之，声致发光的光闪烁的时间宽度还不到氢原子最快跃迁的时间间隔的 1/100。对这些“疑惑”的一个可能解释是，在气泡发光的 50ps 瞬间，声场能量的浓缩使泡内的气体转变成了等离子体[9.5]。另一个试图解释声致发光的建议是：光闪烁可能涉及某种合作辐射的机制，如超辐射、超荧光等，这个建议的提出者首次观察到光闪烁随声场起伏保持台阶状波形[9.11]。目前，声致发光研究的薄弱环节在于理论解释的缺乏，特别是基于超快过程机制的理论研究。

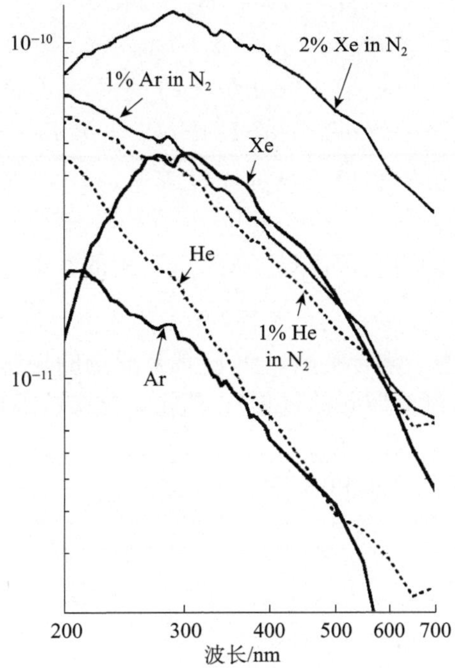

图 9.3 声致发光的谱强度/(W/nm)

实验中采用单个气泡，不同的光谱曲线相应于气泡内不同的气体样品

我们试图用最基本的量子理论来描述声致发光现象，我们的模型涉及光子与声子相互作用的最一般的物理机制。这里将讨论这一相互作用所引起的各种结果，并由此分析能量由共振的声子场转移到相干的光子场的可能性。

9.3 光子与声子相互作用的量子理论：斯托克斯模式

我们将用最基本的量子理论建立一个模型来描述声致发光现象。为此考虑一个由光子模和声子模组成的系统，它们的频率分别为 ω_a 和 ω_b，这样两种场模在系统中相互作用。另外，系统还被一个外界经典场泵浦，同时系统对外界有耗散机制。物理上，可以认为光子模是系统的“信号”而声子模是系统的“本底”，事实上 $\omega_a \gg \omega_b$。假定光子模与声子模合频于场泵浦的频率 ω，即

$$\omega = \omega_a + \omega_b \tag{9.3.1}$$

如图 9.4 所示，在这种情形下，一个泵浦光子诱发一个光子及一个声子，这就是所谓斯托克斯（Stokes）模式。这样的能级结构类似于三能级 exciplex 模型（第 3 章）。描述整个系统的哈密顿为

$$H = H_1 + H_2 + H_3 \tag{9.3.2a}$$

$$H_1 = \hbar\omega_a a^+ a + \hbar\omega_b b^+ b \tag{9.3.2b}$$

$$H_2 = \mathrm{i}\hbar\kappa[a^+ b^+ \exp(-\mathrm{i}\omega t) - ab\exp(\mathrm{i}\omega t)] \tag{9.3.2c}$$

$$H_3 = a\Gamma_a^+ + a^+ \Gamma_a + b\Gamma_b^+ + b^+ \Gamma_b \tag{9.3.2d}$$

其中，a 和 b 分别是光子模和声子模的湮没算子，a^+ 和 b^+ 是相应的产生算子，它们服从玻色对易关系：$[a,a^+]=1$ 和 $[b,b^+]=1$，式（9.3.2b）的 H_1 表示自由光子模和自由声子模的哈密顿，式（9.3.2c）中的参量 κ 被

$$\kappa = gE \tag{9.3.3}$$

表示，这里 g 是光子-声子耦合常数，而 E 是泵浦场的振幅（这个泵浦场反映了声致发光实验中气泡被激光照射的过程），假定 κ 是实数参量，H_2 描述泵浦场与光子模、声子模的相互作用，而式（9.3.2d）的 H_3 表征系统的耗散机制，Γ_a，Γ_b 是库算子，分别刻画光子模和声子模的损耗。

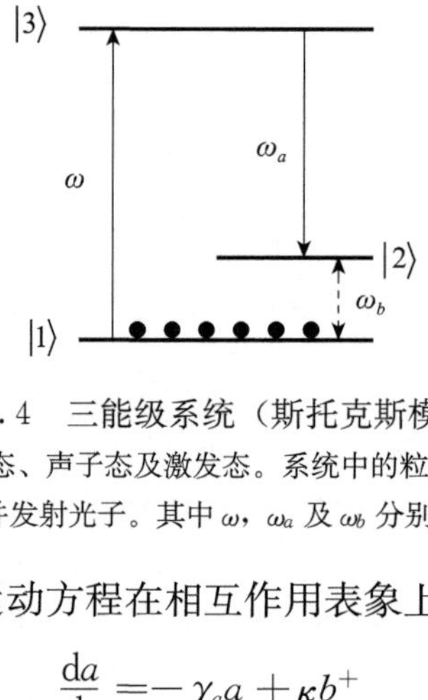

图 9.4　三能级系统（斯托克斯模式）

图中|1⟩，|2⟩ 及|3⟩ 分别表示基态、声子态及激发态。系统中的粒子初始处于基态|1⟩，它们被泵浦到激发态|3⟩，然后跃迁到声子态|2⟩ 并发射光子。其中 ω，ω_a 及 ω_b 分别表示泵浦场、光子模及声子模的频率

算子 a 和 b 的海森堡运动方程在相互作用表象上写为

$$\frac{\mathrm{d}a}{\mathrm{d}t} = -\gamma_a a + \kappa b^+ \tag{9.3.4a}$$

$$\frac{\mathrm{d}b}{\mathrm{d}t} = -\gamma_b b + \kappa a^+ \tag{9.3.4b}$$

其中，γ_a 和 γ_b 分别是光子模和声子模的衰变率常数，反映哈密顿 H_3 的作用，表征系统的耗散机制。用拉普拉斯变换方法解方程组（9.3.4）。具体讲，对方程（9.3.4a）和方程（9.3.4b）两边分别取拉普拉斯变换，得到相应的代数方程，再对它们的根作反演，最后得到

$$a(t) = [a(\cosh\Omega t - \cos\Theta\sinh\Omega t) + b^+\sin\Theta\sinh\Omega t]\exp(-\gamma t) \tag{9.3.5a}$$

$$b(t) = [a^+\sin\Theta\sinh\Omega t + b(\cosh\Omega t + \cos\Theta\sinh\Omega t)]\exp(-\gamma t) \tag{9.3.5b}$$

这里 $a\equiv a(0)$ 和 $b\equiv b(0)$ 分别是初始 $t=0$ 时刻的光子和声子的湮没算子，而

$$\Omega = \sqrt{\delta^2 + \kappa^2} \tag{9.3.6}$$

$$\tan\Theta = \frac{\kappa}{\delta}(0 \leqslant \Theta \leqslant \pi) \tag{9.3.7}$$

$$\gamma = \frac{1}{2}(\gamma_a + \gamma_b), \quad \delta = \frac{1}{2}(\gamma_a - \gamma_b) \tag{9.3.8}$$

均为不含时间的参量，表征系统的性质。利用式（9.3.5）可以讨论系统的量子统计性质的时间演化，如平均光子数

$$N(t) = \langle a^+(t)a(t)\rangle \tag{9.3.9}$$

平均声子数

$$V(t) = \langle b^+(t)b(t)\rangle \tag{9.3.10}$$

光子的自强度关联

$$g_a^{(2)}(t) = \frac{\langle a^+(t)a^+(t)a(t)a(t)\rangle}{\langle a^+(t)a(t)\rangle^2} \tag{9.3.11a}$$

声子的自强度关联

$$g_b^{(2)}(t) = \frac{\langle b^+(t)b^+(t)b(t)b(t)\rangle}{\langle b^+(t)b(t)\rangle^2} \tag{9.3.11b}$$

及光子-声子的交叉强度关联

$$g_{ab}^{(2)}(t) = \frac{\langle a^+(t)a(t)b^+(t)b(t)\rangle}{\langle a^+(t)a(t)\rangle\langle b^+(t)b(t)\rangle} \tag{9.3.12}$$

另外，在 $a(t),a^+(t)$ 和 $b(t),b^+(t)$ 的意义上，系统的量子特征函数被表示为

$$C_N(\xi_a,\xi_b,t) = \mathrm{Tr}[\rho \mathrm{e}^{\xi_a a^+(t)}\mathrm{e}^{\xi_b b^+(t)}\mathrm{e}^{-\xi_b^* b(t)}\mathrm{e}^{-\xi_a^* a(t)}] \tag{9.3.13}$$

其中，ρ 是系统的初始密度算子，而 ξ 是一个复参量。然后，正规序产生函数为

$$C_N^{(w)}(\eta,t) = \frac{1}{(\pi\eta)^2}\int \exp\left(-\frac{|\xi_a|^2 + |\xi_b|^2}{\eta}\right)C_N(\xi_a,\xi_b,t)\mathrm{d}^2\xi_a\mathrm{d}^2\xi_b \tag{9.3.14}$$

其中，η 是一个参量。正规序产生函数可以用来产生光子数分布 $P(n,t)$ 和各阶统计矩 $W^k(t)=\langle[a^+(t)a(t)]^k\rangle$

$$P(n,t) = \frac{(-1)^n}{n!}\frac{\mathrm{d}^n C_N^{(w)}(\eta,t)}{\mathrm{d}\eta^n}\Big|_{\eta=1} \tag{9.3.15}$$

$$W^k(t) = (-1)^k\frac{\mathrm{d}^k C_N^{(w)}(\eta,t)}{\mathrm{d}\eta^k}\Big|_{\eta=0} \tag{9.3.16}$$

当初始密度算子 ρ 给定后，即可按照式（9.3.15）和式（9.3.16）讨论系统的光子统计性质。

现在考虑系统的初态，假定系统光子模的初态为相干态 $|\alpha\rangle$ 而声子模的初态

为相干态$|\beta\rangle$，则系统的初态被表示为

$$|\Psi(0)\rangle=|\alpha\rangle|\beta\rangle\equiv|\alpha,\beta\rangle \tag{9.3.17}$$

这里$\alpha=|\alpha|e^{i\phi_\alpha}$和$\beta=|\beta|e^{i\phi_\beta}$为初始相干态的复参数。显然式（9.3.17）是算子$a(t)$和$b(t)$的本征态，而相应的本征方程为

$$a(t)|\alpha,\beta\rangle=\alpha(t)|\alpha,\beta\rangle \tag{9.3.18a}$$

$$b(t)|\alpha,\beta\rangle=\beta(t)|\alpha,\beta\rangle \tag{9.3.18b}$$

其中的本征值$\alpha(t)$和$\beta(t)$由式（9.3.5）右边表示，但取代换：$a\to\alpha, a^+\to\alpha^*$，$b\to\beta, b^+\to\beta^*$。这样平均光子数式（9.3.9）及平均声子数式（9.3.10）分别被$N(t)=\langle\alpha|a^+(t)a(t)|\alpha\rangle$和$V(t)=\langle\beta|b^+(t)b(t)|\beta\rangle$给出，计算结果为

$$N(t)=\begin{bmatrix}|\alpha|^2(\cosh\Omega t-\cos\Theta\sinh\Omega t)^2+(|\beta|^2+1)(\sin\Theta\sinh\Omega t)^2\\+2|\alpha\beta|\cos\phi^+\sin\Theta\sinh\Omega t(\cosh\Omega t-\cos\Theta\sinh\Omega t)\end{bmatrix}e^{-2\gamma t} \tag{9.3.19}$$

$$V(t)=\begin{bmatrix}|\beta|^2(\cosh\Omega t+\cos\Theta\sinh\Omega t)^2+(|\alpha|^2+1)(\sin\Theta\sinh\Omega t)^2\\+2|\alpha\beta|\cos\phi^+\sin\Theta\sinh\Omega t(\cosh\Omega t+\cos\Theta\sinh\Omega t)\end{bmatrix}e^{-2\gamma t} \tag{9.3.20}$$

其中，$\phi^+=\phi_\alpha+\phi_\beta$。在初始$t=0$时刻，式（9.3.19）和式（9.3.20）分别约化为$N(0)=|\alpha|^2$和$V(0)=|\beta|^2$，这与系统的初始条件（9.3.17）是相同的。如果系统在初始$t=0$时刻处于$|\Psi(0)\rangle=|\alpha,\beta\rangle=|0,0\rangle$，这是一个真空相干态，则式（9.3.19）和式（9.3.20）约化为

$$N(t)=V(t)=(\sin\Theta\sinh\Omega t)^2e^{-2\gamma t} \tag{9.3.21}$$

注意在初始$t=0$时刻，系统的平均光子数和声子数均为零，即$N(0)=V(0)=0$。系统在$t>0$的非零平均光子数$N(t)$来自初始真空光子场的量子起伏的放大，而非零平均声子数$V(t)$则来自初始真空声子场的量子起伏的放大。这意味着初始的真空相干态，在其量子起伏的作用下，在之后的时间产生光子和声子。作出式（9.3.21）随无量纲时间κt变化的曲线，如图 9.5 所示。在$\gamma>\Omega$条件下，$N(t)$和$V(t)$的有物理意义的极大值出现在时刻

$$t_m=\frac{1}{2\Omega}\ln\frac{\gamma+\Omega}{\gamma-\Omega} \tag{9.3.22}$$

相应的极大值为$N(t_m)=V(t_m)\approx0.05$，该平均值只有5%个量子。这里的结果说明，即使系统在初始$t=0$时刻处于真空场，也可以在$t>0$诱导光子辐射，这个结论有重要的理论意义，但由于产生的光子数极少，没有实际的应用价值。

现在对系统的“信号”光子模进行一般性的讨论。首先考虑光子数分布，为此将系统的初始密度算子$\rho=|\Psi(0)\rangle\langle\Psi(0)|$［式（9.3.17）］代入量子特征函数

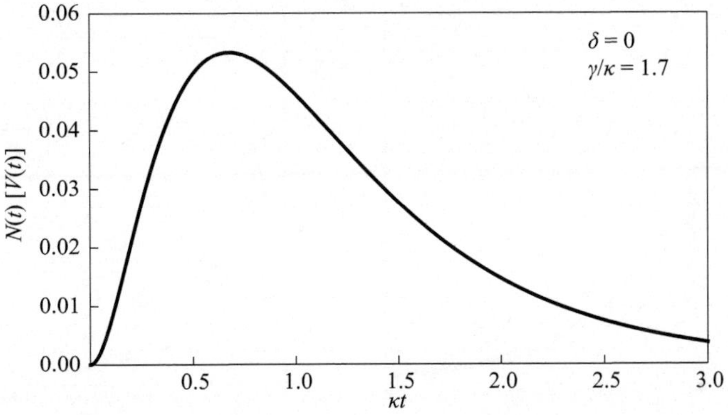

图 9.5 真空相干态的量子起伏所产生的平均光子数 $N(t)$ [平均声子数 $V(t)$]

数值计算用表达式（9.3.21），它们在时间 t_{m} [式（9.3.22）] 取极大值 $N(t_{\mathrm{m}})=V(t_{\mathrm{m}})\approx0.05$

(9.3.13)，再完成式（9.3.14）的积分，最后由式（9.3.15）得到光子数分布

$$P(n,t)=\frac{[N(t)]^n}{n!}\exp[-N(t)] \tag{9.3.23a}$$

这是一个以 $N(t)$[式（9.3.19）] 为平均数的泊松分布。利用与得到式（9.3.23a）相同的程序还可以计算出统计矩（9.3.16），它被表示为

$$W^k(t)=1 \quad (k=1,2,3,\cdots) \tag{9.3.23b}$$

这些结果显示光子场在时间演化中始终维持相干态。图 9.6 显示了平均光子数 $N(t)$ [式（9.3.19）] 作为无量纲时间 κt 的函数，其中 $|\alpha|$ 和 $|\beta|$ 取不同的值而参数 $\Delta\equiv\delta/\kappa,\Gamma\equiv\gamma/\kappa,\phi\equiv\phi^+=\phi_a$（取 $\phi_\beta=0$）均是固定的。可以看出：①随着 $|\alpha|$ 的增加，$N(t)$ 依次扮演了不同的图样（一个极大；一个极小和一个极大；单调下降）；②随着 $|\beta|$ 的增加，$N(t)$的图样变化方向恰好相反（单调下降；一个极小和一个极大；一个极大），而且峰值越来越高。平均光子数 $N(t)$ 对于参数 Δ，Γ，ϕ 的依赖性显示在图 9.7，存在着各种不同的图样。

现在讨论两种特殊的初态：$|\Psi(0)\rangle=|\alpha,\beta\rangle=|\alpha,0\rangle$ 和 $|\Psi(0)\rangle=|\alpha,\beta\rangle=|0,\beta\rangle$，它们分别相应于真空声子场和真空光子场。将 $|\beta|=0$ 和 $|\alpha|=0$ 分别代入式（9.3.19），得到

$$N(t)=[|\alpha|^2(\cosh\Omega t-\cos\Theta\sinh\Omega t)^2+\sin^2\Theta\sinh^2\Omega t]\mathrm{e}^{-2\gamma t} \tag{9.3.24a}$$

$$N(t)=(|\beta|^2+1)(\sin\Theta\sinh\Omega t)^2\mathrm{e}^{-2\gamma t} \tag{9.3.24b}$$

两种情况下的平均光子数作为无量纲时间 κt 的函数被显示在图 9.8(a)，(b)，前者显示了不同 $|\alpha|$ 的影响，而后者显示了不同 $|\beta|$ 的影响。图 9.8（a）中的点线是用超辐射的强度表达式 [式（3.9.26）] 作出的，它们被发现与现在的平均光子数表达式（9.3.24a）符合很好。这意味着我们现在所讨论的斯托克斯模式与三能

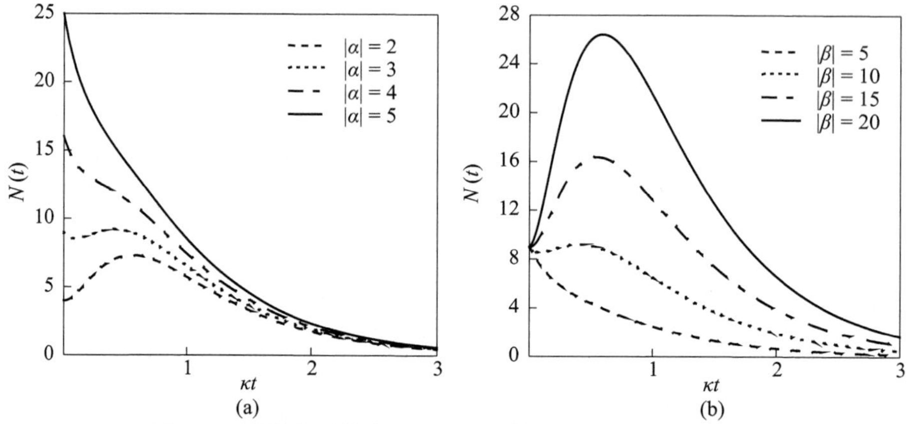

图 9.6　平均光子数式（9.3.19）作为时间参量 κt 的函数

(a)$|\beta|=10$，不同的曲线相应于不同的$|\alpha|$值；(b)$|\alpha|=3$，不同的曲线相应于不同的$|\beta|$值。这两种情况下均取 $\Delta=0$，$\Gamma=1.7$，$\phi=2\pi/5$

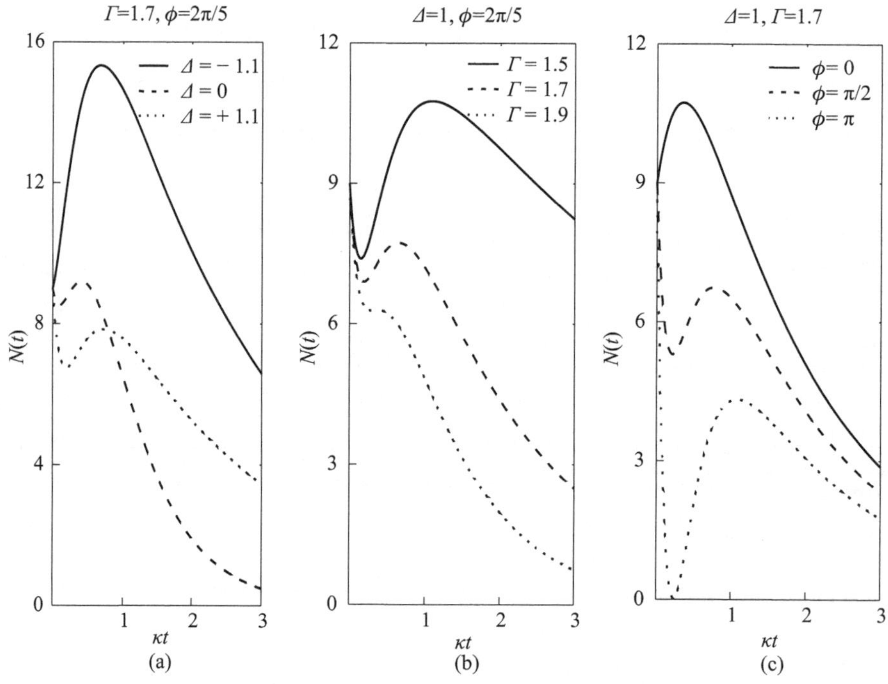

图 9.7　平均光子数式（9.3.19）作为时间参量 κt 的函数

显示对参量 Δ, Γ, ϕ 的依赖性。在三种情况下均取$|\alpha|=3$ 和$|\beta|=10$

级的 exciplex 系统（第 3 章）有本质上的相似性。

图 9.8（b）的曲线扮演了最有意义的结果。它们显示，即使系统的初始状态不含有光子，也能在 $t>0$ 发射光子。表达式（9.3.24b）与式（9.3.21）的区

别在于反映了声子数$|\beta|^2$对光子辐射的贡献。现在可以清楚地看到，按照我们的模型，声子的能量确实可以转变为光子的能量。表达式（9.3.24b）还告诉我们，光子场的强度与初始的声子数$|\beta|^2$成正比，这与图 9.1（a）的实验结果是一致的。与式（9.3.21）一样，平均光子数（9.3.24b）也在式（9.3.22）所示的时间 t_m 取极大值，而现在的峰值强度由于有声子数$|\beta|^2$的贡献而大大增加。原则上只要声子场足够强，光子场强度的增加是没有极限的，因为光子场的峰值强度$N(t_m)$随初始声子场强度$|\beta|^2$是线性增加的。

现在分析导致能量从声子场向光子场转移的原因。首先从系统的初始条件（9.3.17）注意到所施加的共振声场必须是相干的。另外，从表达式（9.3.24b）、式（9.3.7）以及表达式（9.3.3）可以看出有非零平均光子数 $N(t)$ 的条件依次是

$$N(t) \neq 0 \rightarrow \Theta \neq 0 \rightarrow \kappa \neq 0 \rightarrow \begin{pmatrix} g \neq 0 \\ E \neq 0 \end{pmatrix} \tag{9.3.25}$$

结论很明显，产生声致发光的条件是：①所施加的共振声场必须是相干的；② $g\neq 0$，光子模与声子模之间必须存在耦合作用；③$E\neq 0$，必须有泵浦光的存在。可以看到在实验室观察到声致发光正是具备了这些条件。

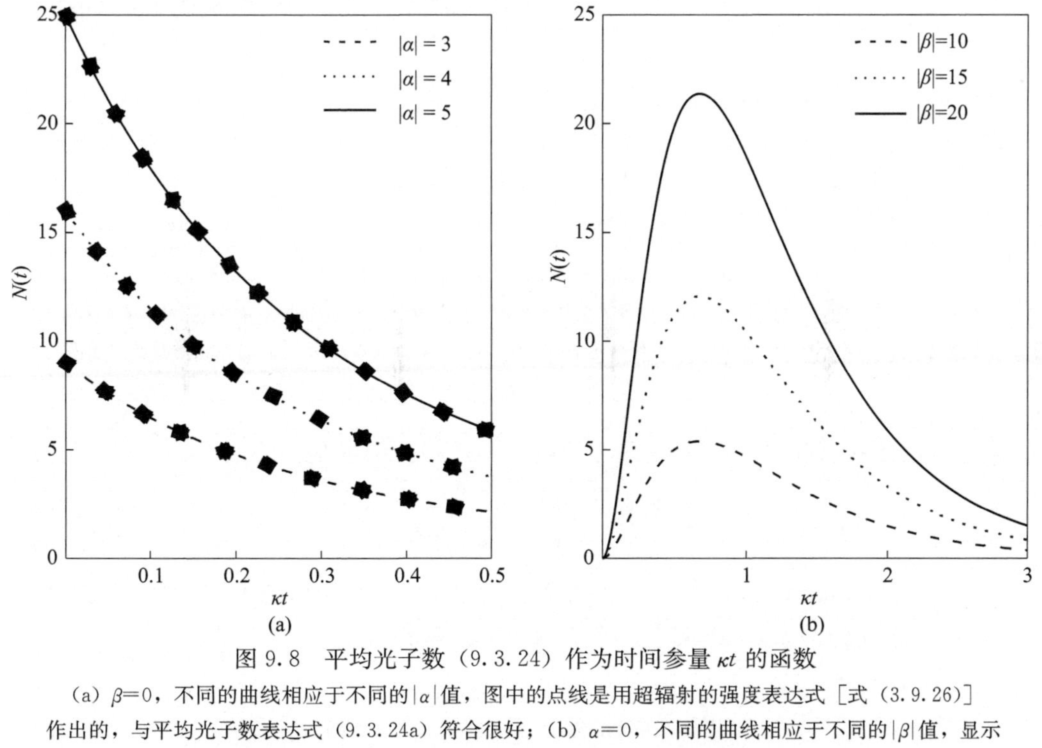

图 9.8 平均光子数（9.3.24）作为时间参量 κt 的函数

（a）$\beta=0$，不同的曲线相应于不同的$|\alpha|$值，图中的点线是用超辐射的强度表达式［式（3.9.26）］作出的，与平均光子数表达式（9.3.24a）符合很好；（b）$\alpha=0$，不同的曲线相应于不同的$|\beta|$值，显示声子的能量可以转变为光子的能量。在两种情况下均取 $\Delta=0$ 和 $\Gamma=1.7$

9.4　光子与声子相互作用的量子理论：反斯托克斯模式

下面转向讨论光子模与声子模在反斯托克斯模式中的相互作用，如图 9.9 所示，这里光子模频率 ω_a 与声子模频率 ω_b 差频于泵浦场频率 ω

$$\omega = \omega_a - \omega_b \tag{9.4.1}$$

在现在的情况下，系统的哈密顿仍然由式（9.3.2a）表示，其中的 H_1 和 H_3 也分别与式（9.3.2b）及式（9.3.2d）相同，但 H_2 现在变为

$$H_2 = \mathrm{i}\hbar\kappa[ab^+\exp(\mathrm{i}\omega t) - a^+b\exp(-\mathrm{i}\omega t)] \tag{9.4.2}$$

算子 a 和 b 的海森堡运动方程在相互作用表象上写为

$$\frac{\mathrm{d}a}{\mathrm{d}t} = -\gamma_a a - \kappa b \tag{9.4.3a}$$

$$\frac{\mathrm{d}b}{\mathrm{d}t} = -\gamma_b b + \kappa a \tag{9.4.3b}$$

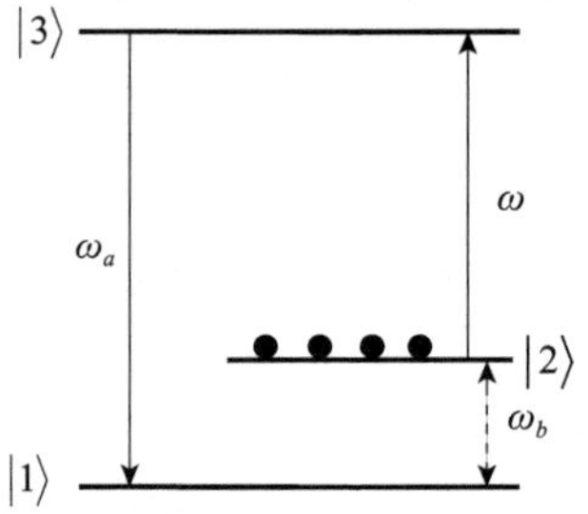

图 9.9　三能级系统（反斯托克斯模式）

图中|1⟩,|2⟩ 及|3⟩ 分别表示基态、声子态及激发态。系统中的粒子初始处于声子态|2⟩，它们被泵浦到激发态|3⟩，然后跃迁到基态|1⟩ 并发射光子。其中 ω，ω_a 及 ω_b 分别表示泵浦场、光子模及声子模的频率

再次用拉普拉斯变换方法解方程组（9.4.3），结果是

$$a(t) = aA(t) + bB(t) \tag{9.4.4a}$$

$$b(t) = bC(t) + aD(t) \tag{9.4.4b}$$

其中，$A(t)$,$B(t)$,$C(t)$,$D(t)$ 均为时间 t 的实函数，它们呈现不同的形式（依赖于 κ 和 δ 之间的关系），事实上，存在着下列三种情况。

(1) $|\delta| < \kappa$

$$A(t) = \csc\theta\sin(\theta - \varepsilon t)\exp(-\gamma t) \tag{9.4.5a}$$

$$B(t) = -\csc\theta\sin\varepsilon t\exp(-\gamma t) \tag{9.4.5b}$$

$$C(t)=\csc\theta\sin(\theta+\varepsilon t)\exp(-\gamma t) \tag{9.4.5c}$$

$$D(t)=\csc\theta\sin(\varepsilon t)\exp(-\gamma t) \tag{9.4.5d}$$

(2) $|\delta|=\kappa$

$$A(t)=(1-\delta t)\exp(-\gamma t) \tag{9.4.6a}$$

$$B(t)=-\kappa t\exp(-\gamma t) \tag{9.4.6b}$$

$$C(t)=(1+\delta t)\exp(-\gamma t) \tag{9.4.6c}$$

$$D(t)=\kappa t\exp(-\gamma t) \tag{9.4.6d}$$

(3) $|\delta|>\kappa$

$$A(t)=\mathrm{csch}\theta_{\mathrm{h}}\sinh(\theta_{\mathrm{h}}-\varepsilon t)\exp(-\gamma t) \tag{9.4.7a}$$

$$B(t)=-\mathrm{csch}\theta_{\mathrm{h}}\sinh\varepsilon t\exp(-\gamma t) \tag{9.4.7b}$$

$$C(t)=\mathrm{csch}\theta_{\mathrm{h}}\sinh(\theta_{\mathrm{h}}+\varepsilon t)\exp(-\gamma t) \tag{9.4.7c}$$

$$D(t)=\mathrm{csch}\theta_{\mathrm{h}}\sinh(\varepsilon t)\exp(-\gamma t) \tag{9.4.7d}$$

其中 γ 和 δ 被式（9.3.8）表示，而

$$\varepsilon=\sqrt{|\delta^2-\kappa^2|} \tag{9.4.8}$$

$$\tan\theta=\varepsilon/\delta \quad (|\delta|<\kappa) \tag{9.4.9}$$

$$\tanh\theta_{\mathrm{h}}=\varepsilon/\delta \quad (|\delta|>\kappa) \tag{9.4.10}$$

与斯托克斯模式相比较，现在有更多种形式的解。

仍然采用式（9.3.17）的初态并跟随讨论斯托克斯模式的程序，最后得到含时平均光子数和平均声子数的表达式

$$N(t)=|\alpha|^2A^2(t)+|\beta|^2B^2(t)+2|\alpha\beta|A(t)B(t)\cos\phi^- \tag{9.4.11a}$$

$$V(t)=|\beta|^2C^2(t)+|\alpha|^2D^2(t)+2|\alpha\beta|C(t)D(t)\cos\phi^- \tag{9.4.11b}$$

其中，$\phi^-=\phi_\alpha-\phi_\beta$。对于光子模可以再次得到式（9.3.23），说明与斯托克斯模式一样，光场在时间演化中一直保持着相干态。重点讨论系统的光子模的时间演化，为此将平均光子数式（9.4.11a）写成

$$N(t)=\csc^2\theta\begin{bmatrix}|\alpha|^2\sin^2(\theta-\kappa t\sin\theta)+|\beta|^2\sin^2(\kappa t\sin\theta)\\-2|\alpha\beta|\sin(\theta-\kappa t\sin\theta)\sin(\kappa t\sin\theta)\cos\phi^-\end{bmatrix}e^{-2\gamma t} \quad (|\delta|<\kappa) \tag{9.4.12a}$$

$$N(t)=[|\alpha|^2(1-\delta t)^2+|\beta|^2(\kappa t)^2-2|\alpha\beta|(1-\delta t)\kappa t\cos\phi^-]e^{-2\gamma t} \quad (|\delta|=\kappa) \tag{9.4.12b}$$

$$N(t)=\mathrm{csch}^2\theta_{\mathrm{h}}\begin{bmatrix}|\alpha|^2\sinh^2(\theta_{\mathrm{h}}-\kappa t\sinh\theta_{\mathrm{h}})+|\beta|^2\sinh^2(\kappa t\sinh\theta_{\mathrm{h}})\\-2|\alpha\beta|\sinh(\theta_{\mathrm{h}}-\kappa t\sinh\theta_{\mathrm{h}})\sinh(\kappa t\sinh\theta_{\mathrm{h}})\cos\phi^-\end{bmatrix}e^{-2\gamma t} \quad (|\delta|>\kappa) \tag{9.4.12c}$$

平均光子数式（9.4.12）作为无量纲时间参量 κt 的函数显示在 图 9.10～图 9.12 中，其中参数的取值与图 9.6～图 9.8 相同。在作图时，对于 $|\delta|$ 和 κ 的不同关系我们用式（9.4.12）中相应的表达式表示。注意为了与斯托克斯模式比较，我们已经取 $\phi\equiv\phi^{-}=\phi_{\alpha}$（取 $\phi_{\beta}=0$）。可以看出，两种模式的平均光子数 $N(t)$ 有类似的行为，特别是图 9.8（b）与图 9.12（b）所刻画的 $N(t)$的时间演化。不过反斯托克斯模式有自身的特点：①对于初态 $|\Psi(0)\rangle=|\alpha,\beta\rangle=|0,0\rangle$，任何时刻的平均光子数 $N(t)=0$，不存在斯托克斯模式中的初始场起伏的放大现象，即没有与式（9.3.21）对应的表达式；②与斯托克斯模式相比，反斯托克斯模式中的平均光子数衰变更快，如图 9.6（a）和图 9.10（a）所示；③反斯托克斯模式中的平均光子数 $N(t)$ 是参量 δ 的偶函数，因此对于 $\pm\Delta$ 有相同的值，如图 9.11（a）所示；④平均光子数 $N(t)$对位相 ϕ 的依赖性在两种模式中是定性相反的，如图 9.7（c）和图 9.11（c）所示；⑤与斯托克斯模式不同，现在显示在图 9.12（a）中的平均光子数 $N(t)$ 与超辐射表达式［式（3.9.26）］没有很好的拟合。

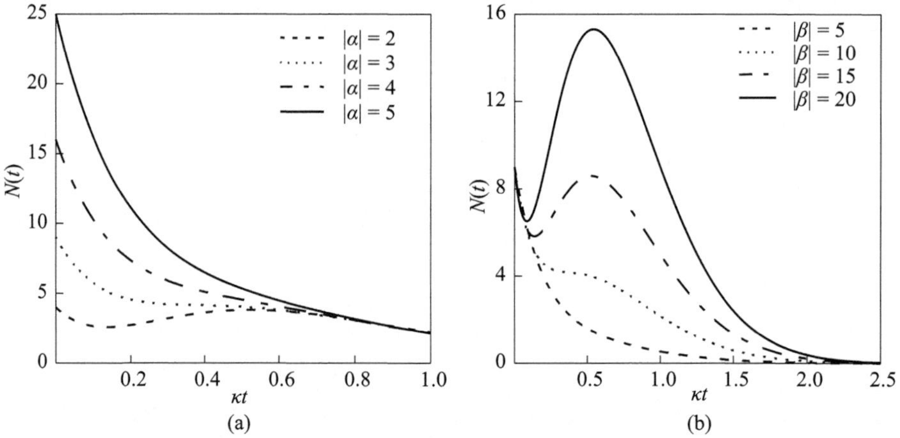

图 9.10　平均光子数式（9.4.12）作为时间参量 κt 的函数

（a）$|\beta|=10$，不同的曲线相应于不同的$|\alpha|$值；（b）$|\alpha|=3$，不同的曲线相应于不同的$|\beta|$值。这两种情况下均取 $\Delta=0,\Gamma=1.7$，$\phi=2\pi/5$

系统的初态为真空光子场时，即 $|\Psi(0)\rangle=|\alpha,\beta\rangle=|0,\beta\rangle$，平均光子数表达式（9.4.12）约化为

$$N(t)=|\beta|^2\csc^2\theta\sin^2(\kappa t\sin\theta)\mathrm{e}^{-2\gamma t}\quad(|\delta|<\kappa)\tag{9.4.13a}$$

$$N(t)=|\beta|^2(\kappa t)^2\mathrm{e}^{-2\gamma t}(|\delta|=\kappa)\tag{9.4.13b}$$

$$N(t)=|\beta|^2\mathrm{csch}^2\theta_{\mathrm{h}}\sinh^2(\kappa t\sin h\theta_{\mathrm{h}})\mathrm{e}^{-2\gamma t}\quad(|\delta|>\kappa)\tag{9.4.13c}$$

可以看到，在反斯托克斯模式中也存在能量从声子场向光子场转移的情况，正如图 9.12（b）所示。这个现象发生的条件依然是：所施加的共振声场必须是相干

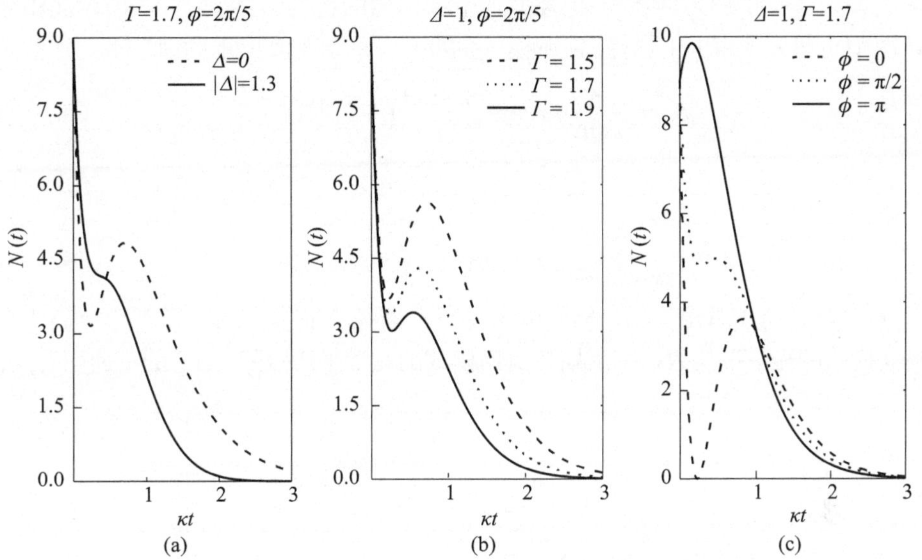

图 9.11 平均光子数（9.4.12）作为时间参量 κt 的函数

显示对参量 Δ，Γ，ϕ 的依赖性。在三种情况下均取 $|\alpha|=3$ 和 $|\beta|=10$

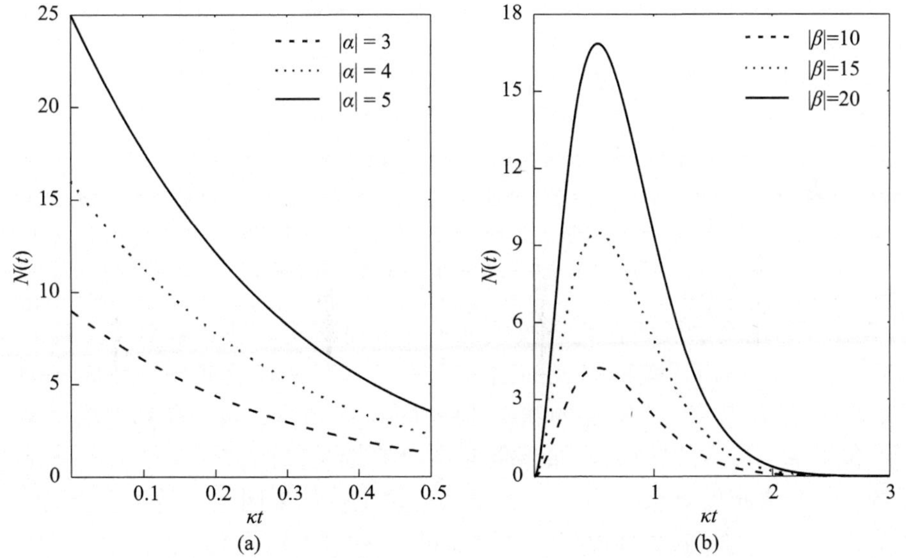

图 9.12 平均光子数（9.4.12）作为时间参量 κt 的函数

(a) $\beta=0$，不同的曲线相应于不同的 $|\alpha|$ 值；(b) $\alpha=0$，不同的曲线相应于不同的 $|\beta|$ 值，显示声子的能量可以转变为光子的能量。在两种情况下均取 $\Delta=0$ 和 $\Gamma=1.7$

的，光子模与声子模之间必须存在耦合作用，以及必须有泵浦光的存在。由于不存在真空起伏的放大，当 $\kappa=0$ 时，式（9.4.13）所示的平均光子数全部为零。

事实上，式（9.4.13）的所有表达式能显示相同的行为，如图 9.13 所示（作为比较，图中也显示了相应的斯托克斯模式的曲线），极大值出现的时刻为

$$t_{\mathrm{m}} = \frac{1}{\kappa\sin\theta}\arctan\left(\frac{\kappa\sin\theta}{\gamma}\right) \quad (|\delta| < \kappa) \tag{9.4.14a}$$

$$t_{\mathrm{m}} = \frac{1}{\gamma} \quad (|\delta| = \kappa) \tag{9.4.14b}$$

$$t_{\mathrm{m}} = \frac{1}{\kappa\sinh\theta_{\mathrm{h}}}\operatorname{arctanh}\left(\frac{\kappa\sinh\theta_{\mathrm{h}}}{\gamma}\right) \quad (|\delta| > \kappa) \tag{9.4.14c}$$

从图 9.13 可以看出：①在相同的条件下，斯托克斯模式的光子平均数高于反斯托克斯模式的光子平均数；②反斯托克斯模式的光子平均数随 $|\Delta|$ 的增加而升高。

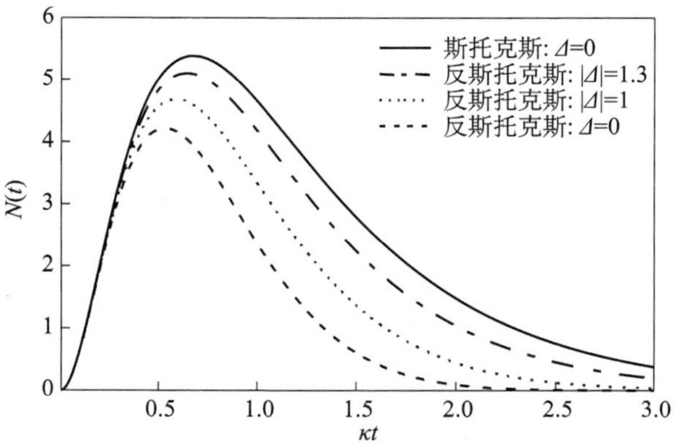

图 9.13　三能级系统的两种辐射模式的比较

反斯托克斯模式的平均光子数式（9.4.13）和斯托克斯模式的平均光子数式（9.3.24b）作为时间参量 κt 的函数，它们呈现相同的行为，但极大值出现在不同的时刻，分别被式（9.4.14）和式（9.3.22）确定。所有情况均取 $\alpha=0$，$|\beta|=10$ 和 $\Gamma=1.7$

现在要讨论属于反斯托克斯模式的一个特殊情况。注意到对于上述真空光子场的讨论，包括斯托克斯模式的结果［图 9.8（b）］，反斯托克斯模式的结果［图 9.12（b）］，以及二者对比的结果［图 9.13］，在所有数值计算中阻尼系数取相同的值 $\Gamma=1.7$。可以想象，如果阻尼系数 Γ 取更大的值，其结果无非是平均光子数 $N(t)$ 衰减得更快。那么考虑相反的情况，如果阻尼系数 Γ 取更小的值，会不会出现 $N(t)$ 的振荡行为呢？之所以对 $N(t)$ 的振荡行为感兴趣，是因为我们记得声致发光实验观察中的光闪烁常常是一系列的脉冲信号，而且那些光脉冲具有相当完好的“钟”样波形，能连续保持几小时都不改变[9.14]。为了考查我们的模型能否描述这样的实验观察，首先作出反斯托克斯模式的平均光子数 $N(t)$ 在较小阻尼系数及 $\Gamma=0$ 情况下的时间演化曲线，如图 9.14 所示。发现在阻尼较小的情况下，$N(t)$ 显示一系列衰减的脉冲。而在无阻尼情况下，$N(t)$ 则显示

无衰减的脉冲序列。这两种情况下，每个脉冲都呈现对称的“钟”样波形。在声致发光的实验中，既有单脉冲输出（图 9.13），也有序列脉冲输出（图 9.14），而两种情况都在我们模型（反斯托克斯模式）的描述之中。

一个进一步的问题是：我们的斯托克斯模式能否描述这种现象呢？为此考查相关的平均光子数表达式（9.3.24b），注意到它与反斯托克斯模式中的式（9.4.13a）不同，后者在 $\Gamma=0(\gamma=0)$ 情况下给出 $N(t)\propto\sin^2(\kappa t\sin\theta)$，它恰好描述周期的脉冲信号，而斯托克斯模式（9.3.24b）则给出 $N(t)\propto\sinh^2\Omega t$，它随时间急剧上升，没有振荡解。可见平均光子数的振荡只是反斯托克斯模式特有的行为。

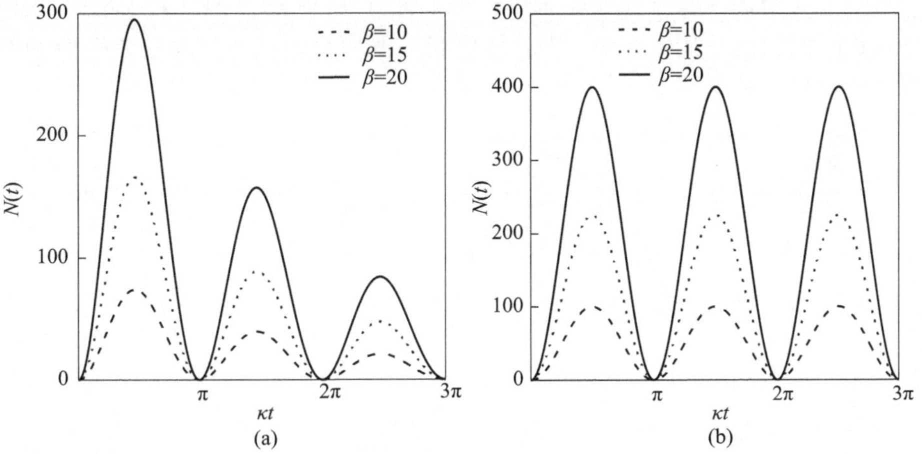

图 9.14 平均光子数 $N(t)$ ［式（9.4.12)］作为时间参量 κt 的函数（$\alpha=0$，$\Delta=0$）

(a) 较小阻尼（$\Gamma=0.1$）情况下 $N(t)$ 显示衰减的脉冲序列；(b) $\Gamma=0$ 情况下 $N(t)$ 显示无衰减的脉冲序列。两种情况下每一个脉冲都呈现对称的“钟”样波形：$N(t)\propto\sin^2(\kappa t\sin\theta)$

9.5 实验现象的解释与描述

按照我们的模型，当一个相干的声子场在外界泵浦场作用下与一个真空光子场相互作用时，如果声子场与光子场存在着耦合作用，则声子能量可以转化为光子能量，从而形成声致发光。我们还对于斯托克斯和反斯托克斯两种模式推出了初始真空光子场在 $t>0$ 所诱导的平均光子数表达式。现在试图用所得到的理论结果解释和描述有关的实验现象。

9.5.1 气泡的声致发光

一个典型的单脉冲声致发光的波形显示在图 9.15（a)，实验中采用若干个甘油溶液泡（处于水中）。显然它与图 9.13 所示的理论曲线有相同的图样。这意味着这个实验曲线可以按我们的模型作如下解释：一个相干的声子场（$\beta\neq0$）在外界泵浦场（$E\neq0$）作用下与一个真空光子场（$\alpha=0$）相互作用，系统存在着阻尼（$\Gamma\neq0$），而光子与声子之间存在着耦合（$\kappa\neq0$），系统属于斯托克斯模式（或反斯托克斯模式），在初始 $t=0$ 时没有光子辐射，但在 $t>0$ 可以形成图 9.15（a）所示的强度曲线。可以用反斯托克斯模式的平均光子数表达式（9.4.13a）来估算诸系统参数。首先从实验曲线观察到波峰出现在 $t_m=650$ps，相应的峰值为 $N(t_m)=-420$mV，用式（9.4.13a）和式（9.4.14a），估算出 $\gamma\approx1.17\times10^9$ Hz 而 $\kappa\sin\theta\approx1.28\times10^9$ Hz。拟合曲线显示在图 9.15（b），它与实验曲线是一致的。

另一个典型的声致发光实验采用若干个含有纯 N_2 的气泡（处于水中），发光信号在长时间内呈现周期行为[9.14]。按照我们的模型，这个现象能被理解为系统有很小的阻尼，接近图 9.14（b）的情况。

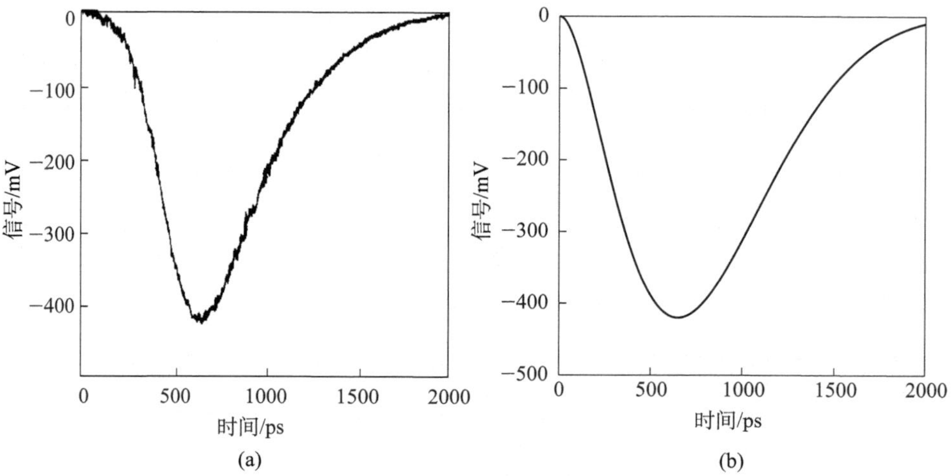

图 9.15　声致发光的实验观察与理论描述

（a）一个声致发光的实验观察曲线（数据来自光电倍增管的单脉冲输出的平均）。图中峰值出现的时间为 $t_m=650$ps。实验采用若干个甘油溶液泡（处于水中），甘油溶液的浓度为 25%（体积）；（b）来自反斯托克斯模式的平均光子数式（9.4.13a），数值计算中的参数取 $\gamma\approx1.17\times10^9$ Hz，$\kappa\sin\theta\approx1.28\times10^9$ Hz

9.5.2　水藻 Chlorella 的异常延迟发光

另一个实验观察涉及具有特殊图样的延迟发光[9.15,9.16]。正如第 3 章详细讨论的，延迟发光通常扮演了一个非指数的衰变，其强度曲线能被双曲函数式（3.10.2）很好地拟合，这是生物光子辐射的量子理论的重要结果之一。不过在特殊的条件下，某些生物样品的延迟发光显示特殊的动力学图样，特别是它们的发光强度在较低的温度下呈现非单调的衰变[9.17]。一个典型的例子是关于 Chlorella 水藻的延迟发光，如图 9.16 所示。这个样品在较低温度下的发光强度不是通常的单调衰变，而是在衰变开始约 25s 后鼓出一个光滑的小包。这一生物延迟发光现象的观察数据曾被几个指数函数的相加来拟合，它是一个描述电阻-蓄电线路放电过程的微分方程组的解析解[9.18]。

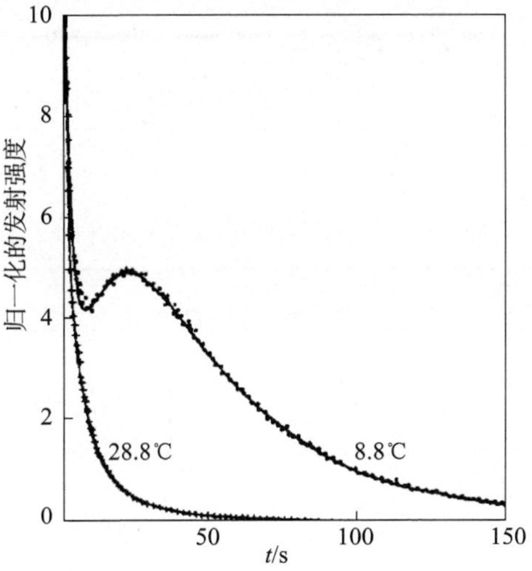

图 9.16 水藻 Chlorella 的延迟发光的归一化强度 I/I_0 的实验曲线

在较高温度（28.8℃）时，发光强度呈现单调的衰变，在较低温度(8.8℃)情况下，发光开始约 25s 后鼓出一个光滑的小包，之后单调下降

我们试图在 DNA 晶格振动波（即 DNA 声子模）的意义上解释这一现象。正如第 1 章及第 8 章所讨论的，DNA 在生物光子辐射中扮演了一个重要的角色。关于 DNA 作为生物光子辐射源的研究，Popp 已经作了全面的理论性解释[1.13,1.16]。按照 exciplex 模型（第 3 章）的诠释，DNA 晶格振动波（即 DNA 声子模）的作用为生物系统的光子辐射提供了一个必要条件[3.13]，而 DNA 声子则被认为来源于 DNA 螺旋梯中的堆垒作用（stacking interaction），如图 9.17 所示，堆垒作用作为一种微观的振动，在量子层次的产物即为声子。众所周知，温度变化对声子行为有强烈的影响。图 9.16 中相应于不同温度的两条观察曲线能被理解为水藻中的光合物质（photosynthetic material）在不同温度下具有不同的声子行为。

实际上，我们的模型能给出与图 9.16 的观察数据相符合的曲线，如图 9.18（a）所示的斯托克斯模式的曲线及图 9.18（b），（c），（d）所示的反斯托克斯模式的曲线。每一幅图中的两条曲线的区别仅是声子数的不同，而所有其他的系统参量都维持不变。这样我们的模型不但能在声子作用的意义上解释图 9.16 的两条实验曲线的区别，而且相信能用平均光子数表达式（9.3.19）或式（9.4.12），在适当的参数取值下，对于实验数据进行相当精确的拟合。

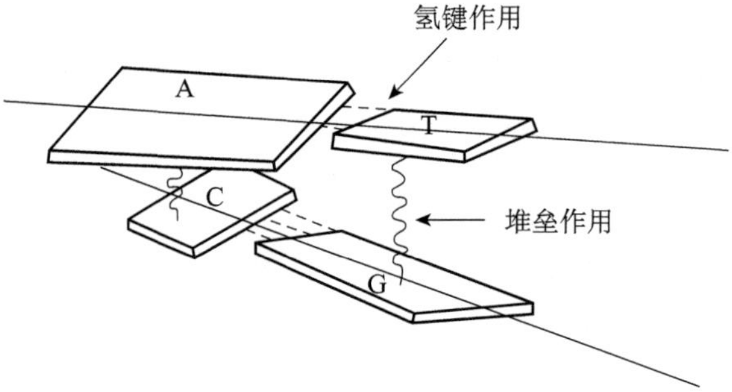

图 9.17　DNA 螺旋结构中的氢键作用和堆垒作用

DNA 螺旋梯中两个相邻的“横杠”：“水平”的氢键作用和“竖直”的堆垒作用。堆垒作用被认为是 DNA 声子的“源”

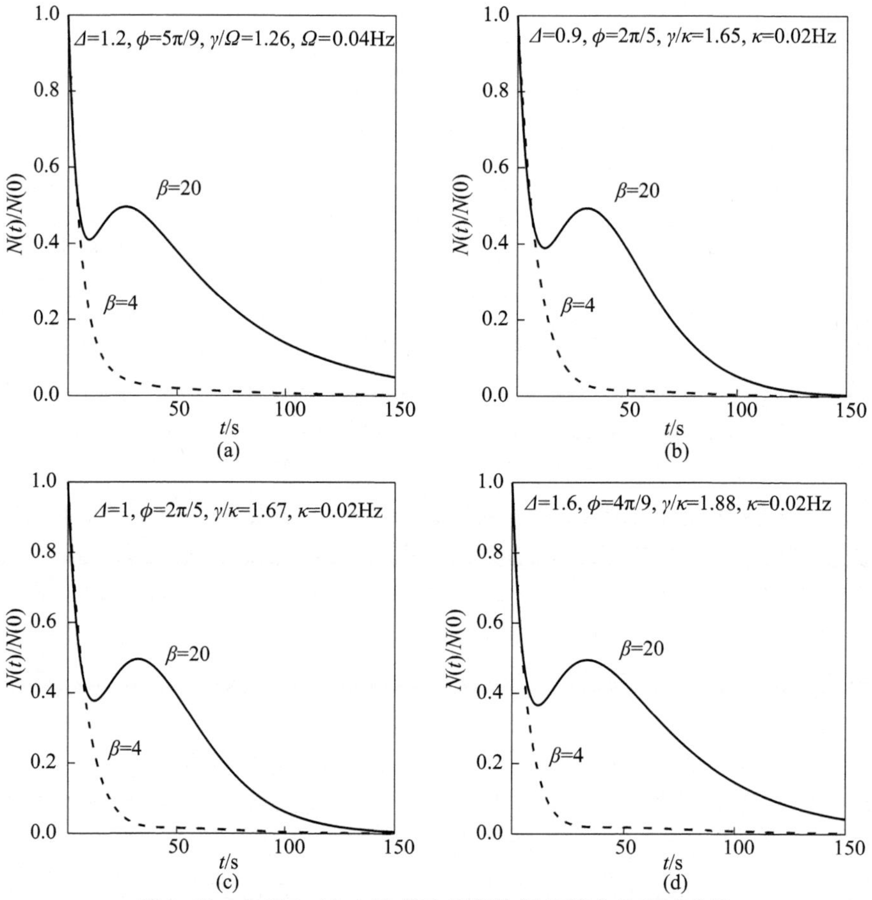

图 9.18　与图 9.16 中的实验观察数据相符合的理论曲线

(a) 数值计算采用斯托克斯模式的平均光子数表达式 (9.3.19)；(b)，(c)，(d) 数值计算采用反斯托克斯模式的平均光子数表达 (9.4.12)。在所有曲线中 $\alpha=6$

9.6 结 论

本章在叙述声致发光实验研究的基础上，对这一非寻常的发光现象进行理论描述，从光子和声子相互作用的量子力学机制出发，用三能级模型描述声致发光系统（一个被外场泵浦又对外耗散的开放系统）。我们的模型涉及泵浦场、光子模、声子模的不同频率组合，即斯托克斯模式和反托克斯模式两种情况。详细讨论了系统的光子模的动力学演化。特别推出了含时平均光子数的解析表达式。由此得到了声子能量转变为光子能量的条件：①所施加的共振声场必须是相干的；②必须存在外界泵浦场；③光子模与声子模之间必须存在耦合作用。还进一步用我们的理论表达式拟合甘油溶液泡的声致发光的强度曲线，并解释含有纯 N_2 的气泡声致发光的周期振荡行为。另外还在声子模作用的意义上，解释温度变化对生物延迟发光行为的影响，并拟合绿藻 Chlorella 延迟发光的特殊图样。

我们的模型描述了光子与声子相互作用的一般的量子系统。结果表明，它不但能用来描述通常的气泡的声致发光，还可以在声子模作用的意义上描述生物系统的延迟发光的特殊图样。这个模型被期待在其他相关的光-声子相互作用系统中扮演重要的角色。

参 考 文 献

[9.1] Brady B T, Rowell G A. Laboratory investigation of the electrodynamics of rock fracture. Nature, 1986, 321: 488-492.

[9.2] Suslick K S, Flint E B, Sonoluminescence from non-aqueous liquids. Nature, 1987, 330, 553-555.

[9.3] Verral R E, Sehgal C. Sonoluminescence // Sonochemistry: Its Chemical and Physical Biological Effects. New York: VCH, 1988, 553-555.

[9.4] Suslick K S. Sonochemistry. Science, 1990, 247: 1439-1445.

[9.5] Maddox J. Sonoluminescence in from the dark. Nature, 1993, 361: 397.

[9.6] Johnston A C. Light from seismic waves. Nature, 1991, 354: 31.

[9.7] Richards W T, Loomis A L. The chemical effects of high frequency sound waves I. A preliminary survey. J. Am. chem. Soc., 1927, 49: 3086-3100.

[9.8] Schmitt F O, Johnson C H, Olson A R. Oxidations promoted by ultrasonic radiation. J. Am. chem. Soc., 1929, 51: 370-375.

[9.9] Beuthe H. Uber den Einfluss der Ultraschallwellen auf Chemische Prozesse. Z. Phys. Chem., 1932, A 163: 161-171.

[9.10] Frenzel H, Schultes H. Luminescenz im ultraschallbeschickten Wasser. Z. Phys.

Chem.，1934，B27：421-424.

[9.11] Barber B P，Putterman S J. Observation of synchronous picosecond sonoluminescence. Nature，1991，352，318-320.

[9.12] Hiller R，Barber B P，Putterman S J. Spectrum of synchronous picosecond sonoluminescence. Phys. Rev. Lett.，1992，69：1182-1184.

[9.13] Barber B P，Putterman S J. Light scattering measurements of the repetitive supersonic implosion of a sonoluminescing bubble. Phys. Rev. Lett.，1992，69：3839-3842.

[9.14] Hiller R，Weninger K，Putterman S. J，et al. Effect of noble gas doping in single-bubble sonoluminescence. Science，1994，266：248-250.

[9.15] Allen J F，Bennett J，Steinback K E. Chloroplast protein phosphorylation couples plastoquinone redox state to distribution of excitation energy between photosystems. Nature，1981，291：25-29.

[9.16] Gerhardt V，Krause H，Raba G，et al. Delayed fluorescence from photosynthetic active phytoplankton in the time-range from 1 to 55 seconds. J. Lumin.，1981，24&25：799-802.

[9.17] Gerhardt V，Krause H. Delayed fluorescence of algae. J. Lumin.，1984，31&32：895-898.

[9.18] Krause H，Kretsch G，Gerhardt V，Differential equations for delayed fluorescence kinetics in living plants. J. Lumin.，1984，31&32：885-887.

第 10 章　电化学发光：理论、实验、应用

摘要：液体系统电化学发光的产生机制是正、负离子的湮没作用，本章在非线性唯象理论的意义上描述这一现象。我们的模型包括一套非线性方程组，它们描述系统中正、负离子及中性分子浓度的动力学演化，涉及激发和弛豫两个阶段。我们在空间平均近似下，得到了激发和弛豫过程的发光强度表达式，并发现它们与相关的实验观察相符合。进而完成了一系列原理性实验，涉及发光强度对样品浓度、温度、黏度的依赖性以及激发条件和激发设备对发光特性的影响，所得结果均与理论预言相符合。理论研究预言了一种分析液体性质的新方法，它具有再现性好、灵敏度高、应用广泛、测量快速以及操作简单等优点。最后介绍了电化学发光技术在各种液体样品检测中的应用，涉及各种水的测量与分析、饮料性质的测量、酒的特征值测量、药剂性能和效力的测量、医疗科技（镶牙材料的选择）、有机物污染的测量等。结果表明，电化学发光的非线性理论及相关的分析测试方法为广泛而深入地研究液体的性质提供了一个有力的工具。

关键词：电化学发光，动态电化学发光，正负离子的湮没作用，非线性理论，液体的电化学性质

10.1　引　　言

电化学发光（electrochemiluminescence，ECL）的最早实验观察是在 1929 年由 Harvey 完成的，发光信号来自电解液生成的鲁米诺（luminol）[10.1]。早在 20 世纪 60 年代，Hoytink 等[10.2]、Hercules [10.3]、Santhanam 和 Bard[10.4]曾研究过电化学发光，并在 1964 年探索出发光的机制是正、负离子的湮没作用。在 1970 年，Hercules[10.5]发表了题为“有机电致发光”（Organic electroluminescence）的综述文章，其中列举了被认为可以产生电化学发光的大量有机物的名称。

近年来，电化学发光显示了广阔的应用前景，它已经变成许多领域的研究课题。Carmine[10.6]用增强的电化学发光信号来确定肿瘤细胞产生的 H_2O_2。Littig 和 Nieman[10.7]发现了 ECL 强度对于溶液 pH 的非线性关系。另外，ECL 还可以用在其他不同的领域，如发展新的激光器[10.8]、毛细管电泳[10.9]、液相色谱[10.10]以及分析上的应用[10.11～10.14]。这些应用注重电化学发光的高度敏感性和宽阔的动力学范围等优点。

然而，在这一领域缺少理论研究，目前存在的一般性困难是对电化学发光现象的定量描述。本章在分析电化学系统中离子与光子相互作用机制的基础上，利用唯象理论来描述动态电化学发光（dynamic electrochemiluminescence）。建立了一套非线性方程组，用来描述系统中正、负离子及中性分子浓度的动力学演化，它们给出含时的动态电化学发光的强度表达式。这些表达式为动态电化学发光的实际应用提供了理论基础和有力的分析工具。

10.2　电化学发光的机制与理论描述

10.2.1　电化学发光的机制

电化学发光本质上来源于溶液中阴阳粒子的湮没作用（annihilation reaction）[10.2～10.5, 10.15]。其作用原理为

$$A^{+}+B^{-}\xrightarrow{K}C^{*} \tag{10.2.1a}$$

$$C^{*}\longrightarrow C+h\nu \tag{10.2.1b}$$

它们意味着阳离子 A^+ 和阴离子 B^- 发生湮没反应（反应速率为 K），产生分子（或离子）的激发态 C^*，然后向基态 C 跃迁从而产生一个光子 $h\nu$。很显然，电化学发光是阳离子 A^+ 和阴离子 B^- 之间的合作效应：只有二者都存在，才可能产生光子信号。一个典型的诱导电化学发光的湮没反应为[10.16]

$$[Ru(bpz)_3]^{+}+SO_4^{-}\longrightarrow[Ru(bpz)_3]^{2+*}+SO_4^{2-} \tag{10.2.2a}$$

$$[Ru(bpz)_3]^{2+*}\longrightarrow[Ru(bpz)_3]^{2+}+h\nu \tag{10.2.2b}$$

电化学发光能发生在直流（DC）电解和交流（AC）电解两种模式之中。在 DC 电解情况下，一个具有高稳定度的直流电压施加在两个电极上，两个电极插入被测量的溶液。这样溶液中的中性分子在正电极处因失去电子而变成正离子，在负电极处因获得电子而变成负离子。另外溶液中可能本来就存在各种离子。溶液中的所有离子在电场的驱动及扩散作用下，形成定向运动。当一个正离子与一个负离子发生“碰撞”并完成湮没反应时，便产生一个光子 $h\nu$，如图 10.1 所示。在 AC 电解模式中，通常也使用两个电极，但在交流电压的前半周期和后半周期，在同一个电极处产生极性相反的离子。这种模式的优点是正、负离子的湮没反应本质上发生在能斯特（Nernst）扩散层，反应物不需要移动位置，从而避免可能由此产生的副反应。这样一来，如果驱动电压的方向改变不是太慢，光子主要产生于电极附近。

本章考虑 DC 模式，并将一个电化学发光的全过程分成两段，前一段是激发过程（施加 DC 电压），后一段是电压撤掉后的弛豫过程，这样两段过程类似于电容器的“充电”和“放电”。在这样一个动态电化学发光系统中，正、负离子

的浓度一般是空间-时间的函数，用 $P(\boldsymbol{r},t)$ 和 $N(\boldsymbol{r},t)$ 分别表示在溶液中 $\boldsymbol{r}$ 位置的单位体积内的正、负离子的数目。因为电化学发光是正、负离子之间的合作效应，来自溶液中的 $\boldsymbol{r}$ 位置的单位体积溶液的发光强度正比于乘积 $P(\boldsymbol{r},t)N(\boldsymbol{r},t)$，于是整个系统的发光强度被下面的积分表示：

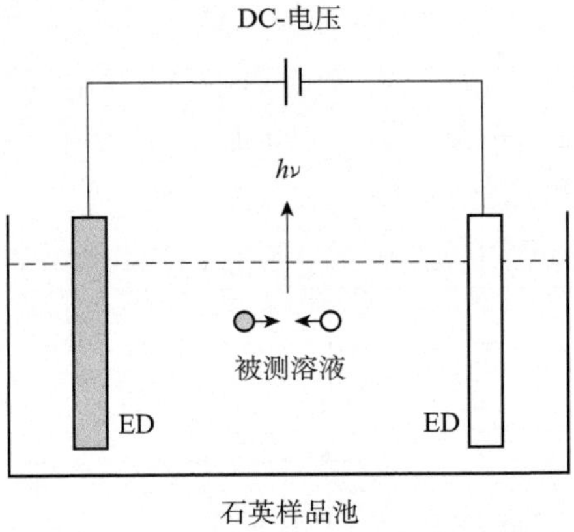

图 10.1 一个诱导电化学发光的系统

被测量的溶液装在一个石英杯样品池里，两块电极（ED）插在溶液中，它们的另一端接直流电压。溶液中的离子在电场的驱动及扩散作用下，形成定向运动，当一个正离子与一个负离子发生“碰撞”并完成湮没反应时，便产生一个光子 $h\nu$

$$I(t) = \Phi\int_V KP(\boldsymbol{r},t)N(\boldsymbol{r},t)\mathrm{d}\boldsymbol{r} \tag{10.2.3}$$

其中，V 是湮没作用的有效体积，K 是式（10.2.1a）中的湮没反应速率，它在一般情况下是空间-时间的函数，Φ 是一个比例因子。需要指出，发光强度式（10.2.3）作为时间的函数是离子湮没作用所诱导的动态电化学发光强度的一般表达式。它在二维情况下约化为 Amatore 所讨论的形式[10.17]。比例因子 Φ 可表示为[10.8]

$$\Phi = \phi S\sqrt{DT_{\mathrm{a}}} \tag{10.2.4}$$

其中，ϕ 是电化学发光的量子效率；S 是电极的面积；D 是离子的扩散系数；T_{a} 是离子湮没反应持续的时间。注意 $S\sqrt{DT_{\mathrm{a}}}$ 具有体积的量纲，它实际上是诱导发光的有效体积，而 $\sqrt{DT_{\mathrm{a}}}$ 则是湮没反应区域的有效宽度。这里可以看出：电化学发光的强度与电极的面积成正比，即 $I\propto S$。

10.2.2 电化学发光的非线性理论

为了对动态电化学发光作定量的描述，这里采用一个最简单的模型，它有两个特点：①在施加电压之前溶液由一种分子 A 组成；②施加电压之后溶液中的分子和离子是空间均匀分布的。我们将由此出发建立动态电化学发光的理论表

述。首先考查系统在施加电压情况下的动态行为。这时分子 A 在阴极得到电子，发生还原反应，产生阴离子，即

$$A+e^- \rightarrow A^- \tag{10.2.5}$$

另外，A 在阳极失去电子，发生氧化反应，产生阳离子，即

$$A-e^- \rightarrow A^+ \tag{10.2.6}$$

氧化和还原反应所产生的阳离子 A^+ 和阴离子 A^- 在电场驱动及扩散作用下发生“相向”运动，当一个阳离子 A^+ 与一个阴离子 A^- 发生“碰撞”时，即诱发湮没反应，形成激发态 A^* 和基态 A

$$A^+ + A^- \xrightarrow{K} A^* + A \tag{10.2.7}$$

激发态 A^* 可以是单态（singlet），也可以是三重态（triplet），或者是激基缔合态（excimer）[10.5]。激发态 A^* 是不稳定的，它随后向基态 A 跃迁从而发射一个光子

$$A^* \longrightarrow A + h\nu \tag{10.2.8}$$

可以看出，电化学发光实质上涉及一个电子转移过程和一个电子跃迁过程[10.18]。

显然反应式（10.2.7）中的阳-阴离子湮没速率 K 在电化学发光中扮演了一个重要的角色，它被发现可以表示为

$$K_s = \frac{1}{4} K_d \exp(-\Delta H_s^* / k_B T) \tag{10.2.9a}$$

$$K_t = \frac{3}{4} K_d \exp(-\Delta H_t^* / k_B T) \tag{10.2.9b}$$

这里 k_B 是玻尔兹曼常量；T 是液体的绝对温度；K_s 和 K_t 分别是单态和三重态的湮没速率系数，而 ΔH_s^* 和 ΔH_t^* 是相应的活化能，K_d是扩散控制速率常数，有

$$K_d = 8RT/3000\eta (M^{-1} s^{-1}) \tag{10.2.9c}$$

的形式，它最先被 Smoluchowski 使用[10.19]，其中 R 是气体常数，η 是黏度系数（以泊①为单位），$M \equiv \text{mollite}^{-1}$。这样又得到两个可观察结论：①电化学发光的强度与溶液的黏度成反比，即 $I \propto 1/\eta$；②电化学发光的强度与溶液温度的关系为

$$I \propto T \exp(-\Delta H^* / k_B T) \tag{10.2.10}$$

它随温度急剧增长。

一般情况下，激发态 A^* 向基态 A 跃迁［式（10.2.8）］所用的时间远小于离子湮没反应［反应式（10.2.7）］的时间，因为前者是一个电子跃迁过程（电子状态的变化），而后者是一个电子转移过程（电子位置的变化）。这意味着发生电子转

① 1 泊 $=10^{-1}$ 帕/秒。

移与电子跃迁两个过程的总计时间可以视为发生电子转移一个过程的时间。换言之，这允许式（10.2.7）和式（10.2.8）被写成一个具有电子转移速率 K 的反应式[10.20]

$$A^{+}+A^{-}\xrightarrow{K}2A+h\nu \tag{10.2.11}$$

按照式（10.2.11），可以写出系统的动力学方程

$$\frac{\mathrm{d}P}{\mathrm{d}t}=-KPN+\mu_P G \tag{10.2.12a}$$

$$\frac{\mathrm{d}N}{\mathrm{d}t}=-KPN+\mu_N G \tag{10.2.12b}$$

$$\frac{\mathrm{d}G}{\mathrm{d}t}=2KPN-(\mu_P+\mu_N)G \tag{10.2.12c}$$

其中，P，N，G 分别表示 A^{+}，A^{-}，A 的浓度，μ_P 和 μ_N 分别是氧化和还原反应的速率［式（10.2.6）和式（10.2.5）］，它们反映了驱动系统在溶液中激发出 A^{+} 和 A^{-} 的力度，称为“激发劲度”。按照我们的模型，溶液中的分子和离子是空间均匀分布的，因此 P，N，G 都不含空间变量，只是时间 t 的函数。注意到，方程（10.2.12a）和方程（10.2.12b）中 P 和 N 的增加起源于分子 A 的氧化和还原反应，因此正比于 A 的浓度 G。另外，P 和 N 的减少是由于 A^{+} 和 A^{-} 的湮没反应，因此正比于乘积 PN。再来考查方程（10.2.12c），A 的氧化与还原双重反应导致自身浓度 G 的减少，而 A^{+} 和 A^{-} 的湮没反应则导致 G 的增加，它是由 P 和 N 的减少合成的。注意式（10.2.12）是一套非线性方程组，这是由于乘积项 PN 的存在。从这个意义上讲，上述关于电化学发光的模型是基于一种非线性的理论。需要说明，这里将湮没速率 K 作为常数处理，这实际上是一种近似，它取决于正-负离子“碰撞”的概率，因此在一般情况下应该是空间-时间的函数。

非线性方程组（10.2.12）所描述的系统（P，N，K 都不含空间变量），是一个空间均匀的电化学系统。换言之，是一个不计空间尺度的“点”状系统。这样一来系统的发光强度式（10.2.3）约化为

$$I(t)=\Phi KP(t)N(t) \tag{10.2.13}$$

下面将要推出“点”状系统的发光强度的解析表达式，为此需要对方程组（10.2.12）求解。首先注意到，式（10.2.12）中的三个方程相加给出

$$\frac{\mathrm{d}}{\mathrm{d}t}(P+N+G)=0 \tag{10.2.14}$$

它意味着物质守恒

$$P+N+G=M_0 \tag{10.2.15}$$

这里 M_0 是任意 t 时刻 A^{+}，A^{-}，A 的浓度之和。按照我们的模型（在施加电压

之前溶液由一种分子 A 组成），M_0 也是初始 $t=0$ 时刻分子 A 的浓度，即初始时刻系统中没有离子存在。于是系统的初始条件为

$$P(0)=N(0)=0 \tag{10.2.16a}$$

$$G(0)=M_0 \tag{10.2.16b}$$

假定系统在任意 t 时刻诱导出阳离子 A^+ 和阴离子 A^- 的“力度”是对等的，这意味着两个激发劲度相等，即 $\mu_P=\mu_N\equiv\mu$，这意味着任意 t 时刻 A^+ 和 A^- 的浓度是相等的，即 $P(t)=N(t)\equiv X(t)$。这样一来，方程组（10.2.12）化成

$$\frac{\mathrm{d}X}{\mathrm{d}t}=-KX^2-2\mu X+\mu M_0 \tag{10.2.17}$$

这是一个关于 $X(t)$ 的非线性方程。而发光强度式（10.2.13）则变成 $I(t)=\Phi K[X(t)]^2$ 。初始条件（10.2.16a）变为 $X(0)=0$，这样方程（10.2.17）有解

$$X(t)=\frac{\Omega}{K}[\tanh(\Omega t+\phi)-\tanh\phi] \tag{10.2.18}$$

其中

$$\Omega=\sqrt{\mu(\mu+KM_0)} \tag{10.2.19a}$$

$$\tanh\phi=\sqrt{\frac{\mu}{\mu+KM_0}} \tag{10.2.19b}$$

表达式（10.2.18）给出了阳离子 A^+ 和阴离子 A^- 的浓度，于是发光强度为

$$I_1(t)=\frac{\Phi\Omega^2}{K}[\tanh(\Omega t+\phi)-\tanh\phi]^2 \tag{10.2.20}$$

发光强度式（10.2.20）的初始值为 $I_1(0)=0$，这与式（10.2.16a）的初始条件是相符合的。然后它随时间单调上升，但存在一个拐点，出现在时刻

$$\zeta=\frac{1}{\Omega}\operatorname{arctanh}\left[\frac{1}{3}\left(\sqrt{\tanh^2\phi+3}-\tanh\phi\right)\right] \tag{10.2.21}$$

在 $t\to\infty$ 的极限情况下，式（10.2.20）中的函数 $\tanh(\Omega t+\phi)\to 1$ ，强度达到稳态值 $I_1(\infty)\equiv I$，它具有

$$I=\frac{\Phi\Omega^2}{K}(1-\tanh\phi)^2 \tag{10.2.22}$$

的形式，式（10.2.22）扮演了一个动态电化学发光的极限强度。

在上述讨论中，DC 电场始终施加在电极两端，系统一直处于激发过程（“充电”）。当激发持续一定时间 T 后，撤掉 DC 电场，系统将从 $t>T$ 开始进入一个弛豫过程（“放电”）。弛豫过程的特点是：①激发劲度 $\mu=0$；②在初始 T 时刻形成的阳离子 A^+ 和阴离子 A^- 还会凭借其初始速度、相互间的吸引力以及扩散作用而继

续发生湮没反应；③阳离子 A^+ 和阴离子 A^- 在“相向”运动中由于失去电场力的驱动，在溶液阻力作用下运动速度越来越小，它们之间发生“碰撞”的概率下降，因此湮没反应（10.2.7）的速率降低。这样一来，系统的动力学方程变为

$$\frac{dX}{dt}=-kX^2 \tag{10.2.23}$$

其中，$k(k<K)$ 表示弛豫过程的湮没速率。需要注意，激发过程持续的时间间隔为 $[0, T]$，而弛豫过程为 (T, ∞)，时刻 T 属于激发过程。从激发过程变为弛豫过程，离子的浓度是连续变化的，即 $X(T)=X(T+\varepsilon)$（ε 是无穷短时间）。但是发光强度将发生从 $\Phi KX^2(T)$ 到 $\Phi kX^2(T+\varepsilon)$ 的突变。方程（10.2.23）能被直接积分，即

$$\int_{X(T)}^{X(t-T)}\frac{1}{X^2}dX=\int_{T+\varepsilon}^{t-T}-k\,dt \tag{10.2.24}$$

结果是

$$X(t-T)=\frac{X(T)}{1+\dfrac{t-T}{\tau}} \tag{10.2.25}$$

其中

$$\tau=\frac{K}{k}\frac{1}{\Omega[\tanh(\Omega T+\phi)-\tanh\phi]} \tag{10.2.26}$$

于是发光强度为

$$I_2(t-T)=\frac{\rho_k}{\left(1+\dfrac{t-T}{\tau}\right)^2} \tag{10.2.27}$$

其中，$\rho_k=(k/K)\rho$，而 $\rho\equiv I_1(T)$ 是激发过程的最终强度，它被表示为

$$\rho=\frac{\Phi\Omega^2}{K}[\tanh(\Omega T+\phi)-\tanh\phi]^2 \tag{10.2.28}$$

从式（10.2.20）可以看出 ρ 是 $I_1(t)$ 的最大值（取在 $t=T$），而式（10.2.24）显示 $I_2(t-T)$ 在 $t>T$ 单调下降，故 ρ 是整个动态电化学发光过程的峰值强度。从式（10.2.27）可以看出 ρ_k 是弛豫过程的初始强度，而 τ 是弛豫过程的特征时间，在 τ 时刻发光强度降低到 ρ_k 的 25%，即 $I_2(\tau)=\rho_k/4$。另外可以将发光强度在整个激发和弛豫过程积分，即时间范围 $[0, \tau]$，给出一个积分强度

$$\begin{aligned}M&=\int_0^T I_1(t)\,dt+\int_T^{T+\tau}I_2(t-T)\,dt\\&=\Phi\frac{\Omega}{K}\begin{bmatrix}\Omega T(1+\tanh^2\phi)-\tanh(\Omega T+\phi)\\+\tanh\phi-2\tanh\phi\ln\dfrac{\cosh(\Omega T+\phi)}{\cosh\phi}\end{bmatrix}+\frac{1}{2}\tau\rho\end{aligned} \tag{10.2.29}$$

简单起见，取 $k/K=1$，M 值在数据分析中是常用的。利用式（10.2.20）和式（10.2.27)作出一个动态电化学发光的强度曲线，如图 10.2 所示，这就是我们的理论结果。

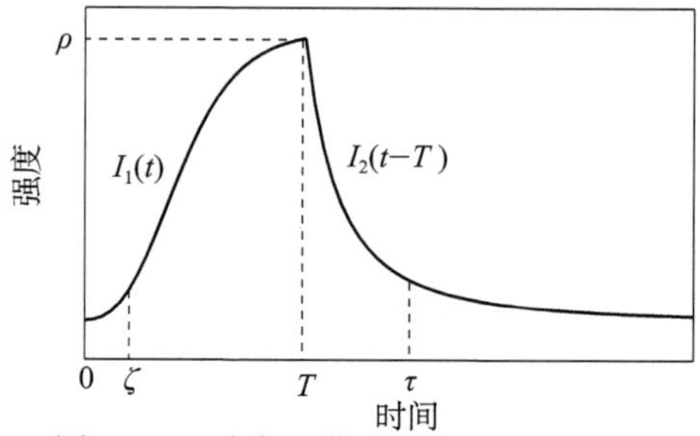

图 10.2　动态电化学发光的理论曲线

$I_1(t)$［式（10.2.20)］和 $I_2(t-T)$［式（10.2.27)］分别表示激发和弛豫过程。动态电化学发光的强度曲线有三个特征量：$I_1(t)$ 在 ζ 时刻的拐点［式（10.2.21)］，峰值强度 ρ［式（10.2.28)］，$I_2(t-T)$的弛豫时间 τ［式（10.2.26)］

10.2.3　理论结果与实验观察的比较

为了检验上述理论结果的正确性，将其与实验观察相比较。图 10.3（a）显示了一个自来水样品的动态电化学发光的测量结果，用激发和弛豫过程的强度表达式（10.2.20）和式（10.2.27）拟合观察数据。结果显示，观察值与期待值之间是相互吻合的。进一步在图 10.3（b)，(c）中显示了二者的线性关联，发现在激发和弛豫两个动力学过程中，观察值与期待值之间都具有相当高的关联度。

上述理论描述和实验结果表明，一个动态电化学发光的强度曲线有三个特征量：激发过程的拐点 ζ，峰值强度 ρ，弛豫过程的特征时间 τ。对于一个实际的动态电化学发光观察曲线，这三个特征量是可测量的。测量的方法有两种：①几何测量法，从实验观察曲线直接测量出这些特征参量的大小；②数值计算法，它是基于理论表达式与原始数据的拟合，具体步骤是：

(1）用表达式（10.2.20）拟合激发过程的测量数据，在最佳拟合之下，得到参数 I_0，Ω，ϕ 的值（式中 $I_0=\dfrac{\Phi\Omega^2}{K}$）。

(2）将它们分别代入式（10.2.21）和式（10.2.28）得到拐点 ζ 和峰值强度 ρ。

(3）用表达式（10.2.27）拟合弛豫过程的测量数据，得到特征时间 τ。

两种测量方法适用于不同的需要，几何测量法立即给出结果，适用于快速估算；数值计算法给出准确结果，适用于严格定量分析。这三个量刻画了被测样品的基本特征。在此基础上还可以将已得到的 Ω，ϕ，τ 的值代入式（10.2.26)，以确定 k/K，它作为弛豫与激发过程湮没速率的比值，是系统的一个微观参量。另

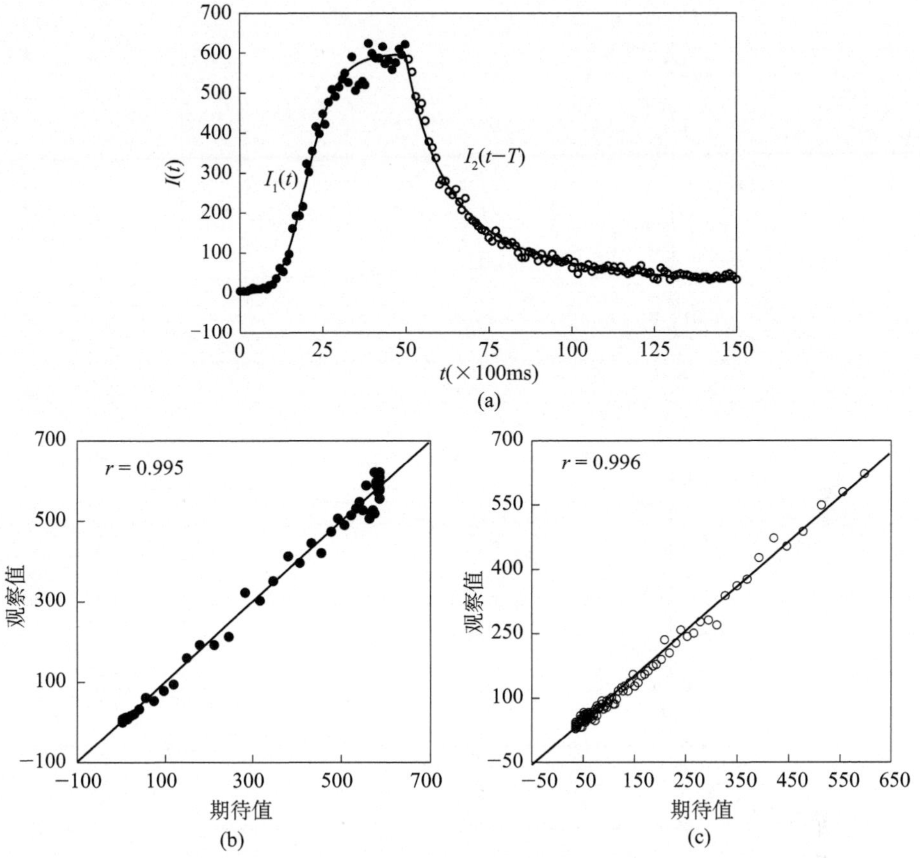

图 10.3 动态电化学发光的理论与实验比较

(a) 自来水样品的动态电化学发光的原始数据及相应的理论拟合：激发和弛豫过程的拟合分别用理论表达式（10.2.20）和式（10.2.27）；(b)，(c) 观察值与期待值之间的线性关联：激发过程（b）和弛豫过程（c）均显示相当高的关联度

外还可以利用式（10.2.22）确定系统发光强度的极限值，它与峰值强度 ρ 的差反映了系统与极限状态靠近的程度，如果这一差值过大，意味着实验中还可以延长激发时间 T 以获得更高的信号。作为一个例子，将数值计算法用于图 10.3 的测量数据，最终得到：$\zeta\approx 2.5\mathrm{s}$，$\rho\approx 58.5\mathrm{CPS}$，$\tau\approx 24.9\mathrm{s}$，$k/K\approx 0.2$，$I\approx 58.7\mathrm{CPS}$。注意到，峰值强度 ρ 与极限强度 I 非常靠近，说明我们的系统基本工作在信号最高的状态。我们的模型可以显示三个特征量对激发劲度 μ、湮没速率 K 及浓度 M_0 的依赖关系，如图 10.4～图 10.6 所示。它们提供了两个可供实验观察的结论：激发劲度 μ 和溶液浓度 M_0 的增加均导致发光强度的上升。

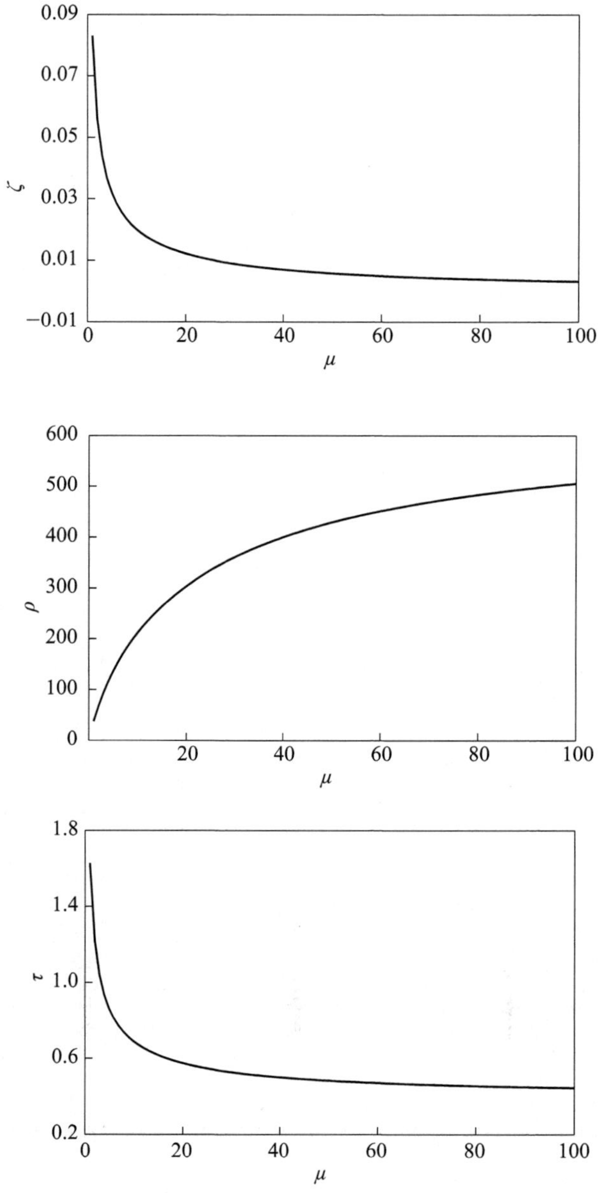

图 10.4　动态电化学发光的可观察量对激发劲度 μ 的依赖性

ζ（激发过程的拐点），ρ（峰值强度），τ（弛豫过程的特征时间）。数值计算用表达式（10.2.21），（10.2.28），（10.2.26）。参数取值：$\Phi=1$，$M_0=50$，$K=1$，$k=0.1$，$T=1$

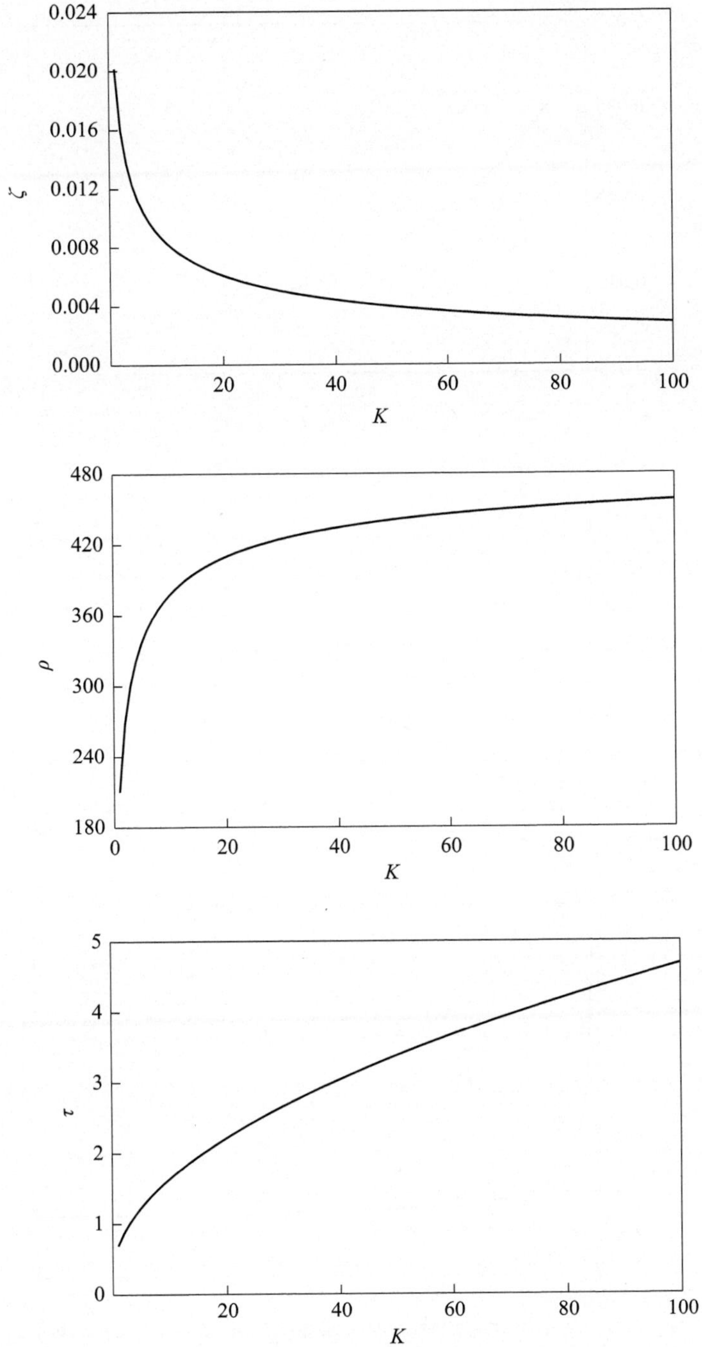

图 10.5 动态电化学发光的可观察量对湮没速率 K 的依赖性

ζ(激发过程的拐点),ρ(峰值强度),τ(弛豫过程的特征时间)。数值计算用表达式(10.2.21),(10.2.28),(10.2.26)。参数取值:$\Phi=1$,$M_0=50$,$\mu=10$,$k=0.1$,$T=1$

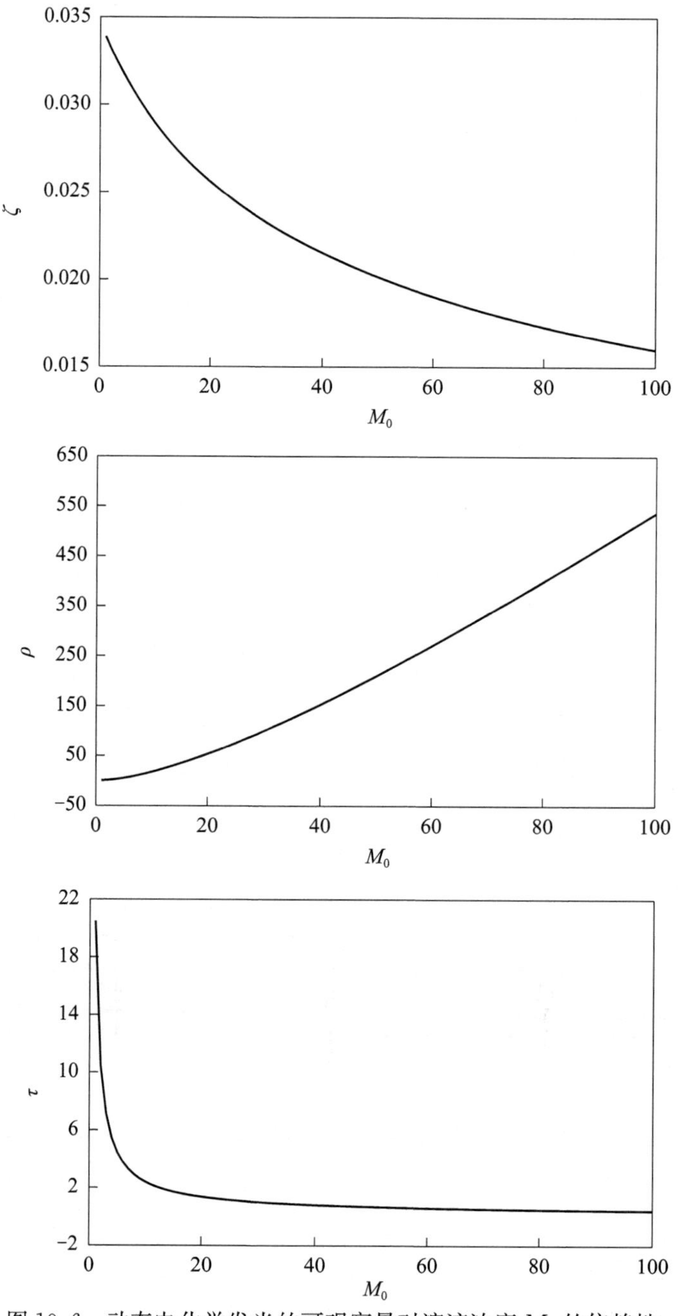

图 10.6　动态电化学发光的可观察量对溶液浓度 M_0 的依赖性

ζ（激发过程的拐点），ρ（峰值强度），τ（弛豫过程的特征时间）。数值计算用表达式（10.2.21），（10.2.28），（10.2.26）。参数取值：$\Phi=1$，$\mu=10$，$K=1$，$k=0.1$，$T=1$

10.3 实验装置与测量程序

基于上述理论研究，我们完成了关于动态电化学发光的一系列实验，它们涉及不同类型的溶液、不同的溶液浓度、不同的样品温度、不同的激发条件、不同的电极面积等。众多的实验观察均支持我们的理论描述。现在首先叙述有关的实验装置、测量程序与测量条件。

1. 实验装置

所用的电化学系统如图 10.1 所示。电化学发光的探测使用图 1.3 所示的单光子计数系统。

2. 测量程序

将装有被测液体的石英样品池放入样品室，它处于光电倍增管前面确定的位置。两个电极被插入液体，它们的另一端连接到具有高稳定度的 DC 电源。关闭样品室的盖子，等几分钟，使样品室成为光屏蔽的暗室（即室内的光子辐射本底变得足够低）。测量期间记录系统的光子信号遍及整个电化学发光过程，包括样品最初的自发发光过程、接通 DC 电压期间的激发过程以及撤掉 DC 电压后的弛豫过程。注意自发发光的测量给出整个系统的光子计数本底（包括样品和探测器），其典型值为 50CPS（样品室环境温度为 25℃）。而探测器本身的本底计数约为20CPS（光电倍增管工作温度为−30℃）。

3. 测量条件

样品室的环境温度在整个测量期间保持恒定（不确定范围为±0.5℃）。被测量液体的体积是可变化的，依赖于样品的发光强度。DC 电压的施加时间 T（即激发时间）是可调节的。为了提高信号的强度，可以选择 T 使动态电化学发光的强度接近极限值，典型的激发时间为 $T=50\mathrm{s}$。光子计数间隔 Δt 的选取与样品的信号有关，一般情况下信号越强，Δt 越小，典型的计数间隔为 $\Delta t=100\mathrm{ms}$。每一个典型的测量过程持续 20s。一个完整的测量过程（从注入样品到石英池到计算机显示测量结果）大约需要 10min。

10.4 电化学发光的原理性实验

10.4.1 各种因素对发光的影响

为了检验上述理论结果的正确性，我们完成了一系列原理性实验，如图 10.7 所示，它们都支持我们的理论预言。普通自来水与蒸馏水的动态电化学发光的强度曲线被显示在图 10.7 (a)。蒸馏水中不含有发光性物质 A，无法通过氧化与还原反应形成阳离子 A^+ 和阴离子 A^-，反映在我们的模型中即 $M_0 \to 0$，因此峰值强度 $\rho \to 0$。这意味着理想蒸馏水能为实际的电化学发光提供一个参考点。而自来水作为一个复杂的液体系统，其中含有一定量的发光性物质 A（$M_0 \neq 0$），或者存在其他种类的正、负离子（可以产生离子湮没反应），故有一定程度的发光信号，正如图 10.7（a）中所显示的。

图 10.7（b）所示的动态电化学发光的强度曲线相应于两个 NaCl 溶液样品，它们具有不同的浓度。低浓度（10mg/L）的样品发光极弱：峰值强度为 $\rho \approx 30$ 计数/200ms，而高浓度（100mg/L）样品则有 $\rho \approx 500$ 计数/200ms。这样一种峰值强度随溶液浓度增加呈非线性增长的实验观察与图 10.6 中的理论曲线 $\rho \sim M_0$ 是相符合的。这个实验显示，动态电化学发光技术可能提供一个测量溶液中发光性物质浓度的新途径。

一个生物药剂的动态电化学发光被测量两次，两次测量的实验条件完全相同，不同之处在于所使用的电极具有不同的面积（面积比为 3/4）。图 10.7（c）显示了两次测量的强度曲线，两条曲线的样式非常相似（因为电极的材料相同），区别在于不同的峰值强度。测量出峰值强度比值为 $1340/2100 \approx 0.64$。按照式（10.2.4）和式（10.2.28），动态电化学发光的峰值强度与电极的面积成正比。这里的测量结果与理论预言是相当接近的。

图 10.7（d）所示的两条曲线来自人血溶液的动态电化学发光强度的原始数据，它们相应于不同的激发条件（所施加的电压比为 $1/4 = 0.25$）。两条曲线的样式非常相似，区别在于不同的峰值强度，测出峰值强度的比值为 $9790/36500 \approx 0.27$。按照我们的模型，在较低激发情况下，峰值强度随激发劲度（正比于施加的电压）准线性地增加（图 10.4 的 $\rho \sim \mu$ 曲线），说明我们的测量结果与理论预言相符合。

图 10.7（e）显示了自来水样品的动态电化学发光的强度曲线，不同的曲线相应于不同的样品温度，温度较高者具有较高的发光强度。按照式（10.2.10），电化学发光强度随样品温度的升高而增加。我们的测量结果与之相符合。另外从式（10.2.10）可以预言一种测量物质活化能 ΔH^* 的方法：对于所考虑的样品，固定所有测量条件，只是改变它的温度来测量相应的电化学发光强度。最终将观察数据与表达式（10.2.10）相拟合，即可得到活化能 ΔH^*。

可以想象，电化学发光的强度随被测溶液黏度的增大而减低，这是因为黏度的增大减少了正、负离子“碰撞”的概率，从而降低了它们湮没反应的速率。实际上从式（10.2.9c）可以看出，湮没速率与黏度系数 η 成反比。图 10.7（f）显示了香水样品的动态电化学发光的强度曲线，不同的曲线相应于同种香水的不同黏度：黏度系数较低的样品具有较高的强度。这与理论预言相符合。

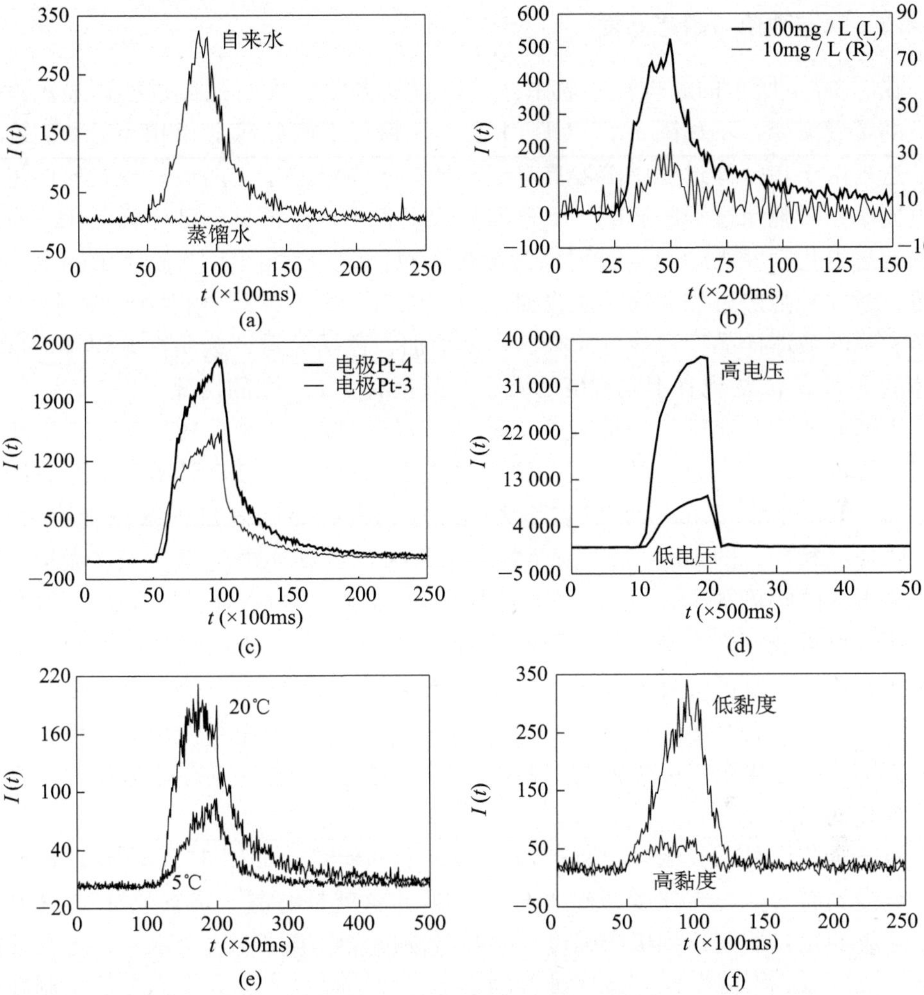

图 10.7　动态电化学发光的一系列原理性实验

(a) 自来水与蒸馏水的比较，理想蒸馏水中没有正、负离子发生湮没作用，发光强度为零。理想蒸馏水为电化学发光方法提供了一个参考点；(b) 不同浓度的 NaCl 溶液的比较，峰值强度随浓度非线性增长，这可能提供一个测量溶液中发光性物质浓度的新方法；(c) 生物药剂的动态电化学发光，不同曲线相应于材料相同但面积不同的电极，原理上峰值强度与电极面积成正比；(d) 人体（稀释）血液的动态电化学发光，不同曲线相应于不同的激发电压，在较低激发情况下，峰值强度随激发劲度准线性增加；(e) 自来水样品的动态电化学发光，不同曲线相应于不同的样品温度，发光强度随样品温度快速增加，动态电化学发光的温度依赖性预言了一种测量物质活化能的方法［式 (10.2.10)］；(f) 香水的动态电化学发光，不同曲线相应于同种香水的不同黏度，峰值强度与样品黏度成反比

10.4.2　瞬态弛豫与瞬态激发

在图 10.7 所示的原理性实验中，可以看到多数实验的弛豫过程都显示发光强度的缓慢衰变，不过图 10.7（d）中高电压情况下的弛豫显得相当之快。在原理上这是由于在弛豫过程中溶液具有很小的离子湮没速率 k 所致。现在转向考查湮没速率 k 对弛豫过程的影响。大量实验观察表明，在常见的液体样品中，自来水的动态电化学发光的弛豫过程最为缓慢，我们记得对于图 10.3 所示的自来水测量，激发和弛豫过程的离子湮没速率的比值为 $k/K\approx0.2$。相对于自来水而言，一个实际的液体样品变得成分复杂、密度增加、色泽加重、透明性减弱等，这些液体的 k/K 值被发现有不同程度的减小，甚至有 $k/K\to0$ 的情况。

下面介绍一些典型的测量结果。图 10.8（a）显示了咖啡样品的动态电化学发光的强度曲线。在激发结束后的瞬间，强度从峰值 $\rho\approx220$ 计数/50ms 急剧下降至 $\rho_k\approx100$ 计数/50ms，并以它作为弛豫过程的初始强度进入缓慢弛豫过程。与咖啡样品相比，图 10.8（b）所示的多水果果汁的动态电化学发光在撤掉激发后强度下降的幅度更大：从 $\rho\approx600$ 计数/100ms 到 $\rho_k\approx50$ 计数/100ms，但在弛豫过程还可以观察到衰减趋势。更有甚者，图 10.8（c）所示的白酒的动态电化学发光在撤掉激发后强度从峰值 $\rho\approx1000$ 计数/100ms 即刻下降到 $\rho_k\approx20$ 计数/100ms，这是本底计数的水平。这意味着撤掉激发后离子湮没作用随即停止，这就是 $k/K\to0$ 的情形，可以称为“瞬态弛豫”。显然，这种瞬态弛豫过程不含有曲线变化的信息。

对于某些样品，其激发过程也没有曲线上的信息，如图 10.9 所示。这些样品一旦受到激发，发光强度即刻“垂直上升”，这就是所谓“瞬态激发”。这种激发使系统的发光瞬间达到极限强度，并在激发过程中维持在这个水平。当激发撤掉后，又“垂直下降”回到本底计数的水平。关于强度“垂直下降”的机制我们已经清楚，为什么会发生“垂直上升”呢？其实它背后的机制很简单。我们的系统有三个原始参量 μ，K，M_0，如果它们之中任何一个足够大，就可以导致式（10.2.19a）中的 Ω 足够大，从而使式（10.2.20）中的双曲正切函数在时间 t 很小的情况下迅速达到它的极限值，即 $\tanh(\Omega t+\phi)\to1$。这样强度就达到极限值 I [式（10.2.22）]，并在整个激发过程维持在这一水平。对于图 10.9 的三种样品，发光强度“垂直上升”很可能是发光性分子浓度大而且正、负离子湮没速率大所致。

10.4.3　多次激发与单次激发

这里有必要解释有关“多次激发”的问题。在上述所有实验中，每一次测量过程只用一次激发。图 10.10（a）显示了一种三次激发过程，其积分强度 M 显示在图 10.10（b）。积分强度的不同是因为每次激发时系统的初始条件不同，如激发后发光性物质浓度的变化、系统温度的变化、电极表面性质的变化等。事实上，M 的增加暗示了在多次激发情况下，发光性物质的浓度随之增加。为了确保系统初始条件的严格相同，在实验中只测量原始状态的样品，并实施单次激发。

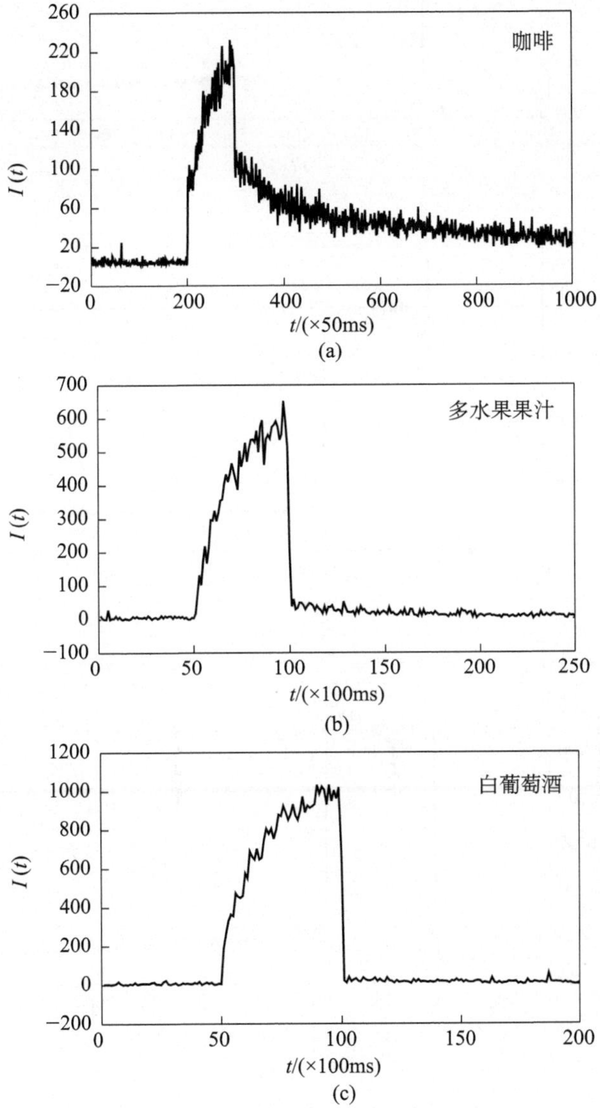

图 10.8　一些典型样品的动态电化学发光

（a）→（b）→（c）弛豫过程的初始强度依次减小

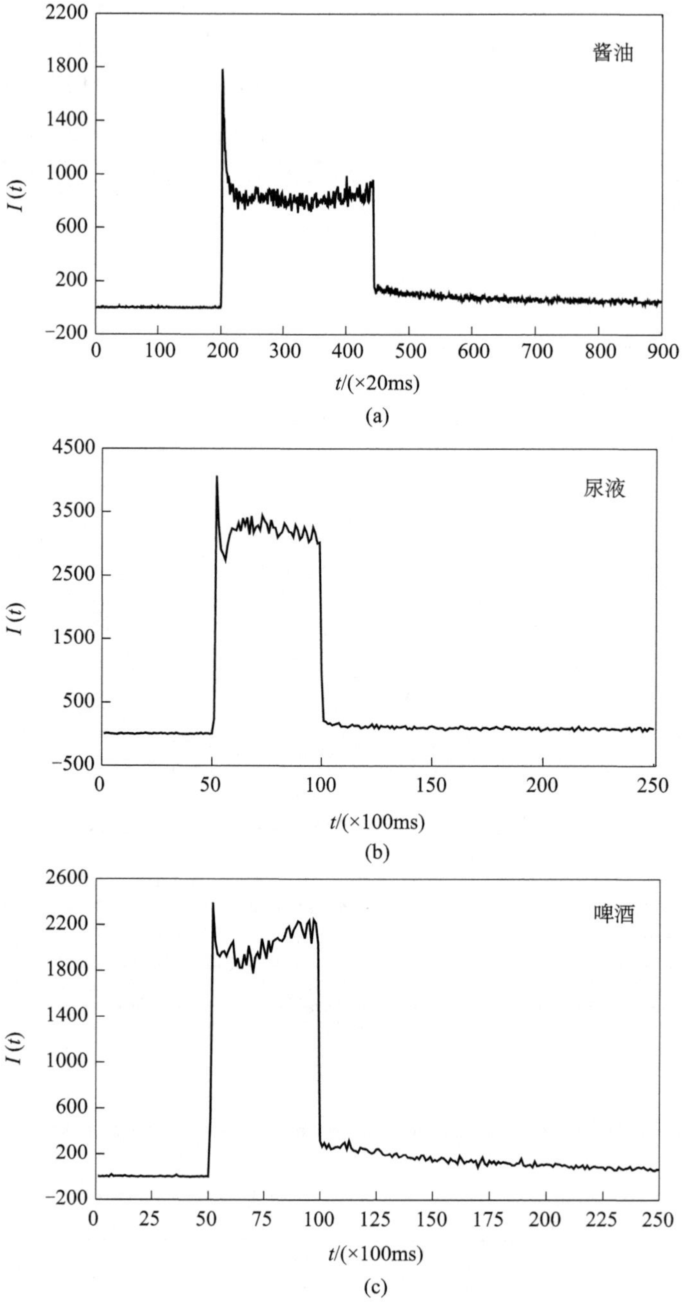

图 10.9　一些典型样品的动态电化学发光

参量 Ω 有较大值，激发后即刻达到极限强度

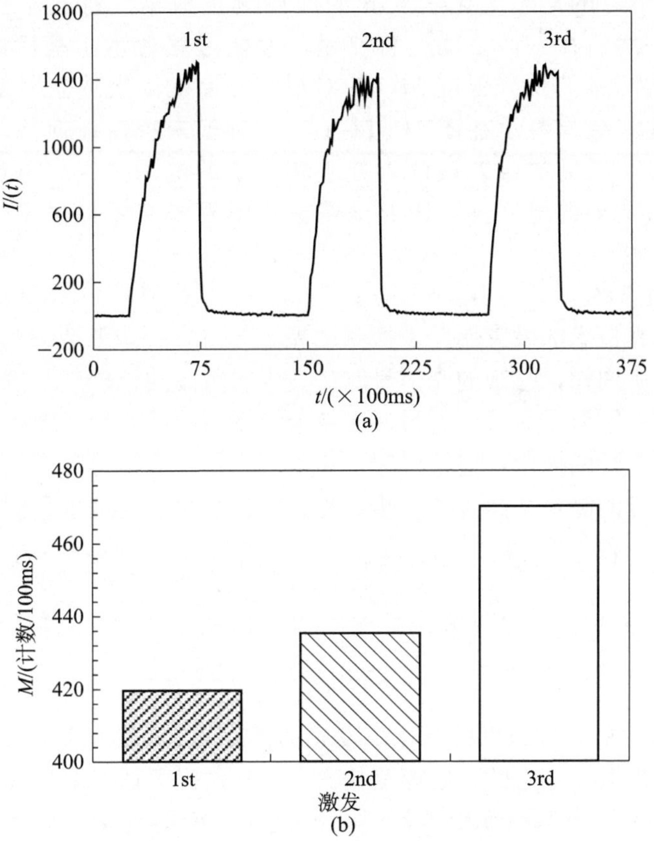

图 10.10 一个典型的多次激发过程

(a) 醋样品的动态电化学发光的原始曲线，在整个过程中连续施加三次激发；(b) 三次激发相应的积分强度 M。每次激发的初始条件不同导致积分强度的不同

10.5 电化学发光技术的优点

大量的实验研究表明，动态电化学发光作为液体测量的一种新技术具有多方面的优点，包括测量的高度再现性、高度敏感性、广泛应用性、测量快速性、操作简单性等，下面逐一阐述。

1. 高度再现性

动态电化学发光技术最突出的优点在于它测量的高度再现性。只要保持测量条件相同（样品的温度及均匀度、仪器的稳定度、激发的稳定性、测量环境的稳定性等），测量结果具有很高的再现性。图 10.11 (a) 显示两个

（现榨）胡萝卜汁的动态电化学发光的原始测量数据。将每个样品放入5个石英样品池，然后在它们之间交替测量，原始数据显示出高度的再现性。然后计算出每次测量的积分强度M，并对每个样品的5次独立测量求M的平均值和标准方差，结果显示在图10.11（b）。对于未经过任何均匀化处理的现榨萝卜汁而言，最后的误差被认为处于相当小的范围之内。测量的高度再现性确保了测量结果的可靠性，因此动态电化学发光技术提供了一个测量液体性质的可靠方法。

2. 高度敏感性

电化学发光技术的敏感性在于探测“光子”信号。光子是一个微观的非常敏感的信号。众所周知，宏观的光信号测量技术有很高的精确度，例如，利用最传统的光的干涉、衍射效应可以进行许多精密测量。而激光的出现更是在测量甚至计量方面带来广泛的应用，包括机械、化学、生物、医学等许多领域。现在所言的“光子”信号的测量又深入了一步。光子测量的机制是基于爱因斯坦的光电效应理论，即$h\nu=W+\frac{1}{2}mv^2$。它意味着一个能量为$h\nu$的光子入射到金属表面，它的能量用于将电子逸出同时又要克服阻力而做功，其中W就是所谓的“逸出功”，而$\frac{1}{2}mv^2$则是电子逸出后所具有的动能。一个光子的能量$h\nu$折合成通常的单位相当于10^{-18} W，而典型的电化学发光的强度为10^{-15} W的数量级。其强度极其微弱，不过借助于先进的光电探测技术，这样的光子信号能被探测出来。很明显，电化学发光技术的高度敏感性是指溶液发生微弱变化（浓度、温度、组分等）所导致的发光信号的差异能被测量出来。一个典型的例子显示在图10.12（a），图中的曲线是两个醋样品的动态电化学发光的原始数据，这两个醋样品的酿造过程完全相同，只是用料配方有很小的区别。这个例子显示了电化学发光技术的高度敏感性。当然任何测量方法都是有极限的，其灵敏度也是有极限的，在超出灵敏度极限的范围内进行的测量是没有结果的。图10.12（b）显示了NaCl溶液的动态电化学发光的积分强度M对溶液浓度的依赖性，可以看出在浓度很低的范围内，即使浓度变化的跨度为四个数量级，M值依然没有显著改变。不过一旦溶液的浓度高于某个阈值，M值即刻显示非常敏感的跃变。电化学发光技术的敏感性还在于仪器设备的灵敏性，电化学系统的零部件可以被设计成最合理的形状和结构，使系统运转在最佳信噪比的状态。另外光子计数系统本身的高度灵敏性（测量下限为10光子/s・cm^2）也为电化学发光技术的发挥提供了必要条件。电化学发光技术正是凭借自身的敏感性与仪器设备的灵敏性的组合才达到其最终的测量效果。

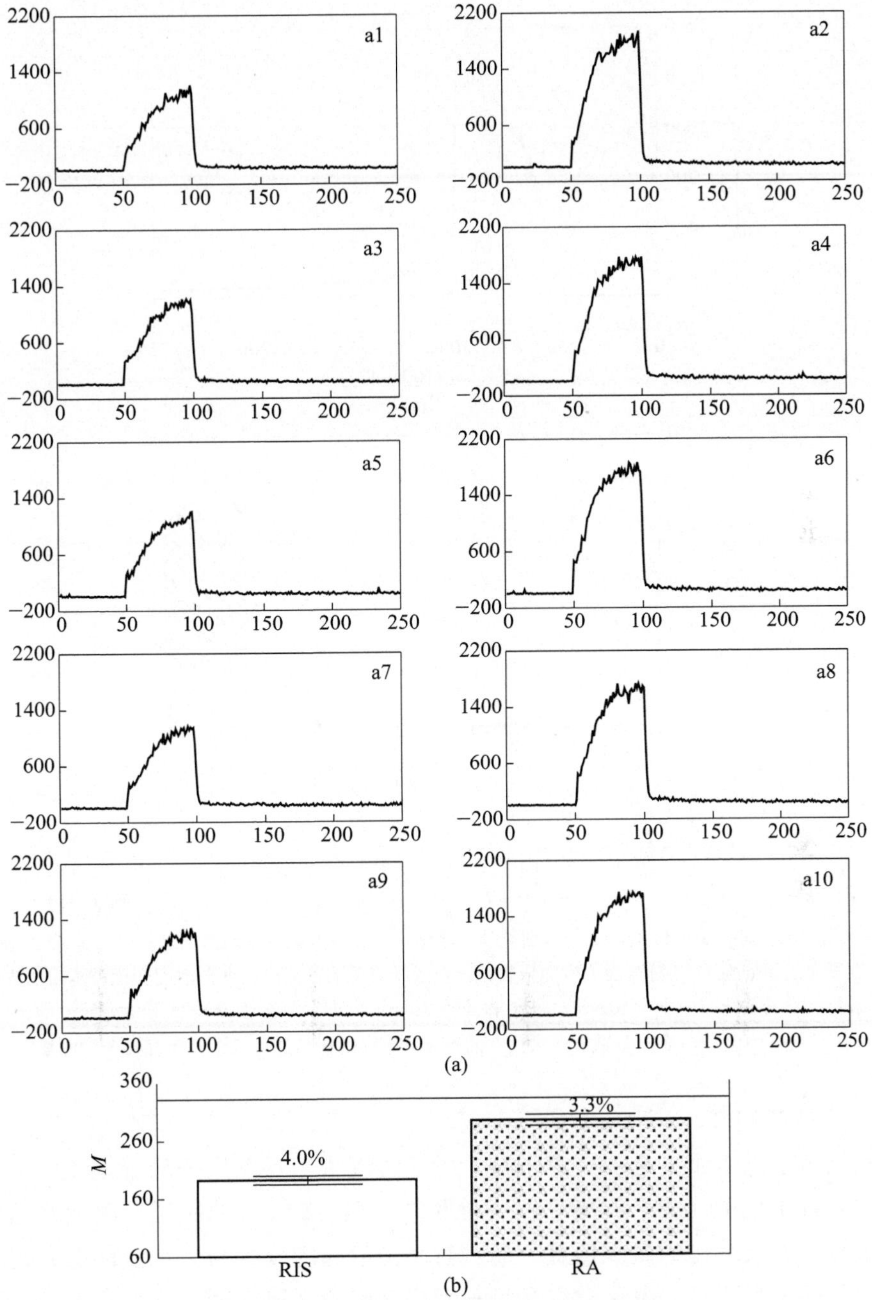

图 10.11 电化学发光技术的高度再现性

(a) 两个胡萝卜样品（RIS 和 RA）的现榨汁的动态电化学发光的原始曲线，交替测量（$a_1 \rightarrow a_2 \rightarrow a_3 \rightarrow a_4 \rightarrow \cdots$），显示了高度的再现性；(b) 五次测量的积分强度 M 的平均值和标准方差（误差很小）

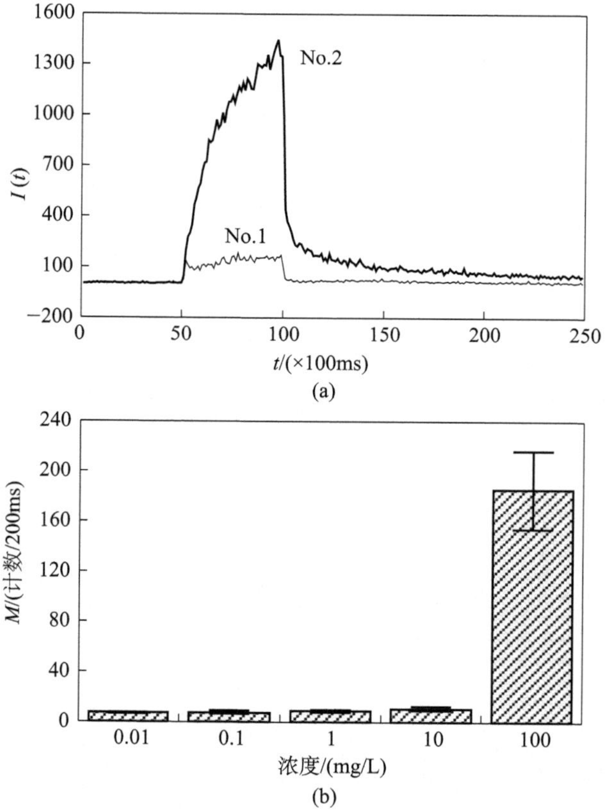

图 10.12　电化学发光技术的高度敏感性

(a) 两个醋样品（No. 1 和 No. 2）的动态电化学发光的原始数据，这两个醋样品的酿造过程完全相同，只是用料配方有很小的区别，这一区别被动态电化学发光技术灵敏地检测出来；(b) NaCl 溶液的动态电化学发光的积分强度 M 对溶液浓度的依赖性，在浓度很低的范围内，即使浓度变化跨越四个数量级，M 值一直没有显著变化（直到 10mg/L）。但在浓度取 100mg/L 时，积分强度 M 显示非常敏感的跃变。图中 M 的平均值和标准方差来自三次独立的测量（相同的样品注入三个石英容器分别测量）

3. 广泛应用性

电化学发光本质上是一个离子与光子在溶液中相互作用的量子现象。被探测的光子来自于粒子（分子或离子）从激发态 C^* 到基态 C 的跃迁，因此必然携带着关于粒子能级结构的微观信息。通过对光子信号的探测与分析，能够获得关于溶液性质的微观信息。电化学发光是一个很普遍的现象，因为正、负离子在溶液中的“碰撞”和湮没是一个很简单（容易实现）的作用。因此电化学发光作为一种分析方法具有普遍的适用性。根据我们的经验，通常没有什么被测量的液体样品不产生发光信号，它在原则上适用于所有的液体系统。我们已经测量过的样品涉及众多液体系统，包括各种水样品（蒸馏水、自来水、矿泉水、河水、污水等），各种果汁和软性饮料、咖啡、牛奶、茶水、啤酒、葡萄酒、酱油、醋、血液、尿液、口水、生物药剂、化学溶液等。动态电化学发光技术的广泛应用性，还在于我们理论描述的一般性。我们的模型很简单，但是反映了正、负离子湮没这个电化学发光最本质的特点。利用激发和弛豫过程发光强度的表达式［式(10.2.20)和式(10.2.27)］，可以拟合或者解释迄今为止关于动态电化学发光的所有实验观察。

4. 测量快速性

电化学发光方法旨在测量液体样品本身的性质，测量前不需要对样品做任何处理，只需要将液体注入样品池测量即可。作为测量过程的第一步，将样品置入样品室后，关闭样品室的盖子等待 5min（使系统光子计数本底降到稳定的水平），这是测量环节中最长的时间。而实际的电化学发光测量只需要 3～5min，包括最后在计算机上显示测量的原始数据。这样，一个完整的动态电化学发光的测量过程只需要 10min 左右。随后的数据处理由专门的软件系统执行，它按标准的程序进行运转，在 5min 内自动给出表格、曲线、报告等。另外电化学发光方法还可以通过网络系统进行操作，测量站将在线测量的数据随时传输给数据处理中枢，中枢系统用 10min 完成所有处理，并立即将结果反馈给测量站。

5. 操作简单性

这里所言的简单性有三方面的含义：①仪器本身简单，完成动态电化学发光测量和分析所使用的全套仪器（包括光子计数系统、电化学系统、测量控制系统及数据处理系统）是便携式的，运输和安装都很方便，对于测量环境没有苛刻的要求；②样品制备简单，测量前不需要任何处理，直接注入样品池即可；③机器操作简单，测量前将有关参数和条件输入程序，然后启动程序，测量过程随即开始，自动执行，自动结束。

10.6 电化学发光技术的应用举例

对于一个实际的电化学发光系统，其溶液组分一般是很复杂的，绝不会只有单一的发光性物质 A，而是存在多种发光性物质以及各种正、负离子。在外界电场作用下，发光性物质通过氧化和还原作用产生的正、负离子以及溶液中原有的离子发生定向运动，并在各种可能的正、负离子“碰撞”中发生湮没反应，形成多种形式的（分子和离子）激发态 C^*。而多种激发态 C^* 向各自的基态 C 跃迁，产生各种不同频率的光子，实际所测量的发光信号是所有这些光子的总和。所以对于一个实际系统而言，动态电化学发光信号代表了所有可能的发光性物质和溶液中原有离子的贡献，它是一个综合性“指标”，反映了被测量液体的“整体”性质。为了对一个实际的动态电化学发光曲线进行定量分析，需要将其原始数据与描述激发和弛豫过程发光强度的理论表达式（10.2.20）和式（10.2.27）进行拟合，如图 10.3 所示。所给出的可观察量：ζ（激发过程的拐点）、ρ（峰值强度）、τ（弛豫过程的特征时间）包含整个电化学系统的信息，如 DC 电场强度、电极的材料、尺寸、形状、位置，特别是关于溶液的性质，如浓度、温度、黏度、电导率、pH 等。动态电化学发光技术以其综合性指标，以及高度再现性、高度敏感性等诸多优点已经开辟了许多应用，下面介绍一些典型的例子。

10.6.1　各种水的测量与分析

用动态电化学发光技术测量水的性质，是该技术最基本的应用领域，主要涉及的题目为：①水样品纯净度的测量，包括蒸馏水、去离子水、饮用的纯净水等；②自来水的质量检验与对照；③饮用矿泉水的质量检验与对照；④环境水污染的监测；⑤水处理技术及水处理器械作用效果的检验等。

图 10.13（a）显示了一个饮用矿泉水的动态电化学发光的原始曲线，其峰值强度为 $\rho \approx 3800$ 计数/100ms，远高于普通自来水［图 10.3（a）］，这是因为矿泉水内发光性物质及原始正、负离子含量高的原因。图 10.13（b）显示了市面上出售的三种矿泉水的动态电化学发光的积分强度 M，它们之间存在显著的区别，这反映了三种矿泉水内部矿物质浓度、组分、物质分布等项指标的区别。

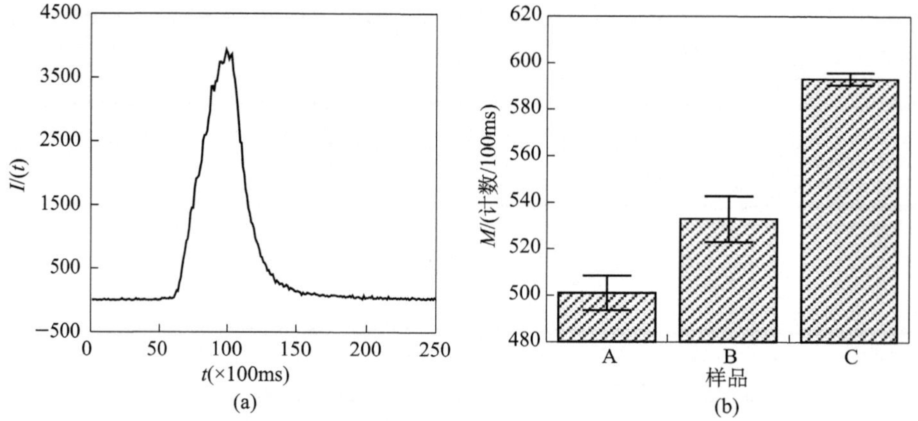

图 10.13　矿泉水的电化学发光

（a）饮用矿泉水样品（A）的动态电化学发光的原始曲线，它比普通自来水的强度［图 10.3（a）］高得多；（b）市面上出售的三个矿泉水样品（A，B，C）的动态电化学发光的积分强度 M，它们的不同反映了三个矿泉水样品内部矿物质浓度、组分、物质分布等项指标的区别。图中的平均值和标准方差来自三次独立测量来自一个化工厂的污水样品的动态电化学发光的原始曲线被显示在图 10.14，这种污水被处理后又再次进行了动态电化学发光的检测。结果显示，污水被处理后其动态电化学发光的积分强度 M 降低 50%以上，这意味着样品的洁净度有相当大的改善。污染物质被除去后，参与发光的物质浓度显著降低，导致发光信号大幅度下降。

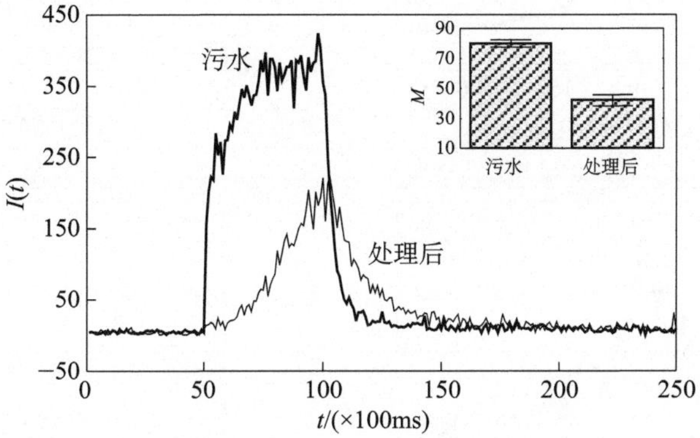

图 10.14 工业污水和处理后样品的动态电化学发光的原始曲线及积分强度 M

积分强度 M 下降 50%以上，标志样品的洁净度有相当大的改善。图中 M 的平均值和标准方差来自三次独立的测量

图 10.15 显示了三个自来水样品的动态电化学发光的原始曲线及积分强度 M，三个自来水样品的采样点是同一个城市的三个不同区域。它们之间的显著区别反映了三个采样点的自来水综合指标的区别。从电化学发光的角度分析，采样点 1 的自来水的发光性物质含量远高于其他两个采样点。按一般的经验，采样点 1 的自来水的纯净度最差。

动态电化学发光方法能被用来检验水处理技术及水处理器械的作用效果，测量分析中通常要借助于标准水样品的动态电化学发光信号作为参照。标准水是实验室内用作参照标准的水，这种水不含微生物，保持在恒温恒湿的环境下，在相当长时间内保持稳定的电化学发光指标。检验水处理效果的具体做法是：①测量实验室的标准水样品，得到标准的动态电化学发光信号；② 用考察中的水处理技术或水处理器械对标准水样品进行处理，并在相同的条件下对处理后的样品再次测量；③考查处理后水样品的信号与标准水样品信号的偏离。由于标准水样品具有稳定的发光信号，所以对处理前后的两个样品进行一次性测量即可进行数据分析。不过有时候需要直接检验对自来水的处理效果，但自来水是不稳定的，特别是其中存在各种微生物，微生物的新陈代谢对发光信号有影响（第 11 章）。在这种情况下为了检验处理效果，我们采用对自来水的多次交替测量法，具体的操作过程如下：①首先从自来水笼头直接采样（样品编号为 A1），并注入三个石英

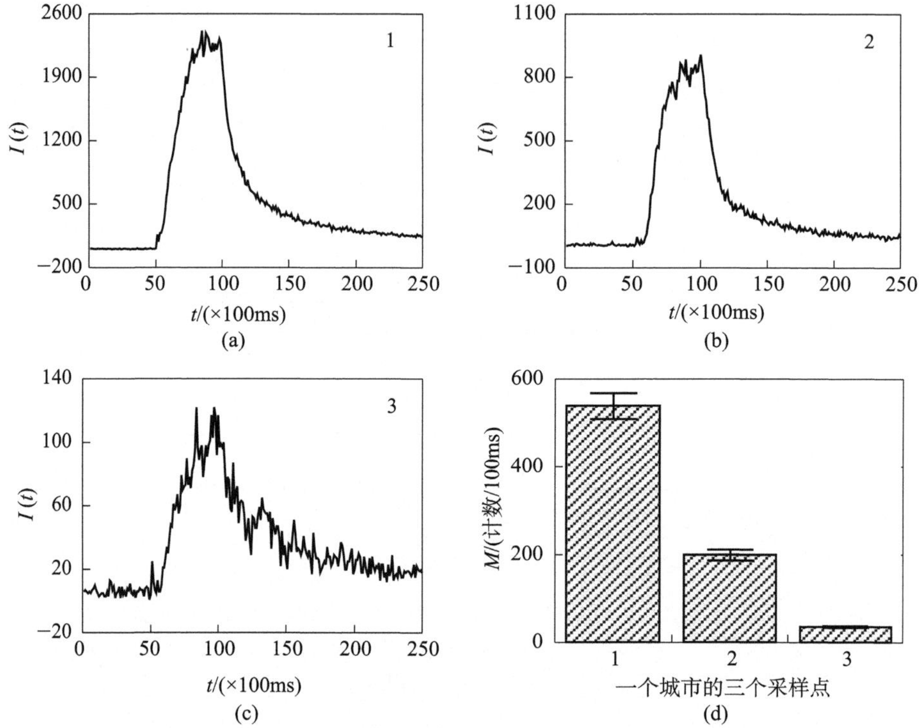

图 10.15　三个自来水样品的动态电化学发光的原始曲线及积分强度 M

水样品的采样点是同一个城市的三个不同区域。积分强度 M 扮演了样品质量的综合因子，采样点 1 的自来水被认为纯净度最差。积分强度 M 的平均值和标准方差来自三次独立的测量

样品池进行三次独立的测量，得到三条曲线；②将处理器械连接到水龙头上，自来水流过处理器械（完成处理过程），然后采样（样品编号为 B1），同样进行三次独立测量；③撤掉处理器械，再次从笼头直接采样（样品编号为 A2）。就这样采样和测量按 A↔B 交替进行，共完成 5 个周期的测量。一个典型的测量结果显示在图 10.16，可以看出：

（1）样品 A1 和 B1 的原始曲线有很大差异，处理后峰值强度降低 50％以上。

（2）积分强度 M 在 5 个周期中重复相同的行为，所给出的结论[M(A)＞M(B)]是无可质疑的。

（3）整个测量持续 150min，这期间未处理样品的信号有变化，说明自来水是不稳定的，而 A1 到 A5 的单调下降意味着自来水本身的纯净度在增加。

（4）处理后样品的信号维持相对稳定，说明处理效果是近似“恒定”的（变化的“输入”被处理为不变的“输出”）。

（5）结论：这个水处理器械是有效果的，自来水被处理后纯净度增加。

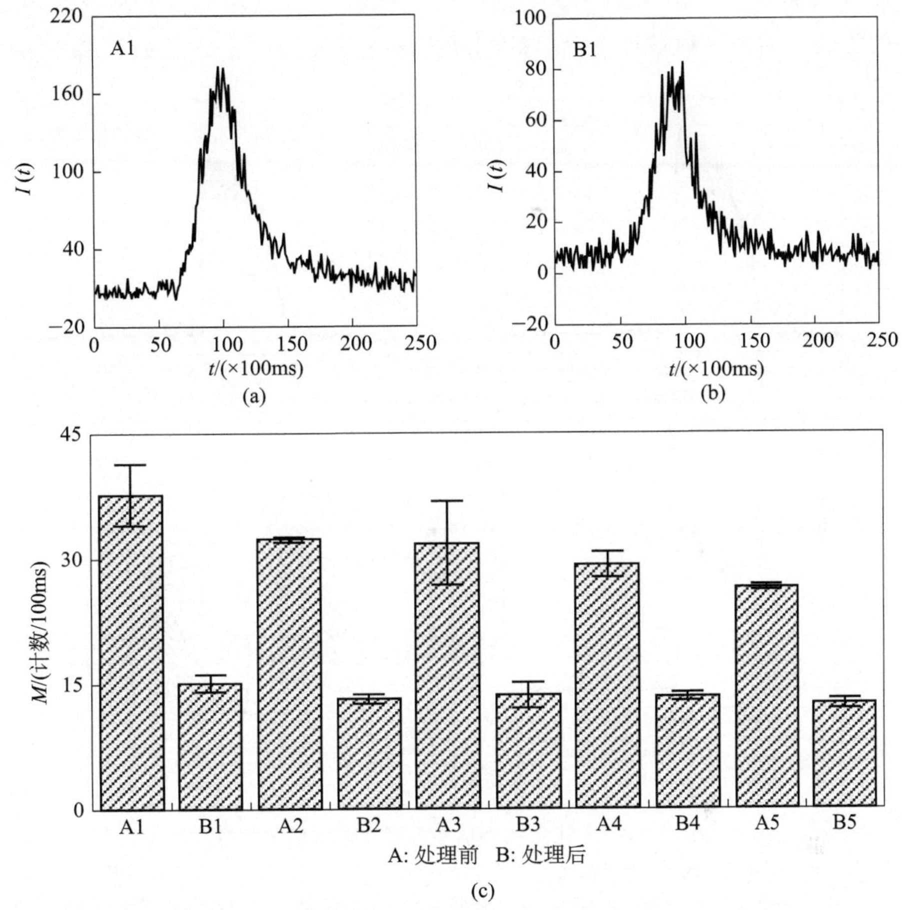

图 10.16　用电化学发光技术检查水处理器械的作用效果

自来水样品在处理前（A1）与处理后（B1）的动态电化学发光的原始曲线，处理后峰值强度降低 50%以上。处理前与处理后的样品被交替测量，积分强度 M 在 5 个周期中重复相同的行为，表明该处理是有效果的，它使自来水纯净度增加

10.6.2　饮料性质的测量

大量测量结果表明，饮料的动态电化学发光的信号关系到它的性质，特别是关系到饮料的浓度。一般情况下，饮料的浓度越高，其发光信号越强，而且强度对浓度的变化非常敏感。一个典型的例子涉及苹果汁的动态电化学发光，如图 10.17 所示，在苹果原汁里加 5%的水（体积），发光的积分强度则由 $M=168$ 计数/20ms 变为 $M=150$ 计数/20ms。虽然积分强度 M 的相对变化只有 1%，但是由于测量的高度再现性（误差很小），二者之间的区别是相当显著的。另外，对

原汁加 10%水之后，积分强度变为 M=134 计数/20ms，积分强度与稀释程度或有线性关联。关于饮料被细菌污染后的动态电化学发光行为，将在 11 章讨论。

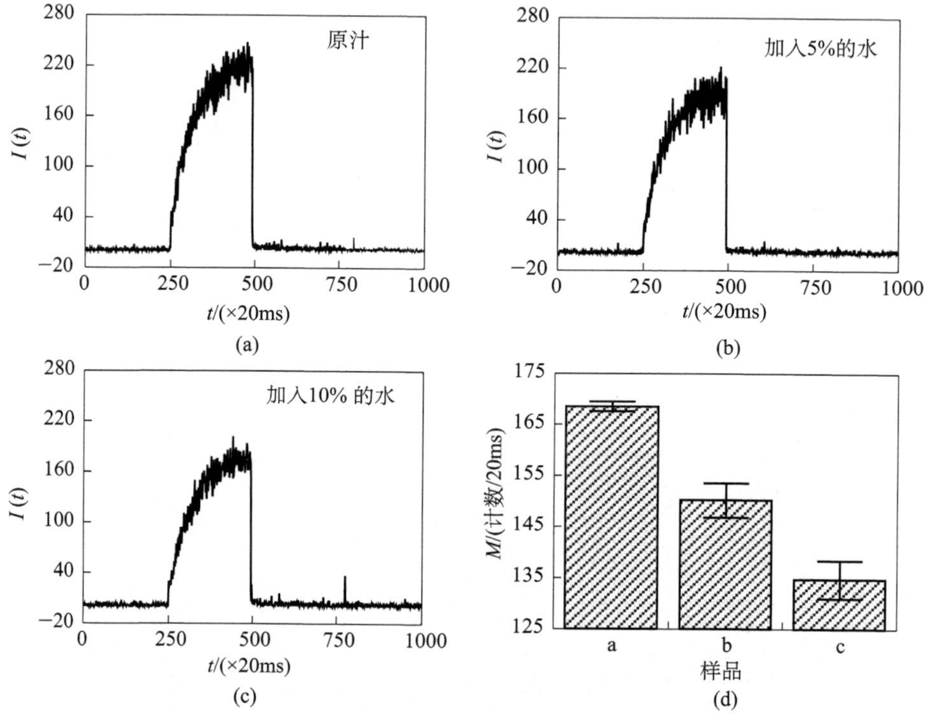

图 10.17　电化学发光信号对果汁浓度的依赖性

(a)，(b)，(c) 不同浓度的苹果汁样品的动态电化学发光的原始曲线；(d) 三个样品的积分强度 M 的比较：原汁加 5%的水之后积分强度有显著变化，积分强度与稀释程度似有线性关联。积分强度 M 的平均值与标准方差来自 5 个独立的测量

10.6.3　酒的特征值测量

葡萄酒的动态电化学发光有显著的特点，正如图 10.8 (c) 所显示的那样，激发过程中强度增加具有典型的图样，但激发结束后信号“垂直下降”，这意味着溶液中不再有正、负离子的湮没反应发生，其微观机理可能是正、负离子在酒精中运动的阻力太大，难以发生“碰撞”。但葡萄酒电化学发光的强度相当高，而样品的本底计数很低，故发光的信噪比很高。另外，由于葡萄酒样品的均匀性很好，因此测量的再现性非常好。对于动态电化学发光技术而言，葡萄酒样品唯一的缺点是弛豫过程没有图样，但是正面的因素很突出，它是一个相当理想的样品。图 10.18 显示了不同名称的白葡萄酒的动态电化学发光的积分强度，可以看

出，测量结果的再现性非常好，最大的标准方差为 5%（样品 No.4）。这意味着在动态电化学发光测量的意义上，不同名称的白葡萄酒之间有显著的区别。这样似乎可以对市面上出售的所有葡萄酒（甚至包括各种烈性白酒）进行系统的测量，确定每一种酒的动态电化学发光的特征值（如积分强度 M，或者包括三个可观察量：激发过程的拐点 ζ、峰值强度 ρ、弛豫过程的特征时间 τ），这样一个关于酒的动态电化学发光特征值的数据库相信是很有实用价值的，如酒的特征识别、生产质量控制等。另外，还可能利用电化学发光技术测量酒中有害物质（如甲醇）的含量。

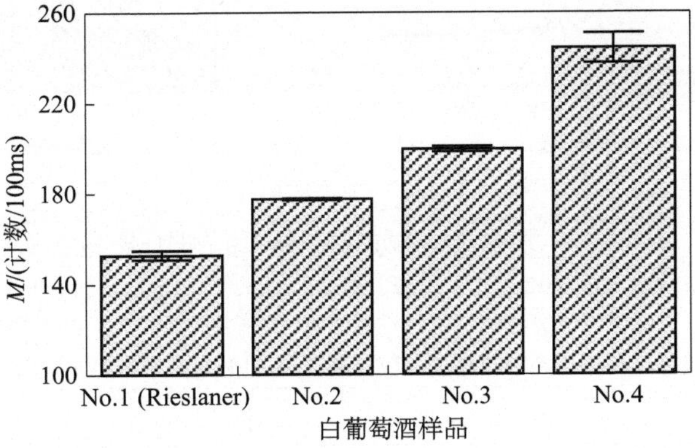

图 10.18 不同名称的白葡萄酒的动态电化学发光的积分强度 M

由于酒样品测量的再现性很好（误差范围很小），它们之间在动态电化学发光意义上有显著的区别，故可以对市面上的各种白酒进行系统的测量，确定每一种酒的动态电化学发光的特征值，构造相关的数据库

10.6.4 药剂性能和效力的测量

实验研究表明，生物药剂及化学合成药剂的动态电化学发光信号能反映药剂的性能和效力。实际上，我们所作的药剂的电化学发光的研究是与传统的药理学方法并列进行的：两种方法相互参照、相互印证，两套数据相互关联、相互对比。在建立了药剂的电化学发光方法的分析标准之后，该方法所特有的测量迅速及灵敏度高的优点就发挥出来，便逐渐成为一种快速可靠的新方法。有一种研制中的生物药剂，是从绿色水藻中提取的，称为“Kraeuter-Auszug”，我们用传统的药理学方法和电化学发光方法同时对它的性能和效力进行研究。大量的分析对比结果显示：电化学发光信号强的药剂具有更高的药效。按照这个“标准”我们用电化学发光方法对研制中的两个样品进行“筛选”，图 10.19 显示了 Kraeuter-Auszug 药剂的动态电化学发光的原始数据以及两个样品的积分强度对比。结论是样品 No.2 具有更高的药效。这个结论与传统的药理学方法是一致的，但电化

学发光方法快速灵敏，实际上已经逐步取代了传统的方法。

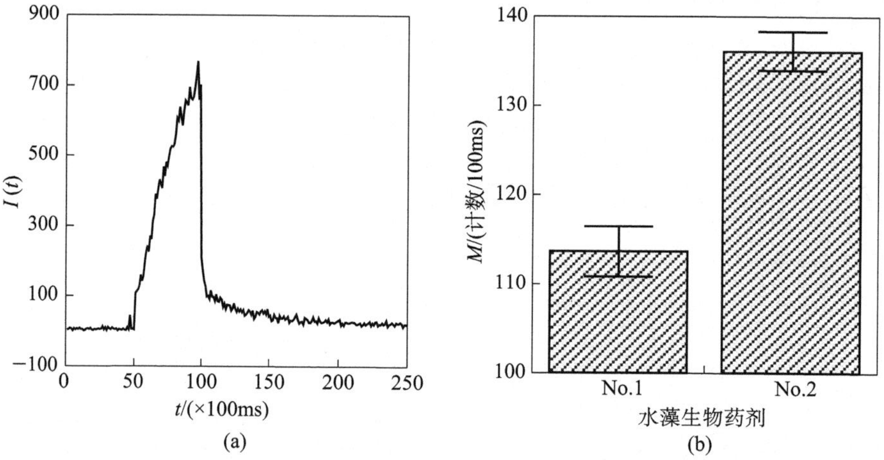

图 10.19　用电化学发光技术检测药剂的性能和效力

(a) 水藻生物药剂（Kraeuter-Auszug）的动态电化学发光的原始曲线；(b) 两个被“筛选”样品的积分强度 M 的对比，电化学发光方法的结论是样品 No.2 具有更高的药效，这与传统药理学方法的测量结果相符合，但前者具有快速灵敏的优点。积分强度 M 的平均值和标准方差来自五个独立的测量

10.6.5　在医疗科技领域的应用

电化学发光技术在医疗科技领域有广泛的应用前景，一个重要的研究项目涉及血液（全血及血清）的动态电化学发光的测量及其在临床诊断上的应用，特别是关于早期癌症与炎症的甄别（详见第 12 章）。另外，关于尿液的电化学发光的基础研究已经取得了全面的进展，多种疾病的电化学发光的数据库正在建立，为进一步的临床应用奠定了基础。目前电化学发光方法应用于医疗科技的成熟技术之一是检测人体的另一类液体，即口水，其目的是选择适当的镶牙材料。众所周知，目前常用的镶牙材料是瓷料、金子、塑料等。研究发现这些材料并不是对任何人都适用的，即使用金子，也可能会对有些人产生负作用。产生负作用的机理很简单，被镶嵌的假牙总是浸在口水里，与口水里的酶及各种物质接触，并发生作用（化学的、物理的或者生物的）而将假牙材料的成分“化解”出来，混合在口水里，进而随着食物、饮料进入体内。理想的材料是那种不与口水作用的物质，这就是常用的“金牙”。金牙对于一般人确实是最好的材料，但是人和人之间存在着“个体差异”，研究显示有些人的口水确实可以将金子的成分“化解”出来，那么金牙对这个人就是一种危险品。那么，一个人的口水是否可以“化解”某种镶牙材料，这件事怎么检测呢？一种简单有效的方法就是测量口水的电

化学发光。

实际的测量目的往往是在现有的镶牙材料中选择最合适的。如现有瓷料、金子、塑料三颗待装的假牙。测量一般在早晨进行，病人在空腹而且不刷牙情况下，将某一颗假牙放入口腔，含在嘴里一定的时间，然后抽取病人的口水，这是样品 No. 1。同样的操作过程是第二天早晨进行，测量另一种材料的假牙，得到样品 No. 2，第三天得到样品 No. 3。对三个样品的电化学发光测量都是在抽取样品后立即进行的。这样测量是严格可比较的，唯一的区别是不同的假牙材料。一个典型的结果显示在图 10.20，这是一种最常见的结果。三种材料相比较，金子浸在口水里，“化解”出来的成分最少，口水的洁净度最高，因此发光信号最低。但是，并非每个病人都是这样的结果，发光信号最低的镶牙材料被认为是最合适的。这个测量方法的优点不仅是快速灵敏，最重要的是实现了“个体选择”。

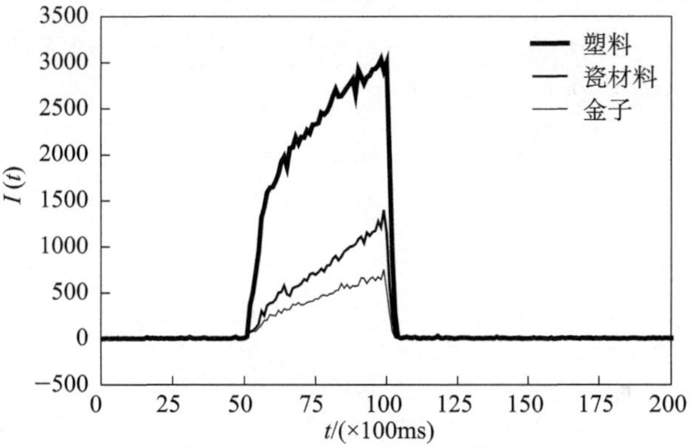

图 10.20　口水的动态电化学发光：镶牙材料的选择

信号最低的材料意味着最不容易受到口水中的酶和其他物质的作用

10.6.6　有机物污染的测量

除了环境水污染的测量（一个典型的例子如图 10.14 所示）之外，电化学发光技术还可以用来测量有机物造成的环境污染。这种测量有两个特点：①可以对污染程度进行定量测量；②可以对低浓度有机物造成的污染进行预报性测量。

对于一个实际的污染系统而言，其污染组分是很复杂的，为了对污染情况实施定量分析，必须从简单的“污染模型”开始。具体做法是，首先对于单个有机物溶液进行电化学发光的测量，建立足够多的单个有机物溶液的电化学发光数据库，它们被称为“一级数据库”。然后再测量两个有机物的混合溶液的电化学发光，建立相应的“二级数据库”。这一级的数据库，必须是有选择性的两个有机物的组合，如果不考虑实际的选择性组合，它的总数目是相当庞大的。例如，一级数据库如果涉及 10 个单个有机物，二级数据库将有 45 个组合。根据需要还可以有选择性地建立“三级数据库”。有了这样三个级别的数据库之后，对于一个实际的污染系统，就可以用测量出的信号与数据库对比，并判断实际的污染是什么样的组合。

低浓度有机物造成的污染起初也许并不严重，但污染是迅速扩大的。如果不在轻度污染时进行治理，污染扩大后会大大增加治理的难度。所以对低浓度有机物造成的污染进行预报性测量是很有必要的，这就要求测量手段有高度的灵敏性，能对于极度轻微污染的情况给出可靠的信号。而电化学发光技术正是具有这样的灵敏性和可靠性。为了研究低浓度有机物对环境水的污染，我们构造了一个“污染模型”，所测量的样品是在一系列等量的蒸馏水中加入不同量的石油，用这个系列样品来模拟石油对水环境的不同程度的污染。测量了所有样品的动态电化学发光，相应的积分强度 M 和一个典型的原始曲线显示在图 10.21。可以看出在浓度很低的情况下，积分强度随污染呈线性增加的关系。很显然，电化学发光技术提供了一个测量有机物污染的新方法。

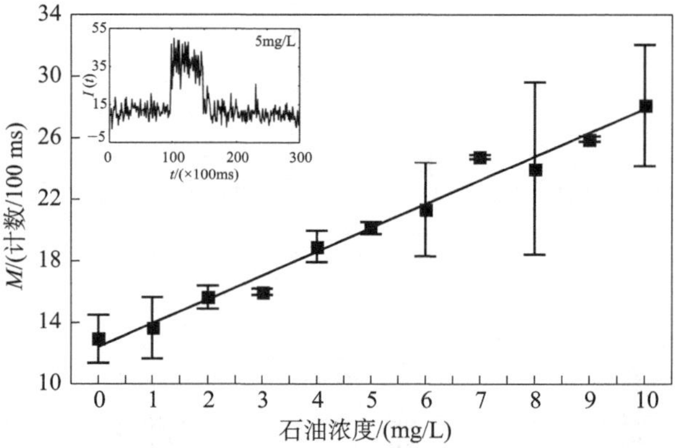

图 10.21　用电化学发光方法测量石油对水环境的定量污染

M 表示动态电化学发光的积分强度。与无污染情况相比，石油浓度为 2mg/L 时，发光信号已经有显著的变化。积分强度 M 的线性增加意味着石油污染处于很低的程度。插图是一个典型的动态电化学发光的原始曲线。积分强度 M 的平均值和标准方差来自三个独立的测量。几个较大的误差是因为被测样品不够均匀

10.7　结　论

本章建立了一种非线性理论来描述溶液的动态电化学发光，这是基于正、负离子的湮没作用机制。我们的模型涉及一个空间均匀的电化学系统，由此给出了发光强度在激发和弛豫过程的解析表达式，它们与实验观察相符合。我们完成了

一系列原理性实验以验证理论结果。我们的理论研究预言了一种测量液体性质的新方法，它具有再现性好、灵敏度高、应用广泛、测量快速以及操作简单等优点。进而用这种方法对于一系列实际的液体系统进行了测量和分析，包括自来水、矿泉水、工业污水、果汁、啤酒、葡萄酒、咖啡、酱油、醋、血液、尿液、口水、香水、生物药剂、化学溶液等。最后介绍了电化学发光在液体测量中的实际应用，涉及各种水的测量与分析、饮料性质的测量、酒的特征值测量、药剂性能和效力的测量、医疗科技（镶牙材料的选择）以及有机物污染的测量。结果表明，电化学发光的非线性理论及相关的分析测试方法为广泛而深入地研究液体的性质提供了一个有力的工具[10.21]。

参 考 文 献

[10.1] Harvey N. Luminescence during electrolysis. J. Phys. Chem.，1929，33：1456-1459.

[10.2] Hercules D M. Chemiluminescence resulting from electrochemically generated species. Science，1964，145：808-809.

[10.3] Visco R E，Chandross E A. Electroluminescence in solution of aromatic hydrocarbons. J. Am. Chem. Soc. 1964，86：5350-5351.

[10.4] Santhanam K S V，Bard A J. Chemiluminescence of electrogenerated 9，10-Diphenylanthracene anion radical. J. Am. Chem. Soc. 1965，87：139-140.

[10.5] Hercules D M. Organic electroluminescence//Techniques of Chemistry，vol. I（Physical Methods of Chemistry），part IIB（Electrochemical Methods）. New York：Wiley-Interscience，1970.

[10.6] Carmine T C，Bruchelt G，Hahn T，et al. Measurement of endogenous and TNFα-mediated H_2O_2 production in supernatants of SK-N-SH Neuroblastoma cells with an enhanced chemiluminescence assay. J. Biolumin. Chemilumin.，1994，9：267-272.

[10.7] Littig J S，Nieman T A. Quantitation of acridinium esters using electrogenerated chemiluminescence and flow injection. Anal. Chem.，1992，64：1140-1144.

[10.8] Measures R M. Prospects for developing a laser based on electrochemiluminescence. Appl. Opt.，1974，13：1121-1133；Physical constraints associated with the development of a laser based on electrochemiluminescence. Appl. Opt.，1975，14：909-916.

[10.9] Baeyens W R G，Ling B L，Imai K，et al. Chemiluminescence Detection in Capillary Electrophoresis. J. Microcolumn Sep.，1994，6：195-206.

[10.10] Nieman T A. Chemiluminescence and Photochemical Reaction Detection in Chromatography. New York：VCH，1989.

[10.11] Downey T M，Nieman T A. Chemiluminescence detection using regenerable tris（2，2’-bipyridyl）ruthenium（II）immobilized in Nafion. Anal. Chem. 1992，64；261-268.

[10.12] Preston J P, Nieman T A. An electrogenerated chemiluminescence probe and its application utilizing tris (2, 2' -bipyridyl) ruthenium (II) and luminol chemiluminescence without a flowing stream. Anal. Chem. 1996, 68: 966-970.

[10.13] Wilson R, Schiffrin D J. Chemiluminescence of luminol catalyzed by electrochemically oxidized ferrocenes. Anal. Chem. 1996, 68: 1254-1257.

[10.14] Jameison F, Sanchez R I, Dong L, et al. Electrochemiluminescence-Based quantitation of classical clinical chemistry analytes. Anal. Chem. 1996, 68: 1298-1302.

[10.15] Bard A J, Faulkner L R. Electrochemical Methods: Fundamentals and Applications. New York: John Wiley & Sins, 1980.

[10.16] Yamashita K , Yamazaki-Nishida S, Harima Y, et al. Direct current electrogenerated chemiluminescent microdetermination of peroxydisulfate in aqueous solution. Anal. Chem. , 1991, 63: 872-876.

[10.17] Amatore C, Fosset B. Theory of electrochemical luminescence at double band electrodes. An examination of steady-state diffusion at ultramicroelectrodes. Anal. Chem. , 1993, 65: 2311-2316.

[10.18] Marcus R A. On the theory of chemiluminescent electron-transfer reactions. J. Chem. Phys. , 1965, 43: 2654-2657.

[10.19] Smoluchowski M V. Drei vorträge über diffusion, brownsche molekularbewegung und koagulation von kolloidteilchen. Phys. Z. , 1916, 17: 557-571, 585-599.

[10.20] Feldberg S W. Theory of controlled potential electrogeneration of chemiluminescence. J. Am. Chem. Soc. , 1966, 88: 390-393.

[10.21] Gu Q. Elecrto-luminescence: A new and sensitive method of liquid measurements. Fruit Processing, Journal for the Fruit Processing and Juice Producing European and Overseas Industry (Germany), 1999, 9: 250.

第 11 章　微生物系统的电化学发光

摘要： 本章研究微生物溶液的电化学发光，相对于普通非生命的化学溶液而言，这是一个“开放”的电化学系统：微生物在新陈代谢过程中要“吸收”溶液中的发光性物质，同时又会“分泌”一定量的微粒进入溶液。微生物本身不会产生电致发光，但微生物的存在能动态地影响溶液的浓度、组分、物质分布等，从而改变参与电化学发光的正、负离子的浓度和湮没速率，导致发光行为的变化。换言之，这样一种溶液的电化学发光信号携带着有关微生物的信息。在第 10 章的基础上，用一个推广的模型来描述这个开放系统的动态电化学发光，所得到的发光强度表达式含有微生物的参量，特别是发光曲线的可观察量显示对微生物浓度的依赖性。我们的理论研究得出一种测量溶液中微生物浓度的新方法，它特别可以用来监测液体中微生物的动态污染。这种方法的实质是测量和分析溶液中由于微生物的加入所引起的发光信号的改变。一系列与理论描述相关的实验已经在不同的细菌体系中完成，结果显示了该方法对微生物学广泛运用的可能性。

关键词： 微生物系统的电化学发光，液体中细菌浓度的测量，细菌增长率的测量，细菌活性的显示，细菌形状因子的测量

11.1　引　　言

本章研究含有微生物的溶液系统的电化学发光。电化学发光起因于溶液中正、负离子的湮没作用（第 10 章）。那么溶液中混入微生物后将会对湮没作用产生怎样的影响？系统的发光信号将如何变化？为了回答这些问题，首先需要考查单纯的微生物是否会产生电化学发光。按照我们的经验，将一定数量的细菌放入蒸馏水，这样的系统不产生电化学发光信号，即使细菌的浓度达到10^6 cfu①/mL，所施加的电压不断增加，也测量不出像通常自来水那样的低水平电化学发光，这是溶液中不存在可以被氧化和还原的发光性分子，也不存在正、负离子的缘故[11.1]。另外，将细菌放入培养液，系统则诱导明显的电化学发光信号，这是因为培养液中存在各种发光性物质及正、负离子。实验观察还显示细菌-培养液系

① cfu：colony forming unit.

统的发光行为与细菌的浓度有关。实际上，相对于普通非生命的化学溶液而言，微生物溶液是一个“开放”的电化学系统：微生物在新陈代谢过程中要“吸收”溶液中的发光性物质和离子，同时又会“分泌”一定量的微粒进入溶液。微生物本身不会产生电致发光，但微生物的存在能动态地影响溶液的浓度、组分、物质分布等，从而改变参与电化学发光的正、负离子的浓度和湮没速率，导致发光行为的变化。换言之，这样一种溶液的电化学发光信号携带着有关微生物的信息。因此微生物溶液的电化学发光的测量和分析提供了一个研究微生物性质的新方法。

11.2　微生物系统电化学发光的理论描述

11.2.1　开放电化学系统的动力学

考虑一个含有微生物（细菌）的溶液系统的电化学发光。细菌与非生命溶液之间的相互作用可以被理解如下。首先，细菌的加入可以改变溶液的黏度、电导率甚至它的 pH 等，因此影响正、负离子的湮没速率。另外，溶液中细菌的生长和繁殖引起了它们与环境之间的物质交换：①溶液中的各种粒子（分子、离子、基团等）可以作为细菌的养料被吸收进入细菌的内部（部分离子还可能被吸附在细菌带电的表面上）；②细菌的代谢产物（分子、离子、基团等）被释放到溶液之中。所以细菌与溶液之间的这样一种耗散作用直接改变了参与湮没反应的正、负离子的浓度、组分、分布等。可见，与普通非生命的化学系统相比，含有细菌的溶液扮演了一个“开放”的电化学系统。

在这样一个系统中，电化学发光的所有参量都因为细菌的加入而发生改变。实际上，细菌溶液的黏度系数可以写为[11.2]

$$\eta_c = \eta(1+\xi c) \tag{11.2.1}$$

其中，η 是纯溶液的黏度；c 是溶液中细菌的浓度；ξ 是关系到细菌大小和形状的因子。进而，基于式（10.2.10），将湮没速率与细菌浓度的关系表示为

$$K_c = \frac{K}{1+\xi c} \tag{11.2.2}$$

K 是纯溶液情况下的湮没速率。关系式（11.2.2）给出了正、负离子在细菌溶液里发生湮没反应的速率，它随细菌浓度的升高而降低。细菌的加入对湮没速率的影响从微观机理上是不难想象的，如图 11.1 所示，湮没速率取决于正、负离子“碰撞”的概率，细菌作为一个“庞大”的个体，对正、负离子的“碰撞”造成了一重重“障碍”。细菌的浓度越高，正、负离子“碰撞”

的概率越小，湮没速率越低，发光信号越弱。可以想象，如果将细菌从溶液中过滤掉，发光信号将会升高（将在后面的实验部分显示这样的测量结果）。至此，我们形成了一个认识：细菌溶液的电发光信号与所含细菌的浓度有关。

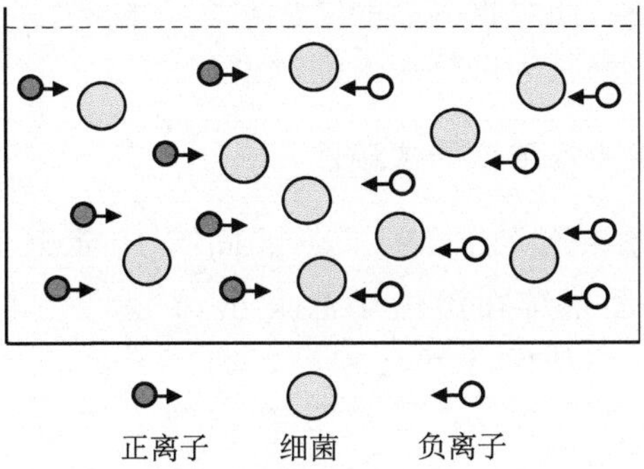

图 11.1 一个“开放”的电化学系统

“庞大”的细菌加入溶液使正、负离子“碰撞”的概率减小，湮没反应速率降低，系统的发光信号减弱。发光信号依赖于细菌的浓度，因此发光信号的测量和分析提供了一个研究细菌定量污染的新方法

为了得到发光信号和细菌浓度的定量关系式，需要在上述分析的基础上建立“开放”系统的动力学方程。一个直截了当的方式是在纯化学溶液的电化学发光的动力学方程［式（10.2.12）］的基础上，进一步考查细菌加入对各种粒子浓度变化率的影响，包括正离子 A^+ 的浓度 P，负离子 A^- 的浓度 N，以及可以被氧化和还原的发光性分子 A 的浓度 G。实际的影响涉及两个方面：粒子被细菌吸收，这一项与粒子和细菌浓度的乘积成正比；细菌释放粒子进入溶液，这一项与细菌的浓度成正比。这样一来便可以写出描述各种粒子浓度变化的方程组：

$$\frac{\mathrm{d}P}{\mathrm{d}t}=-K_cPN+\mu_PG-\alpha_PPc+\beta_Pc \tag{11.2.3a}$$

$$\frac{\mathrm{d}N}{\mathrm{d}t}=-K_cPN+\mu_NG-\alpha_NNc+\beta_Nc \tag{11.2.3b}$$

$$\frac{\mathrm{d}G}{\mathrm{d}t}=2K_cPN-(\mu_P+\mu_N)G-\alpha_GGc+\beta_Gc \tag{11.2.3c}$$

这里浓度 P，N，G 都是时间 t 和细菌浓度 c 的函数。与不含细菌的电化学系统的动力学方程组（10.2.12）相比较，现在式（11.2.3）中的每一个方程的右边都多出了两项，它们反映了细菌的存在对相应的粒子浓度变化的影响。下面以方程（11.2.3a）为例，对这两项的含义加以具体的说明，其中 α_PPc 项描述细菌吸

收所引起的离子 A^+ 的减少，它显示了离子与细菌之间的“合作效应”，与乘积 Pc 成正比，α_P 是细菌对离子 A^+ 的吸收系数。另一项 $\beta_P c$ 则描述细菌分泌所导致的 A^+ 的增加，它和细菌浓度 c 成正比，β_P 是细菌释放离子 A^+ 的系数。方程组（11.2.3）中的湮没反应速率 K_c 是细菌浓度 c 的函数，由式（11.2.2）表示。方程组（11.2.3）描述了微生物溶液的电化学系统的非线性动力学，下面将求解该方程组并对系统的发光行为进行深入的讨论。

11.2.2 发光参数对微生物浓度的依赖性

为了求解非线性方程组（11.2.3），如同第 10 章对纯化学溶液的处理方式一样，我们假定驱动系统在溶液中激发出 A^+ 和 A^- 的劲度相等，即 $\mu_P=\mu_N\equiv\mu$。简单起见，假定诸吸收系数相等，即 $\alpha_P=\alpha_N=\alpha_G\equiv\alpha$，同时也假定诸释放系数也相等，即 $\beta_P=\beta_N=\beta_G\equiv\beta/3$，然后将式（11.2.3）的三个方程相加，得到

$$\frac{\mathrm{d}M}{\mathrm{d}t}=-\alpha cM+\beta c \tag{11.2.4}$$

其中，$M=P+N+G$ 是任意 t 时刻溶液中三种粒子 A^+，A^-，A 的浓度之和。由于细菌在溶液中的代谢作用，M 已不再是一个常数。方程（11.2.4）的解给出总浓度 M 的时间演化

$$M=\frac{\beta}{\alpha}+\left(M_0-\frac{\beta}{\alpha}\right)\exp(-\alpha ct) \tag{11.2.5}$$

其中，M_0 是初始 $t=0$ 时刻的总浓度。表达式（11.2.5）中的 t 相应于细菌吸收营养物质和排出代谢产物的过程，这个时间区间比方程（11.2.3）中的非线性项 PN 所描述的正、负离子的湮没反应过程［即反应式（10.2.11）所确定的电子转移过程］要长得多，因此在湮没反应的特征时间 $1/K_c$ 之内，式（11.2.5）中的 t 可以被认为是不变的常数，于是可以令常数 $\gamma=\alpha t$。另外由于假定驱动系统对正离子 A^+ 和负离子 A^- 的激发劲度相等，可以认为 A^+ 的浓度和 A^- 的浓度相等，即 $P(t)=N(t)\equiv X(t)$，这样一来方程组（11.2.3）约化为单个非线性方程

$$\frac{\mathrm{d}X}{\mathrm{d}t}=-K_cX^2-2\mu_cX+\mu_cM_c \tag{11.2.6}$$

其中

$$\mu_c=\mu+\frac{\alpha c}{2} \tag{11.2.7a}$$

$$M_c=\frac{\mu}{\mu_c}\left[\beta\left(\frac{1}{\alpha}+\frac{c}{\mu}\right)+\left(M_0-\frac{\beta}{\alpha}\right)\exp(-\gamma c)\right] \tag{11.2.7b}$$

方程（11.2.6）描述系统在外界驱动下的激发过程。如果激发作用持续时间 T 之后被撤掉，则系统进入弛豫过程，这期间系统的动力学方程为

$$\frac{\mathrm{d}X}{\mathrm{d}t}=-k_cX^2 \tag{11.2.8}$$

其中 k_c 是弛豫过程的湮没速率，从式（11.2.2）可以看出它具有形式

$$k_c=\frac{k}{1+\xi c} \tag{11.2.9}$$

其中 k 是纯化学溶液情况下的湮没速率。很明显，细菌溶液的动力学方程［即式（11.2.6）和式（11.2.8）］与纯化学溶液情况下的式（10.2.17）和式（10.2.23）具有相同的形式，因此二者的发光强度具有相同的形式。事实上，细菌溶液情况下的激发和弛豫过程的发光强度表达式分别为

$$I_1(t,c)=\Phi\frac{\Omega_c^2}{K_c}[\tanh(\Omega_ct+\phi_c)-\tanh\phi_c]^2 \tag{11.2.10a}$$

$$I_2(t-T,c)=\frac{\rho_k(c)}{\left[1+\dfrac{t-T}{\tau(c)}\right]^2} \tag{11.2.10b}$$

其中

$$\Omega_c=\sqrt{\mu_c(\mu_c+K_cM_c)} \tag{11.2.11a}$$

$$\tanh\phi_c=\sqrt{\frac{\mu_c}{\mu_c+K_cM_c}} \tag{11.2.11b}$$

而发光强度曲线的三个可观察量为

$$\zeta(c)=\frac{1}{\Omega_c}\operatorname{arctanh}\left[\frac{1}{3}\left(\sqrt{\tanh^2\phi_c+3}-\tanh\phi_c\right)\right] \tag{11.2.12a}$$

$$\rho(c)=\Phi\frac{\Omega_c^2}{K_c}[\tanh(\Omega_cT+\phi_c)-\tanh\phi_c]^2 \tag{11.2.12b}$$

$$\tau(c)=\frac{K_c}{k_c}\frac{1}{\Omega_c[\tanh(\Omega_cT+\phi_c)-\tanh\phi_c]} \tag{11.2.12c}$$

它们分别表示激发过程的拐点、峰值强度及弛豫过程的特征时间，而式（11.2.10b）中的 $\rho_k(c)=(k_c/K_c)\rho(c)$ 则表示弛豫过程的初始强度。可以看出，所得到的结果［式（11.2.10）～式（11.2.12）］在形式上与纯化学溶液情况完全相同，不过，除激发劲度 μ 和系统因子 Φ 与细菌无关之外，原始参量 α，β，γ，ξ 关系到细菌本身的特征，如细菌的大小、形状、活性等，而其他所有的参量都含有对细菌浓度 c 的依赖性。现在考查两个极限情况：

(1) 当溶液不含细菌，即 $c=0$ 时，式（11.2.2），式（11.2.9）和式（11.2.7）分别给出 K，k，μ 和 M_0，这意味着这里得到的全部结果［式（11.2.10）～

式 (11.2.12)]约化为相应的纯化学溶液的形式。

(2) 在细菌浓度很大（即 $c\to\infty$）的情况下，峰值强度式 (11.2.12b) 给出 $\rho(\infty)\to 0$，表示系统没有发光信号。在微观机制上（图 11.1），这是由于大量存在的细菌完全阻碍了正、负离子之间的湮没作用。

很显然，纯化学溶液和细菌溶液的发光曲线在理论上具有相同的图样，如图 10.2 所示。但细菌溶液的发光曲线的特征参量 $\zeta(c)$，$\rho(c)$，$\tau(c)$都是细菌浓度 c 的函数，它们被显示在图 11.2。可以看出它们均显示非线性行为，特别是峰值强度随细菌浓度的变化呈现极大值行为。

下面利用图 11.2 (b) 分析发光强度与细菌浓度的变化关系，首先从数值计算得到峰值强度在 $c=0$ 的值 $\rho(0)=5.1$，这对应纯化学溶液的情况。随后在细菌浓度增加的过程中，发光强度缓慢上升，这似乎与图 11.1 所示的情况不相符合。细菌浓度的增加确实减少了正、负离子的湮没速率，但在细菌浓度很低的情况下，细菌的排泄使溶液中的发光性物质及离子的浓度增加，这是决定系统行为的主要的因素，因此“合成”的效果是发光强度缓慢增加。随着细菌浓度 c 的继续增加，细菌的排泄因素逐渐使发光强度达到一个最大值 $\rho(c_m)$，(c_m 是相应的细菌浓度)，它意味着细菌排泄的增加量在 c_m 取最大值。在细菌浓度高于 c_m 的情况下，细菌的排泄因素仍然存在，而且细菌增加输送给溶液的发光性物质及离子更多，但是在高浓度细菌的溶液里，正、负离子的相互“碰撞”受到明显的阻碍，湮没速率的下降变成制约发光的主要元素，这导致发光强度逐渐减低。在细菌浓度充分高的极限情况下，湮没反应完全不能发生，系统不再诱导发光信号，正如前面所讨论的那样。这里的分析强调系统内部细菌与溶液相互作用的微观机制，这是一种物理上的“直观”分析，它与图 11.2 (b) 的理论计算是完全一致的，说明了我们的理论模型与直观分析的自恰性。

大量的实验观察显示，细菌溶液的动态电化学发光的原始曲线与我们的理论表达式［式 (11.2.10a) 和式 (11.2.10b)］之间有高度的关联［通常具有图 10.2 (b)，(c) 所示的关联度］。这样就可以按照第 10 章所述的“数值计算法”由实际的发光曲线测量出三个特征参量 $\zeta(c)$，$\rho(c)$，$\tau(c)$的值，并进一步联系到细菌的浓度 c。可见开放系统的动态电化学发光的测量和分析提供了一个确定液体中细菌浓度的新方法。由于这种方法的快速性和高灵敏度，相信能被用来监测液体系统中细菌的动态污染。

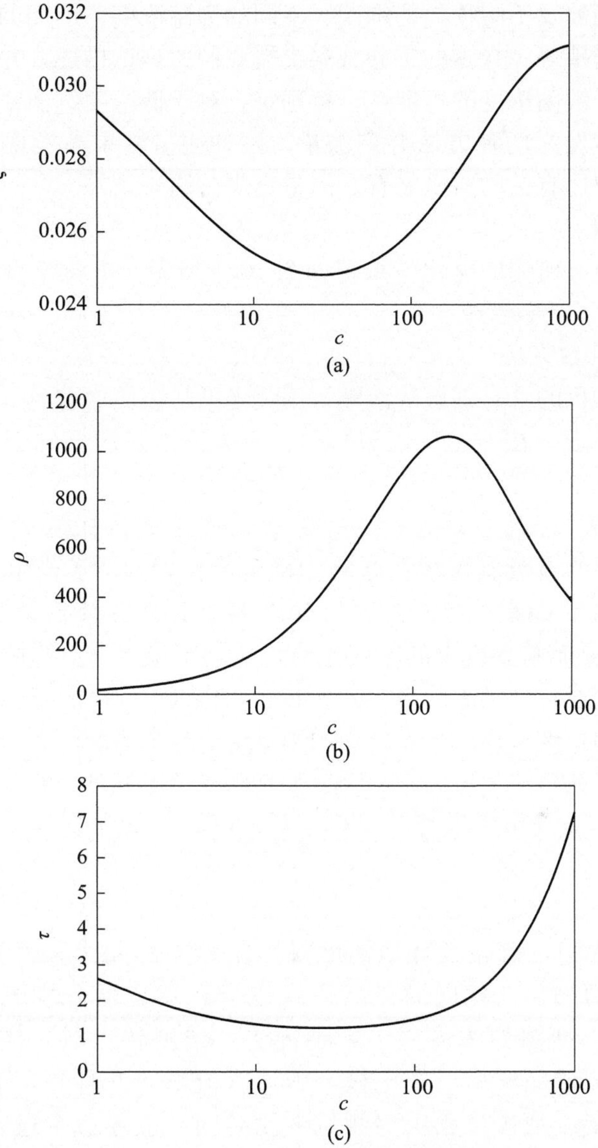

图 11.2 细菌溶液的动态电化学发光的可观察量和细菌浓度 c 的非线性关系

(a) 激发过程的拐点 ζ；(b) 峰值强度 ρ；(c) 弛豫过程的特征时间 τ。参数取值：$\Phi=1$，$\mu=10$，$M_0=5$，$K=1$，$k=0.1$，$T=1$，$\alpha=0.001$，$\beta=0.6$，$\gamma=0.01$，$\xi=0.2$

11.3 实验：细菌计数与光子计数

基于上述理论研究的指导，我们完成了一系列细菌溶液的动态电化学发光的实验观察，它们涉及不同种类的细菌、不同的细菌浓度、不同的培养液，还涉及细菌的生长和繁殖等。众多的实验观察支持我们的理论描述，并显示了电化学发光方法用于测量细菌浓度的可能性。特别是，对于低浓度细菌系统，我们用荧光显微镜和电化学发光两种方法并列测量，两种测量结果被发现具有高度的相关性。现在首先叙述有关的实验装置、测量程序与测量条件。

1. 实验装置

测量细菌溶液所用的电化学系统如图 10.1 所示。电化学发光的探测使用图 1.3 所示的单光子计数系统。

2. 细菌的计数方法

提取一定体积的含有细菌的溶液，用荧光染料法使之着色，借助于荧光显微镜即可对细菌计数。按照菌落形成单位，每毫升溶液所含细菌的数目被定义为 cfu/mL。

3. 测量程序

将盛有样品的石英容器放在暗箱中确定的位置，位于光电倍增管阴极的前面。两个电极插在溶液中，它们的另一端连接到具有高稳定度的 DC 电源。关上暗箱等 5min 直到暗箱系统中的本底光子计数趋于稳定。对样品的动态电化学发光的光子计数测量包括样品的自发发光过程，接通 DC 电压期间的激发过程，以及撤掉电压后的弛豫过程。自发发光的测量给出整个系统的光子计数本底，它依赖于被测量的样品，典型值为 70CPS。而探测器的本底计数约为 20CPS（样品室环境温度为 25℃，光电倍增管工作温度为－30℃）。每个完整的测量曲线呈现图 10.2 的图样。

4. 测量条件

在测量过程中，暗箱的环境温度保持在 20℃。每个样品在相同的条件下完成三次独立的测量（相同的样品注入三个石英容器分别测量），被测量样品的体积依赖于细菌的浓度（一般情况下，浓度较大时，体积也较大）。样品的自发辐射测量完毕后，在电极上施加直流电压几秒钟，施加电压的时间长短依样品而定。弛豫过程也要测量一段时间。上述三个过程的测量时间之比一般为

$$\text{自发辐射：激发过程：弛豫过程}=1:1:3 \tag{11.3.1}$$

光子计数间隔 Δt 的选取与样品的信号有关，一般情况下信号越强，Δt 越小，典型的计数间隔为 $\Delta t=100\text{ms}$。一个典型的光子计数过程持续 25s。一个完整的测量过程（从样品注入石英容器到计算机显示测量结果）大约需要 10min。图 11.3 显示了两个实际的测量曲线，被测量的样品是乳酸杆菌（Lactobacillus brevis）和酵母菌溶液。

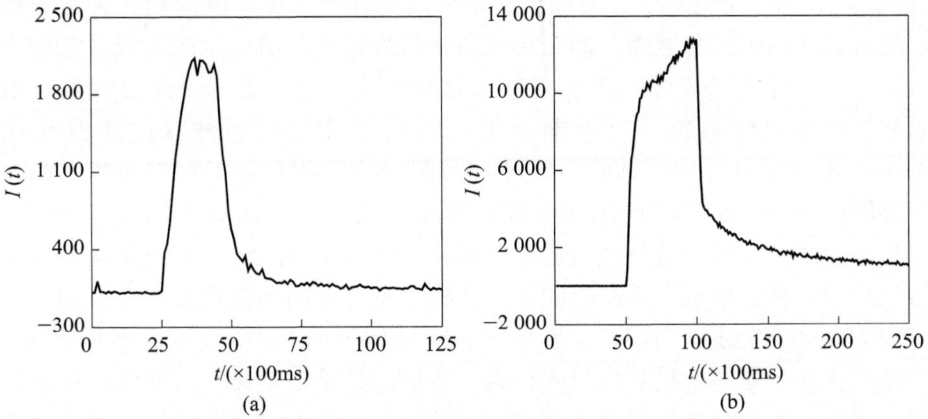

图 11.3 实际细菌溶液的动态电化学发光的原始数据

(a) 乳酸杆菌 (Lactobacillus brevis)，光子计数过程为 12.5s；(b) 酵母菌，光子计数过程为 25s。光子计数间隔均为 $\Delta t = 100\text{ms}$

5. 数据分析

数据分析是对测量结果的直观展示，是引出实验结论的重要依据，分析细菌溶液动态电化学发光的原始数据的最简单的途径是：①在光子计数测量的时间区间内对发光强度进行积分，得到曲线下的面积，就是总发光强度，相应于式(10.2.29)所示的积分强度；②总发光强度值被积分区间去除，得到所谓的"平均强度"，用 M 表示。在被测量的多个样品之间比较它们的平均强度，是一个最基本的分析方法，它的优点是计算简单、结果直观，但精确度有限。更精确的分析方法是：①将动态电化学发光的原始数据与理论表达式 (11.2.10) 作非线性拟合，得到诸参数的值；②利用表达式 (11.2.12) 求出三个可观察量 $\zeta(c)$，$\rho(c)$，$\tau(c)$的值；③在这些特征量的意义上分析系统的性质，特别是它们与细菌浓度的关系。具体的数据处理和分析过程将在后面的内容中介绍。

11.4 测量和结果

11.4.1 自来水中的细菌测量

自来水中通常含有一定数量的细菌，在研究微生物系统电化学发光所采用的众多样品中，自来水是最容易获得也最具有代表性的样品。但是自来水成分复杂，变化多端，难以进行定量的测量和分析。下面用两种不同的方法进行定性的研究。

(1) 过滤自来水。在 20℃下利用自来水制备 500mL 的醋酸钠溶液（浓度为

0.1g/L)，放入一个烧杯中。溶液中的细菌以如此高浓度的醋酸盐作为营养物质可以进行较快的生长与繁殖。两个小时后，从烧杯中取出一定的溶液，它作为本实验的第一个样品被进行三次独立的电化学发光测量。第二个测量样品有所不同，它同样取之于盛液体的烧杯，但取出后首先进行过滤（过滤器孔径为 0.2μm)。过滤器孔径小于细菌的线度，因此过滤后的水是不含细菌的样品，对该样品同样进行三次独立的电化学发光测量。接下来又从烧杯中取出一定的溶液，它作为第三个样品被直接测量。然后又从烧杯中取出溶液，用相同的过滤器进行过滤后，作为第四个样品被测量。这样一种交替测量被重复 5 个周期，得到 10 个样品的测量数据。图 11.4 显示了 10 个样品的电化学发光的平均强度 M。平均强度在 5 个周期中重复相同的行为，所给出的结论是无可质疑的：过滤后不含细菌的自来水具有更高的发光强度。这个现象背后的微观机理正如图 11.1 所显示的那样，细菌被滤掉后，水中正、负离子“碰撞”的概率增大，从而提高了湮没反应速率，导致发光信号增强。

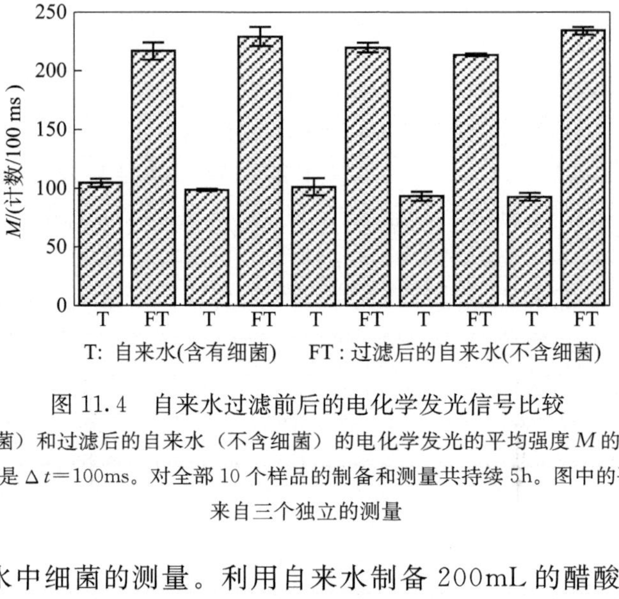

图 11.4　自来水过滤前后的电化学发光信号比较

自来水（含有细菌）和过滤后的自来水（不含细菌）的电化学发光的平均强度 M 的比较。测量所用的光子计数的间隔是 $\Delta t=100$ms。对全部 10 个样品的制备和测量共持续 5h。图中的平均值和标准方差来自三个独立的测量

（2）自来水中细菌的测量。利用自来水制备 200mL 的醋酸钠溶液（浓度为 0.02g/L)，并在 20℃下保存 6 天，这期间溶液中的细菌以如此低浓度的醋酸盐作为营养物质进行缓慢地繁殖。该溶液即为被测量的样品，实验的目的是通过每天测量样品的电化学发光考查细菌在 6 天的繁殖行为。电化学发光的测量每天进行一次（9 点钟开始)，涉及三个独立的测量。图 11.5 显示了被测样品的电化学发光的平均强度 M 在六天的变化。可以看出平均强度在开始阶段呈现上升趋势，在第二天达到最大值，在以后的几天里则逐渐下降。这样的图样与图 11.2（b）的理论预言是相符合的。其背后的机理就像

前面分析的那样，在上升阶段细菌的浓度较低，细菌的排泄物进入溶液是决定系统发光行为的主要因素，它使溶液中参与发光的离子的浓度增加，发光信号随即上升；在发光信号达到极大值之后，在较高浓度细菌的溶液里，正、负离子的湮没速率下降变成制约发光的主要元素，它导致发光强度逐渐减低。电化学发光信号随细菌浓度增加出现极大值的现象似乎是相当普遍的，在后面叙述的实验中还会出现。

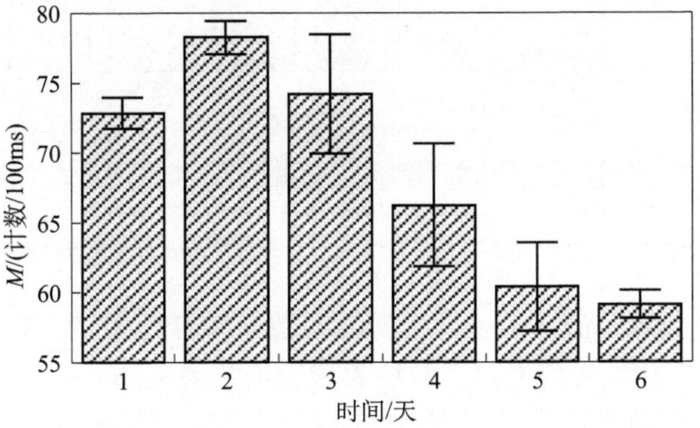

图 11.5　含有细菌的自来水的电化学发光的时间演化

平均强度 M 在 6 天中的变化反映了水中的细菌在此期间的繁殖行为。这个实验结果与图 11.2（b）的理论预言相符合。测量所用的光子计数的间隔是 $\Delta t=100\text{ms}$。图中的平均值和标准方差来自三个独立的测量

11.4.2　细菌自发繁殖的测量

以上关于细菌溶液的测量均用普通自来水作样品，虽然样品中细菌的数目相对较少，但细菌的种类相当复杂，不存在一个主要的菌种。现在人为地在自来水中注入特定的细菌溶液，然后考查该菌种在自来水中的繁殖行为。实验中首先用自来水制备 200mL 的醋酸钠溶液（浓度为 0.01g/L），然后将假单胞菌（Pseudomonas fluorescens）菌种注入其中。样品在 20℃下被保持 3 天，溶液中的假单胞菌作为主要的菌种以醋酸钠为营养物质进行繁殖。电化学发光的测量每天进行两次（第一次 9 点钟开始，第二次 14 点开始），每次完成三个独立的测量。图 11.6 显示了被测样品的电化学发光的平均强度 M 在六次测量中的变化。可以看出平均强度在开始阶段呈现上升趋势，在第二次测量时达到最大值，在以后的测量中逐渐下降。这样的图样与图 11.5 的实验结果是一致的，并具有相同的微观机理。

进一步的数据分析涉及非线性拟合，将测量中所得到的每一条动态电化学发光的原始曲线与理论表达式（11.2.10）相拟合，然后用第 10 章所述的“数值计

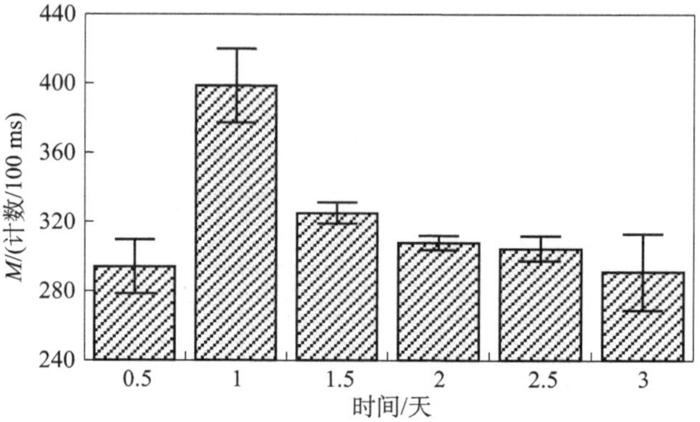

图 11.6　假单胞菌溶液的电化学发光的时间演化

平均强度 M 在 6 次中的变化反映了细菌在此期间的增长。这个实验结果与图 11.2（b）的理论预言相符合。测量所用的光子计数的间隔是 $\Delta t=100$ms。图中的平均值和标准方差来自三个独立的测量

算法”计算出诸参数的值（这里特别需要参数 τ 和 Ω）。图 11.7 显示了参数 τ 和 τ/Ω 在三天中的变化。可以看出 τ 的行为与理论结果［图 11.2（c）］相符合。另一方面，作为理论描述，我们用表达式（11.2.12c）对图 11.7（a）中的测量平均值进行拟合，同时用式（11.2.12c）和式（11.2.11a）对图 11.7（b）中的测量平均值进行拟合，拟合中假定细菌数目按线性规律增加，以至于表达式（11.2.12c）和式（11.2.11a）中的变量（即细菌浓度 c）等价于图 11.7 中的时间变量。非线性拟合所给出的理论曲线被发现与观察值符合得很好。值得注意的是：对于本实验的数据，平均强度 M 和参数 τ 随细菌的增长均呈现极值行为(前者是极大值而后者是极小值)，而比值 τ/Ω 作为单调变化的函数与细菌增长有一一对应的（负）关联。因此，比值 τ/Ω 在实际测量和分析中能够更方便地用来确定细菌的浓度。

11.4.3　低浓度细菌系统的测量

前面所述的实验均没有涉及溶液中细菌浓度的数值，只是考查细菌浓度的相对变化。现在我们考虑制备一个细菌系统，并用传统的方法测量它的浓度，然后将原始的细菌系统依次稀释成具有不同浓度的诸个样品。然后在知道各个样品的细菌浓度的情况下，测量它们的电化学发光，最终目的是考查所有样品的发光信号与相应的细菌浓度的相关性。实验所用的原始培养液是醋酸钠的自来水溶液，溶液中所含的细菌为 T6，用于实验研究的原始样品经荧光显微镜测量后，确定其细菌浓度约为 7000cfu/mL。在考查电化学发光信号与细菌浓度相关性的具体操作中，按如下程序制备被测样品。

将标准的 I-型培养介质（含有牛肉精和蛋白胨）注入 5 支消过毒的试管中

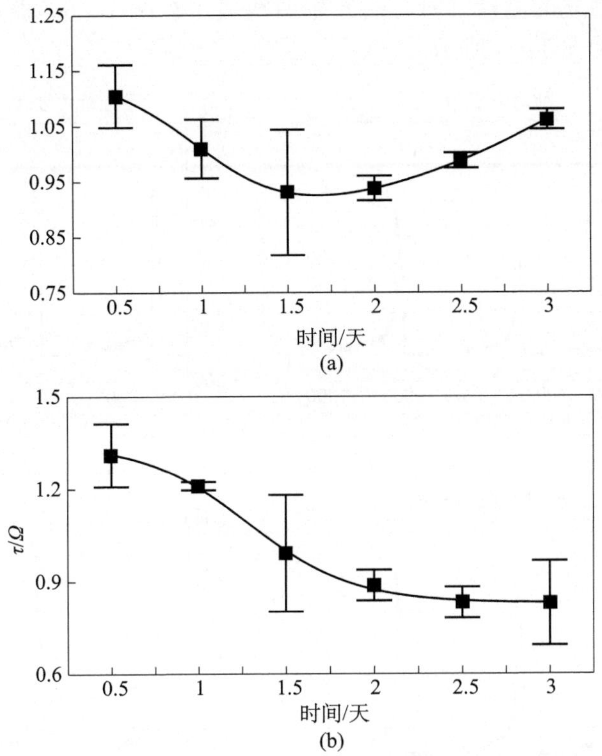

图 11.7　假单胞菌溶液的电化学发光：可观察量与细菌繁殖的关联

(a) 弛豫时间 τ；(b) 弛豫时间 τ 和"频率" Ω 的比值。图中的光滑曲线是理论结果［数值计算用表达式（11.2.12c）和式（11.2.11a）］，它们与观察值的变化符合得很好

(A，B，C，D 和 E)，每支注入 4mL。然后将 0.4mL 的原始细菌 T6 溶液装入试管 A 中，摇动试管 A 使细菌溶液均匀化，其细菌浓度为 700cfu/mL，这是第一个被测样品。然后从试管 A 中抽出 0.4mL 的细菌溶液转移到试管 B 中，试管 B 中的细菌浓度为 70cfu/mL。将上述稀释过程依次进行，最后一步是从试管 C 中抽出 0.4mL 的细菌溶液转移到试管 D，摇匀后抽出 0.4mL 溶液（扔掉）。试管 E 不注入细菌，它是纯介质样品。最终得到分别盛在试管 E，D，C，B 和 A 中的五个样品，它们的细菌浓度依次为 0cfu/mL、0.7cfu/mL、7cfu/mL、70cfu/mL 和 700cfu/mL，而体积均为 4mL。显然，如此低浓度的样品，它们之间的差别是极其微弱的，能否用快速灵敏的方法检测它们之间的区别确实是一个很有实用价值的课题。我们试图用电化学发光的方法对这样的样品进行测量和分析。将制备好的样品放在冰箱中，冰箱的温度控制在 4℃以避免细菌的生长。然后按照细菌浓度增加的顺序 E→D→C→B→A 测量每个样品的电化学发光（采用这样的顺序是因为在相同的培养液里，低浓度细菌的数目增长更快，样品容易起变化）。每个

样品进行三次独立的测量，所有的原始曲线显示在图 11.8。而平均强度 M 和细菌浓度的关系如图 11.9 所示。

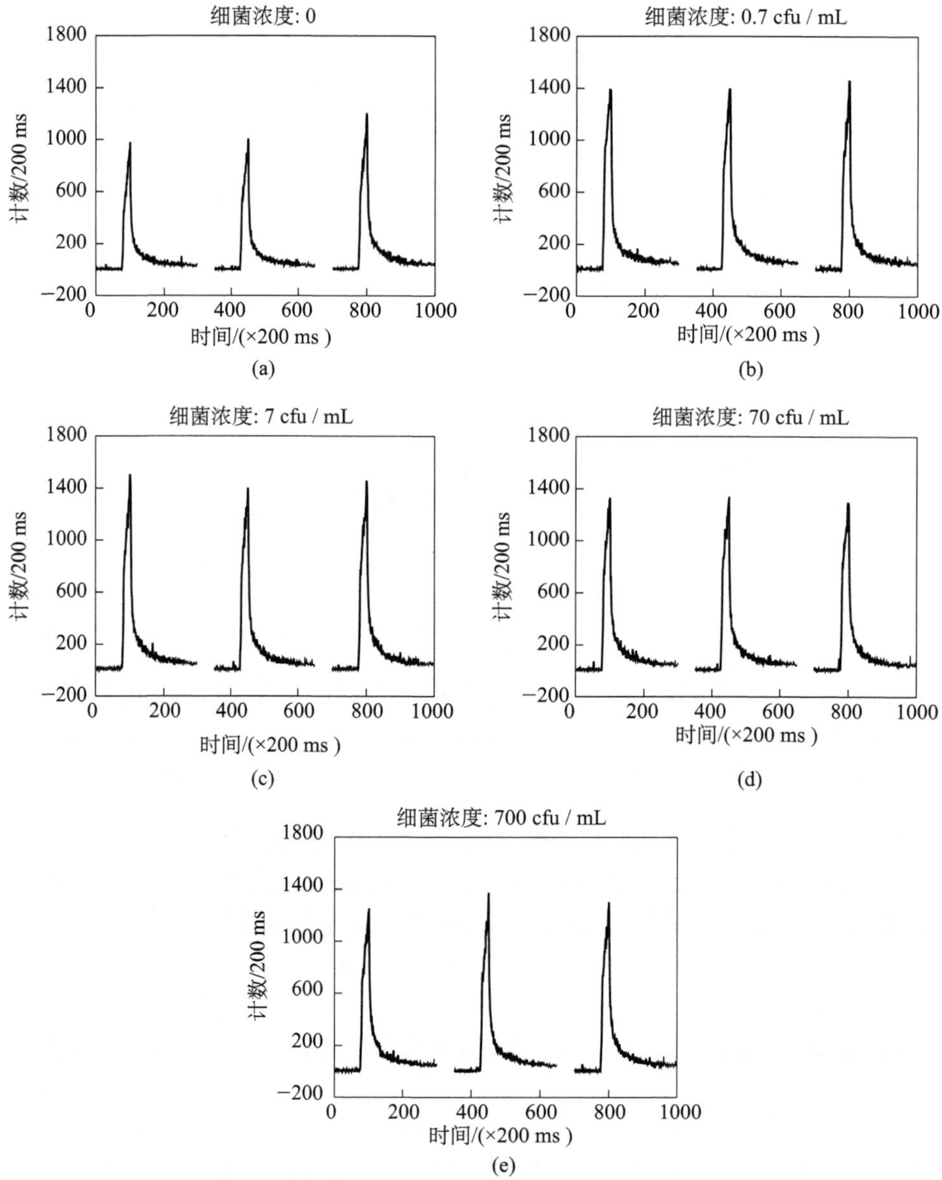

图 11.8　不同浓度的 T6 细菌溶液的电化学发光的原始数据

每幅图中的三条曲线相应于三次独立的测量。所有的发光曲线有类似的图样，但不同细菌浓度的样品有不同的发光参数。测量所用的光子计数间隔是 $\Delta t=200\text{ms}$

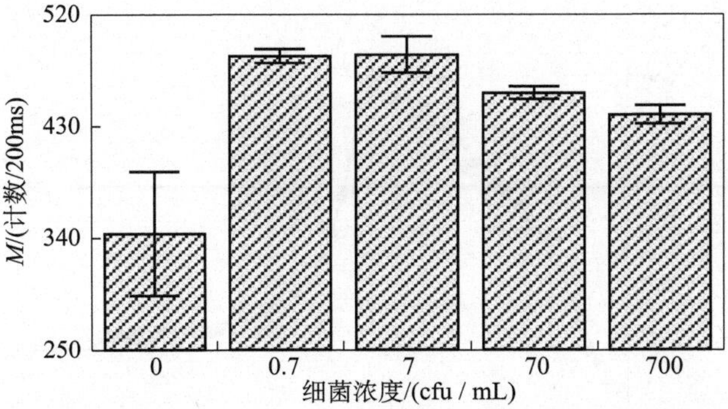

图 11.9 不同浓度的 T6 细菌溶液的电化学发光的平均强度 M（基于图 11.8 中的原始数据）
图中的平均值和标准方差来自三个独立测量。平均强度随细菌浓度的变化出现极大值行为

将图 11.8 中的每一条原始曲线与理论表达式（11.2.10）相拟合，一个典型的拟合结果显示在图 11.10。进一步在图 11.11 中显示期待值与观察值的关联，可以看出在二者之间存在相当高的关联度。然后用第 10 章所述的“数值计算法”计算出诸参数的值（这里特别需要参数 ρ，τ 和 Ω 的值）。图 11.12（a），（b）分别显示了参数 ρ 和 τ 的测量值随细菌浓度的变化关系，它们与图 11.2（b）和图 11.2（c）所示的理论结果相符合。另外，作为理论描述，用表达式（11.2.12b）和式（11.2.12c）分别对图 11.12（a），（b）中的测量平均值进行拟合，给出的理论曲线被发现与观察值符合很好。不过参数 ρ 和 τ 随细菌浓度的变化均呈现极值行为，这在实际应用中是很不方便的，因为电化学发光技术应用于细菌测量的主要目的是由测出的发光参数来确定细菌的浓度。而图 11.12（a），（b）所示的极值行为导致一个测量参数值对应两个细菌浓度值。为了建立测量参数与细菌浓度的一一对应关系，我们必须寻找一个单调变化的参数。图 11.12（c）所示的参数 $\Omega\rho$ 能满足这一需要，它不但与细菌浓度的增长有一一对应的（正）关联，而且与相应的测量平均值拟合很好。在本实验中 $\Omega\rho$ 作为一个最佳的参数，能用来最方便地确定细菌的浓度。不过由于细菌系统的复杂性，在不同的实验中最佳参数是不相同的，如前述假单胞菌的测量中最佳参数为 τ/Ω（图 11.7）。对于具体的实验和具体的细菌系统，需要在数据分析中找到最佳参数（如果存在）。

作为本节的结束，应该强调：理论预言的发光强度与细菌浓度的极大值关系［图 11.2（b）］，被上述所有的实验结果［包括本实验的图 11.9 和图 11.12（a）］所证实，说明这一现象是细菌溶液电化学发光的一个很本质的特征。

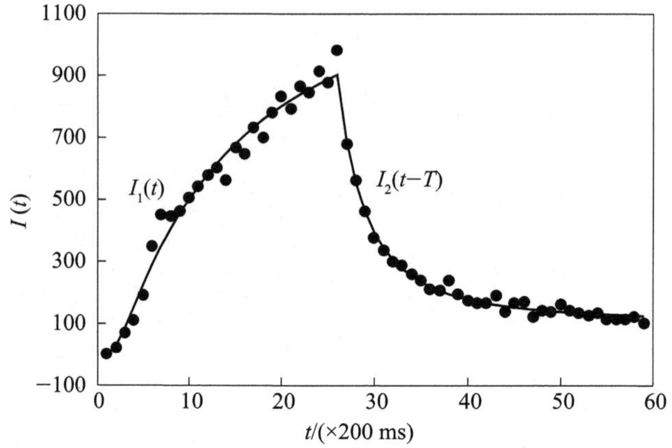

图 11.10　电化学发光的原始数据和理论表达式（11.2.10）的拟合

所使用的实验数据是图 11.8（a）中的第一条曲线。实验观察与理论描述相符合

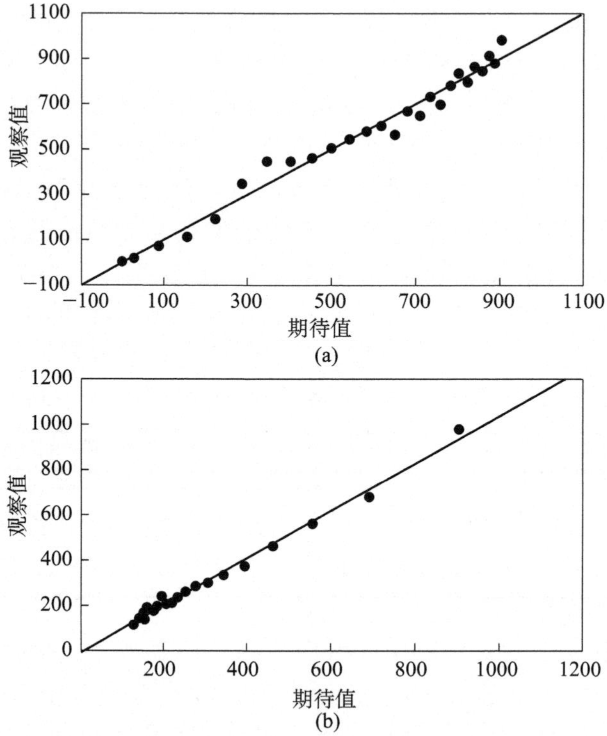

图 11.11　电化学发光的原始数据和理论表达式（11.2.10）的拟合：观察值与期待值之间的相关性

所使用的实验数据是图 11.8（a）中的第一条曲线。(a) 激发过程的关联度 $r=0.989$；(b) 弛豫过程的关联度 $r=0.995$

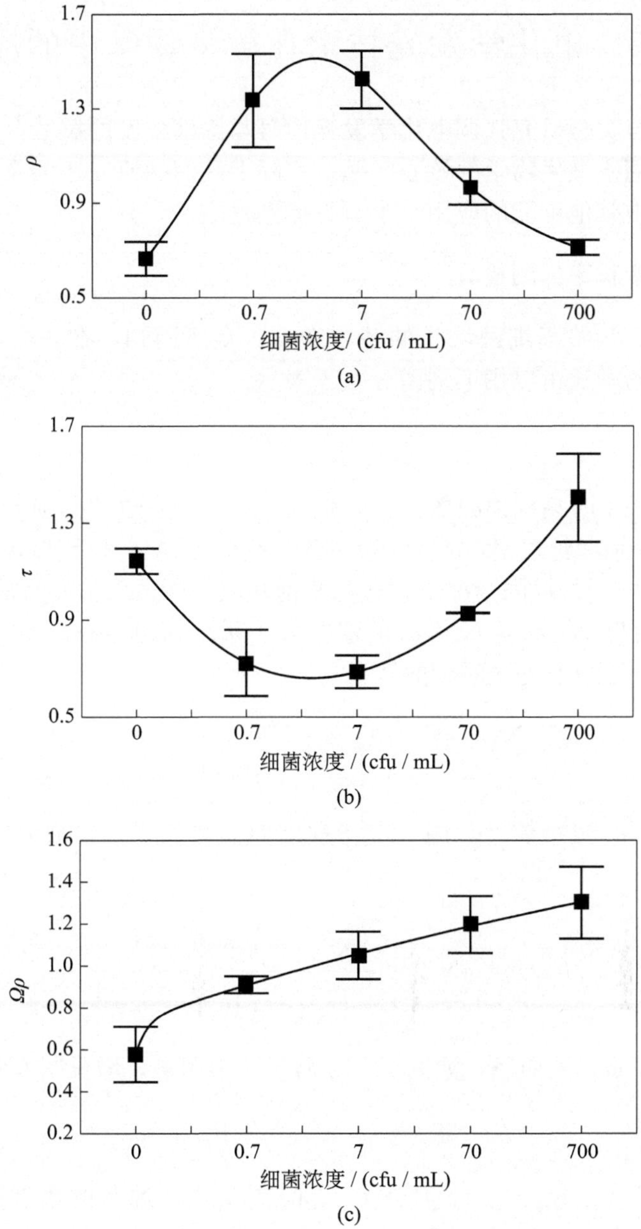

图 11.12　T6 细菌溶液的电化学发光的参数与细菌浓度的关系

图中的曲线来自图 11.8 的原始数据与理论表达式（11.2.10）的拟合。(a) 峰值强度 ρ；(b) 弛豫时间 τ；(c)“频率”与峰值强度的乘积 $\Omega\rho$。图中的光滑曲线是理论结果［数值计算用表达式（11.2.11a），式（11.2.12b)和式（11.2.12c)］，它们与观察值的变化符合很好。参数 $\Omega\rho$ 的测量值能最方便地用来确定细菌浓度

11.5　电化学发光技术在微生物学中的应用

上述理论与实验研究强调电化学发光信号与细菌浓度的关系，这无疑是电化学发光技术应用于微生物学的核心问题。实际上我们的研究还涉及电化学发光技术在微生物学中其他可能的应用，本节具体阐述之。

11.5.1　细菌增长率的测量

首先叙述一些关于细菌增长的基本知识。众所周知，在一个细菌培养系统中，细菌数目的增长可以用下列微分方程表示

$$\frac{\mathrm{d}N}{\mathrm{d}t}=\alpha N-\beta N^2 \tag{11.5.1}$$

其中，N 是任意 t 时刻细菌的数目。方程（11.5.1）右边的两项分别描述细菌的增长和减少，α 是增长速率，β 是饱和系数。按照方程（11.5.1），细菌数目是单调增加的，在 $t\to\infty$ 的极限情况下，达到其饱和值（即最大值）。该饱和值被 $\mathrm{d}N/\mathrm{d}t=0$ 确定，给出 $N(\infty)\equiv N_e=\alpha/\beta$，这对应于系统的稳定态。而方程（11.5.1）的含时解给出细菌在任意 t 时刻的数目[4, 5]

$$N(t)=\frac{N_e}{1+\left(\frac{N_e}{N_0}-1\right)\exp(-\alpha t)} \tag{11.5.2}$$

其中 N_0 是细菌的初始数目。进一步考查细菌的增长率，它被 $R(t)=\mathrm{d}N/\mathrm{d}t$ 给出，结果为

$$R(t)=\alpha N_e\frac{\left(\frac{N_e}{N_0}-1\right)\exp(-\alpha t)}{\left[1+\left(\frac{N_e}{N_0}-1\right)\exp(-\alpha t)\right]^2} \tag{11.5.3}$$

作出 $N(t)$ 和 $R(t)$ 的曲线，如图 11.13 所示。很明显，增长率 $R(t)$ 在时刻

$$T_m=\frac{1}{\alpha}\ln\left(\frac{N_e}{N_0}-1\right) \tag{11.5.4}$$

取极大值 $R(T_m)\equiv R_m=\alpha N_e/4$，在 T_m 时刻系统中细菌的数量达到其稳定值的一半，即 $N(T_m)\equiv N_m=N_e/2$。从式（11.5.4）可以写出细菌的增长率常数

$$\alpha=\frac{1}{T_m}\ln\left(\frac{2N_m}{N_0}-1\right) \tag{11.5.5}$$

这个关系式表明，如果实验上可以测量出时间参量 T_m 和比值 N_m/N_0，则细菌

的增长率常数 α 可以由式（11.5.5）给出。

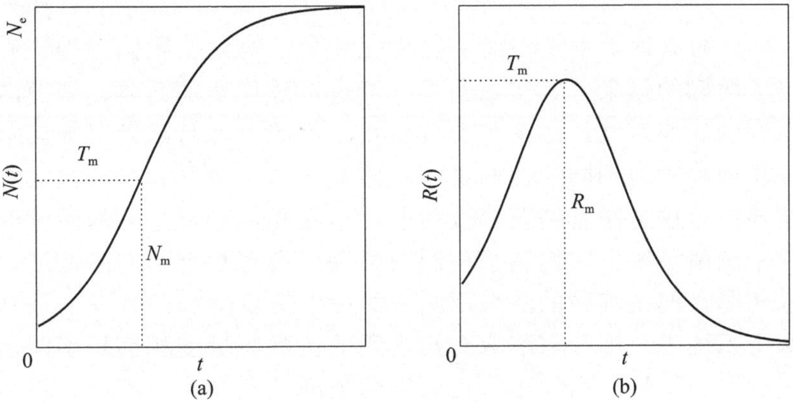

图 11.13 细菌数目的增长和增长率曲线

（a）在一个细菌培养系统中，细菌数目 $N(t)$ 随时间 t 单调增长，最终趋于稳态值 N_e，增长曲线在时刻 T_m 出现上升拐点，相应的细菌数目达到稳态值的一半：$N_m=N_e/2$；（b）相应的细菌增长率 $R(t)$，它在 T_m 时达到最大值 R_m，最终趋于零：$R(\infty)\to 0$

现在回到前面所述的细菌溶液的电化学发光的实验结果上来。从图 11.5，图 11.6 及图 11.9 可以看出，三个不同的细菌体系，却有着相同的发光强度对细菌浓度的依赖性。这让人想起图 11.13（b）所示的细菌增长率曲线。换言之，在细菌溶液电化学发光的强度和细菌的增长率 $R(t)$ 之间是否存在一定的对应关系呢？如果有对应关系，式（11.5.5）中的增长率常数 α 就可以通过发光强度达到最大值所需要的时间来估算。作为例子，我们利用图 11.6 考虑假单胞菌在 20℃的自来水中的增长率常数，实验间隔为 $T_m\approx 5\text{h}$，它给出 $\alpha\approx 0.2\text{h}^{-1}$。这个值可以被一个类似的结果来检验，事实上假单胞菌在 20℃的人体血液中的增长率常数被传统的方法测定为 0.35 h^{-1}[11.3]，它与我们的估算值是一致的（而假单胞菌在血液中有更高的增长率常数可能是由于血液中有更多的营养物质）。这个一致性说明，在细菌溶液的电化学发光强度和细菌的增长率之间确实存在一定的对应关系。其实这个对应关系，从细菌与溶液相互作用的微观机理上是不难理解的。前面说到，在低浓度细菌情况下，发光强度随细菌浓度上升的主要因素是细菌的“排泄”，发光强度达到最大值在微观上是由于细菌“排泄”的增加量达到最大值，这恰好相应于细菌浓度增加最快的时刻 T_m。看来在细菌增长的过程中，细菌数量的增长率曲线［图 11.13（b）］与细菌溶液的电化学发光的强度曲线［图 11.2（b）］有着内在的联系。

11.5.2　细菌活性的显示

细菌溶液的电化学发光与细菌的浓度有关，对此，我们的理论和实验研究都给出了明确的结果。其实细菌是一个有新陈代谢的活体，细菌的活性不是一成不变的。换言之，细菌与溶液相互作用的过程与结果跟细菌本身的活性有关，相同菌种而不同活性的细菌在溶液中“吸收”和“排泄”物质的能力是不相同的。这意味着细菌溶液的电化学发光信号与细菌的活性有关。可以设想两个细菌系统：它们属于相同的菌种，具有相近的细菌浓度，所用的培养液也相同，但是细菌的活性不同（如一个是新生的，另一个是衰老的）。在这样两个系统中，细菌与溶液交换物质的速度与量度相信是不同的，因此造成溶液中参与湮没作用的正、负离子的浓度及湮没速率不同，最终导致电化学发光的信号不同。

一个典型的实验验证采用假单胞菌，实验设计如下。实验中所用的两个细菌样品最初来自同一个细菌溶液，将该细菌溶液按相等的体积注入两个试管。然后用快速高温消毒的方式将一个试管中的细菌杀死，并迅速冷却到另一个样品的温度。这样两个样品可以被认为只有细菌活性方面的区别（一个是活性细菌，另一个是死亡细菌）。为了减少活性细菌繁殖造成的误差，两个样品的动态电化学发光的测量以最快（最简单）的方式进行：每个样品只测量一次，但采用“多次激发”，整个测量过程的原始数据显示在图 11.14。二者之间有两个显著的区别：

（1）死亡细菌样品的发光强度很高，是活性细菌样品的 3 倍以上。其微观机理一方面是细菌死亡造成大量粒子进入溶液，另一方面是细菌死亡后体积缩小，使溶液中正、负离子的湮没率增大，这些因素在激发过程中诱导很强的发光信号。

（2）活性细菌样品的电化学发光信号在激发和弛豫过程都有明显的图样信息（与图 11.8 的细菌溶液的原始曲线相似），而死亡细菌样品的动态电化学发光的激发和弛豫过程都大大缩短，特别是激发结束后发光信号“垂直下降”，几乎到了本底计数水平（整个过程与图 10.9 的样品类似）。这是细菌死亡后溶液中的粒子浓度增大和溶液黏度变大等原因造成的。

11.5.3　细菌形状因子的估算

如第 10 章及本章前面所述，正、负离子的湮没反应速率是电化学发光现象中的一个重要参数。在细菌溶液情况下，它作为细菌浓度 c 的函数 K_c 由式(11.2.2) 给出。同时 K_c 还依赖于细菌因子 ξ，而 ξ 能被写成乘积 $v\varepsilon$[11.2]，其中 v

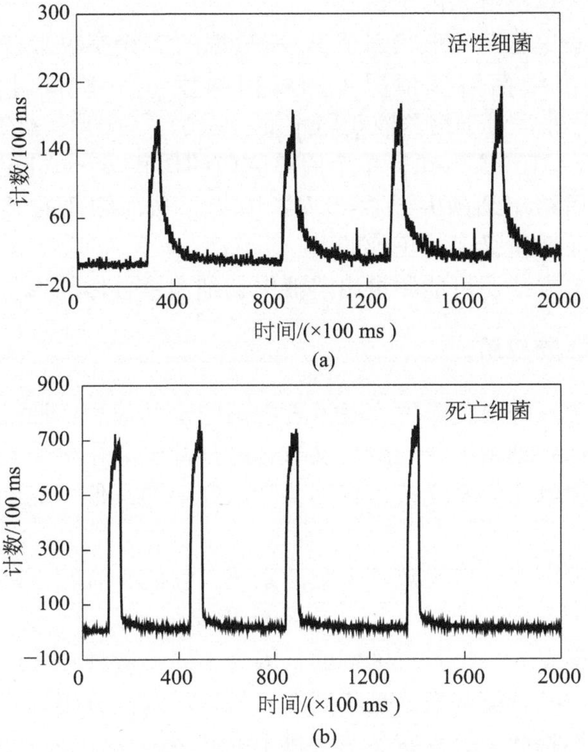

图 11.14 细菌活性的电化学发光显示

含有相同浓度（10^9 cfu/mL）的活性和死亡的假单胞菌的电化学发光的原始数据：前者具有典型的激发与弛豫图样而强度较低，后者显示很高的强度而激发与弛豫过程很短。实验中采用一次性测量但具有“多次激发”，这是为了减少活性细菌繁殖造成的测量误差

是单个细菌的体积，ε 是细菌的形状因子。这意味着细菌溶液的电化学发光信号与细菌的形状因子 ε 有关，现在探索由发光信号得到细菌形状因子的可能性。

由细菌溶液的动态电化学发光的峰值强度 $\rho(c)$ 和弛豫时间 $\tau(c)$［式（11.2.12b)和式（11.2.12c)］，得到

$$\rho(c)\left[\tau(c)\right]^2 = \Phi\frac{K_c}{k_c^2} \tag{11.5.6}$$

利用式（11.2.2）和式（11.2.9），可以写出

$$\frac{\rho(c)\left[\tau(c)\right]^2}{\rho(0)\left[\tau(0)\right]^2} = 1 + \xi c \tag{11.5.7}$$

这个结果意味着，如果对于纯溶液测量出 $\rho(0)[\tau(0)]^2$，而对于细菌溶液测量出 $\rho(c)[\tau(c)]^2$，那么在知道细菌浓度 c 的情况下，就可以得到细菌因子 ξ，进而利

用细菌的体积 v 计算出形状因子 ε。

现在来估算假单胞菌的形状因子 ε，所依据的实验参数来自图 11.14 (a) 的原始曲线，它给出细菌溶液情况下的峰值强度 $\rho_c=1580$ 计数/s，弛豫时间 $\tau(c)=3.5\text{s}$。另外，对于培养液我们测量出 $\rho(0)[\tau(0)]^2\approx12320$ 计数 · s。同时已知细菌浓度 $c\approx10^9\,\text{cfu/mL}$，单个假单胞菌的体积 $v\approx10\mu\text{m}^3$。将这些参数代入式 (11.5.7) 后给出细菌因子 $\xi\approx5.7\times10^{-10}$，从而细菌的形状因子为 $\varepsilon\approx57$，这个结果被验证在数量级上是正确的[11.2]。

另外，用这个方法还可能测量出溶液中的细菌聚合体的形状因子。

11.5.4 其他可能的应用

原则上细菌溶液的电化学发光携带着细菌的全部信息，通过对发光信号的测量和分析有可能得到细菌本身的所有参数，这是基于电化学发光方法的高度灵敏性。由此可以设想电化学发光技术在细菌学研究中的其他可能的应用，这里考虑两个课题。

(1) 细菌的识别。可以设想两个细菌系统，它们含有相近的细菌浓度、相同的培养液，但属于不同的菌种（如一个是葡萄球菌，另一个是大肠杆菌）。这样两个菌种的电化学发光一定是有区别的，因为不同的菌种在代谢活动中从溶液中所吸收的营养物质的种类和数量是不同的，另外，它们分泌到溶液中的代谢产物的种类和数量也不相同。这意味着有可能利用电化学发光技术识别不同的菌种。可以深入一步设想具有相同菌种但不同菌落的两个系统，如都是假单胞菌 (Pseudomonas) 菌种，但一个属于 fluorescens 菌落，而另一个属于 diminuta 菌落（这两个菌落在前述的实验中都接触过）。这样两个系统的发光行为可能是相当接近的，电化学发光技术的灵敏度是否可以对这样两个不同菌落的系统进行识别，这样的问题有待后续的实验研究来验证。

(2) 单细菌检测的可能性。正如前面部分所描述的那样，细菌溶液的电化学发光的可测量参数和细菌的浓度有高度的相关性。实验结果已经显示，液体中含有细菌和不含细菌两种情况下的发光信号有显著的区别（图 11.4 和图 11.9）。特别是图 11.9 的结果表明，在细菌浓度极低的情况下，样品的发光强度与培养液之间已经显示可观的区别。这意味着我们有可能对于一个实际的溶液中有没有细菌污染作出定性的回答，换言之，电化学发光技术有可能提供一个检测单个细菌的途径。

11.6 结 论

在第 10 章的基础上，用一个推广的模型来描述含有微生物的溶液系统的电化学发光，所得到的发光强度表达式含有微生物的参量，特别是发光曲线的可观察量显示对微生物浓度的依赖性。我们的理论研究与相关的实验相符合，由此得出一种测量溶液中微生物浓度的新方法，它特别可以用来监测液体中微生物的动态污染。这种方法的优点是设备简单、测量迅速、灵敏度高、应用广泛。除了溶液中细菌浓度的快速检测之外，电化学发光技术在微生物学已经显示了广泛的应用前景，如细菌增长率的测量、细菌活性的检测、细菌形状因子的估算、细菌识别以及单细菌检测等。

参 考 文 献

[11.1] Weissberger A，Rossiter B W. Physical Methods of Chemistry. New York：Wiley-Interscie，1971.

[11.2] Hughes W. Aspects of Biophysics. New York：John Wiley & Sons，1979.

[11.3] Gibb A P，Martin K M，Davidson G A，et al. Rate of growth of pseudomonas fluorescens in donated blood. J. Clin. Patrol，1995. 48：717-718.

第 12 章　生物光子检测技术的应用

摘要：在阐述生物光子辐射理论描述的基础上，本章介绍生物光子检测技术的应用。由于生物光子辐射是一个本质的生命现象，存在于各种生物系统之中，而且对系统内部的变化及外界环境的影响有高度的敏感性，因此生物光子辐射携带着关于生物系统本身和外界环境的丰富信息。生物光子检测技术的应用非常广泛，本章主要介绍食品安全及质量检验、水质量的生物指示剂检测法、种子质量的测量与分析、植物生理特性的检测、药品性能的测量及药物“筛选”、化妆品原料及化妆品的检测以及生物光子检测技术的临床应用与人体健康状态的指示。

关键词：生物光子检测技术，食品安全及质量检验，水质量的生物指示剂检测法，种子质量的测量与分析，植物生理特性的检测，药品性能及效力的测量，化妆品原料及化妆品的检测，生物光子技术的临床应用，人体健康状态的指示

12.1　引　　言

众所周知，传统的生物化学是根据化学反应来解释所有的生命现象。它可以用来研究动、植物的生长控制问题。但是存在一个很大的困难，就是无法解释动、植物生长时表现的方向性。因为所有的化学反应在各个方向是均衡发生的。如果不存在外界的不均匀性（如电磁场、浓度梯度等），任何化学反应都不会在某一个方向占优势。这意味着反应产物在空间各个方向是均匀分布的。这与动、植物生长所表现的方向性产生强烈的矛盾。为了回避这个矛盾，许多生物学家指出细胞膜能引发定向的化学反应。不过细胞膜本身也是由化学反应制造的。换言之，细胞膜还不能控制生命体的有序生长。那么在生物体内一定存在着一个整体的控制环。最新的实验结果表明[1.14]，这个整体的控制环很可能是生物光子场，它不但控制着细胞膜的形成，而且控制着整个细胞的新陈代谢，甚至控制着细胞内和细胞间的信息传递和功能调节。许多看来近乎“神秘”的生物现象，都可以在生物光子场的意义上得到解释。例如，酶活性是由超弱光子场所调控的；免疫反应和修补过程除了由光子场的相干成分的花样识别之外几乎无法理解。生物的律动性甚至可以定量地由 DNA 相干弱耦合给出，对细胞内及细胞间都能定量说明。而细胞生长和分化则是依无序和有序之间的循环反馈规律进行的。生物光子辐射研究有着广泛而明确的应用前景。应用的基本思想是：生物光子辐射作为生

物体的一种固有的功能，必然与各种生命过程相联系，通过对生物光子辐射的测量和分析就可以深入细致地了解这些生命过程。在此基础上还可能利用各种手段（物理的、化学的、医学的等）人为地调节生物光子场，以控制生命过程。

前面的章节阐述了生物光子辐射的理论研究，涉及相干性理论、量子理论、半经典理论及生物光子统计方法等[12.1]。作为相关的课题我们还用光子与声子相互作用的量子理论描述声致发光现象并解释和拟合某些生物样品延迟发光的特殊图样。前两章涉及液态电化学系统的发光，尤其是包含微生物的复杂液体系统，建立了电化学发光的非线性理论并应用于多种液体的测量和分析，特别是液体中细菌污染的监测。实际上已经涉及许多应用课题，例如：

（1）蔬菜质量的检验和对照（图 10.11）。

（2）水果新鲜度的检测（图 2.4，图 2.5）。

（3）肉食新鲜度的检测（图 3.23）。

（4）自来水的质量检验与对照（图 10.3，图 10.15，图 10.16）。

（5）矿泉水的质量检验与对照（图 10.13）。

（6）果汁的质量检验与对照（图 10.8（b），图 10.17）。

（7）酒的特征值测量及酒类识别（图 10.8（c），图 10.18）。

（8）转基因种子的识别（图 8.15）。

（9）最佳镶牙材料的选择（图 10.20）。

（10）药品的性能和效力的测量（图 10.7（c），图 10.19）。

（11）环境水污染的监测（图 10.8，图 10.14，图 10.21）。

（12）自来水的细菌污染监测（图 11.7～图 11.12）。

（13）气体分析（图 9.3）。

（14）液体的测量：啤酒（图 10.9（c））、咖啡（图 10.8（a））、酱油（图 10.9（a））、醋（图 10.10，图 10.12（a））、血液（图 10.7（d））、尿液（图 10.9（b））、香水（图 10.7（f））、化学溶液（图 10.7（b），图 10.12（b））等。

实际上，生物光子技术及相关的分析检测方法涉及许多应用领域，本章继续解读若干有意义的应用。

12.2 食品安全及质量检验

食品有许多种类，从食品的生命状态而言，有天然食品与人造食品的区别。就天然食品来说，有些可以直接培养出新的生命，如鸡蛋、小麦、水稻种子等。多数天然食品虽不能直接培养出新的生命，但含有一定的生物组织、活性细胞，如大米、肉食、牛奶、水果、蔬菜等。这些天然食品可以产生不同强度和不同特征的生物光子辐射。相关的测量和分析可以获得有关食品质量的信息，如新鲜度。人造食品是以生物系统为材料加工出来的食品，如酸奶、食用油、面包等。这些食品的生命物质含量已经大大降低，严格意义上的生物光子辐射信号相当之弱，用生物光子检测技术进行测量和分析一般比较困难。不过，如果被测的食品可以萃取出液体，则可以用电化学发光技术进行检测。例如，对蔬菜的农药残留进行测量时，可将蔬菜在水中浸泡一段时间，待残留的农药入水后，用电化学发光技术测量含有农药的水，用这种方法可以获得相关的信息。当然这样的测量和分析需要根据实际的农药种类建立数据库，对于单纯的无机物或有机物残留，如有机磷等农药残留、氟乙酰胺等鼠药、兽药残留、罂粟碱、巴比妥、亚硝酸盐、甲醛、苯甲酸、二氧化硫等，需要在实验室进行一系列测量，并建立“一级”或“二级”数据库（见 10.6.6 节所述的有机物污染的测量），然后逐步转入实用性测量和分析。如果食品中含有微生物污染，如食品中的沙门菌、单核细胞增生李斯特菌、金黄色葡萄球菌、志贺菌、副溶血性弧菌、肠出血性大肠杆菌、岖岐肠杆菌、空肠弯曲菌、蜡样芽孢杆菌以及黄曲霉毒素、肉毒毒素、藻类毒素等，这时为了确定细菌的种类和浓度，需要在实验室进行大量的系统化和标准化的测量，建立多级别的数据库，并根据实际需要不断补充和完善数据库，最终建立切实可行的“标准”并进入实际应用。一旦“标准”建立起来，生物光子技术的优点就可以得到充分的发挥。用生物光子技术检测食品质量，不但可以给出定量的数据，而且具有快速灵敏的优点，样品置入暗室后，一般只需要 10～30min 即可给出结果。这个方法被期待在食品质量检验中发挥重要的作用。下面介绍几个关于食品安全及质量检验的典型例子。

12.2.1　食品的安全检验

大米是东方人最主要的食物。大米的生物光子辐射信号很典型，对该类样品的测量通常直接进行，测前不需要做任何处理。特别是大米的延迟发光信号相当高，而且测量数据与理论表达式符合很好。一个典型的大米样品的延迟发光的原始数据显示在图 12.1，图中的光滑曲线是对原始数据的非线性拟合，所用的表达式是作为生物光子辐射量子理论主要结果的双曲余割平方函数［式(3.10.2)］。可以看出在观察值与期待值之间有相当高的关联度，而二者之间的非线性拟合给出顾参数 A,B,C 的值。它们关系到该样品的性质，如新鲜度、水分含量、米粒的形状与色泽，是否进行过某种处理等。

在一般情况下，参数 A 是一个强度参量，它依赖于被测样品的性质，同时与测量系统的结构及光照条件有关；B 是一个特征时间，只与样品自身的性质有关；C 是一个相位因子，它控制着被测样品的延迟发光的初始强度。作为生物光子技术的可观察量，顾参数 A，B，C 是被测样品的一组特征参数（类似于血液

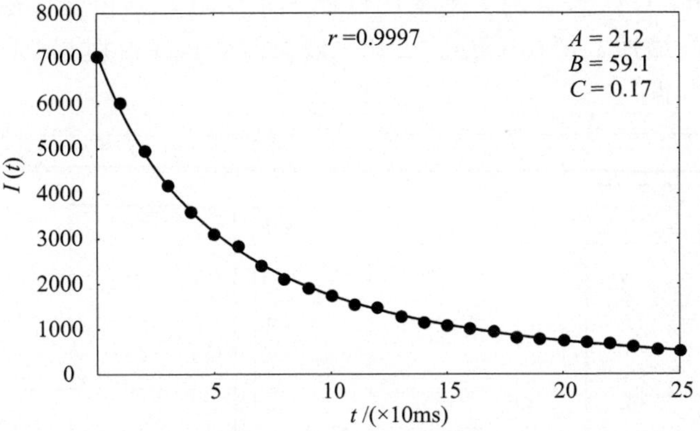

图 12.1 大米的延迟发光

图中的光滑曲线表示大米延迟发光的原始测量数据与理论表达式（3.10.2）的非线性拟合，二者之间有高度的关联，顾参数 A，B，C 刻画了被测量大米的性质，它们关系到大米的新鲜度、水分含量、米粒的形状与色泽以及是否进行过某种处理（特别是有害处理）等

测量中的参数红细胞、白细胞、血小板等），它们从不同的角度（发光强度、特征时间、相位因子）刻画了样品的性质，携带着被测样品的信息。顾参数 A，B，C 的生物学含义需要与实际的样品结合起来，与传统的测量方法联系起来，与已有的公认数据关联起来，进行具体的分析和判断。

在很多情况下只需要对所提供的诸个样品进行对照性测量以显示它们之间的区别，这时顾参数 A，B，C 能够扮演相当灵敏的角色。一个例子显示在图 12.2，被测量的两个大米样品出自同样的稻谷，但脱壳后曾用不同的方式处理（一个是传统方式处理，另一个是生物技术处理）。两个样品在外观上没有明显的区别，但在顾参数 A，B，C 的意义上，它们之间的微观区别能被定量地显示出来。

12.2.2 食品质量的快速灵敏检测

大量实验研究标明，水果的生物光子辐射信号能够反映它们的新鲜度，一个典型的例子是图 2.4 和图 2.5 所示的梨子新鲜度的变化。水果新鲜度的变化是它们的综合指标的变化。有时候新鲜水果在运输中受到撞击，其局部受到损伤，这也会导致生物光子辐射信号的显著改变。我们曾用两个苹果做实验，它们是专门挑选出来的：大小、色泽、形状都很接近。开始分别测量它们的自然延迟发光（图 3.20（a）），信号（初始强度）差别在 5%以内。然后用小刀在一个苹果上拉一个长 2cm 深约 2mm 的伤口，放置 30min 后，重新测量两个苹果的自然延迟发光，图 12.3 显示了测量的原始数据。图中的光滑曲线是相应的理论拟合，所用的表达式为式（3.10.2），可以看出观察值与期待值之间有相当高的关联度，两

套顾参数 A，B，C 代表了两个苹果的性质。很明显，苹果受伤后辐射强度显著增加而衰变时间缩短，但相位因子 C 几乎没有改变，在这里相位因子似乎反映了苹果样品的“共性”。

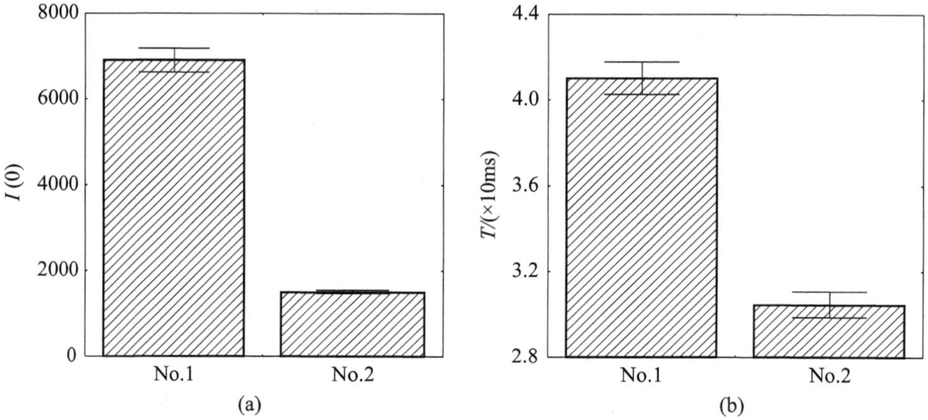

图 12.2　不同处理方式的大米样品的延迟发光

两个大米样品出自同样的稻谷，但脱壳后用不同的方式处理：No. 1. 传统方式处理，No. 2. 生物技术处理。(a) 延迟发光的初始强度［式 (3. 11. 1)］；(b) 延迟发光的衰变时间［式 (3. 11. 3)］。两个样品在外观上没有明显的区别，但生物光子参数显示它们之间存在微观的定量区别

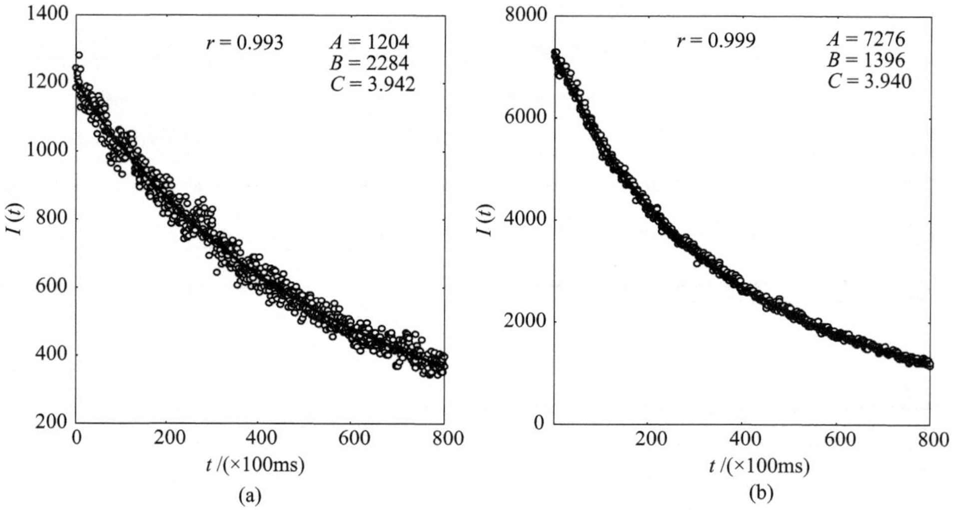

图 12.3　水果质量的自然延迟发光检测

两个挑选出来的苹果：大小、色泽、形状都很接近。图中的观察点表示样品的自然延迟发光的原始数据，而光滑曲线是与理论表达式 (3. 10. 2) 的非线性拟合。(a) 对照样品；(b) 苹果上被小刀拉一个伤口。后者的辐射强度大幅度升高（参数 A 增加 5 倍），而“相干性时间” B 缩短（减少 40%），这意味着质量变差。相位因子 C 几乎没有改变，它似乎反映了两个苹果样品的“共性”

顺便指出，当新鲜水果的新鲜度或质量变差时，其延迟发光的衰变时间缩短，这是一个相当普遍的现象（如图 2.5 所示的梨子）。其背后的机理正如式(2.6.6) 所显示的，衰变时间其实代表了样品的“相干性时间”，它的缩短意味着系统内部的“关联性”减弱，整个系统的有序度降低。但是对于个别样品，如某些经过处理的水果，特别是长期存放后已经不是典型的生物系统，它们的质量变差时衰变时间反而拖长（图 12.5）。

12.2.3 食品新鲜度的测量

食品的新鲜度实际上表征生物系统的有序度。一个有机体死亡之后（例如，一个苹果从树上摘下之后），它的有序度逐渐降低，新鲜度逐渐变坏。在这一变化过程中，其内部的各项生理指标都会逐渐改变，生物光子辐射作为有机体的一种固有的功能，也必然会发生变化。这种变化是一个典型的从高度有序到完全无序的过程，可以想象刚从树上摘下的苹果，它基本上还保持着完好的生命物质，其光子辐射差不多可以代表有机体的特征。但是一周后，它的光子辐射行为肯定有变化；一月后变化更大；一年后则成为一个非生命体，完全不存在“生物”光子辐射。很显然，食品作为一个离开“母体”的有机物，其新鲜度的变化能从生物光子辐射中反映出来。事实上，已经看到梨子新鲜度的变化与其生物光子辐射的关系（图 2.4）以及鱼肉的新鲜度与生物光子参数的高度关联（图 3.23）。这里再考虑另外一种状态的食品——“水果干”(如葡萄干、杏干、桃干之类)。这类食品的形成只涉及新鲜水果的“干化”处理，没有机械上的损伤，因此仍然含有一定量的生命物质。对这类食品的生物光子测量可以得到多方面的信息，包括果干的新鲜度、处理方式以及原始水果的性质等。一个菠萝干样品的延迟发光的原始数据及相应的理论拟合显示在图 12.4。

为了考查水果干的新鲜度与生物光子辐射的关联，我们采用不同新鲜度的菠萝干作为样品，测量它们的延迟发光，结果如图 12.5 所示。可以看出，菠萝干的新鲜度与衰变时间呈现（负）关联。这提供了一个测量水果干新鲜度的可能途径。图 12.6 显示了不同产地和不同处理方式的菠萝干的延迟发光的衰变时间。菠萝干的生物光子辐射信号包含了关于原始水果、产地以及加工方式等方面的信息。

12.2.4 食品质量的“预报”

生物光子辐射常常能“预报”食品的质量。它的含义是这样的：许多情况下食品的质量已经发生了变化，但是用“肉眼”看不出来，食品的生物光子信号却出现不正常。果然，一段时间后食品的质量问题严重了，可以看出来了，这时候

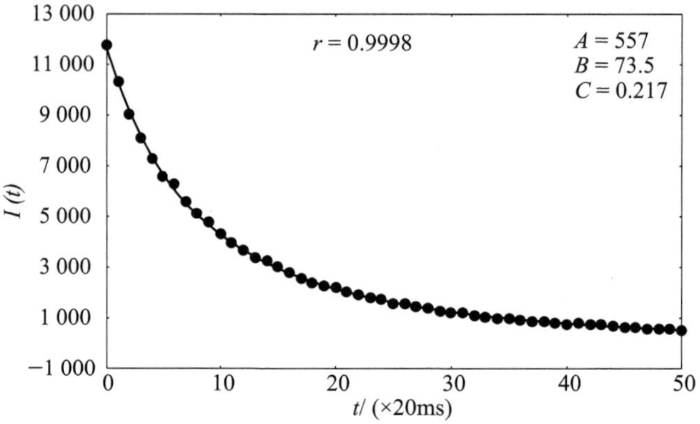

图 12.4　菠萝干的延迟发光

图中的光滑曲线表示菠萝干样品延迟发光的原始测量数据与理论表达式（3.10.2）的非线性拟合，二者之间有很高的关联度，顾参数 A，B，C 携带着多方面的信息，包括果干的新鲜度、处理方式以及原始水果的性质等

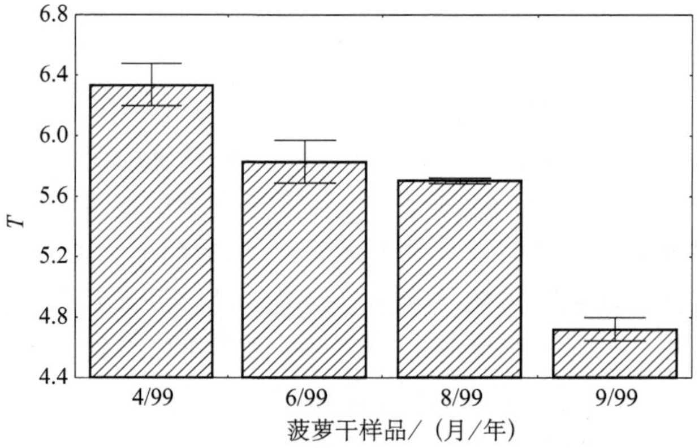

图 12.5　水果干新鲜度的延迟发光检测

菠萝干样品的新鲜度与延迟发光的衰变时间 T 呈现（负）关联。这提供了一个测量水果干新鲜度的可能途径

会“恍然大悟”：其实生物光子早就“看”出来了！下面介绍一个典型的例子。我们曾在某年 12 月 15 日测量过两个未加工的板栗样品，制备样品时剥掉板栗所有的外皮，只用内部的白色果实，然后将其匀浆作为被测样品。两个板栗样品的延迟发光的原始数据显示在图 12.7，可以看出二者相差很大：初始强度相差 50%以上。这两个板栗样品从外观上看不出什么区别，为什么它们的生物光子辐射的区别如此之大呢？在找不到答案的情况下，将两个原始样品保存在实验里，准备过几天再次测量。到了第二年 1 月 6 号，将两个样品拿出来，准备重新测量。发现一个板栗样品已经出“虫子”了（就是当初显示高强度的样品，此时在

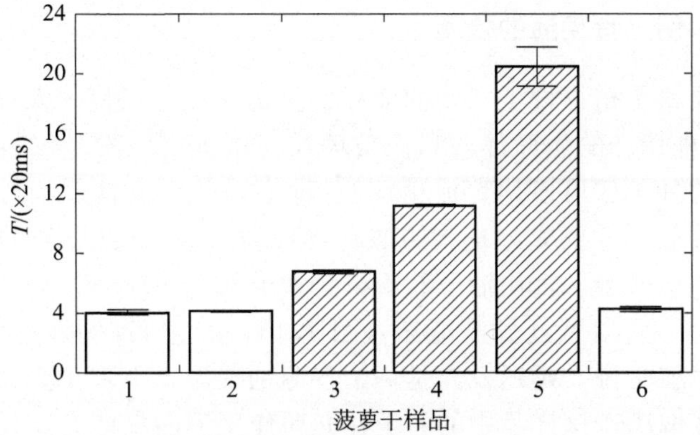

图 12.6 水果干的延迟发光信号包含产地和处理方式的信息

不同菠萝干样品延迟发光的衰变时间 T。图中 No. 1，2，6 的菠萝来自玻利维亚，用相同的处理方式加工成菠萝干；而 No. 3，4，5 的菠萝来自菲律宾，加工成菠萝干时采用不同的处理方式。菠萝干的生物光子辐射包含了关于原始菠萝、产地以及加工方式等方面的信息

它的发光曲线上标出“Bad”字样)。我们突然意识到，其实 20 天之前，这个板栗样品的质量已经变化了：出“虫子”的信息已经存在了，只不过“肉眼”没看出来，但这样的信息被生物光子“捕捉”到了。生物光子以其灵敏的“感知”给我们提供了一个食品质量变坏的“警示”。这个实验启示我们，也许可以将日常的食品进行生物光子辐射的测量，建立正常食品的相关数据库。对某个食品食用之前，先测量其生物光子辐射并与数据库的正常值相对照，如果发现生物光子信号不正常，即使看不出什么毛病，也最好不要食用，以免被已经存在但“肉眼”看不出来的污染或变质埋下健康祸患。

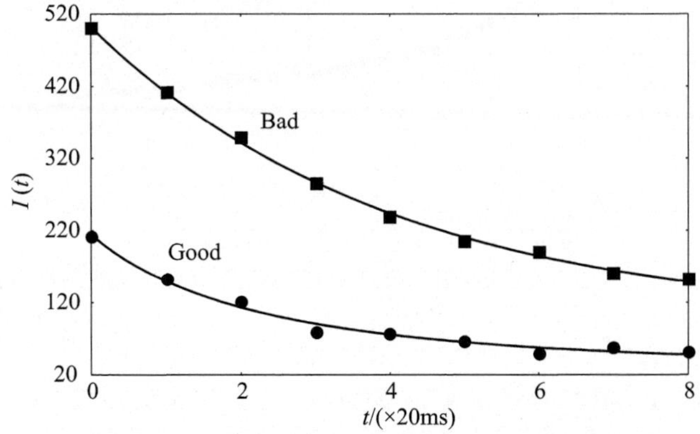

图 12.7 用延迟发光技术“预报”水果的质量

两个板栗样品的果实从外观上看不出什么区别，但它们的延迟发光信号差别很大。20 天后一个板栗样品被发现出了“虫子”(它的曲线由此被标上“Bad”字样，另一个就是相对的“Good”样品)，说明生物光子能“预报”食品的质量。图中的光滑曲线是与理论表达式 (3.10.2) 的非线性拟合

12.2.5 应用举例：食用油的检测

食用油的原料是植物种子（如油菜籽、葵花籽、红花籽、大豆、花生、玉米等）。种子是一种特殊的生命体，它们被埋在土壤里可以发芽（有报道说，上千年古墓中出土的种子还可以培育成植株）。种子被压榨成食用油之后，其生命活性显然会大大降低（主要成分是脂肪酸）。但实验显示，食用油的延迟发光有相当强的信号。这意味着，食用油虽然不再是地道的生命体系，但其中所含的各种粒子在光照作用下可以跃迁到高能态（图 1.1），而它们在返回低能态的过程中释放出光子。也就是说，延迟发光是一个普遍的现象，不限于生命体。一个样品延迟发光的强度取决于该样品中的粒子在光照作用下向高能态跃迁的份额。一个典型食用油样品的延迟发光如图 12.8 所示，其中的曲线来自测量数据与理论表达式

$$I(t)=A\sinh^2 C\operatorname{csch}^2\left(\frac{t}{B}+C\right) \tag{12.2.1}$$

的非线性拟合。现在 A 是延迟发光的初始强度，它与样品的性质、测量系统的结构以及光照条件有关，B 是特征时间，而 C 是位相因子，它们只与样品本身的性质有关。式（12.2.1）与式（3.10.2）是等价的。

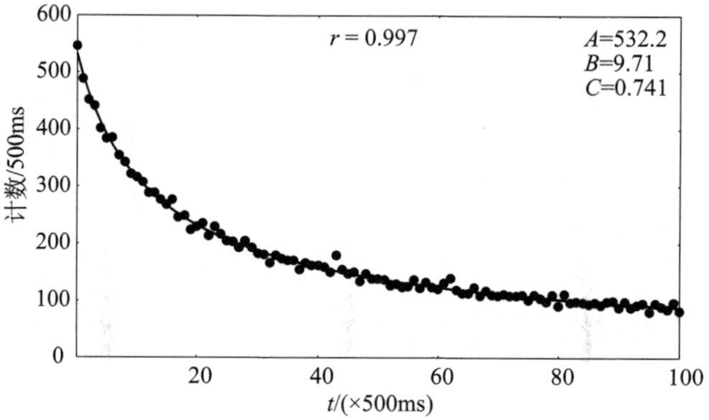

图 12.8 一个花生油样品的延迟发光

体积为 14mL 的花生油（购自大型超市）注入石英杯，随后置于探测器（光子计数系统）中测量其延迟发光。探测环境温度为（25±0.5)℃，相对湿度为（50±5)%，洁净度为万级，探测空间装有电磁屏蔽设施。光子计数间隔为 $\Delta t=500$ms，共测量 100 个点。测量数据与理论表达式（12.2.1）拟合后得到顾参数 A、B、C（理论预期值与测量数据有很高的关联度），A，B，C 携带着有关原始花生质量、榨出的花生油质量、压榨工艺以及油样品的储存条件、保质期等信息

食用油研究的一个基本问题是考查其新鲜度的变化。一个菜籽油样品于 7 月 1 日用物理方法压榨而成。之后从 7 月 17 日到 24 日，每天对该样品进行延迟发

光测量（这期间样品一直处于图 12.8 所述的环境中）。结果显示（图 12.9），该样品延迟发光的平均强度 M 值在 8 天测量中连续降低，而顾参数 C 则维持稳定。这些结果的生物学意义是什么，如何从微观上解释 M 值的变化和 C 值的稳定，这些问题还需进一步研究。

进一步考查同类食用油在延迟发光意义上的差别。来自同一省份而不同地域的 4 个油菜籽样品在相同条件下被压榨成 4 个菜籽油样品，进而测量每一个菜籽油样品的延迟发光。图 12.10 显示了原始数据及其与理论表达式（12.2.1）的非线性拟合。可以看出，同类食用油之间由于产地不同存在一定的差别。

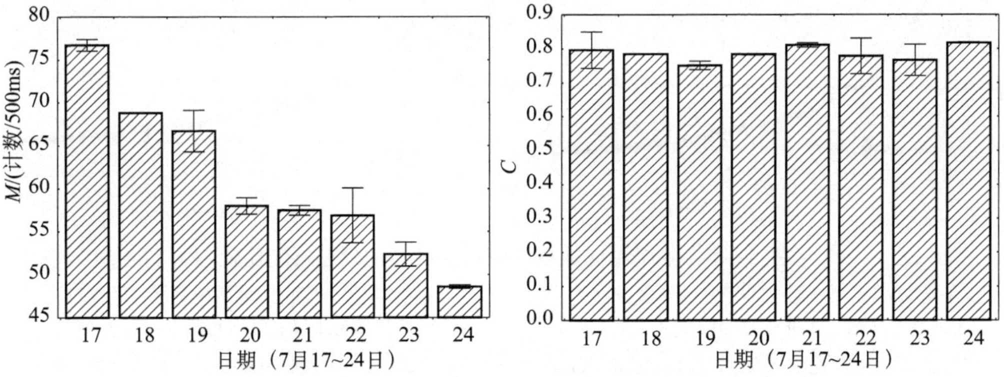

图 12.9　自榨菜籽油样品在 8 天内的延迟发光测量（新鲜度变化）

每天测量从 14：30 开始（测量条件如图 12.8 所述），实验中将样品注入 4 个石英杯进行 4 次独立的测量，给出图中的平均值和标准方差（18 号那天由于不可预测的原因只测量了一个石英杯），光子计数间隔为 $\Delta t=500$ms，每次延迟发光测量 100 个点。M 是 100 个点的平均值；C 是将测量数据与理论表达式（12.2.1）相拟合所得的位相因子

延迟发光技术的一个重要应用是鉴别掺伪油。一个典型例子是对图 12.10 所示的 4 个菜籽油样品均掺入 5%（质量比）的棉籽油，然后对所得 4 个掺伪油样品进行延迟发光测量，并与相应的正常油相比较，结果如图 12.11 所示。很明显，每一种菜籽油在掺入 5%棉籽油之后，其延迟发光的平均强度 M 都明显升高。相关权威专家评价：“对样品油 5%的掺入已可明显区分，该检测设备及技术是目前接触到的技术中灵敏度最高的”。

作为一个重要的研究项目，我们考查正常食用油与地沟油在延迟发光意义上的区别，为此首先测量了 22 个食用油样品（购自大型超市），两个地沟油样品（购自农贸市场，它们在 20℃以下出现白色凝固）以及一个自榨花生油样品，并对每一个延迟发光过程的数据用理论表达式（12.2.1）拟合，计算出 A、B、C。结果表明，两个地沟油样品的初始强度 A 差别很大，但是特征时间 B 相当接近，

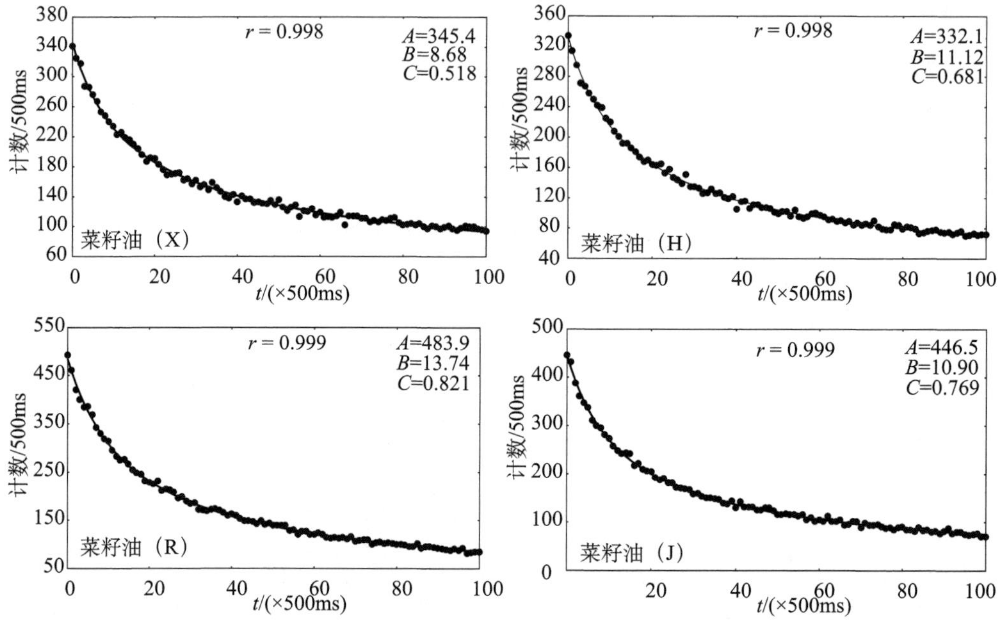

图 12.10　4 个不同地域的菜籽油样品的延迟发光比较

在图 12.8 所述条件下测量自榨菜籽油（X，H，R，J）的延迟发光。它们的原料来自同一省份的不同地域，所测 4 个油样品之间的区别来源于：上一代油菜种子的质量不同，油菜植物的生长条件（土壤、水分、光照等）不同，所结出油菜籽的储存条件不同。因此这 4 个样品虽然都是菜籽油，但它们的延迟发光有一定的差别（表现为顾参数 A、B、C 的差别）

如图 12.12 所示。于是将全部 25 个样品的 B 值相比较（图 12.13），可以看出，在顾参数 B 的意义上，地沟油的值明显低于所有正常食用油（在随后 200 多个样品的测量中该规律维持不变）。我们知道，B 值是一个“相干性时间”，它反映样品的有序性。一般来说，B 值越高，样品的有序性越高。地沟油的 B 值低，说明它的有序性差，这其实是一个无可置疑的事实。

进一步对图 12.13 中的 6 个调和油样品进行比较，结果如图 12.14 所示。可以看出，相对于两个非转基因样品而言，另外 4 个调和油样品（主要原料均为转基因大豆）的 B 值明显偏低。这样的结果也可以在有序性的意义上作出解释。事实上，一种非转基因种子（如非转基因大豆）在地球上延续了若干个世纪，在漫长的时间演化和生命循环中，不断地与外界环境进行能量交换、物质交换、信息交换，形成了天然、独特、稳定的有序性。而人为地对大豆种子实施转基因处理（其结果使之变成差不多蚕豆那么大），有可能改变、搅乱或是破坏原来的有序性（表现为“相干性时间” B 值的降低）。

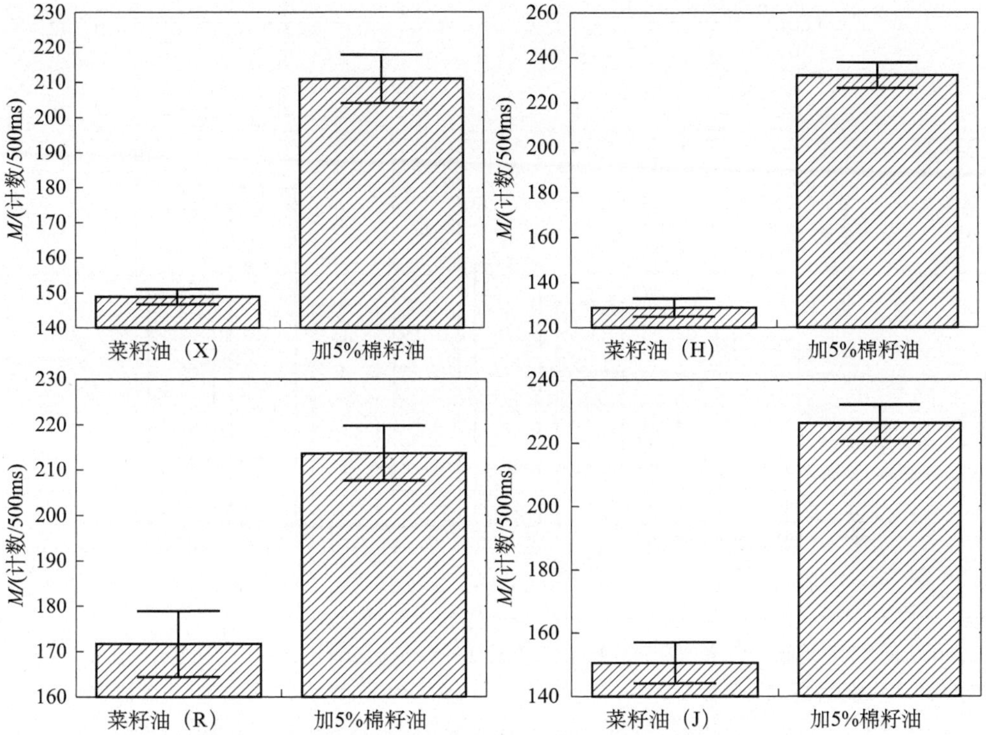

图 12.11　4 个菜籽油样品和相应掺伪油的 M 值比较

将每一个正常油样品和相应的掺伪油样品分别注入 4 个石英杯，进行交替测量（测量条件如图 12.8 所述），图中的平均值和标准方差来自 4 个独立测量值。可以看出，虽然菜籽油（X，H，R，J）的延迟发光有差别，但每一种菜籽油在掺入 5%棉籽油之后，平均强度 M 值都明显升高（变化规律相同）

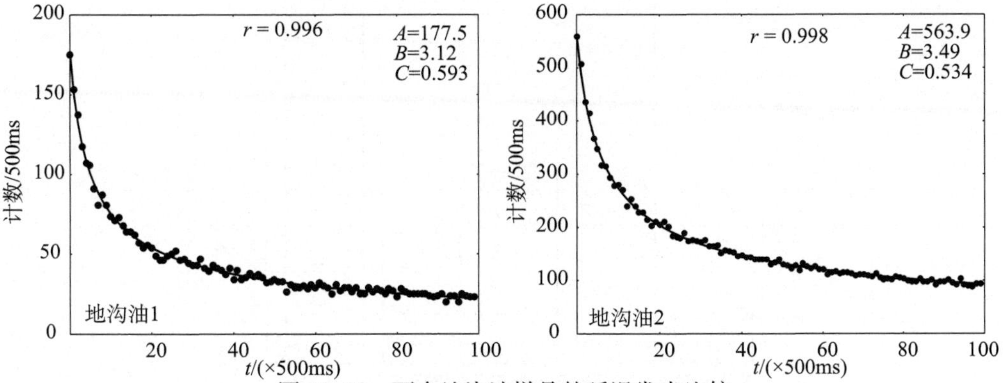

图 12.12　两个地沟油样品的延迟发光比较

初始强度 A 相差很大，但特征时间 B 相当接近

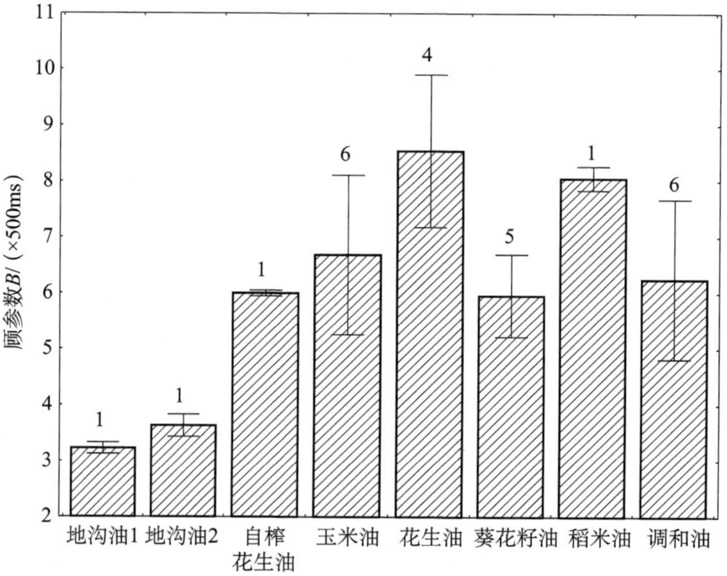

图 12.13　25 个油样品的 B 值比较

图中的数字是同类油样品的数目（如玉米油的样品数目为 6，它们来自不同产地）。每个样品注入 4 个石英杯进行 4 次独立的测量（测量条件如图 12.8 所示），图中的平均值和标准方差来自 4N 个独立的测量值（N 是某一类油样品的数目）。对于多个产地的样品，其标准方差较大，这是因为这些油的原料性质、加工工艺、储存条件、保质期限等各不相同，因此同类油的 B 值有一定的浮动范围。但无论是哪类油，无论其浮动范围多大，所有正常油的 B 值都明显高于地沟油。可见顾参数 B 是一个区别正常食用油与地沟油的特异指标

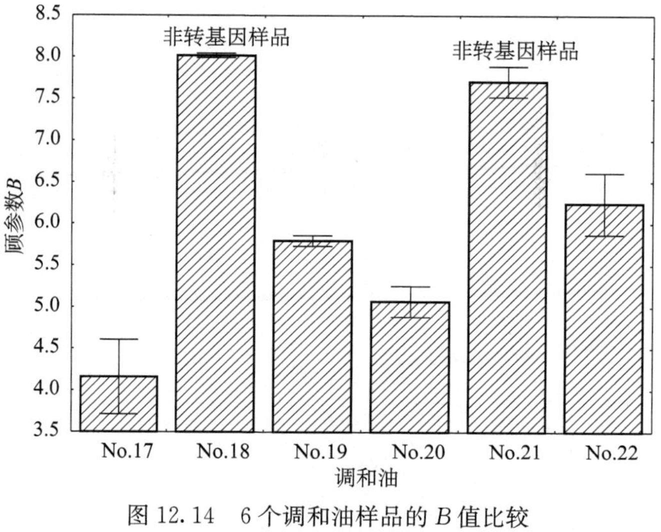

图 12.14　6 个调和油样品的 B 值比较

调和油 No. 17、No. 19、No. 20、No. 22 的主要原料均为大豆，这 4 种大豆都是转基因的（油瓶的说明书上有注明），特别是 No. 17 用的是来自南美的转基因大豆。可见转基因大豆油的 B 值偏低

12.3　水质量的生物指示剂检测法

12.3.1　原理和操作

水的测量和分析通常有两种方法，一种是第 10 章所述的电化学发光方法，它的信号本质上反映液体中发光性物质的浓度及正、负离子的湮没反应速率。另一种方法是现在所述的生物检测法，它本质上是基于生物光子辐射。我们知道水中的活性物质浓度很低，其生物光子信号很弱，无法从一般的延迟发光和自发辐射中获得关于水质量的信息。这里所谓的生物检测法是借助于“生物指示剂”（bioindicator）的光子辐射获得关于水质量的信息。现在用两个水样品的测量来解释“生物检测法”的原理和操作过程，如一个是工业污水，另一个是纯净水。这样两个样品的延迟发光和自发辐射信号都很低，二者之间的差别一般显示不出来。生物检测法的含义是在这样两个样品中放入等量的“生物指示剂”（一种标准的生物发光样品）。生物指示剂的发光对所处的环境非常敏感，相同的生物指示剂在污水和净水中感受到的环境不同，因此各自的生物光子辐射的行为不同。那么所测量到的生物光子信号之间的差别，实际上反映了污水和净水的差别。这种测量虽然是一种“间接”的方式，但由于生物指示剂对环境变化非常敏感，因而发光信号对水的变化非常敏感，测量的灵敏度很高。图 12.15 显示了一个含有生物指示剂的自来水样品的延迟发光的原始数据，可以看出，样品的发光信号有相当的强度。图中的光滑曲线表示测量数据与理论表达式（3.10.2）的非线性拟合，二者之间有较高的关联度，顾参数 A，B，C 携带着关于生物指示剂和自来水的信息。

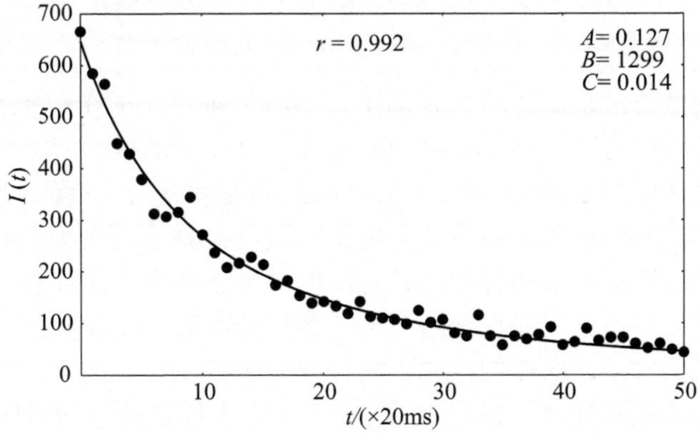

图 12.15　含有生物指示剂的自来水样品的延迟发光

图中的光滑曲线表示原始测量数据与理论表达式（3.10.2）的非线性拟合，二者之间有较高的关联度，顾参数 A，B，C 携带着生物指示剂和自来水二者的信息

12.3.2　应用举例

生物指示剂作为活性生物样品，其发光行为随自身状态及外界环境的变化而改变，因此一次性测量可能带有偶然性。为了获得关于水质量的可靠信息，有必要进行多次测量，特别是考查生物指示剂的生物光子动力学，在监测样品的时间演化中获得具有规律性的结果。下面介绍生物检测法的操作程序。实验中我们将被测的自来水样品等量地注入三个石英样品池，并在每个样品池中放入等量的生物指示剂。然后重复测量样品的延迟发光，最终的结果表现为样品发光行为的时间演化。一个典型的测量结果显示在图 12.16，这里的测量持续 190min，共重复 9 次（不是等间隔的）。可以看出延迟发光平均强度 M [式（3.11.4）] 在时间演化过程中呈现线性增长，即 $M=Kt+b$，这样直线的斜率 K 或截距 b 就扮演了刻画样品性质的相当可靠的参数。

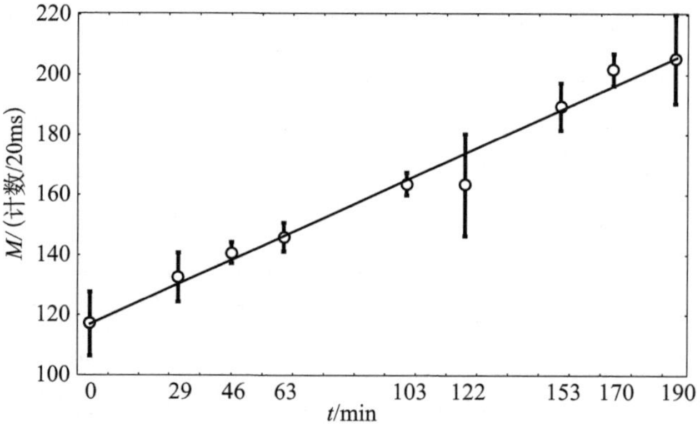

图 12.16　含有生物指示剂的自来水样品的延迟发光的动力学演化

在 190min 期间样品被重复测量 9 次，延迟发光的平均强度 M 呈现线性增长。图中的平均值和标准方差来自三个独立的测量。直线的斜率和截距扮演了刻画样品性质的相当可靠的参数

作为这种测量方法的实际应用，图 12.17（a）显示了 4 个矿泉水样品的测量结果，可以看出它们在直线的斜率和截距的意义上有显著的区别，其中 4 条直线的截距值 b 与传统的测量方法所给出的矿泉水的质量指标完全一致，它们被显示在图 12.17（b）之中。生物检测法的另一个重要应用是检测水的污染，它不但可以检测污染的性质还可以显示污染的程度。其背后的机制还是由于生物指示剂对水环境的敏感性：不同性质的污染（如重金属污染、有机物污染或微生物污染等）通常导致不同行为的发光动力学；而相同性质不同程度的污染往往只改变发光强度。一个典型的测量结果显示在图 12.18，它给出了 10 个污染水样品的平均强度 M 随时间线性变化所给出的斜率 K 值。需要说明，$K>0$ 的 4 个样品相应于某种有机物污染，$K<0$ 的 6 个样品相应于某种重金属污染。而两种情况下 $|K|$ 值越大，污染程度越大。在实际应用中，可以根据污染情况建立数据库，并进一步实施相关的定性和定量分析。

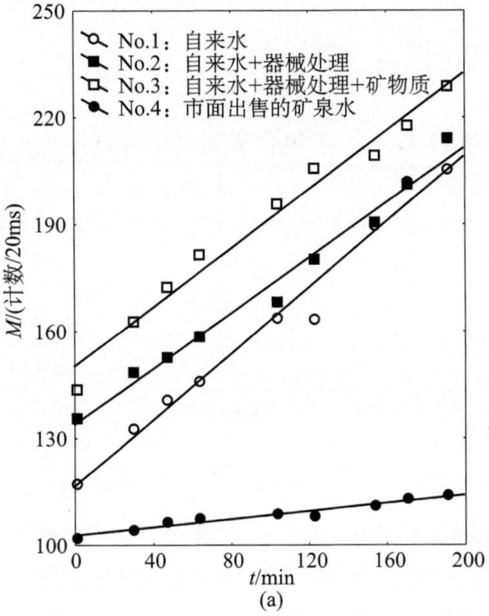

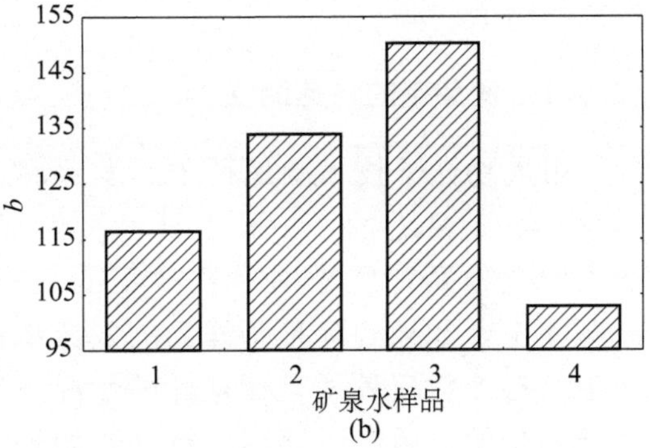

图 12.17 矿泉水质量的生物指示剂检测法

(a) 含有生物指示剂的矿泉水样品的延迟发光的动力学演化，在 190min 期间每个样品被重复测量 9 次，各个样品的平均强度 M 的增长被线性地拟合。图中的平均值来自三个独立的测量；(b) 直线的截距 b，它与传统的测量方法所给出的矿泉水的质量指标相一致

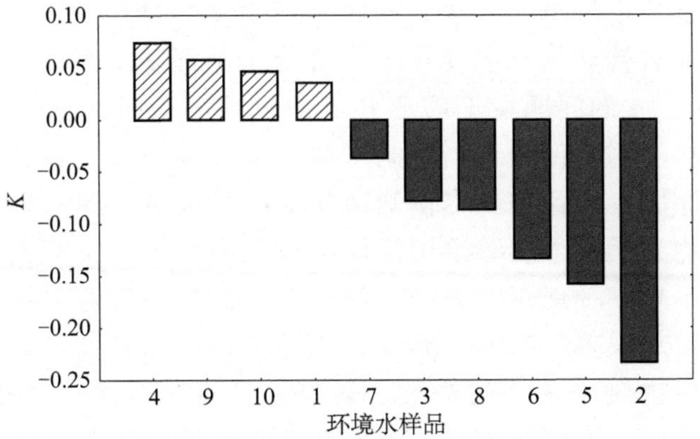

图 12.18 环境水污染的生物指示剂检测法

有关环境监测机构提供的 10 个被污染环境水样品的“生物指示剂检测法”的测量结果（测量前未获知任何关于样品的信息）。测量在 20℃进行，完成 9 次重复（每个样品实施三个独立的测量）。延迟发光的平均强度随时间的变化已被线性拟合，各个样品的直线斜率 K 示于图中。测量结果提交后被该机构告知：①$K>0$ 的 4 个样品相应于某种有机物污染，$K<0$ 的 6 个样品相应于某种重金属污染；②10 个被测样品最初来源于两个样品（4 和 2），样品 9，10，1 是由样品 4 依次稀释得到的，样品 5，6，8，3，7 是由样品 2 依次稀释得到的。结果与期待完全符合。可见生物指示剂检测法不但可以检测水污染的性质还可以显示污染的程度

12.4　种子质量的测量与分析

种子作为一种特殊的生命状态孕育着新的生命，它包含着非常丰富的信息：有关自身的和有关新生命的。种子生物光子辐射的研究一直是生物光子学和生物光子技术领域一个相当活跃的课题，这里仅就种子质量的测量与分析，叙述几个典型的例子。

12.4.1　发芽率的快速测定

用生物光子技术测量种子的发芽率，既有其可能性也有必要性。它的可能性是显而易见的，一粒有活性的种子可以发射生物光子，而死种子却不能，因此如果只是鉴别一粒种子的“活”与“死”，技术上是相对简单的。问题在于，如果实际种子样品的发芽率很高，如 98%，这意味着 100 粒种子之中只有 2 粒死种子，在这样的情况下测量发芽率确实是相当困难的。但是如果测量的灵敏度足够高，特别是如果 95%以下的发芽率能够测量得足够准确和精细，那么从发光信号与发芽率的标准对应曲线上能够“推测”出 95%以上发芽率的“走势”。因此用生物光子技术测量种子的发芽率是没有原则性障碍的。但是用这种方法测量种子的发芽率似乎没有必要性，因为传统的种子发芽率测定是很简单的：数 300 粒（或更多）种子进行培养，待幼芽出齐后对其进行计数就立刻知道发芽率。这确实是最基本最可靠的办法（也是最原始的办法），它的问题在于需要几天时间进行培养。这样长的周期在某些场合是难以接受的，例如，当啤酒厂收购大麦原料时，最重要的指标就是考虑大麦的发芽率，而且需要尽快知道发芽率以便确定是否购买。在这种情况下，如果生物光子技术能够给出足够准确的测量值，又只需要 20min 的测量时间，那岂不是一种理想的途径。但是这个问题并不容易解决，因为种子虽小而变化因素却很多：产地、品种、水分含量、储存的条件和周期等。所以很难在大范围内制定统一的标准，换言之，只能建立“局域数据库”，在一定的范围内使用。下面介绍有关大麦发芽率测量的几个典型结果。

需要指出，在建立发光信号与发芽率的对应关系时，仅依靠发光的强度参数是不够的，必须从顾参数 A，B，C 的测量值获得全面的信息。为此必须首先考查大麦样品的延迟发光的观察值是否与理论的期待值相符合。图 12.19 显示了两个不同品种的大麦样品的延迟发光原始数据，它们与理论表达式（3.10.2）均有很好的非线性拟合，这为进一步建立发光参数与发芽率的对应关系奠定了基础。

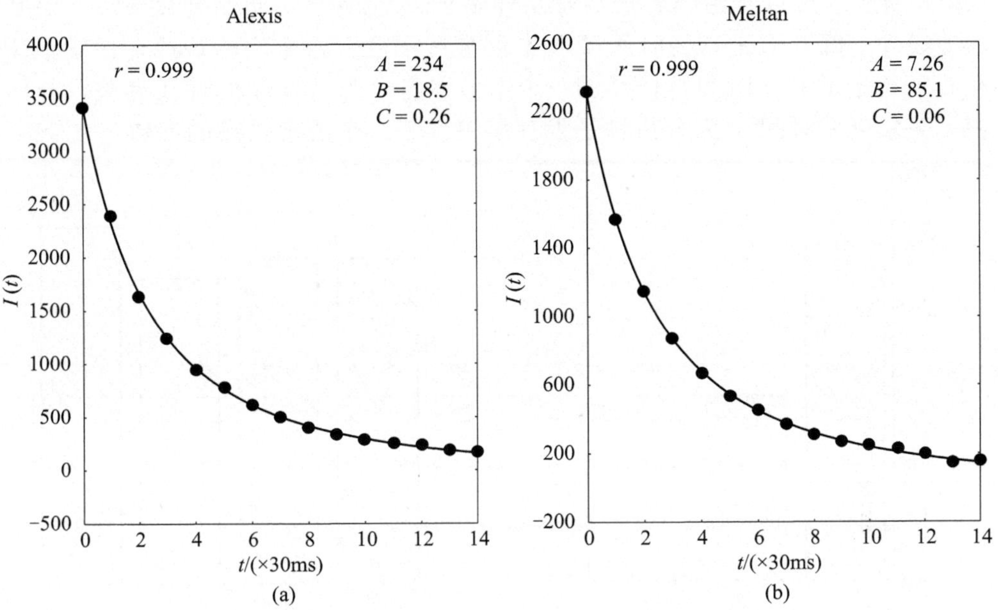

图 12.19 大麦样品（Alexis 和 Maltan）的延迟发光

图中的光滑曲线表示原始测量数据与理论表达式（3.10.2）的非线性拟合，观察值与期待值之间有高度的关联。不同品种的大麦有完全不同的 A，B，C 值，它们提供了分析大麦性质的灵敏参数

在确认顾参数 A，B，C 能够精确地描述大麦的延迟发光之后，需要进一步探索 A，B，C 分别扮演什么样的角色。已知参数 A 是一个强度参量，它在很大程度上决定延迟发光的初始强度 $I(0)=A\text{csch}^2C$，初始强度首先与激发的劲度有关，同时与样品的性质有关，还与样品的体积（或剂量）有关：体积（或剂量）越大初始强度越高。因此，参数 A 是一个多因素参量，当它所含的任一个因素发生变化时，都会导致自身的改变。而参数 B 则不同，它与激发行为无关、与初始强度无关、它扮演了一个“特征时间”的角色。其作用是调节衰变的“快慢”和衰变的“走势”，从而刻画发光图样的细节。显然参数 B 只与样品的性质有关。再来考察参数 C，它与激发行为无关，但它作为一个位相因子决定样品的初始状态，因此敏感地依赖于发光的初始强度。另外它也参与决定发光的“半衰期”。很显然，由参数 B 和 C 所构造的函数“衰变时间”［式（3.11.3)］扮演了一个重要的角色，它跟测量系统的结构与激发行为无关，能全面反映样品的性质却与样品的体积（或剂量）无关。为了考查这些参数的特征与作用，我们曾用大麦样品做过一个很简单的实验，实验中首先在石英池里装满样品并测量其延迟发光，然后从池里取出部分样品，并依次对 3/4、2/4、1/4 体积的样品进行测量，结果如图

12.20 所示。可以看出随着被测样品体积的线性减小，初始强度 $I(0)$ 也基本上线性下降，但是衰变时间 T 基本上维持不变。这个实验说明，由参数 B 和 C 所构造的衰变时间是样品的一个本质参量，只与样品的性质有关，与体积无关。衰变时间 T 为分析种子发芽率提供了一个灵敏可靠的参数。

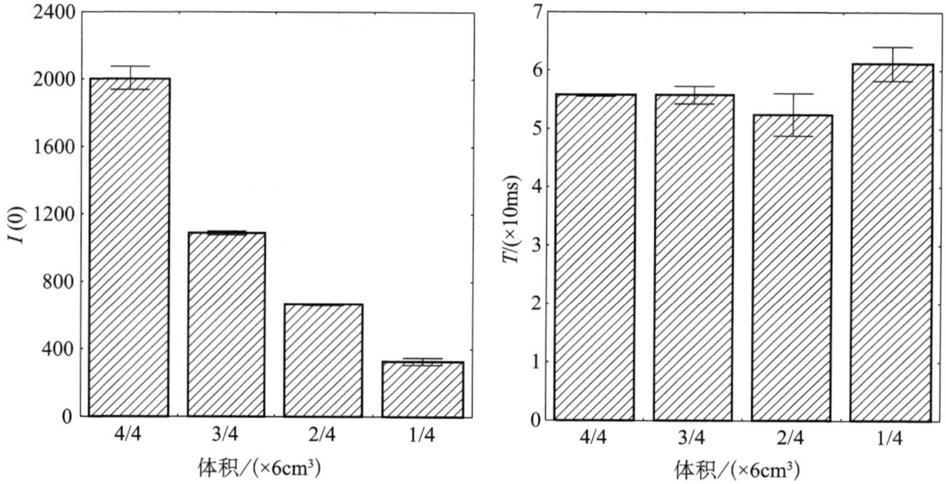

图 12.20　大麦样品的延迟发光的初始强度 $I(0)$ 与衰变时间 T

随着被测样品体积的线性减小，$I(0)$ 基本上线性下降，但是 T 基本上维持不变。说明衰变时间是样品的一个本质参量。图中 2/4 和 1/4 体积情况下的测量误差来自系统的几何因素（被测样品的位置偏离测量系统的中轴线）。图中的平均值与标准方差来自三个独立的测量

通过对大麦样品的深入研究，在衰变时间 T 的基础上构造出一个新的函数 $X(B, C)$，它最终被用作“标准”来对应大麦种子的发芽率。函数 $X(B, C)$ 的优点是：①它只与样品本身的性质有关；②它对于发芽率的变化非常敏感；③它随发芽率 Y 的变化是准线性的。由生物光子辐射的测量值 $X(B, C)$ 给出发芽率 Y 的经验公式为

$$Y = 1 - a\exp\left[-\frac{b}{X(B,C)+c}\right] \tag{12.4.1}$$

其中 a，b，c 是常数，与大麦本身的品种有关，Y 的变化范围是：$Y \in [0, 1]$。利用生物光子技术测定大麦发芽率的实际操作过程是：

（1）对于某个确定的大麦品种（如 Alexis），用两种方法（种子培养法和生物光子法）平行地测量发芽率，这种测量必须是具有统计意义的。

（2）在两种方法具有高度关联的前提下，人为地制备不同发芽率 Y 的样品（每个样品的发芽率是知道的），在标准条件下对它们的延迟发光进行统计性测量，并计算出 $X(B, C)$ 的值。

(3) 将观察值 $Y \sim X(B, C)$ 用经验公式 (12.4.1) 拟合，得到常数 a，b，c 的数值，它们是该大麦品种的特征值。

(4) 将特征值 a，b，c 的数值代入经验公式 (12.4.1) 即给出该大麦品种的"标准"曲线。在以后的应用中，对于一个实际的该品种的大麦，测量其延迟发光的 $X(B, C)$ 值，即可根据"标准"曲线得到它的发芽率。

图 12.21 显示了某个品种的大麦样品的标准曲线，可以看到观察值 $Y \sim X(B, C)$ 与经验公式 (12.4.1) 相符合。发芽率 Y 与生物光子测量值 $X(B, C)$ 有准线性的关系。只是在 $Y > 95\%$ 的小范围出现对线性趋势的偏离，正如前面说到的那样，该范围的发芽率可以"推测"出来。

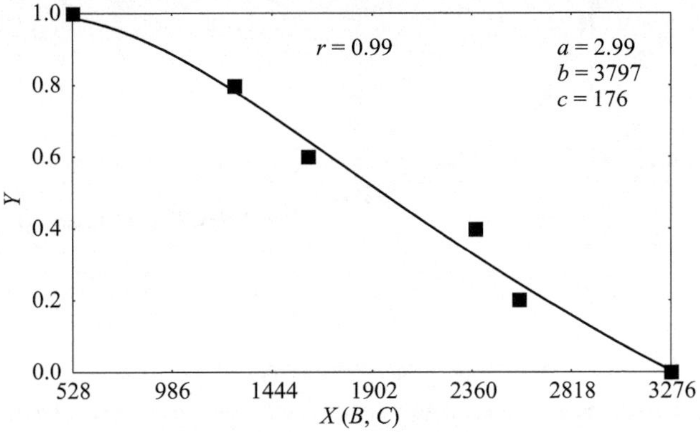

图 12.21　用延迟发光技术测量大麦的发芽率

大麦的延迟发光测量值 $X(B, C)$ 与发芽率 Y 呈准线性的对应关系，图中的光滑曲线是测量值 $X(B, C)$ 与经验公式 (12.4.1) 的拟合，二者之间具有较高的关联度。常数 a，b，c 是该大麦品种的特征参量。对于一个未知发芽率但属于该品种的大麦样品，测量其延迟发光的 $X(B, C)$ 值，即可由该标准曲线得到它的发芽率

12.4.2　含油量的快速测定

种子作为食品（或饮料）的原材料有不同的用途，前述的大麦种子是啤酒的原料，在这样的用途下，发芽率是它最重要的指标。现在转入另一类常见的种子，那就是油菜子。油菜子是食油的原料，显然"含油量"是油菜子最重要的指标。这个指标的测定已经有各种不同的手段，研究显示生物光子技术能提供一种快速灵敏的方法。用生物光子技术测定油菜子含油量的微观机制是很简单的，事实上不同含油量的油菜子的表面光学性质有明显的区别，而油菜子表面的光学性质直接关系到它的延迟发光信号。图 12.22 显示了一个油菜子样品的延迟发光的原始数据，可以看出这类种子的发光信号比大麦弱（见大麦的原始曲线图

12.19)，但是观察值与理论期待值符合得相当好。顾参数 A，B，C 的值包含着有关含油量的信息。

我们在大量实验研究的基础上，探索出一个可观察量，它是由顾参数 A，B，C 构造的一个特殊形式的函数 $F(A, B, C)$［相当于大麦发芽率测定中所用的函数 $X(B, C)$］，这个函数的测量值与传统方法测定的油菜子的含油量有很高的关联度，一个典型的例子显示在图 12.23。这个结果表明，这种方法有可能发展成一种通过生物光子测量而快速确定种子含油量的新技术。

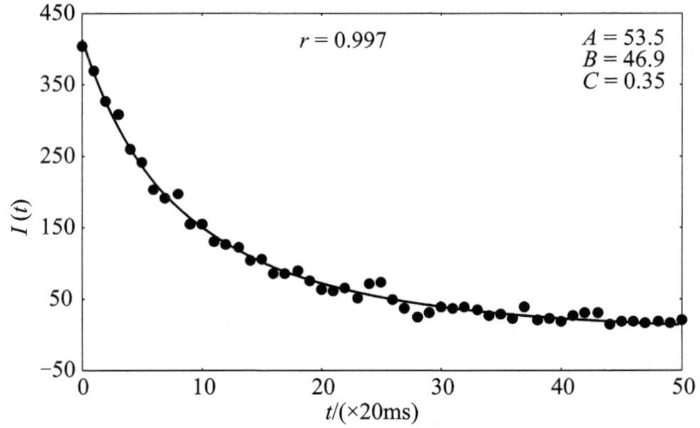

图 12.22　油菜籽样品的延迟发光

图中的光滑曲线表示原始测量数据与理论表达式（3.10.2）的非线性拟合，观察值与期待值之间有较高的关联度。顾参数 A，B，C 的值包含着有关含油量的信息

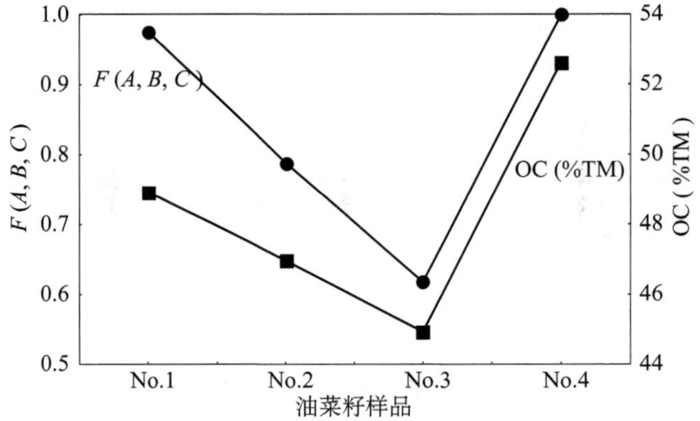

图 12.23　用延迟发光技术测量油菜子的含油量

四个油菜籽样品的延迟发光的可观察量 F（A，B，C）与传统方法测定的油菜籽的含油量 OC（%TM）之间有高度的关联，这意味着生物光子技术有可能提供一个快速测定油菜籽含油量的新方法

12.4.3 转基因种子的识别

生物光子辐射来自生物分子从高能态向低能态的跃迁，它是一个发生在“分子层次”的生命现象，所以“生物光子学”（biophotonics）也常常被称为“分子生物光子学”（molecular biophotonics）。这意味着生物光子辐射携带着有关生物分子组成和结构的信息，换言之，生物系统在分子层次的变化，能引起系统生物光子辐射行为的改变。事实上，从微观机理上看，分子组成或结构的变化必然导致其量子状态的变化（即能级的本征态和本征值的变化），从而引起光子辐射在强度、光谱分布以及光子统计性质等方面的变化。从这个意义上讲，转基因技术所带来的生物系统在分子层次的变化能够在系统的光子辐射中反映出来，例如，转基因（roundup-ready）的黄豆种子与对照样品在自发光子辐射的光子统计熵的意义上就被明显地区别开来（图 8.13）。随着转基因技术的不断发展，所涉及的植物种子类型越来越多，除了作为食物的种子之外，最近还出现了花卉种子的转基因处理，一个典型的例子是郁金香花籽的转基因处理。为了探索用生物光子技术识别转基因郁金香花籽的可能性，首先测量了普通郁金香花籽的延迟发光，其原始数据显示在图 12.24。可以看出郁金香花籽的发光强度相当高，比大麦样品 Alexis（图 12.19）还高出 30%以上，特别是观察值与理论期待值符合很好，顾参数 A，B，C 的值包含花籽的相关生理信息。

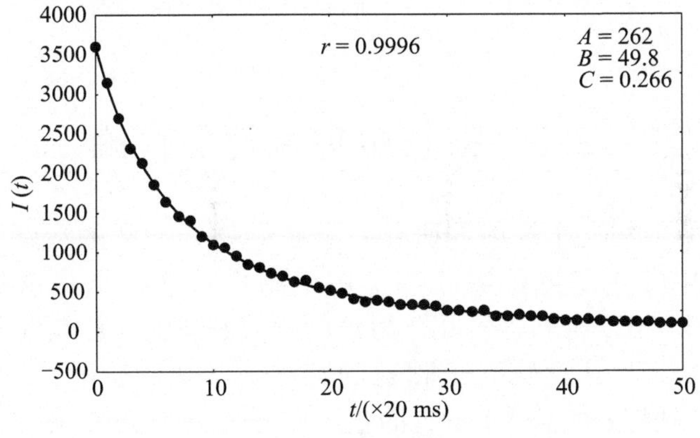

图 12.24 郁金香花籽的延迟发光

图中的光滑曲线表示原始测量数据与理论表达式（3.10.2）的非线性拟合，观察值与期待值之间有很高的关联度。顾参数 A，B，C 的值包含着花籽的相关生理信息

在此基础上进一步对转基因郁金香花籽和原始样品进行对比性测量。实验中将每个样品装在 5 个石英池里，实施交替测量。然后计算每次测量的顾参数 A，

B，C，初始强度$A\text{csch}^2C$作为结果被显示在图 12.25，其中 No.1 是对照样品，而 No.2 是转基因样品。可以看出，在 5 个周期的测量中，$A\text{csch}^2C$重复相同的行为，所得到的结论是毋庸置疑的：转基因后郁金香花籽的发光强度降低 50%以上。注意到，原始样品的强度值有相当大的不确定性（说明作为测量样品的花籽有较大的离散性）；相比之下，转基因样品的状态相当一致。我们的测量显示了转基因郁金香花籽和原始样品的显著区别，这样的区别代表什么生物学意义，这是一个深入的问题，需要与实施转基因技术的工作者一起研究探讨。

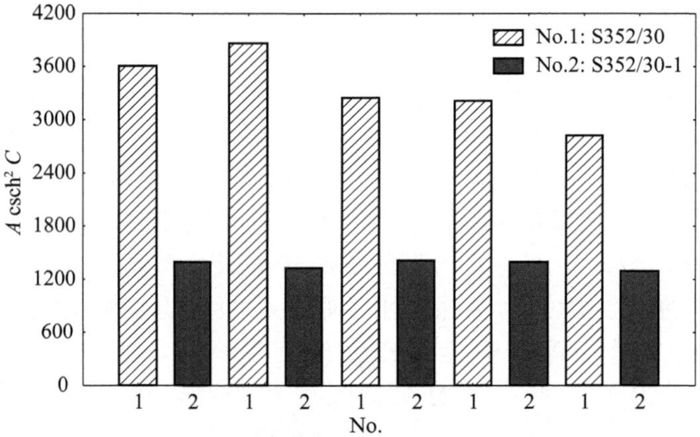

图 12.25 转基因郁金香花籽的延迟发光检测

图中 $A\text{csch}^2C$ 表示延迟发光的初始强度。No.1 为原始样品，No.2 为转基因样品。转基因样品的发光强度降低 50%以上，而样品状态的离散性显著缩小

12.5 植物生理特性的检测

绿色植物的生物光子辐射的研究一直是生物光子学的活跃领域，生物光子学发展过程中的许多重要实验都是用植物样品（特别是植物幼芽）完成的，例如，1955 年以科利（Colli）为首的意大利研究小组就是利用谷物幼芽作为样品，首次证实了生物光子辐射的存在。又如，显示 DNA 空间构象变化与生物光子辐射关系（图 1.6）的重要实验是用黄瓜芽完成的。还有，显示生物样品组织序增长与生物光子辐射关系（图 4.8）的典型实验是用黄豆芽完成的。关于绿色植物的生物光子辐射的研究结果不胜枚举，其中的原因是：①植物幼芽具有很强的生命活性，它们的生物光子信号十分典型，而且发光信号对外界环境的变化非常敏感；②绿色植物的叶绿素含量很高，发光信号很强，易于获得精确的测量结果。不过也许正是这样的原因，才发现有

些植物样品的延迟发光曲线与理论表达式（3.10.2）不相符合。从生物光子辐射的量子理论的“源头”上寻找原因（第 3 章），可以引出一个推广的延迟发光的强度表达式

$$I(t)=\frac{A\exp\left(-\frac{t}{B}\right)}{\left[1-D\exp\left(-\frac{t}{B}\right)\right]^{C}} \tag{12.5.1}$$

它含有四个参数 A，B，C 和 D。对于某些具有极高光子辐射强度的绿色植物样品，必须用表达式（12.5.1）拟合其延迟发光的观察数据。

这里介绍有关植物生物光子辐射的几个典型的测量结果。图 12.26 显示了观赏性草本植物“非洲菊”（Gerbera，又称“扶郎花”）的叶片的延迟发光的原始数据，所测量的两个叶片来自同一棵植物，被剪成相等的面积，它们的区别是：图 12.26（a）显示两小时前从植物上剪下来的叶片，而图 12.26（b）中的叶片是刚剪下来的（新鲜的）。可以看出二者的强度都非常之高，都与理论表达式（12.5.1）符合很好。两个样品的参数 A，C，D 之间有很大的区别；而参数 B 比较接近，这反映了它们作为非洲菊的“共性”。

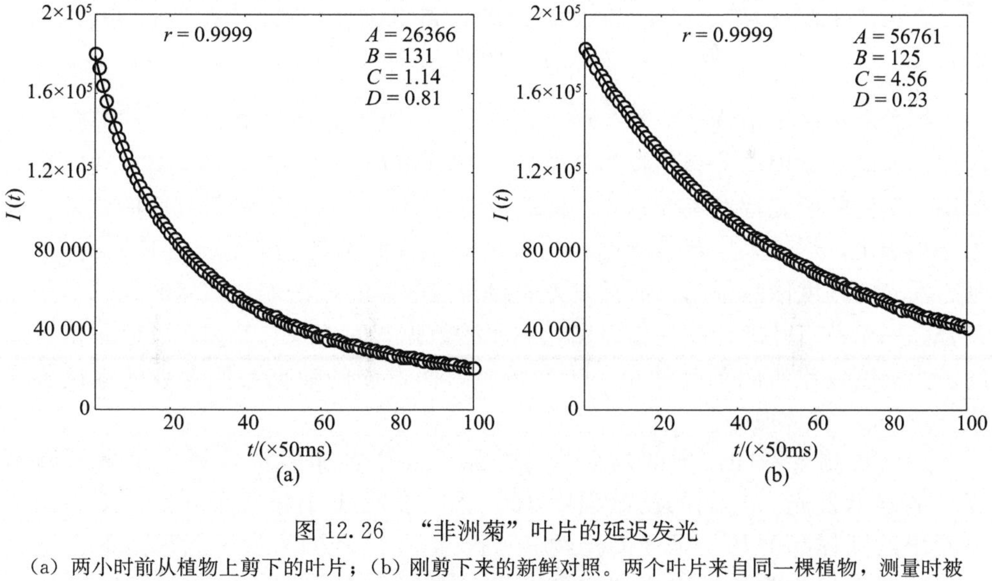

图 12.26　“非洲菊”叶片的延迟发光

（a）两小时前从植物上剪下的叶片；（b）刚剪下来的新鲜对照。两个叶片来自同一棵植物，测量时被剪成相等的面积（2cm×4cm），二者的强度都非常高。图中的光滑曲线是原始测量数据与理论表达式（12.5.1）的非线性拟合。观察值与期待值有非常高的关联度。参数 A，B，C 和 D 反映了样品的生理特性

进一步将两个样品的延迟发光的初始强度 $I(0)$ 和衰变时间 T 显示在

图 12.27，可以看出两个样品的初始强度相等，但衰变时间相差 50%以上，可再次看到，生物样品的新鲜度变坏后，延迟发光的衰变时间缩短。

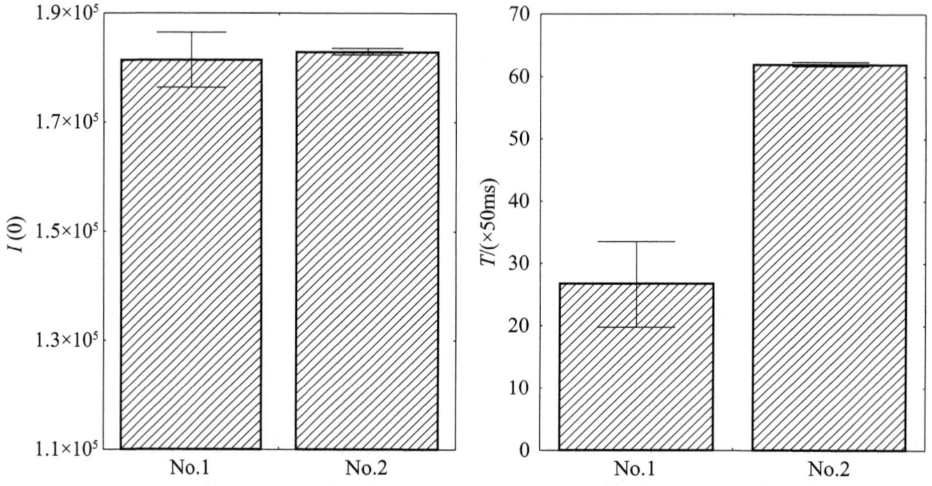

图 12.27　用延迟发光技术测量非洲菊叶片的新鲜度

图中的 $I(0)$和 T 分别表示延迟发光的初始强度和衰变时间。No. 1 为 2h 前从植物上剪下的叶片，No. 2 为刚剪下来的新鲜对照。两个叶片来自同一棵植物，测量时被剪成相等的面积（2cm×4cm），二者的初始强度相等，但不新鲜叶片的衰变时间缩短

接着考查药用植物“芦荟”（Aloe vera）的生物光子辐射特征。芦荟作为集药用、保健、食用、美容化妆为一体的“神奇植物”，已经显示出越来越广泛的应用。我们的研究旨在考查不同产地的芦荟叶肉在生物光子辐射方面的差别。首先必须指出，尽管采用芦荟叶肉作为测量样品（而不是它的绿色外皮），但是其延迟发光的强度依然很高，而且发光曲线与三参数的理论表达式（3.10.2）不相符合。一个芦荟叶肉样品的延迟发光的原始数据显示在图 12.28，可以看出样品的发光强度仅比非洲菊叶片小一个数量级，而发光的数据与四参数的理论表达式（12.5.1)符合很好。

进一步测量不同产地的两个芦荟样品（一个产于欧洲，另一个来自南美洲）的延迟发光，它们的初始强度 $I(0)$和衰变时间 T 被显示在图 12.29。可以看出欧洲样品的初始强度高出约 30%，但是二者的衰变时间很接近。这也许意味着两地的芦荟叶肉在“密度”类的指标上有差别，但“组分”类的指标是相近的。

现在转入植物“圣诞花”（Euphorbia pulherrima，又称“一品红”)，这是一种变色型观赏植物，其顶端的叶片在圣诞前后变为耀眼的红色，十分娇艳。圣诞花的红叶子具有奇特的生理作用，它是从绿叶子“变色”而来的，相信这个过程

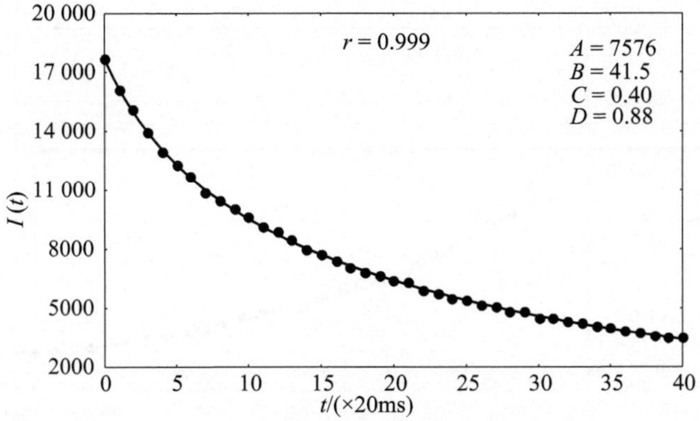

图 12.28 “芦荟叶肉”的延迟发光

样品的发光强度很高。图中的光滑曲线是原始测量数据与理论表达式（12.5.1）的非线性拟合。观察值与期待值有很高的关联度。参数 A，B，C 和 D 反映了样品的生理特性

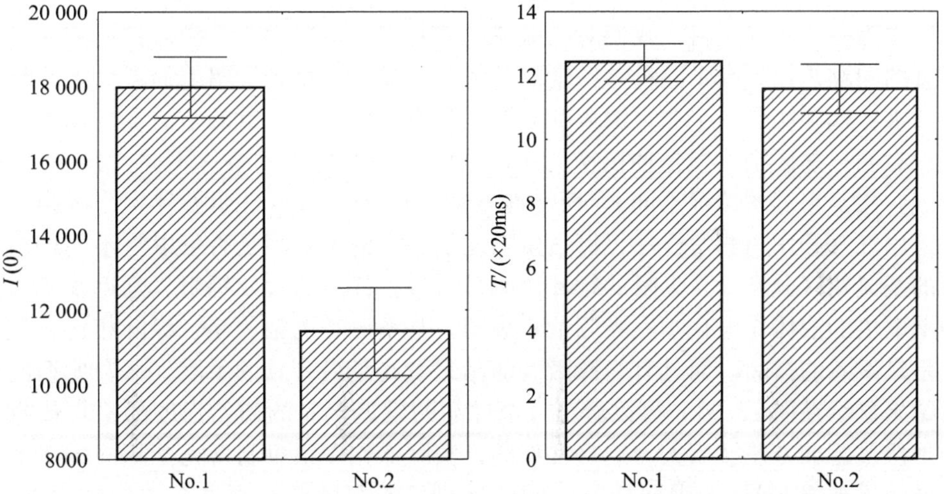

图 12.29 不同产地的芦荟叶肉的延迟发光比较

图中的 $I(0)$ 和 T 分别表示延迟发光的初始强度和衰变时间。No. 1 为产于欧洲的芦荟，No. 2 为来自南美洲的芦荟。二者的发光强度相差约 30%，但衰变时间很接近，这也许意味着两地的芦荟叶肉在“密度”类的指标上有差别，但“组分”类的指标是相近的

与日光照射有关，那么红叶子本身有什么样的生理特点，特别是红叶子会发射什么样的生物光子，这似乎是一个饶有兴趣的课题。这里首先测量了红叶子的延迟发光，结果显示在图 12.30。可以看出样品的发光强度很高（高于图 12.28 所示的芦荟叶肉），原始数据与三参数的理论表达式（3.10.2）不相符合，但是与四

参数的理论表达式（12.5.1）符合很好。

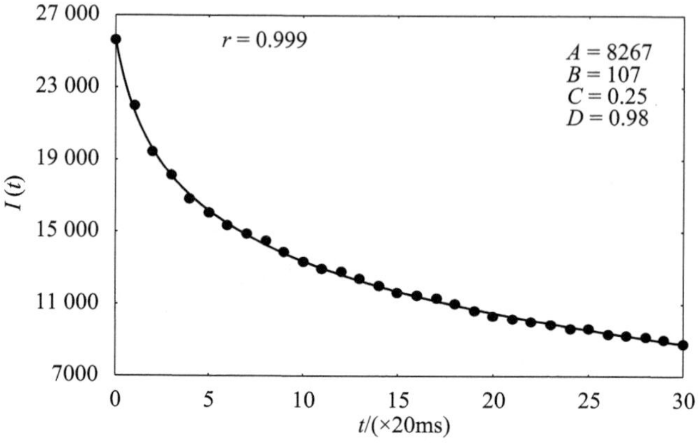

图 12.30　“圣诞花”的红叶子的延迟发光

样品的发光强度很高。图中的光滑曲线是原始测量数据与理论表达式（12.5.1）的非线性拟合。观察值与期待值有很高的关联度。参数 A，B，C 和 D 反映了被测样品的生理特性

作为一个实际项目，我们对圣诞花的生物光子辐射进行了深入的研究，重点考查的问题是：具有不同种植密度的圣诞花样品在生物光子辐射的意义上能否区分开来？这确实是一个非常深入的问题。具有不同种植密度的圣诞花样品在外观上没有明显的区别，但是种植密度不同意味着植物生长的条件不同（接受阳光、空气，甚至水分的情况不同），而圣诞花的红叶子应该对日照条件相当敏感。于是采用红叶子作为测量样品，探索生物光子辐射的灵敏性是否可以将不同种植密度的圣诞花区分开来。大量的统计性测量（包括样品的自发辐射、延迟发光以及用萃取出的液体作电化学发光测量）表明，与圣诞花的根、茎、绿叶相比，红叶子是最敏感的样品，而具有光照激发的延迟发光是最有效的手段。一个典型的测量结果显示在图 12.31，可以看出三个样品的延迟发光的初始强度的平均值有区别，但是标准方差相当大（这是常见的，实际操作中很难制备完全相同的诸个植物样品供独立测量），因而样品之间的区别不是显著的。不过在“指数因子 C”[式（12.5.1)] 的意义上三个样品之间的区别是显著的。这是因为该指数因子与光照激发后样品的初始状态有关，而正是这个状态包含着红叶子与光照相互作用的信息。换言之，三个样品被区别开来正是基于红叶子的光敏感性。得到的结论是：具有不同种植密度的圣诞花样品，在生物光子辐射的意义上能够区分开来，但必须采用红叶子作为样品，进行延迟发光的测量，最终在“指数因子 C”的意义上进行数据分析。

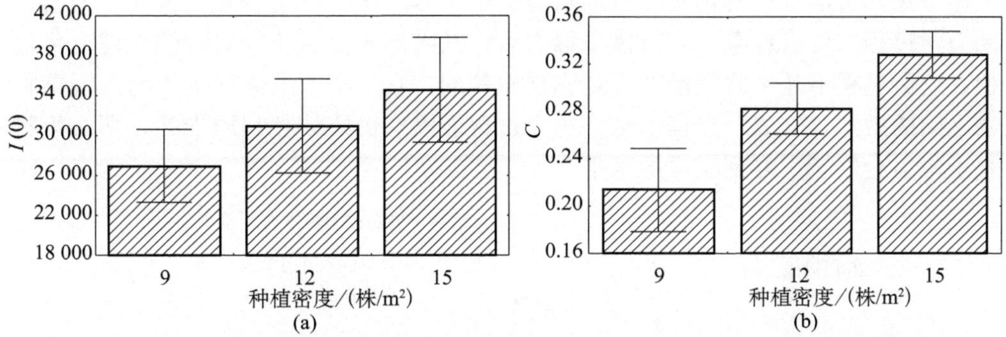

图 12.31 用延迟发光技术显示不同种植密度的“圣诞花”样品之间的区别

图中的 $I(0)$和 C 分别表示延迟发光的初始强度和指数因子［式（12.5.1)］。三个样品属于同种植物但具有不同的种植密度。样品初始强度的平均值有区别，但不是显著的，而在指数因子 C 上的区别是显著的，其微观机理在于红叶子的光敏感性

12.6 药品性能的检测及药物“筛选”

12.6.1 药品对有机体作用的生物光子显示

一个处于正常状态的生物系统（组织、器官、细胞等)，其生物光子辐射（包括自发辐射、延迟发光以及液体系统的电化学发光等）有自身的特征测量值，这些特征值反映在光子辐射的强度、光谱分布、光子的空间分布以及光子统计性质等诸多方面。当生物系统的状态发生变化，特别是处于某种病态时，其生物光子辐射会出现与正常特征值的偏离。而当系统凭借自组织的调节或外界的作用恢复到正常状态时，系统的光子辐射又会回到其正常的特征值。正是从这个事实出发，可以从生物光子辐射的角度研究药品对于生物系统的作用性能和效力。

为了直观地解释生物光子辐射如何反映药品与生物系统的相互作用，这里介绍一个典型的实验观察[1.7]，如图 12.32 所示。实验中采用小麦芽作为样品，测量其自发光子辐射。在自发辐射的初始阶段发光信号呈下降趋势（这是正常情况，趋于稳定发射需要一定的时间)，自发辐射进行 2 小时后，给样品加入一种毒药——中毒肝素（heparin)。操作时（不需要将样品室的盖子打开，测量系统设有导管，可以在光屏蔽情况下将药剂从样品室外注入样品池）确保药剂迅速进入样品。随后发现样品的自发辐射信号急剧下降，并在很低的水平（低于 50CPS）维持约 2.5h。然后发光信号出现强烈的跳跃式增加，并在 12h 达到最大值（约 180CPS)。在以后的时间里，发光信号基本上持续下降，到 20h 信号降至普通自发辐射的水平。以后 5h 的测量中，信号线性下降，标志样品已经死亡。

上述生物光子信号的变化实际上细致地描述了样品从中毒之后到完全死亡的整个动力学过程。可以想象，有机体中毒之后，其内部发生了非常复杂的生理变化过程，这个过程不是平静缓慢的而是剧烈振荡的，它显示了生命抵抗力与入侵毒害物之间的激烈“交战”过程。也许这个过程能以有机体的胜利而告终，那么生物光子辐射会逐渐恢复到正常的水平。

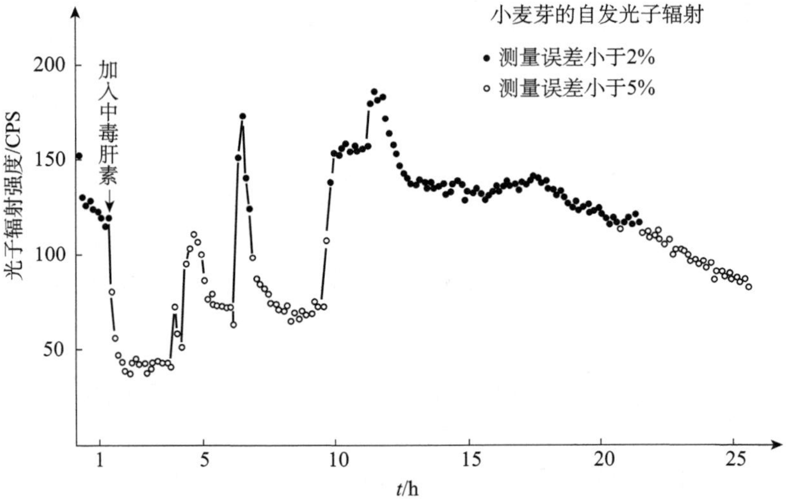

图 12.32　药品对有机体作用的生物光子显示（I）

给正常进行自发生物光子辐射的小麦芽样品注入毒药——中毒肝素（箭头表示注入毒药的时间），样品的光子辐射信号发生强烈的跳跃式增加，并在实验进行到 12h 后达到最大值。随后发光信号不断下降，到 20h 降至普通自发辐射的水平。以后 5h 的持续线性下降标志样品已经死亡。生物光子信号的变化细致地描述了样品从中毒之后到完全死亡的整个动力学过程

接下来的实验正是试图通过外界的作用使中毒后的有机体的生物光子辐射恢复到正常水平（图 12.33）。实验仍然采用小麦芽作为样品，仍然测量样品的自发辐射，仍然在正常进行自发生物光子辐射的样品中注入中毒肝素，也同样观察到了发光信号在注入毒药后的急剧下降。不同的是，在注入中毒肝素后 1h，又注入了第二种药剂——鱼精蛋白（protamine），众所周知这是一种解毒药。它对中毒肝素的“解毒”作用同样被生物光子辐射显示出来。事实上，鱼精蛋白注入后发光信号依然出现了一个尖峰（这是之前加入的中毒肝素所致，或者说是由于鱼精蛋白药效的滞后），然后继续下降。但 4h 后，生物光子辐射开始回升，并在所测量的 10h 内持续上升，标志有机体在逐渐恢复正常。上述的生物光子信号的变化细致地描述了样品从中毒到解毒再到恢复的整个动力学过程。很显然，这个过程的微观机制是鱼精蛋白化解了中毒肝素的毒性，可见鱼精蛋白对于中毒肝素所引起的小麦芽的中毒具有良好的拮抗作用。

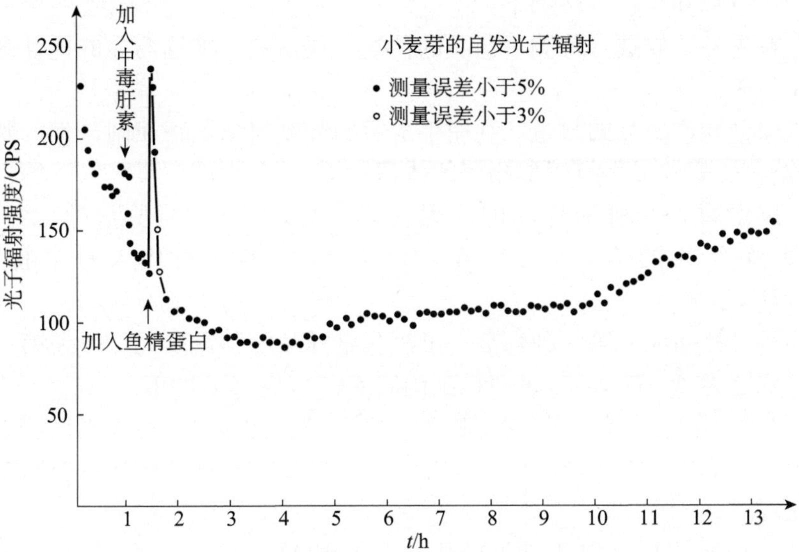

图 12.33 药品对有机体作用的生物光子显示（II）

给正常进行自发生物光子辐射的小麦芽样品注入毒药——中毒肝素（向下的箭头表示注入毒药的时间）。1h 后，又注入第二种抗毒药剂——鱼精蛋白（向上的箭头表示注入解药的时间），样品的光子辐射信号出现一个尖峰，然后继续下降。但 4h 后，生物光子辐射开始回升，并在所测量的 10h 内持续上升，标志有机体在逐渐恢复正常。生物光子信号的变化细致地描述了样品从中毒到解毒再到恢复的整个动力学过程

上述两个实验清楚地显示了生物光子技术在药物学研究中的作用。很显然，生物光子技术用于药物学并不涉及药品的设计和制造，而是关系到药品性能和效力的检测，所以它的直接应用在于“筛选”。想象在药品研制中（包括化学合成和生物制药等），经过前期工作（如构效研究和生物实验等）已经发现了若干“候选者”，它们的性能是相当接近的，但数量众多。如何在候选者之间“筛选”出最佳者，在这种情况下，生物光子技术可以充分发挥其快速灵敏的优点。另外在临床上，也可以对具体的病人，“筛选”出最能体现“个体治疗”原则的药品。对此，将在下一节介绍一个典型的例子。

12.6.2 癌症患者最佳药物的选择

肿瘤病人（特别是手术后的患者）的用药在临床上是一个非常慎重而棘手的问题。由于个体病人之间在年龄、病史、病情、病势、生理条件、健康状态等方面的差异，患有相同肿瘤类型的不同病人，相应的临床用药可能很不相同。在强调“个性化治疗”的原则下，对于一个确定的肿瘤病人，能否在现有的众多药品中筛选出最适合自己的一两种药物，这在临床上是非常有意义的。大量研究表明，测量和分析肿瘤组织的生物光子辐射提供了一个选择最佳药品的可能途径。

具体的操作过程和分析方法如下：

(1) 首先确定候选（待测）药品的种类，这依赖于被选药品的统计疗效及医生的临床经验。

(2) 根据候选药品的数量，利用手术后的肿瘤组织制备相同数量的肿瘤样品(所有的被测肿瘤样品保持近似相等的体积)。

(3) 测量第一个肿瘤样品的延迟发光［图 3.20（e）所示的原始曲线］，得到一套顾参数的值(标之为 A_1, B_1, C_1)，并将它们代入一个特殊的函数 $R(A_1, B_1, C_1)$。

(4) 对该样品注入第一种药剂，再次测量样品的延迟发光，得到第二套顾参数的值（标之为 A_2, B_2, C_2)，进而得到函数 $R(A_2, B_2, C_2)$的值。

(5) 药物对肿瘤组织的作用反映在函数 R 的变化，引入一个新的函数 F，它被定义为 $F \equiv R(A_2, B_2, C_2) - R(A_1, B_1, C_1)$，它反映了这种药物所引起的肿瘤组织的变化。

(6) 按相同的程序完成其他肿瘤样品的测量（对每一个肿瘤样品在自然状态和加入药剂情况下分别测量），最终得到每一种药品与肿瘤组织作用的 F 值。

大量的临床调查显示，具有最大 F 值的药品对该病人具有最佳的疗效（它能够最大程度地恢复生命组织的有序性，同时最大程度地提高生命组织的能量储存能力）。一个实际的测量结果显示在图 12.34。被测样品来自一个肝癌患者手术后的肿瘤组织。现在对测量结果讨论如下：

(1) 测量结果显示，7 号药品（Thymoject）具有最大 F 值，它应该是适用于该患者手术后继续治疗的最佳药品。随后患者确实采用了这个药品，取得了不寻常的临床效果（生命延续了 3 年多）。

(2) F 取负值的药品被相信对该患者有负面作用。4 号药品（Plenosol）可能对该患者有最大程度的负面作用。

(3) 图 12.34 中横坐标中的“1.1”，“1.2”表示均为 1 号药品（其 F 值为正），但药品剂量分别为 1mL 和 2mL。测量结果显示，加大剂量后药品的正面作用增强。而“2.1”，“2.2”表示均为 2 号药品（其 F 值为负），剂量分别为 1mL 和 2mL。加大剂量后，药品的负面作用增强。

(4) 这种最佳药物选择完全是针对具体的病人进行的，对于相同肿瘤类型的不同病人，选出的最佳药物可能是不同的。对甲患者测量给出 F 取负值的药物对乙患者也许是正值；图 12.34 中的 4 号药品对于某个患者也许是最佳药物；也可能在所提供的诸个药品中，F 全部取负值。总之，这种方法充分体现和注重“个体差异”和“个性化治疗”（即所谓“精准医疗”）。

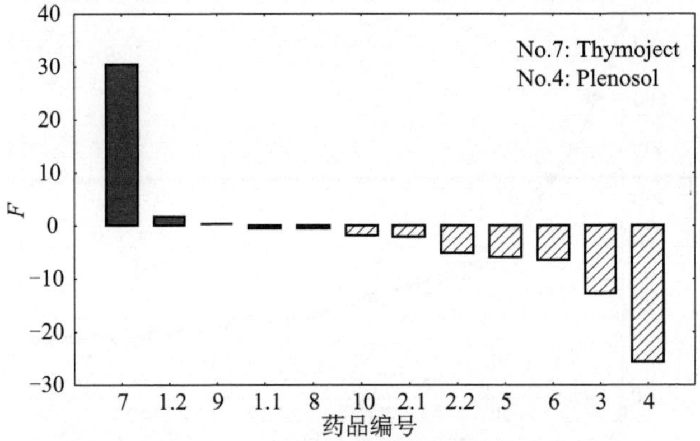

图 12.34 一个肝癌患者的最佳药品的选择

F 值来自肿瘤组织在自然状态和加入药品两种情况下的延迟发光的测量数据。F 为正（或为负）表示药品有效（或有害）。在所测量的药品中，7 号药品对该患者是有效的（已被临床证实）。4 号药品被相信对该患者有最大的负面作用（加速癌细胞的繁殖和扩散）

12.6.3 生物药品的测量

以上所述的生物光子技术对于药物学的应用有一个共同点：在研究药品的性能和效力时，必须将药品注入生物系统，测量二者相互作用所引起的生物光子辐射特征值的变化，简单说这种方法离不开所考查的生物系统。不过有许多药品是从生物系统中直接提取的，生命物质的含量很高，它们本身具有相当强的生物光子辐射。通过直接测量这些生物药品的发光，可能获得所需要的关于药品性质的相关信息，如药品本身的性能和效力、药品的储存条件、药效的变化等。图 12.35显示了一个从绿色水藻中提取的生物新药的延迟发光的原始数据，可以看出发光信号有一定的强度，而且观察值与理论表达式（3.10.2）的期待值符合较好，顾参数 A，B，C 携带着有关药品的性能和效力以及储存条件等方面的信息。

有关该生物新药的研究课题之一是考查药品在不同储存条件下的药效变化。实际上，具有相同生产日期的药品被装在四种材料制成的容器里并在严密封闭下储存，放置一段时间后打开容器，进行药效测量并与原始的药效进行对比。测量中采用两种方法，一种是传统的药理学方法，另一种是生物光子检测方法。四个样品的延迟发光被测量，参数 A 的平均值和标准方差被显示在图 12.36。需要指出这个测量结果与传统药理学完全一致。看来该生物新药适宜在避光条件下储存，白色容器的光屏蔽效果较差，以至于绿色水藻药物在光的作用下药效降低。

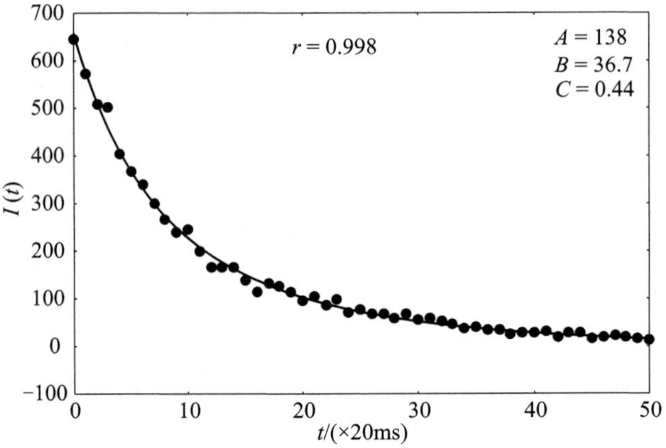

图 12.35　一种生物新药的延迟发光

生物新药（从绿色水藻中提取，原始为片状，测量时研磨成粉末）的延迟发光信号具有一定的强度。图中的光滑曲线是原始测量数据与理论表达式（3.10.2）的非线性拟合。观察值与期待值有较高的关联度。顾参数 A，B，C 携带着有关药品性能和效力以及储存条件等信息

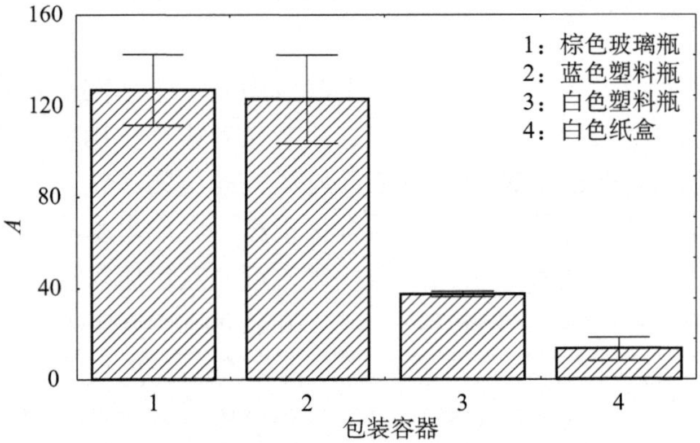

图 12.36　用延迟发光技术测量药效的变化

生物新药（从绿色水藻中提取，原始为片状，测量时研磨成粉末）在不同包装容器里的药效变化。棕色玻璃瓶和蓝色塑料瓶被认为是其中较好的包装容器。药品延迟发光的参数 A 关联到该药品的效力

12.6.4　毒品的检测与识别

与“治病救人”的药品同属“drug”却“致病害人”的毒品，也是生物光子技术研究的对象。我们用生物光子技术测量毒品，当然不是出于提高“质量”的目的。研究表明，通过对毒品的测量和分析，可能获得关于其产地、原料、纯度、加工工艺、制造时间、储存条件等方面的信息，由此为公安部门提供有价值的侦破线索。但是一般的毒品都是化学合成的，其中没有生命物质，不存在严格

意义上的生物光子辐射。不过，有两种手段均可以用于毒品测量和分析，一种是将毒品溶解在某种液体里测量系统的电化学发光，另一种是借助于“生物指示剂”。这里主要介绍后者的测量程序和分析方法。前面说过水质量的生物指示剂检测法，其目的是检测水样品的差别，被测量的样品是水与生物指示剂二者的混合物。用生物指示剂检测法测量毒品，首先将高纯度的蒸馏水与高敏感性的生物指示剂混合起来，构成“本液”，并按相同的体积分装在若干个石英容器之中（视所考查的毒品样品的数目而定），然后将每个毒品按相等的剂量分别放入石英容器中（一般情况下将每个毒品样品放入三个石英容器供三次独立的测量）。在此情况下所测量的样品是蒸馏水、生物指示剂、毒品三者的混合，但前二者是相同的。生物指示剂在不同毒品环境下有不同的发光行为，那么测量信号的差别就反映了毒品之间的区别。

实验中对两个毒品（MDMA 和 Amphetamine）按下列方式制备成测量样品：

$$原始样品 = 毒品(600mg) + 蒸馏水(40mL) + 生物指示剂 \tag{12.6.1}$$

图 12.37 显示了两个原始样品的延迟发光的原始数据，可以看出样品的发光强度很低，但观察值与理论表达式（3.10.2）的期待值比较符合，顾参数 A，B，C 携带着有关毒品的性能和其他诸多方面的信息。比较两个样品的顾参数 A，B，C，可以看出强度参量 A 相差最大，特征时间 B 相差 10%以上，但位相因子 C 相当接近，这反映了二者作为毒品的“共性”。

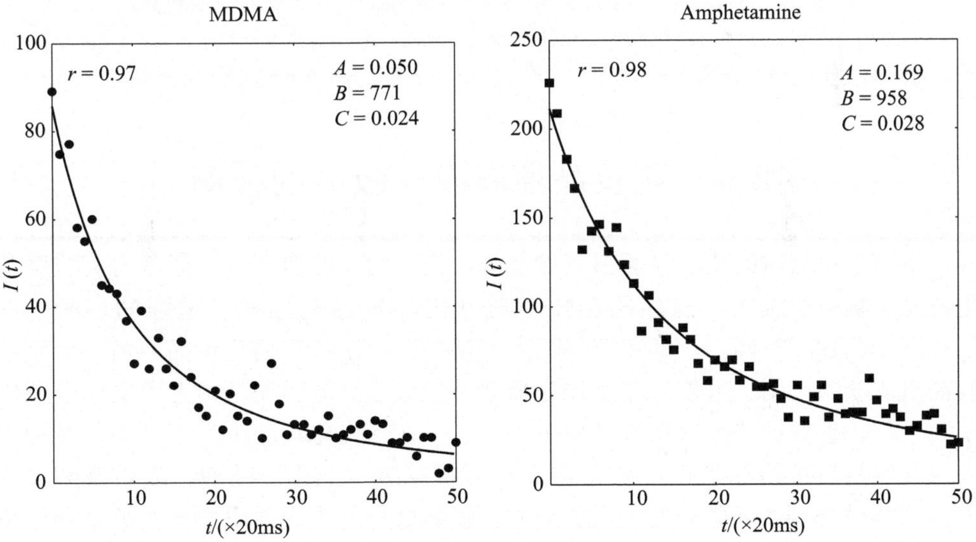

图 12.37 毒品（MDMA 和 Amphetamine）的延迟发光

图中观察点表示延迟发光的原始数据。发光信号有一定的强度。图中的光滑曲线是与理论表达式（3.10.2）的非线性拟合。观察值与期待值有较好的关联。顾参数 A，B，C 携带着有关毒品性能和其他诸多方面的信息为了确认测量结果的正确性，我们又在两个原始样品（分别用 M 和 A 标记）的基础上置备出另外三个样品：其中两个是 M 和 A 的浓度各稀释 50%（分别用 M/2 和 A/2 标记），还有一个是将 M/2 和 A/2 混合［用（M+A）/2 标记］。然后对这样五个样品的延迟发光进行测量（每个样品实施三个独立的测量），并将延迟发光平均强度 M 的三次测量的平均值和相应的标准方差显示在图 12.38 中。可以看出，平均强度 M 对于毒品（MDMA 和 Amphetamine）的浓度有线性的依赖性。而样品（M+A）/2 的强度不等于 M/2 和 A/2 的平均，可能是两个毒品之间存在某种作用的缘故。

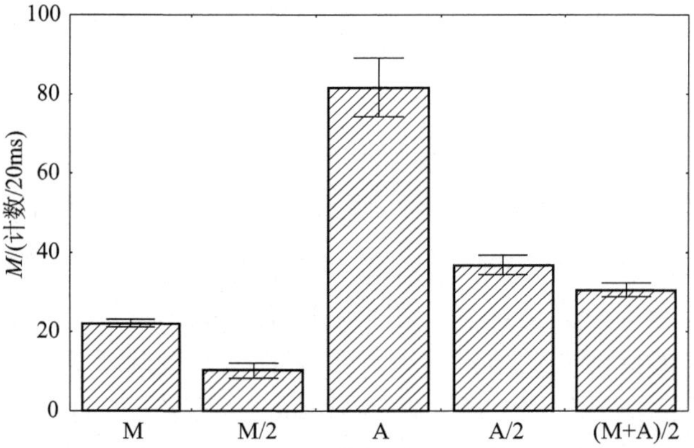

图 12.38　毒品样品（MDMA 和 Amphetamine）的“生物指示剂检测法”

五个样品的延迟发光的平均强度 M：M，A. 原始浓度；M/2，A/2. 原始浓度稀释 50%；（M+A）/2. 两个原始样品稀释后再混合。平均强度 M 对于毒品的浓度有近线性的依赖性

12.7　化妆品原料及化妆品的检测

含有生命物质的化妆品原料（如花瓣、植物油、叶肉等）一般都有相当强的生物光子辐射。例如，前述的药用芦荟叶肉的延迟发光就有很强的信号［图 12.28 和图 12.29（a）］，其实芦荟叶肉也是一种用途广泛的化妆品原料，特别具有润滑皮肤的作用。另外，花瓣作为最常见的化妆品原料在世界上大概已经使用了几千年，它的护肤美容功效是妇孺皆知的。在现代化妆品生产工艺中，花瓣作为主要原料有严格的加工工艺。首先需要将花瓣“干化”处理，随后研磨成粉末，“花瓣的粉末”（花粉）才是成型的化妆品材料。花粉的质量直接关系到化妆品的功效，因此花粉的质量检验是化妆品生产的一个重要环节。研究表明，生物光子技术为花粉的质量检验和对照提供了一个快速灵敏的新途径。图 12.39 显示了一个玫瑰“花粉”的延迟发光的原始数据，可以看出发光信号有相当的强度，

观察值与理论表达式（3.10.2）的预期值符合很好，顾参数 A，B，C 携带着有关玫瑰“花粉”性能和质量的信息。

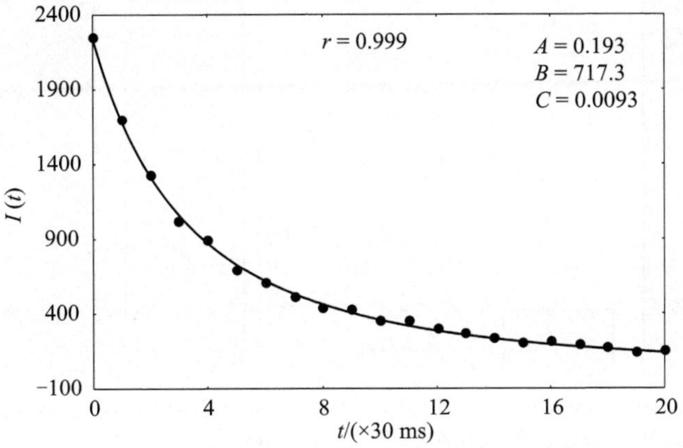

图 12.39 作为化妆品原料的玫瑰“花瓣的粉末”的延迟发光

样品的发光强度相当之高。图中的光滑曲线是原始测量数据与理论表达式（3.10.2）的非线性拟合。观察值与期待值有很高的关联度。顾参数 A，B，C 携带着有关玫瑰“花粉”性能和质量的信息

进一步的测量涉及几种花粉的对比：（橙子花、玫瑰花、薰衣草花），它们的延迟发光的初始强度 $I(0)$ 和衰变时间 T 被显示在图 12.40。可以看出，三个花粉样品的发光强度差别很大，特别是橙子花粉具有非常高的初始强度，这反映了样品在“密度”类指标的区别；但它们的衰变时间比较接近，特别是玫瑰花粉和薰衣草花粉的衰变时间几乎没有区别，这反映了样品在“组分”类指标上的“共性”。

最终的化妆品是经过复杂的工艺之后成型的，其生命物质的含量一般都会大大降低，用生物光子技术检测比较困难。但是有些化妆品的加工过程不太复杂，成型后的化妆品具有一定的“活性”，用生物光子技术检测能提供有关的信息。由天然植物中萃取的化妆品油（薄荷油、橙子油、薰衣草油等）是比较容易测量的样品，因为对它们的加工处理相对简单，形成产品后，仍保留一定量的生命物质。另外像食用油一样，这类样品能在一定程度上诱导化学发光信号，因此它们的延迟发光有一定的强度。一个典型的薰衣草油的延迟发光的原始数据显示在图 12.41，可以看出该样品有一定的发光信号，而且观察值与理论期待值有较好的关联。顾参数 A，B，C 携带着有关薰衣草油性能及加工处理的相关信息。

有关化妆品油的研究课题之一是考查对原料采用不同处理方式所导致的样品质量的差别。实验中采用三种化妆品油：永久花（Immortelle）油，薰衣草油，橙子油，在每种化妆品油的形成过程中，实施传统的处理及生物技术处理。

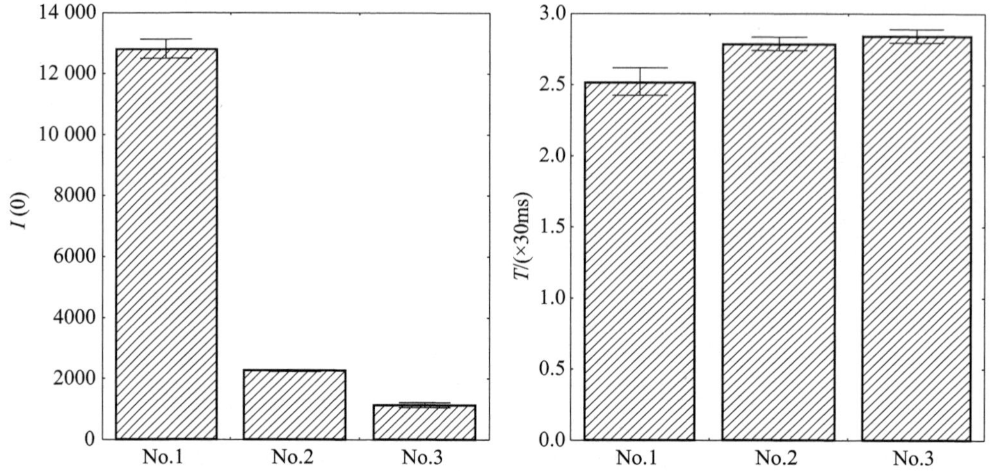

图 12.40　作为化妆品原料的“花瓣的粉末”的延迟发光的初始强度 $I(0)$和衰变时间 T

No. 1. 橙子花粉；No. 2. 玫瑰花粉，No. 3. 薰衣草花粉。三个花粉样品的发光强度差别很大，特别是橙子花粉具有非常高的初始强度，这反映了样品在“密度”类指标上的区别；但它们的衰变时间比较接近，特别是玫瑰花粉和薰衣草花粉的衰变时间几乎没有区别，这反映了样品在“组分”类指标上的“共性”

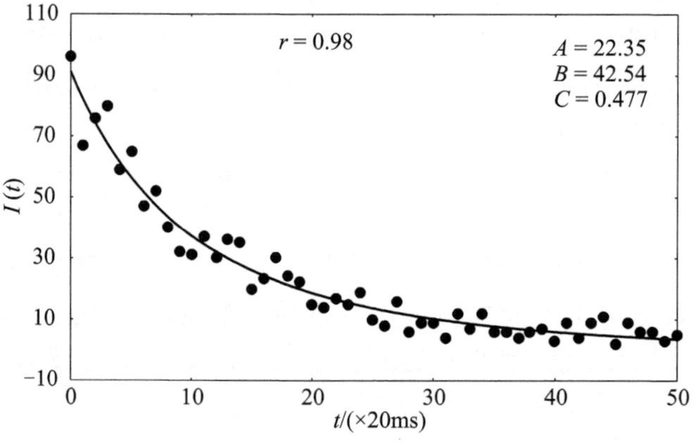

图 12.41　作为成型化妆品的薰衣草油的延迟发光

样品有一定的发光强度。图中的光滑曲线是原始测量数据与理论表达式（3.10.2）的非线性拟合。观察值与期待值有较好的关联。顾参数 A，B，C 携带着有关薰衣草油及加工处理的相关信息

图 12.42显示了 6 个被测样品的延迟发光的平均强度。可以看出，对于每一种原料，与传统的处理方式相比，生物技术处理导致较高的发光强度。根据有关检测机构的测量，认为经生物技术处理形成的化妆品油有较高的综合质量指标。可见，化妆品油的延迟发光的强度是其综合质量指标的度量。

化妆品在制造和储藏期间有可能发生细菌污染，因此必须进行相关的测量。

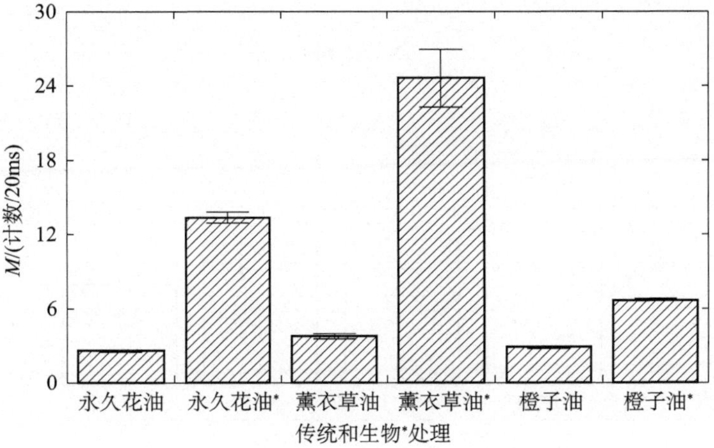

图 12.42　化妆品油的延迟发光的平均强度

与传统的处理方式相比，生物技术处理导致较高的发光强度。化妆品油的延迟发光的强度是其综合质量指标的度量

研究表明，用电化学发光技术测量化妆品的细菌污染是相当有效的。测量程序为：①将含有细菌的化妆品和相应的无细菌污染的化妆品按相同的方法分别稀释成溶液（注意化妆品是水溶性的还是油溶性的）。②将含有细菌的原始溶液进一步稀释成具有不同浓度的若干个样品，这样就得到了类似图 11.8 所示的样品系列。③测量该系列样品的电化学发光，得到其特征值，建立相应的数据库（每一种化妆品有自身的数据库）。④测量实际的化妆品时，将得到的数据与相应数据库的特征值相对比，以判断被测的化妆品是否存在细菌污染以及污染的程度。

12.8　临床应用与人体健康状态的指示

生物光子技术在医学和医疗科技领域的适用性是显而易见的。人体作为一个最高级的生命系统在其构成的各个层次都存在着不同强度和不同特征的生物光子辐射，包括人体表面、器官、组织、细胞、血液等。而且在正常状态之下，各层次的生命物质都有其特征的光子辐射强度和其他各种参数。处于病态的人体，其生物光子辐射会与正常的特征值发生偏离，而且不同的疾病有不同的生物光子行为，因此生物光子检测技术能够直接用于临床诊断[12.2]。

12.8.1　临床应用

研究显示，通过对人体血清（或血浆）的自发光子辐射的测量和分析可以获得关于多种疾病的信息，特别是，研究发现各种心血管病人血浆的自发光子辐射水平普遍低于正常人，如图 12.43 所示。

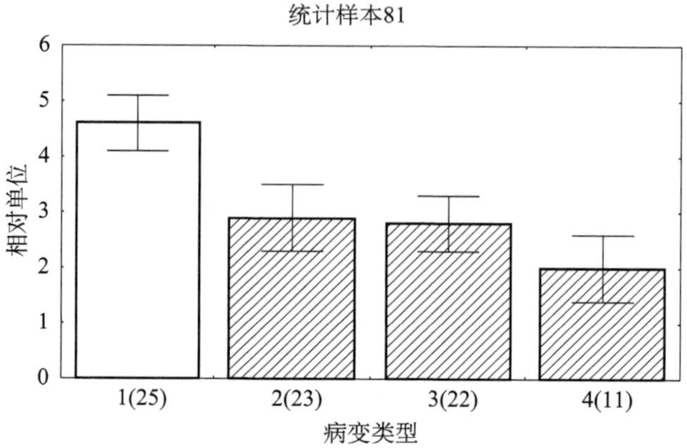

图 12.43　心血管病人血浆的自发光子辐射

1. 健康供体；2. 肥胖型动脉粥样硬化心脏硬化；3. 慢性下肢静脉机能不全；4. 营养性张力障碍和静脉胰病．统计测量显示，各种心血管病人血浆的自发光子辐射水平普遍低于正常人

人体血浆的生物光子辐射测量提供了一个甄别肿瘤和炎症的非常灵敏的方法，它是基于测量参数

$$D=\left(\frac{\mathrm{EPE_p}}{\mathrm{EPE_o}}-\frac{\mathrm{PE_p}}{\mathrm{PE_o}}\right)\mathrm{EPE_p} \tag{12.8.1}$$

这里下标“o”和“b”分别相应于正常人和病人，PE 表示自发光子辐射强度，EPE 表示电致发光强度。研究结果是：肿瘤患者 D 为正值，炎症患者 D 为负值。图 12.44 给出了 130 名不同性别各种年龄的健康人和 342 名患者的统计调查表。结果显示：甄别率达 100%，无一例外。

利用人体血清的生物光子辐射测量还可以检测病人对某些药物是否有过敏反应。临床上常用查病史、皮肤试验、血清学和细菌学等方法来检验。这些方法不是信息不足，就是太费时或手续繁复。一种灵敏、准确、简便、无损的方法是利用生物光子技术。具体做法是：在患者血清中加入待检的药剂，观察混合物的自发生物光子辐射的变化。图 12.45 给出了用这一方法检测肺结核病人对结核菌素的耐药反应的统计表。可以看出，与健康人的自发生物光子辐射相比较，耐药病人高出 2～3 倍，不耐药病人高出 6～8 倍。这一检验方法只需15～20min。

12.8.2　人体健康状态的指示

生物光子检测技术与传统的中国医学有深刻的联系。按照中医的经络理论，经线与络线分布在人体的全身。每一个经线有两个端点，一端在某个手指（或脚趾）尖的穴位上，另一端连通到体内的某个器官。不同指尖的穴位连通到不同的

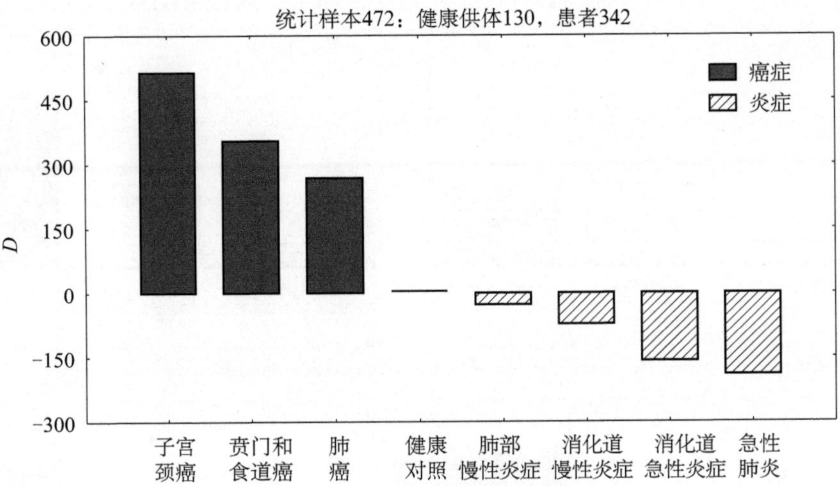

图 12.44 肿瘤和炎症的甄别

测量人体血浆的自发生物光子辐射（PE）及电致发光（EPE），利用公式（12.8.1）计算出参数 D 的值，肿瘤患者（$D>0$）和炎症患者（$D<0$）在生物光子辐射的意义上有本质的区别。生物光子技术提供了一个甄别肿瘤和炎症的灵敏方法

器官。人体手指穴位的生物光子辐射携带着关于体内器官的丰富信息[1.11]。人体内的生物光子辐射场可能与经络分布有关[12.3]。图 12.46 显示了正常人手指生物光子辐射的统计测量结果。可以看出，正常人的生物光子辐射有明显的规律性，一个突出的特点是左手指的信号比相应的右手指略高。某个器官的病变会导致相应手指穴位的生物光子辐射偏离正常值，一个典型的例子显示在图 12.47。这个例子说明生物光子技术提供了一个疾病诊断的可能途径。

进一步的研究涉及正常人手指的生物光子辐射与年龄的关系，相关的统计测量结果显示在图 12.48，这个结果包含着许多深层的意义，下面详细阐述之。

（1）手指生物光子辐射强度的测量值随着年龄的增加而上升，强度平均值在大范围年龄段的变化服从 S 型的增长曲线：

$$I(t)=\frac{A}{1+\left(\frac{A}{B}-1\right)\exp(-Ct)} \tag{12.8.2}$$

其中，$A=I(\infty)$ 是饱和强度；$B=I(0)$ 是初始强度；而 C 是一个特征的增长率。其实式（12.8.2）就是熟知的生物学中的“生长曲线”，许多生理现象都服从这个时间演化函数，如人体体重的增加、身高的增加，而细菌数目的增长也服从相同的函数［式（11.5.2)］。现在生物光子辐射也服从这个函数，这再一次表明生物光子辐射是一个很本质的生命现象，是有机体的一个固有功能。

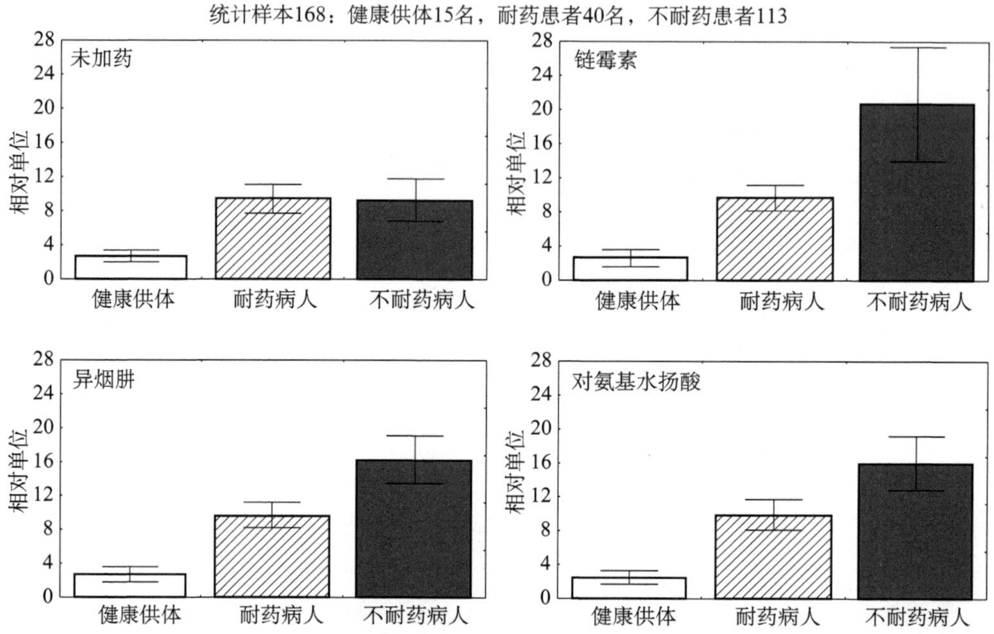

图 12.45　利用生物光子技术检查病人的药物反应

利用人体血清的自发生物光子辐射信号检查肺结核病人对药物的过敏反应。与健康人的自发生物光子辐射相比较，耐药病人高出 2～3 倍，不耐药病人高出 6～8 倍

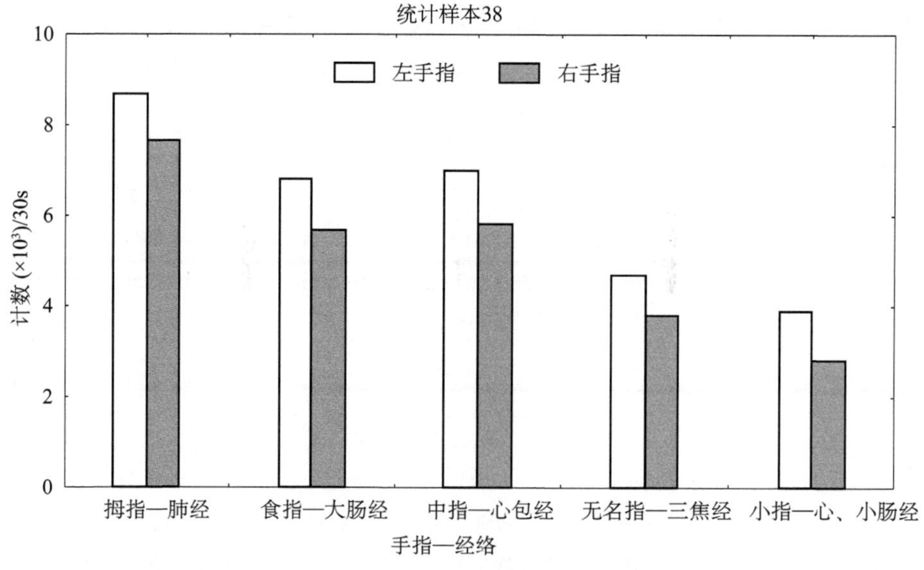

图 12.46　正常人的手指光子辐射

不同指尖的穴位通到不同的内部器官。正常人的手指生物光子辐射显示出明显的规律性，一个突出的特点是左手指的信号比相应的右手指略高

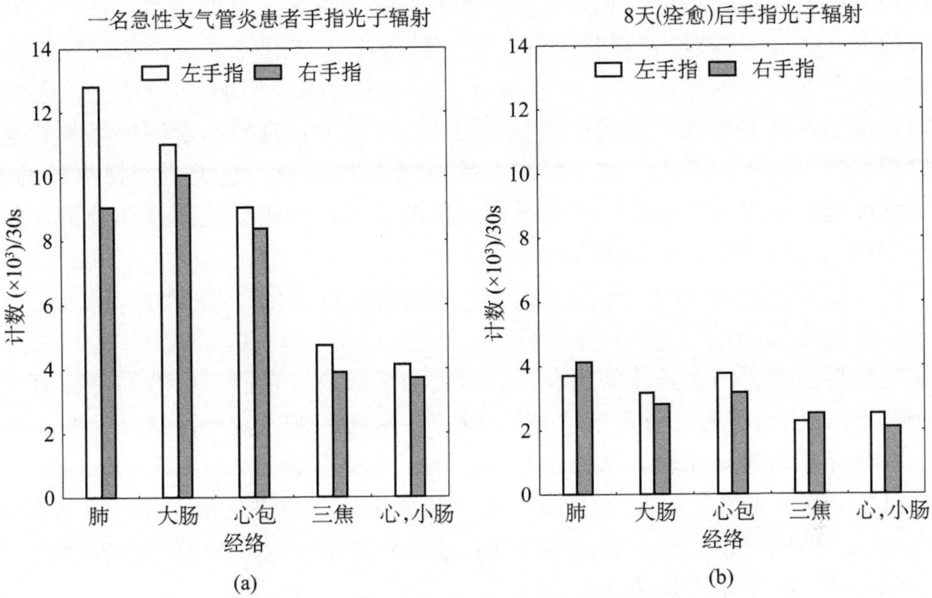

图 12.47 患病中和病愈后的手指光子辐射比较

(a) 一个急性支气管炎患者手指的生物光子辐射：左右大拇指的生物光子辐射出现严重的不对称性，病变（支气管炎）的系统确实与中医的肺经相关；(b) 经过 8 天治疗，病情痊愈后，所有手指的生物光子辐射强度大幅度下降，左右大拇指的不对称性消失。手指光子辐射的测量和分析提供了一种临床诊断的可能途径

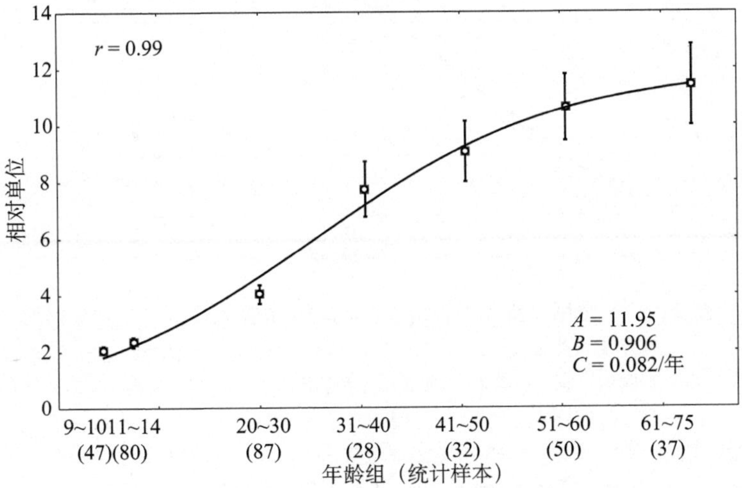

图 12.48 正常人的手指光子辐射“动力学”

各种年龄段正常人的手指生物光子辐射作为一种“动力学”演化呈现 S 型的“生长曲线”。观察值与“生长曲线”表达式（12.8.2）有高度的关联，表明生物光子辐射是生命体的一个固有功能

(2) 随着年龄的增加，观察点的标准方差越来越大。可以看出，在 9～10 年龄段以及 11～14 年龄段，观察点的不确定性极小，这意味着这个年龄段的儿童的健康状态非常接近。在 20～30 年龄段，不确定性略有增加。从 31～40 年龄段开始不确定性显著增加。到老年段不确定性达到最大，这意味着同样年龄的老人其健康状态可以相差很大。这个结果与实际情况相符合，它说明同样年龄的人，辐射强度越小健康状态越好。所以手指穴位的生物光子辐射的测量和分析，提供了一个指示人体健康状态的新方法。

(3) 图 12.48 所示的“生长曲线”是所有统计样本的平均行为，换言之，它是“标准的生长曲线”。其中的参数值 ($A=11.95$，$B=0.906$，$C=0.082$/年) 是标准的特征值。一个具体的人有自己特定的参数值（它们与标准的特征值可能有所偏离），因而有自己特定的“生长曲线”。这样一来，就可以将自己的“生长曲线”与标准曲线相比较，从而估算自己的“生理年龄”。如图 12.49 所示，如果自己的“生长曲线”在标准曲线之下，就意味着“生理年龄”小于实际年龄，有高于平均值的健康状态；反之如果在标准曲线之上，就意味着“生理年龄”大于实际年龄，有低于平均值的健康状态。

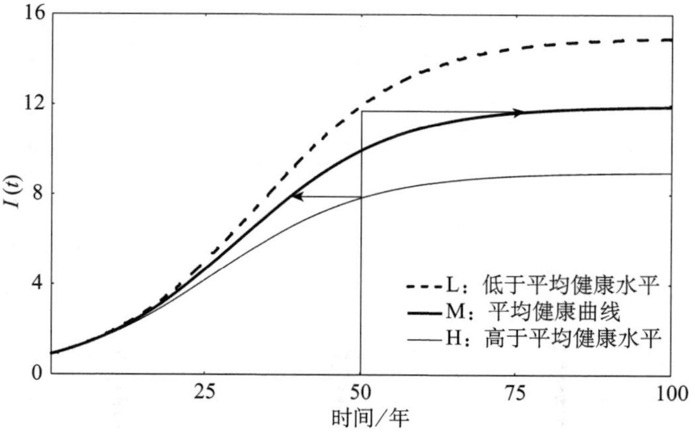

图 12.49　利用手指光子辐射“动力学”估算人体的“生理年龄”

图中的三条曲线均表示生长曲线式 (12.8.2)，它们具有相同的初态 ($B=0.906$) 和相同的增长率 ($C=0.082$/年) 但是不同的终态（由参数 A 表征）：曲线 M ($A=11.95$) 是图 12.48 所示的平均健康曲线；曲线 H ($A=10$) 表示有较低的生理年龄，健康状态好于平均水平；曲线 L ($A=15$) 表示有较高的生理年龄，健康状态差于平均水平。按图中所取的参数值估算：一个 50 岁的人，其生理年龄可以是 40 岁（如果属于 H 型曲线），也可以是 75 岁（如果属于 L 型曲线）

作为本节的结束，我们需要强调指出，手指穴位的生物光子辐射的测量和分析，提供了一个疾病诊断、指示人体健康状态、估算人体“生理年龄”的新方法，它是快速的、灵敏的、可靠的、无损的，相信有极大的应用潜力。一个专门用于人体全身测量的生物光子探测仪已经成功组建，它提供了一个探测人体（包括手指和脚趾）体表发光的新型的、高灵敏度的、高稳定性的测量系统[12.4～12.5]。

12.9 结　论

生物光子辐射是一个很本质的生命现象，是有机体的一个固有功能。生物光子辐射携带着关于生物系统本身和外界环境的丰富信息，因此生物光子检测技术具有非常广泛的应用[12.6～12.8]。本章主要涉及食品安全及质量检验、水质量的生物指示剂检测法、种子质量的测量与分析、植物生理特性的检测、药品性能的测量及药物“筛选”、化妆品原料及化妆品的检测、生物光子检测技术的临床应用以及人体健康状态的指示。生物光子检测技术的优点是：① 应用广泛：可用于各种动物、植物、藻类、微生物。②灵敏度高：探测生物样品及环境的微弱变化，灵敏度可达 10 光子/s · cm^2（相当于 $10^{-17}W/cm^2$）。③测量迅速：每次测量用 20～30min。④仪器是便携式的，安装方便，操作简单。相信生物光子检测技术将在众多领域发挥重要的作用。

参考文献

[12.1] Gu Q. Radiation and Bioinformation. Beijing，New York：Science Press，2003.

[12.2] Gu Q. Prospect of biophoton for clinic use（invited lecture）. The First International Forum on High and New Medical technology Application，Beijing，China，2003.

[12.3] 韩金祥．基于生物光子相干性理论的经络本质探讨．生物医学工程研究，2010，29：147-151.

[12.4] Cohen S，Popp F A. Whole-body counting of biophotons and its relation to biological rhythms. Biophotons. Dordrecht，Boston，London：Kluwer Academic Publishers，1998.

[12.5] Cohen S，Popp F A. Biophoton emission of human body. Photochem. Photobiol. B：Biol.，1997，40：187-189.

[12.6] Popp F A，Lee K H，Gu Q. Recent Advances in Biophoton Research and its Applications. Singapore，New Jersey，London，Hong Kong：World Scientific，1992.

[12.7] 顾樵．生物光子学．北京：科学出版社，2007.

[12.8] 顾樵．生物光子学（第二版）．北京：科学出版社，2012.

索　　引

Y

Z